U0002185

吊燈裡的巨蟒

中國因素作用力與反作用力

——主編——

吳介民、蔡宏政、鄭祖邦

——合著——

吳介民、黃健群、鄭祖邦、
葉國豪、蔡宏政、伊恩Ian Rowen、
古明君、洪瑩發、劉怡寧、
黃克先、黃兆年、川上桃子、
張錦華、李志德

——策畫‧協同——

國立清華大學當代中國研究中心
中央研究院社會學研究所

目錄

木馬與鏡子

謝國雄（中研院社會學研究所研究員兼所長）

希臘史詩記載古希臘人進攻特洛伊城，久攻不下，利用木馬暗藏士兵進入該城，終於攻克。時間來到二十世紀，美國人類學家可馬洛夫夫婦（Jean and John Comaroff）講了一個殖民遭遇（colonial encounter）的故事。倫敦傳教士在十九世紀初抵達南非茨瓦納人（Tswana）的部落時，送給部落首領一面鏡子，人類學家的詮釋是這樣的：鏡中所呈現出來的意象將周遭的世界阻擋在外、將鏡中的意象回傳給本人，也將其自我從脈絡中剝離，並且裂解了原來連續的世界，而這將會重新塑造當地人——他們遲早會從鏡中看到基督徒的意象（這是傳教士的期望）。另一方面，茨瓦納人視傳教士送的鏡子是傳教士本人的延伸，會奪人魂魄並阻礙自我的繼續成長。

中國因素之於台灣，到底是攻入特洛伊的木馬，還是倫敦傳教士送給茨瓦納人的鏡子？或兩者皆是？身在台灣，我們如何理解中國對台灣的影響？吳介民、蔡宏政、鄭祖邦三位教授合編的《吊燈裡的巨蟒：中國因素作用力與反作用力》，提供了我們一個完整的架構來分析中國對台灣社會各個層面的影響。

本書採取了政治經濟學的觀點，認為政治與經濟、政府與市場密不可分，特別針對中國這個結合了列寧黨國體制與國家資本主義的混合體，「借市場之力，行政治之實」，而台灣則是掙扎在「市場的誘惑」與「政治的威脅」之困局當中。清楚界定「中國因素」之後，本書提出一個「作用力與反作用力」的分析架構，勾勒出中國對台的政治意圖，如何透過跨海峽政商關係網絡與台灣在地協力者，影響了台灣社會的政治行為與決策，而台灣社會也對此做出回應。依據這樣的架構，本書各章作者分別剖析了中國因素在台灣的經濟投資、陸客來台旅遊、教科書課綱爭議、媒體與網路，以及宗教上的運作與影響。本書並進一步指出中國因素已經成為全球性的課題，而台灣正可作為一個研究中國因素的策略性場域（strategic research site），其發現與論點，可以延伸到香港、中國鄰近地區，乃至於全球。

如何偵測與確立影響台灣社會的關鍵力量，是台灣社會學家的重要任務。過去，我們辨識出日治時期的糖業資本與家庭農場的連屬，形塑了殖民資本主義的發展；戰後的出口導向工業化是由中小企業所組成的外包網絡擔綱，並創造了階級流動的機會；由省籍意識轉變為「四大族群，相互平等」的族群意識是各種社會力量角逐的後果，同時也影響了台灣社會的政治動員；台灣作為「不完全國家」帶來的特殊國族認同與內部分歧。現在，吳介民教授等人邀集了目前台灣研究中國因素的重要學者，共同撰寫了《吊燈裡的巨蟒》，偵測並辨識出「中國因素」是近二十年來影響台灣的關鍵力量，未來可能還是如此，這是本書的第一個貢獻。

其次，透過對中國影響的命名（「中國因素」）、提出作用力與反作用力的分析架構，以及具體的個案分析，本書將一個深刻影響台灣社會「可感卻不可說」的關鍵力量，轉化為一個「可見且可說」的課題。這不僅是學術上的貢獻，也是一種社會實踐。

第三，不同於一般社會學研究著重於看似無法撼動的結構力量，本書明確地指出能動的空間，例如在面對中國各種「謀台」的作用力中，台灣社會產生了各種抵抗的反作用力。反作用力最終是否有節制或者消解作用力，不得而知，但我們知道的是，即便在有如排山倒海的結構力量下，仍有能動的空間。揭示人類的能動與創意，特別是那些無法發聲弱勢者的能動與創意，是社會學的重要使命。

第四，本書突顯出台灣的重要性。探究中國因素的影響，台灣既是一個典型的案例，同時也是一個特殊的案例，因為中國宣稱對台灣有領土主權，並且公開進行促成「統一」的各種作為。這個特殊性源自於台灣與中國在歷史上的糾結，從讓台灣在國際間成為一個「不完全」或「不正常」國家，進一步影響了台灣社會的政治、經濟與日常運作。台灣與中國在歷史上的糾結、台灣在國際上的「不完全」身分、中國因素的影響，三者相互連結，而這正是台灣社會的特殊性之所在。既可協助其他類似處境的國家藉以了解自身，進而形成聯盟；也可透過台灣這個特殊的個案，挑戰與修正西方有關資本主義發展、現代國家形成、民族主義、帝國主義與殖民遭遇等相關論點。

對台灣社會而言，清代有中華帝國因素，甲午戰後有日本殖民因素，二次戰後有美國因素，近二十年來則有中國因素。面對這些因素，台灣社會一直在追求自己的主體性，此一追求展現在主權的捍衛、政治的安排、經濟生活的經營、集體想像的打造等面向。這本書讓台灣社會可以理解自身，釐清了台灣社會的集體身世及未來命運，是台灣社會追求主體性的一大步。本書是立基在學術研究上的社會實踐，將是形塑台灣社會未來發展的一股關鍵力量。

中央研究院社會學研究所的研究一向貼近台灣社會的發展動脈，針對影響台灣至劇的中國因素，本所成立「中國效應」主題研究小組，長期深耕，吳介民教授即是成員之一。本書出版前，本所曾協同舉辦專題研討會，如今問世，同感喜悅。

「中國因素」有了清晰的立像

顧爾德（《新新聞》周刊總主筆）

就在本書出版前夕，一則中國人事新聞引起台灣不小的騷動：中國海協會常務副會長鄭立中因「嚴重違紀」遭到撤職。鄭立中到底如何「違紀」？中國政府還未具體說明，但國台辦說，鄭立中的違紀，「其相關情況不涉及在中央台辦、國務院台辦及海峽兩岸關係協會的履職行為和工作」。[1]

鄭立中案之所以引起台灣關注，是因其擔任海協會副會長期間，正逢台灣馬英九開啟兩岸大交流時代。鄭立中曾在這段期間多次赴台訪問，全台走透透、深入基層，與農、漁民等基層民眾搏感情，與基層農、漁會組織建立關係。一個對岸台灣事務主要負責人，穿越不設防的台灣政府，直接在台灣基層建立廣大深入的網絡。

1　參見「國台辦發言人就鄭立中同志被免職事答記者問」，中共中央台辦、國務院台辦，二〇一七年二月二十七日，http://www.gwytb.gov.cn/wyly/201702/t20170227_11709628.htm。

這位被稱為「中國宋省長」的涉台主管，就是「中國因素」最生動的例證。

在台灣，「中國因素」一詞最早出現於本書主編之一，吳介民二〇〇九年〈中國因素與台灣民主〉（《思想》第十一期，頁一四一～一五七）一文。這篇文章主要關切民主化的台灣，其主權、國家地位，以及民主鞏固受到來自中國的挑戰，「中國因素逐漸由外而內，影響到台灣的政治生活，導致主權爭議與國家認同兩者糾結不清。」（頁一四五）他並提出警告：「由於跨海峽資本的聯盟形成，在台灣的國家機構中形成強而有力的利益團體，而內建盤附在立法與行政機構。」（頁一四九）他當時寄望兩岸出現公民社會平台，以此抗衡跨海峽資本聯盟。

不過，當時吳介民並未明確定義「中國因素」，也未深究「中國因素」的具體運作、如何影響台灣。而〈中國因素與台灣民主〉一文發布前不久，二〇〇八年十月底，鄭立中率團訪台並安排海協會會長陳雲林訪台事宜。從此，鄭立中開始了台灣「趴趴走」的歷程。而隔年陳雲林訪台，造成嚴重警民衝突，引爆「野草莓」抗爭，也讓台灣民眾第一次深刻感受到「中國因素」的威力。二〇〇五年國民黨主席連戰破冰之後，兩岸之間各種政商平台陸續出現、運作，讓「中國因素」如何具體操作、影響，有了更多例證。到了二〇一三、一四年，《兩岸服務貿易協議》爭議引起台灣民間關注，最後演變成太陽花學運，這個過程讓「中國因素」四個字經常出現在媒體，並進入一般民眾的詞彙當中。

在本書中，吳介民除了對中國因素做出明確可操作的定義：「中國政府運用財政能力，給予某些台商與政治人物特殊優惠（或「特別照顧」）而使之成為『在地協力者』或『政治代理人』；或運用中資、親中台商、跨海峽資本，在台灣進行採購，或企業的收購、入股、併購，並進而影響台灣的企業行為、政府決策、媒體輿論、民眾態度，或政治秩序。透過上述作用，使中國（包括中國政府、中資與跨海峽資本）的影響力進入台灣政治、經濟、社會、文化和生活各領域，讓中國因素引發效應。」（參見本書頁三四）參與本書的各領域研究者，也企圖具體描繪出中國因素如何運作，指認出各領域的「在地協力者」，以及在地協力者網絡的運行，讓「中國因素」有了更立體的圖像。此外，作者們也分析了「中國因素」在台灣引起的反作用力或「台灣因素」。

當然，描繪出在地協力者網絡的具體運作是其中最困難的部分。本書作者也企圖把過去對各自領域長期的關注研究，整合到「中國研究」的架構下，讓這個網絡更加清晰。

例如伊恩的陸客民族誌，從微觀角度鮮活地描繪出陸客、導遊與觀光業者的互動。而古明君與洪瑩發，指出了台灣媽祖廟之間爭奪正統，引發鎮瀾宮找中國背書，直接續接湄洲媽祖的祖廟香火，提升了在台灣內部媽祖廟間的位階。這種台灣神界「引外力介入」的例子，彷彿是政界排隊赴北京，要中國領導人背書認證鮮活的翻版。此外，川上桃子描繪了「中國因素」從四種路徑滲透台灣媒體產業，尤其呈現出這個外力對具體組織運作的影響。而黃健群則讓我們了解，原來進擊台灣的紅色資本其實多是台商與中資合股。

在理論層次，鄭祖邦提出「跨海峽文化與意識形態網絡」，強調兩岸間部分合作或認同是因為理念的「相互性」與「親近性」，而非權力作用，也不一定有物質利益介入。這個觀點是原本「中國因素」架構的擴延，也是挑戰。有關不同性質「因素」的不同作用方式，以及情感理念認同與有形無形利益之間是否存在糾葛，都有待更細微的考察。

集合這些作者們在各領域、不同層次的觀察，讓「中國因素」架構更立體。不過因每個作者著重的面向各有不同，要整合成一個有系統、有血肉的「中國因素」結構，還有許多空間值得後續者填補，尤其是關於這個網絡的具體運作機制，有待更多實證資料來加以豐富。

就現實影響而言，「中國因素」工程最重大的意義應該是，在恐共、反中、統獨這些情感與認同之外，提供理性的分析，了解崛起的中國如何具體影響仍需鞏固民主的台灣，進而更理性而有效地因應。

台灣中國研究的另類靈魂探索

徐斯儉（台灣民主基金會執行長、清大當代中國研究中心前主任）

對於台灣的中國研究社群而言，吳介民等教授編輯和合著的這本《吊燈裡的巨蟒》，可以說揭開了自我靈魂探索的一個新階段。

二〇〇二年，作為研究型國立大學的清大，成立「當代中國研究中心」，象徵著台灣的中國研究開始擺脫過去「匪情研究」的背景，走向以西方社會科學的理論視角與方法，將中國視為一般性的客體來進行研究。這種研究方向隨即在各大學蔓延開來，同年，政大也成立了校級的「中國大陸研究中心」，台大社科院則於二〇〇五年成立院級的「中國大陸研究中心」。台灣的政治學、社會學、公共行政、國際關係等學科，都有大量的學術資源與人才投入以中國大陸為對象的社會科學研究，並與國際學術界產生非常密切的合作和互動。這種研究取向，一方面反映了中國的迅速崛起，成為世界級的強權大國，而台灣需要理解並回應這樣一個巨大的時代變化；另一方面則透露出，無論在國際政治、國內政治、經濟發展，甚至社會群體等方面，兩岸的交流和交往使得台灣需要以更全面並深入的視角，來理解與掌握兩岸的變化，以及其對台灣的意義。

時序進入馬英九第二個任期，馬政府讓中國力量深入台灣，於是中國與台灣的關係產生了某種從量變到質變的進程，也就是本書所指出的「中國因素」的加劇。當中國成為全球資本主義的主要玩家、政治軍事與經濟影響力躍升到區域，甚至是全球一級強權，它對台灣的觸角也透過本書提到的「跨海峽政商關係」及「台灣在地協力者」兩個網絡，逐漸對台灣民主政治展開深入骨髓的控制與影響，並與台灣不同組織和社群產生綿密的互動與連結。此時，對台灣而言，中國已經不僅僅是一個客觀存在於彼岸的巨靈；單純將其視為一個普通的國家來加以研究，也已經不足以應付其之於台灣的意義和衝擊。在台灣的中國因素，已經是一個天天就在我們的身體、心理，與靈魂深處作用著的力量，時時刻刻與我們的土地周遭交雜、纏繞、拉扯、運作著。中國因素不是存在於我們之外，而是進入了我們存在的內部。相應於此，台灣的中國研究必然要進入另一個新的時期。

這樣一個新的時期，對於台灣的中國研究社群而言，必然將會是承受著更大焦慮與痛苦，以及爆發出更激烈愛恨交錯的一個階段。中國因素改變了台灣社會與政治對自我的定義，也重新界定了台灣內部的許多關係。作為一個並不算完全成熟的民主國家，台灣尚未完成自我過往記憶的梳理，中國因素卻在此時強硬闖入了我們的生命，擾動台灣民主的成長歷程。《吊燈裡的巨蟒》，標誌著台灣民主重塑靈魂，另一個開端。

讀懂「巨蟒」發出的訊號

吳介民、蔡宏政、鄭祖邦

水晶燈懸吊在華麗的宮殿，耀眼的光芒讓人目眩神馳。氣派的主人周旋在萬邦來歸的賓客之間，宮殿外還有絡繹不絕的權貴，排隊等候入場。這場豪奢的派對，氣氛喧騰如節慶，下單與兜售的密語，正在締結一場又一場世紀交易。吊燈裡隱約蠕動著物體，偶爾探頭俯視，銳利的眼神彷彿水晶燈上的鑽石光澤。這條蜷曲在水晶燈內的巨蟒，只聽命於主人，多年來耗費心血的飼育，使這條巨蟒演化為高科技的監控機器。它不是噴火的龍，也不是作勢吃人的老虎，而是隱微地監控著宮殿內的交易，偵測人們的動靜，不時發射曖昧不明的訊號。那些從宮廷交易中獲得好處的權貴，懂得譯解這些訊號的意義。

經過太陽花占領石破天驚的一擊，國共合作遭到破解，致使國民黨選舉大敗，一般人普遍認知到中國因素的存在。但北京如何培育在地協力者，如何操作影響台灣政治的技術細節，進而選擇出手時機，利用哪些個體或集團，何時加碼收買、何時下手施壓，卻仍在黑箱之中。當下迫切的工作是，指認北京搭建的跨海峽政商網絡（以及文化宗教與意識形態網絡），及其在地協力網絡的運作機制，深化中國因素論述。

中共信奉唯物論，實踐的卻是鄙俗唯物論（vulgar materialism），認為操作物質誘因可以收買人心，挾豐沛資本，大肆跨境操作統戰政治目標。這是一門深奧的「政經權術」（economic statecraft），必須通過嚴謹的學術調查，才能辨識隱藏於大片陰霾地帶的地質紋路。我們從地緣經濟學（geo-economics）入手，並與媒體研究和文化社會學交互印證。撰寫本書，期在通過踏實的經驗研究與事實挖掘，將不透明的中國因素效應，揭示為可檢證的分析與命題。這部集體研究著作，是台灣之中國研究典範轉型的努力成果，在此基礎上，回望文化、宗教，與意識形態領域的論辯，別有一番新意。我們希望能在每一個議題領域，清楚勾畫中國因素在地協力者的圖像。

這項知識積累的計畫，也帶有公共實踐的目標。台灣的公民，必須讀得懂「巨蟒」發給在地協力者的訊號。如今，要抵抗來自中國資本與中國民族主義的雙重進攻（而今中國已經是國家資本主義當道），不能再依恃「反共符碼」，也不能僅依賴主體意識的吶喊。中國許多表象上的市場（資本）行為，本質是由國家操作的政治經濟行為，而這個邏輯也適用在許多文化或宗教的交流上。面對中國，台灣的脆弱部分源自過度經濟依賴；特權集團仰賴中國施捨、從中牟利的自私行為，讓北京有機可乘。台灣社會不夠強韌，便無法抗拒外部的誘惑，也無法化解內部的自挖牆角，所謂「威權擴散」，就此蔓延。

因此，台灣與中國的互動，無法簡化為「一個大惡棍」欺凌「無辜小鄰居」的劇本。真實的故事是：統治中國的強權集團，通過培育在台灣的諸多政商與利益團體，讓他們成為中國的政治代理人（在地協力者），進而危害台灣民主、文化主體性，與主權。在我們的故事中，台灣社會並非毫無招架之力。「作用力」導致「反作用力」：中國因素對台灣的侵蝕作用，引發了社會的集體抵抗，關鍵原因就是公民政治意識的提升，擺脫了無名恐懼，願意投入抵抗行動。在這裡，我們看到了社會的韌性。

本書即將付梓之際，韓國正規畫布署美國薩德飛彈，中國為了嚇阻，全面啟動「限韓令」，其手法與對台策略如出一轍。固然，中國對韓國沒有領土野心，但韓國高度依賴中國市場，使北京得以施展「以商逼政」的謀略。中國與美國對抗，是為了建構它在東亞的霸權勢力範圍。這是大國間的霸權之爭，除了地緣政治手段，中國也使用地緣經濟手段。這顯示，本書的分析架構可以適用在中國與其他國家關係的比較研究。

書名「吊燈裡的巨蟒」，靈感得自林培瑞教授（Perry Link）多年前在《紐約書評》一篇深具洞察力與遠見的文章。[1]他以「巨蟒」形容正在崛起的中國形象，取其政權無所不在的心理威脅，懸掛在人們頭頂的監控與埋伏，召喚出批評中國政權者的內在恐懼，由於深怕牽連自己與別人，導致人們自我審查、自動調整行為。林培瑞聚焦於誘發自我審查的心理機制，而我們延伸了這個隱喻。

安靜的巨蟒嘶嘶吐信，讓全世界都讀得懂這些訊號的意義。

1 Perry Link, "China: The Anaconda in the Chandelier," *New York Review of Books*, April 11, 2002.

致謝

這本書從概念發想，擬定分析架構到選定議題，多次腦力激盪，先出版數篇工作論文，擴大邀請研究夥伴，召開工作坊與研討會，到出版階段的審稿與修改，需要感謝一些機構與學者：國立清華大學當代中國研究中心與中央研究院社會學研究所協同主辦研討會；謝國雄、徐斯儉、張茂桂、陳志柔、吳乃德、林宗弘、汪宏倫、邱炫元、湯志傑、羅世宏教授等人擔任研討會主持與評論；協助舉辦研討會的助理們與社會所行政同仁；編修書稿的過程，朋友們熱心提供意見，尤其是陳志柔與林宗弘等人；陳威志與呂美親翻譯川上桃子的論文。本書採取學術規格的審查，要特別感謝兩位匿名評審的修改意見。也要感謝謝國雄、顧爾德、徐斯儉、張茂桂為本書寫推薦文。

林培瑞教授的協助，需特別致謝。在我們與他的通信中，他同意我們使用「吊燈裡的巨蟒」這個出自他文章篇名的隱喻，立即寫信尋求《紐約書評》的認可，並與我們討論這個隱喻的豐富意涵。

最後，本書得以問世，左岸主編們功不可沒。黃秀如與孫德齡參與我們的研討會，負責書稿審查事宜，並以全副精神、甚至犧牲週末假期，潤飾、校對了本書全文。在這個年代，能夠與具有理想性格的出版者合作，是寫作者的幸福。

第一章

中國因素作用力與反作用力

吳介民｜中研院社會學研究所副研究員

曾任清大當代中國研究中心主任。著作《第三種中國想像》，主編《權力資本雙螺旋：台灣視角的中國／兩岸研究》，合編《秩序繽紛的年代：一九九〇～二〇一〇》，翻譯赫緒曼《反動的修辭》，出版《地犬：吳介民詩集》。

感謝林政宇、廖美、施懿倫、董昱、許恩恩、廖卿樺的研究協助。

一、被遮蔽的中國身影

幾年前，我到花東做研究，訪談台東縣政府一位首長。一坐定，尚未發問，他劈頭就說：

你要問中資的事嗎？去問傅崐萁，我們台東縣政府沒有跟中資合作。台東不像花蓮，沒有針對陸客做promotion（推廣），花蓮那些人敢，拉陸資購地，賺佣金。[1]

定了調，之後一小時談話獲得的資料，都在官方網站查得到。但我並非空手而歸，這位首長的開場白給我不少靈感，首先是「撇清」，顯然中資在地方政治上是件很敏感的事，所以先聲明台東官方不碰這個。但為什麼急於撇清？他在擔心什麼嗎？再來是「遮蔽」，沒說的事才是重點。台東是陸客團環島的必經之地，食宿、購物商機不少，那些經營團餐、旅館、購物站的人是誰？資本從哪裡來？我訪談了更多的人，向他們求證傳聞中無所不在的陸資旅館。在一家專做陸客的珊瑚賣場，一位員工興致勃勃地告訴我：「『正典飯店』老闆是中資，曾經來這裡找我們董事長，我見過。」[2]接著，我追到一家專做陸客的飯店，少東說：「『正典』被傳聞是陸資，但其實不是……但可能有讓陸資入股……還有，那個『海灣飯店』，陸客來之前，連虧五、六年，後來是讓陸資入股，拉陸客，才起死回生。」這樣的回答讓人更加摸不著頭緒。甲說乙是陸資，丙說乙不是陸資，但又說可能有陸資入股。我繼續追訪了一些人士，狀況依然如此：受訪者互相指稱對方是陸資，但是沒有人承認，也沒有人可以證實。在這個距離台北遙遠的後山，人們這樣習以為常地互比食指，卻拿不出證據，說不出所以然。

在安靜明亮的東部，「陸資」身影模糊而不透明，政治人物急於撇清，資本企業也不願被研究。人們知道「它」正在影響我們，但卻欲言又止。人們知道跟「它」沾上邊有好處，但也怕被指指點點。為何人們對陸資合作者指指點點？一個主要原因，即陸資與陸客團的到來，讓一些人在短時間內獲得了可觀的利益，但獲利的模式令人質疑（或垂涎），包括徘徊在法律邊緣的操作，以及政商結合產生的特權利益。

在陸客產業「一條龍」操作下，台東被塑造成「紅珊瑚專區」。我訪談過一位曾經在「紅森林珊瑚」工作的銷售人員，她說賣珊瑚，最關鍵的是「話術」，如何將紅珊瑚講得天花亂墜，賣場裡如同「詐騙集團」：

1　田野訪談。本文定稿時刻，《報導者》刊登一系列調查報導指出：發現傅崐萁及家族在「理想大地案」中，涉及引介中國國營企業「北京控股集團有限公司」來台買地；資料來源：陳彥廷、游婉琪，〈理想大地案外案　傅崐萁引中資買地？〉，《報導者》，二〇一六年十一月二十一日，https://www.twreporter.org/a/hualien-fu-kun-chi-china-enterprise。

2　本文中使用的飯店與賣場名稱皆為化名。

團客進來後，賣場鐵門就拉下來，（讓團客）進來待半小時到一小時；賣場的設計會用許多高高的櫃子隔間，讓人很難一下子找到出口。珊瑚價錢很高，像「紅珊瑚小水滴」，一件一、兩萬人民幣；「迷你紅珊瑚」一個也要五千元台幣。「玫瑰珊瑚」在一般小賣場（下殺到）三、四百塊的也有人在賣，但我們那裡，大件的可以賣到四十萬。我們的貨到底是真是假，我也不清楚，不過看起來就是比外頭那種假的好看。（退傭方面）我們家是退五成給旅行社，旅行社再退給導遊。[3]

這位受訪者提供的數據以及遊戲規則，明確而具體；紅珊瑚賣場中的規則，與飄忽不定、難以捉摸的中資身影，形成強烈的對照。陸客團一條龍指向特殊的「利益鏈」，這個利益鏈結合外來中資與在地資本，這種「合作關係」聯合壟斷了陸客團帶來的經濟效益，而聯合壟斷本身又預設了不欲人知的政商關係網絡。所謂「一條龍」模式，只是盤根錯節政商關係的一小部分。

資本的流動經常迴避法規，或刻意保護其所謂的「商業機密」，這是資本的本質，但中資在台灣具有另外一層政治意義，這層政治性格使其「不透明性」更高。因為中資與它的合作者，不想被看到，不想成為研究對象。實際上，與中資、陸客有關的現象，可以通過調查而獲得清楚的輪廓；但這些故事在「鄉野傳說」中卻面貌模糊，甚至被刻意「遮蔽」起來。遮蔽本身，即構成耐人尋味的問題意識。

二、重複上演的劇碼

二〇〇九年七月，新疆發生抗中暴動，遭到殘酷鎮壓，中國政府並指控流亡在美國的維吾爾人領袖熱比婭（Rebiya Kadeer）主導這場暴動。新疆事件引發全球關注。同一個月，澳洲墨爾本國際電影節放映熱比婭紀錄片《愛的十個條件》，並邀請熱比婭出席影展；中國抗議無效。九月，高雄市政府宣布將在十月高雄電影節放映《愛的十個條件》，引起高雄市觀光業者抵制，中國國台辦發言人在九月二十日聲稱：

> 高雄市一些勢力不顧台灣各界和社會輿論的反對，執意放映這部歪曲事實、美化民族分裂分子的影片，是對恐怖暴力犯罪活動發出的錯誤信號，我們對此堅決反對。我們相信包括高雄市各界在內的台灣同胞能夠認清問題的真相。我們敦促高雄市有關方面不要一意孤行，不要在兩岸關係上再挑事端。[4]

---

3 田野訪談。

4 〈國台辦談話火藥味濃，但有分寸〉，《中國評論新聞網》，二〇〇九年九月二十一日，http://hk.crntt.com/crn-webapp/doc/docDetailCreate.jsp?coluid=93&kindid=5771&docid=101081787&mdate=0322223904。

中國除了口頭壓力，還短暫執行「陸客不進入高雄」政策，加上台灣內部要求撤片的聲音，帶給高雄市政府巨大壓力；但另一方面，公民社會與當時反對黨民進黨的抗議，也讓高雄市政府獲得堅持的力量，雙方拉鋸的結果，高雄市政府最後沒有撤片，但也付出政治代價。

二〇一六年，民進黨蔡英文當選總統。蔡英文上任之後不接受「九二共識」，中國開始施壓，其中一個劇碼就是「關緊陸客水龍頭」。北京在釋放陸客減量消息的同時，台灣內部傾中的新聞媒體、利益團體、政治人物同步發出「配合」的聲音，並舉辦遊行示威；[5]北京還策動支持「九二共識」的縣市長前往中國會商。對蔡政府的壓力，似乎排山倒海而來。

這一次，台灣社會同樣出現抗拒中方壓力的行動。有趣的是，這次的抵抗突顯了「鄉民」的自發行動，以幽默、挖苦的風格破解「陸客經濟效益論」。根據《中國時報》報導：

> 鳳梨酥一年產值約兩百億，目前全體店家合計掉了兩成多，相當於一年減少四、五十億。通常伴手禮都是團客在離台前一天在台北地區購買，因此主要影響範圍集中在大台北地區。而業者就算開發歐美客源也沒用，因為歐美人不愛鳳梨酥……。[6]

但這則報導立即被鄉民「打臉」。[7]鄉民們查證經濟部統計資料，並加上他／她們的評論：

全國、全年、全部的「烘焙炊蒸食品業」也不過兩百四十億，妳鳳梨酥居然可以占兩百億？包子、饅頭、各式麵包、餅乾、太陽餅……成千上萬種烘焙產品，居然以鳳梨酥占大宗？我們烘焙業什麼時候以鳳梨酥為主食了我都不曉得？是騙大家都不會上經濟部查數字？[8]

某報號稱鳳梨酥一年產值減少五十億元耶，不考慮淡季旺季的因素，一個月平均要減少四億一千六百萬以上，也就是一個人要消費將近八千元的鳳梨酥才能夠達到這個數字，以台北市南京東路某鳳梨酥名店最普遍的包裝三百六十元來看，至少一個人要買將近二十二

5 這次遊行是由一條龍業者組成的「百萬觀光產業自救會」動員，包括旅行社、旅館、導遊、精品購物、遊覽車等行業公會。

6 〈陸客減，吃住生意差很有感，鳳梨酥少五十億，飯店減薪裁員〉，《中國時報》，二〇一六年八月二十五日，http://www.chinatimes.com/newspapers/20160825000406-260102。

7 說「立即」不為過，因為《中國時報》的報導刊登在中時電子報的時間是二〇一六年八月二十五日四點十分，而《批批踢實業坊》出現的第一則反駁貼文在六點零二分，相隔不到兩個小時。

8 資料來源：批踢踢實業坊，二〇一六年八月二十五日六點零二分，https://www.ptt.cc/bbs/Gossiping/M.1472076125.A.0EF.html。筆者複查經濟部統計處網站「工業產銷存動態調查產品統計」（http://dmz9.moea.gov.tw/gmweb/investigate/InvestigateDA.aspx），發現二〇一五年「烘焙炊蒸食品」總銷售值大約兩百七十億台幣，二〇一四年大約兩百五十七億台幣。鄉民引用的數據與官方數據稍有出入，但其描述基本上吻合實際狀況，也證實了《中國時報》報導之誇張不實。

盒～～～一家四口來台灣玩，買個九十盒的鳳梨酥回去當伴手禮，應該很合理吧～～～[9]

這些原本刊登在《批踢踢實業坊》的文字，很快在臉書等社交媒體上擴散，再被新聞媒體引用而放大其效應。鄉民打臉文成為抵制「陸客經濟效益論」的「反劇碼」。北京對台施壓的力道也被鄉民的嘲笑稀釋了。

相隔七年的兩個事件，時空與政治結構已經改變很大，但其中卻存在著相同的劇碼：中國政府以「陸客團」作為威脅的工具，而台灣內部相關利益團體與政治人物同步施壓，配合演出。二〇〇九年是針對民進黨執政的高雄市，二〇一六年則針對蔡英文主政的民進黨政府。不同的是，北京這次施壓的力道更大，動員台灣「在地協力者」的範圍更廣。我們可以發現北京對台灣施展影響力的戰術在演化，更加系統化地操作陸客團這個槓桿；而台灣的抵抗力也在演化，從熱比婭事件時的人權論述，演變為網路世界自發的論述破解。

上述事件，只是北京對台施行政治影響力的冰山一角，而且是比較容易觀察的例子。自二〇〇八年以來，台灣各個領域都可見北京操作的痕跡，包括：

- 新聞媒體：中國政府採取置入行銷購買新聞；影響台灣的新聞自由，並誘導新聞從業者進行自我審查。
- 宗教交流：特許台灣頭人在中國蓋媽祖廟、從事土地開發，形成跨海峽政教利益集團。

- 文教領域：高中教科書課綱微調爭議中的統獨意識之爭；被中國領導人習近平「召見」的統派學者擔任課綱微調召集人。
- 影視圈：中國打壓所謂「台獨藝人」，周子瑜事件、戴立忍事件層出不窮；以及更早的三立電視台抽換談話節目主持人事件。
- 軍事情報領域：退休將領絡繹不絕到中國交流，引發國家安全的質疑。
- 警察系統：一個以「推動兩岸文教交流」為宗旨、在北京派駐代表的基金會，與台灣的警察學校籌辦研討會，探討「包公信仰在海峽兩岸的發展」。[10]

以上事例指出，中國因素滲入台灣社會的程度，已經變成我們「日常生活」的一部分。

本書的問題意識，圍繞著中國因素的日常性（everydayness），旨在調查中國因素無所不在的影響力。我們通過研究與書寫，指出在各個議題領域中，中國因素作用力的模式，北京施展政治影響力的機制，以及在地協力者的運作。中國崛起對台灣的衝擊日益增多，激發人民的抵抗行動——例如反媒體壟斷運動與太陽花占領運動——已經逐漸受到重視，但仍需要系統性、

9　批踢踢實業坊，二〇一六年八月二十五日十二點十九分，https://www.ptt.cc/bbs/Gossiping/M.1472098745.A.9BC.html。

10　該研討會因為立委的質詢，最後並沒有與警察學校合作。

總體性的分析。而隨著公民抵抗行動的浮現，我們也需解析中國因素的「反作用力」。本文即是對中國因素作用力與反作用力的總體圖像提出分析架構。

三、中國因素：概念界定

中國經濟崛起之後，影響力遍及全球，帶來全球性的「機會」，也造成全球的「焦慮」與「威脅感」。中國政府近年挾其財力，善於利用資本與商業活動，利用人性中普遍存在的利益動機，包裹其統戰目標。因此，「以商業模式做統戰」已經成為其全球操作的利器。然而，中國對全球的影響力卻不是均質的，它會因為各國的國家規模、國力，以及地緣政治中的位置，而產生不同性質、不同程度的影響。目前，國際學術界對此現象的研究正方興未艾，嚴謹的知識也才剛開始累積。

過去二十多年，台灣經濟高度「吸納」或「整合」進中國經濟系統之中，各層面的社會交往也相當頻繁。台灣有數十萬人口常駐中國，而中國到台灣的商旅人數每年亦高達數百萬人。但在這熟悉與活絡的現象底下，卻潛流著疏離與排斥感。疏離感來自長期的社會隔離：台灣在二次大戰後經歷了一段混亂、掠奪而充滿悲劇的「接收期」（一九四五～一九四九年），隨後的冷戰，讓海峽兩邊各自走上迥異的歷史軌跡；一九八〇年代後期，兩個社會再度碰頭，而直到一九九〇年代，兩邊政府才恢復接觸。

排斥感則來自北京的軍事與政治威脅。中國從一九九〇年代開始累積大量的國家財富後，便拋棄鄧小平「韜光養晦」的教義，急於在世界政治舞台嶄露頭角，這個追求「民族偉大復興」的國家，帶給了世界不斷膨脹的威脅感。中國在拉美、非洲的投資開發，甚至引發殖民主義的批判。量體驚人的中國，在其周邊區域映射了龐大的投影，使得周邊許多國家異常不安而擾動，其中香港（作為一個政體〔polity〕分析）與台灣首當其衝，衝擊深入。「市場的誘惑」，以及「政治的威脅」，已經成為台港社會面對中國無處不在影響力的通用語彙。而中國民族主義的話語與舉措，在台港兩地都遭遇年輕世代的頑強抵抗。總之，在中國經濟急速崛起之後，全世界猛然「重新發現」中國因素的威力。

本書探討中國政府如何結合「市場」與「政治」兩個元素，追求其對外影響力。台灣是中國投放影響力的前哨站，也是研究中國效應的最佳個案之一（另一個是香港）。本文對中國因素的「作用力」，提出分析架構，並指出「作用力帶來反作用力」這個令北京政權與跨海峽政商權貴感到不舒服的「社會規律」。從方法論的角度，中國因素作為全球現象，台灣不是中國因素的特殊案例，而是一個典型個案。台灣與中國影響力的「親密互動」或「貼身搏鬥」——中國因素的日常性——使得我們獲得如同實驗室般的觀察機會，將中國影響力的肌理，做清晰而具體的描繪。

中國因素近年成為常用語彙，不只在台灣，也在香港與國際社會被廣泛使用，有幾個原因：一、二十一世紀初以來，中國崛起之後的資本積累、國家財政能力與國際政治影響力，使中國成為國際中不可忽略的行為者，並促使地緣政治產生變化；二、中國政府有意識地使用其權力資源，結合經濟與政治目的在全球運籌；三、中國與其周邊國家的政治摩擦和軍事衝突潛勢明顯化；四、這點特別與台灣與香港有關，這兩個國家／政治體屬於中國周邊「核心利益區」之一，北京的統戰工作在這兩個地方特別活躍、特別不避諱。

中國因素這個概念，從被籠統使用到趨向嚴格定義，是一個漸進的過程。英文學術文獻中常使用China factor一詞，但缺乏嚴謹界定。[11]目前，在台灣公共領域討論與學術研究中，中國因素被用來指涉不同層面的議題領域與分析取向：

第一，國家安全、主權、國防軍事領域的效應。例如「九二共識」涉及的「一中原則」爭議、中國空軍「繞行台灣」、航艦穿越台灣海峽，以及南海島礁主權爭議所引發的國家安全、國防的關切。

第二，介入選舉。中國政府自一九九〇年代即開始介入台灣選舉，一開始採行直接的軍事恫嚇，二〇〇〇年之後每次全國性選舉動員台商回台投票，二〇一二年動員台商支持「九二共識」等手法。

第三，產業衝擊。例如台商大量投資中國，導致台灣「產業空洞化」的憂慮；中資來台投資、購買台灣ＩＣ設計公司，以及「紅色供應鏈」興起對台灣產業經濟的影響等等。

第四，族群、國族、認同政治方面的效應。例如陸配與其他外配之間是否存在公民身分權利取得上的不公平；「統獨爭議」，以及各種國族主義之間的競爭與對抗關係；二〇一六年台灣大選前發生的「周子瑜事件」等等。

第五，文化、宗教、社會方面的互動與影響。例如陸客觀光團對台灣的環境影響與政治效應，二〇一六年「陸客團減量」的衝擊；中國政府對台灣媒體與輿論的影響；高中教科書課綱修改爭議；兩岸媽祖信仰交流對於台灣宗教生態的重塑，以及對地方派系政治的影響等等。

第六，新聞媒體效應。例如親中台商購買媒體影響輿論，中國政府對台灣媒體的置入性行銷，台灣媒體為迎合中國政府而採行自我審查等行為。

以上六個議題領域可能重疊，但仍有必要做出區分，因為不同類型的議題，在分析層次會有差異。第一、二點，乃是典型現實政治領域的議題；第三點屬於經濟產業議題；第四、五、六點涉及文化與意識形態議題，但經常夾帶著物質誘因與政治利益。本書各章將討論這些議

11　例如Che-Po Chan and Beatrice Leung, "The Voting Propensity of Hong Kong Christians: Individual Disposition, Church Influence, and the China Factor", *Journal for the Scientific Study of Religion*, 39(3), 2000 September, pp. 297-306; Lowell, Dittmer, "Taiwan's aim-inhibited quest for identity and the China factor." *Journal of Asian and African Studies*, 40(1-2), 2005, pp. 71-90; Emerson, Niou, *The China Factor in Taiwanese Politics.* Paper presented at the conference of Democracy and Diplomacy in East Asia hosted by University of Tokyo, 2011。

題，並分析議題領域之間的關聯性。

中國因素原初是一個啟發性的概念，因此在進行經驗研究時，必須描述出可操作的定義，並發展因果機制的命題。本文將從政治經濟學、地緣經濟學、政治社會學等理論角度，提出一個分析架構的原型，分析中國因素的起源、機制，與後果。這個研究將中國因素定義為：

中國政府運用資本與其他相關手段，對他國或境外地區從事經濟投資、吸納或整合，使其在經濟上依賴中國，進而方便執行政治目的。若將「中國因素」放在兩岸政經關係脈絡中，其作用機制常以下列模式進行：中國政府運用財政能力，給予某些台商與政治人物特殊優惠（或「特別照顧」）而使之成為「在地協力者」或「政治代理人」；或運用中資、親中台商、跨海峽資本，在台灣進行採購，或企業的收購、入股、併購，並進而影響台灣的企業行為、政府決策、媒體輿論、民眾態度，或政治秩序。透過上述作用，使中國（包括中國政府、中資與跨海峽資本）的影響力進入台灣政治、經濟、社會、文化和生活各領域，讓中國因素引發效應。[12]

從上述操作性定義出發，我們就可以在從事經驗檢證的同時，對此定義進行批判性評估，並持續完備該定義。

四、以商業模式做統戰

中國政府對台灣施展政治影響力的模式，可以歸類為直接施力和間接施力兩個類型。直接施力即是權力（power）與強制力（coercion）的展現，其運作方式為：中國政府對台灣具有某個政治意圖（policy intention），直接執行行動或政策，試圖影響台灣方面的行為，從而達到其政策目標（behavioral and policy effect）；亦即，從（A）到（D）的過程（參見下頁，圖一－一實線箭頭）。例如，一九九六年台灣舉行歷史上首次總統直選，解放軍對台舉行軍事演習，擺出威脅台灣安全的姿態，試圖擾亂台灣總統大選進行；二〇〇〇年台灣總統選舉前夕，當時中國國務院總理朱鎔基發表電視談話，警告台灣人民勿支持民進黨。但是，中國政府對台灣直接施壓，往往適得其反，達不到它企圖的目標。因此，從二〇〇〇年代中期以後，間接施力逐漸成為主要操作模式（參見圖一－一虛線箭頭）。間接施力的作用機制比直接施力複雜許多，其中包含兩個關鍵環節。第一層環節是建構「跨海峽政商關係網絡」（B），第二層環節是在台灣培育「在地協力者網絡」（local collaborative networks）（C），使其成為中方操

12　這個定義修改自吳介民、廖美，〈從統獨到中國因素：政治認同變動對投票行為的影響〉，《台灣社會學》二九，二〇一五，頁九二～九三。

圖一－一　直接施力與間接施力：中國對台灣施展政治影響力的機制

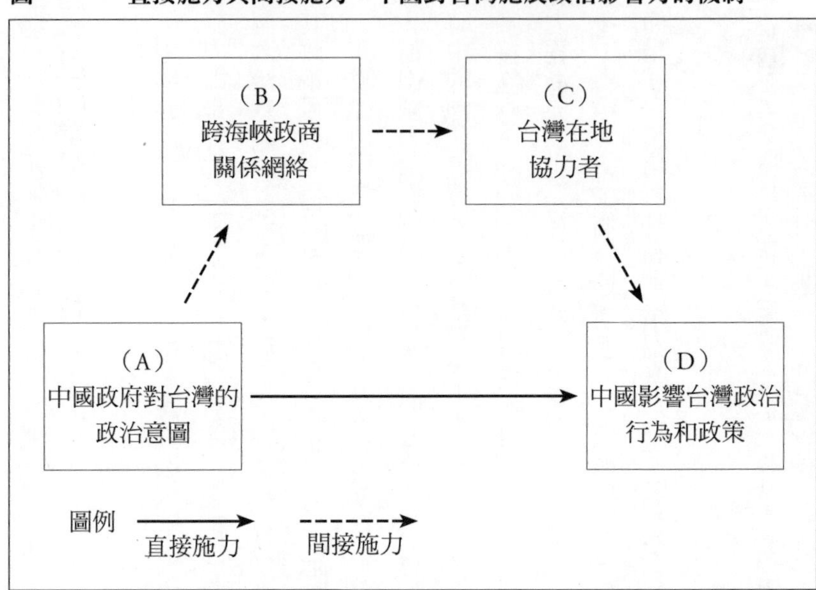

作影響力的槓桿，進而執行其所欲的政治目標。中國政府最近幾年操作得駕輕就熟的所謂「以商圍政」策略，就是間接施力，其本質就是以商業行為（資本運作）來包裝政治影響力與意識形態作用。

要掌握本文的分析架構，必須先了解中國政經體制的特質。中國政體結合了列寧主義式黨國體制與國家資本主義，政治權力與經濟資本高度鑲嵌。[13]在這種政治經濟體中，要區分純粹的資本行為與純粹的政治行為，相當困難，甚至沒有意義；而政治行為與經濟行為的共構，不但普存於中國國內，也是中國政府對外行為（包括統戰工作）的特色。因此，這個政權透過政經權術（economic statecraft）細膩操作，[14]塑造了跨海峽政商關係網絡。中國對台的統戰策略，可以概括為「以商業模式做統戰」，它對台執行經濟統戰，以「讓利」、「惠台」為名，達到預期的「以商逼政」效果。

科藍茲克（Joshua Kurlantzick）和林培瑞曾提出中國控制國內媒體的「審查商業化」（commercialization of censorship）概念，他們指出：中國當局已經發展出比直接控制媒體更加細緻的方法，來操控媒體內容並誘導自我審查，包括媒體審查商業化；亦即，將審查工作「外包」給提供網路服務的公司與私人行動者，並擴及到海外廣播。[15]這些接受政府委辦審查的公司與個人，其角色即為政府施政的「協力者」或「代理人」。本文進一步指出，以商業模式做新聞審查以及統戰工作，已經延伸到中國的對外行為，我們可以在中國對台工作中清楚觀察這種操作模式。

根據此分析架構，中國因素之所以能夠在另一個國家（政體）發生作用力，除了跨越國界

---

13 吳介民，〈權力資本雙螺旋〉，收錄於吳介民（編），《權力資本雙螺旋：台灣視角的中國／兩岸研究》，台北：左岸文化，二〇一三，頁五～十八。

14 諾里斯（William Norris）分析了中國利用商業機構對外進行政經權術的操作。其中，對於兩岸政經關係，與本文具有平行的個案分析，但他沒有從組織與制度的角度分析跨海峽政商網絡，也缺乏在地協力者的概念。參見William Norris, *Chinese Economic Statecraft: Commercial Actors, Grand Strategy, and State Control.* Ithaca: Cornell University Press, 2016。

15 Joshua Kurlantzick and Perry Link, "China: Resilient, Sophisticated Authoritarianism," in *Undermining Democracy: 21st Century.* Freedom House, Radio Free Europe/Radio Liberty, Radio Free Asia, 2009, pp. 13-28.

的政商關係，還需要「在地協力者」之中介。在台灣個案中，中國政府先透過跨海峽政商網絡，編織綿密的人際關係，進一步於台灣在地社會培育在地協力者，如此才能深入台灣社會內部發生作用；而在地協力者則從跨海峽政商網絡獲得利益的輸送。這種利益輸送藉由「讓利、惠台」之名，以「商業模式」進行，因此無法在表面上直接辨識其政治動機。而且，在地協力者獲得來自北京的利益輸送，與其執行「北京代理人」的政治行為存在時間差。這種利益交換的關係，就如同「禮物」交換，往往不是在同一時間進行。要言之，這種影響力模式要能夠發生，必須先訴諸行為者的「自利」動機，使其利益考量依附中國政府，或顧慮中國的反應，進而使其行為契合中國政府的統戰目標，或在關鍵時刻施行北京所欲的政治行為。

諸多議題領域都可發現在地協力者網絡。新聞媒體領域，親中媒體在編採機制與置入性行銷團隊（例如「旺中集團」）；陸客團產業鏈中，各個環節的公會組織轉化為遊說團體，以及與之搭配的政治人物（例如「熱比婭事件」的各種施壓團體）；引介中資來台的各種政商俱樂部與資本家組織（例如「連戰訪中團」、「兩岸企業家峰會」，還有各種資本部門組成的公會）；中介虱目魚契作的地方政商網絡（例如台南學甲當地的派系與政商網絡）。這些團體與個人，在中方施壓或影響台灣的過程中，皆扮演著「代理人」的角色。

觀察中國政府二十年來對台灣施壓的方式，總體趨勢是從直接到間接，從軍事威脅轉到「以經濟利益誘導」為主軸。然而，值得注意的是，中國在執行間接施力時，並沒有放棄直接施力，例如軍事威脅、外交圍堵等等，只是從舞台前景隱身到幕後，但卻不曾停止操作。而在真實的經驗世界，許多案例的作用機制，皆結合了直接施力與間接施力兩種純粹型，例如典型的「熱比婭事件」，以及發生在香港的「反國教運動」，本書其他文章皆有深入討論。

同時，關於這個分析架構，另有幾點說明：

一、這個分析架構的定義是韋伯方法論意義下的理念型，作用在於幫助我們分析一個政治經濟行動的因果過程機制，以這個定義所描述的輪廓，作為詮釋行為的準則，並測量一個統戰活動與理念型的吻合度有多高。當我們就每個具體個案進行觀察時，實際發生的情況可能「偏離」理念型，但這並不妨礙此概念架構在方法上的效用。相反地，如果不先建構一個理念型的定義，經驗研究將難以展開。同時須注意的是，這個理念型乃建構在人類行為中、物質利益誘因的基礎上，但是隨著我們對中國因素的理解日漸深入，也需要將「理念利益」（ideal interest）的誘因，納入分析視野。這點在後文將再做討論。

二、台商的定義。兩岸經濟關係經過二十多年的進程，「台商」一詞雖然仍是最通俗易懂的詞彙，但其實已經越來越難涵納目前遊走於兩岸之資本活動的複雜性。因此，筆者提倡「跨海峽資本」這個新的概念。廣義的跨海峽資本，指涉以下幾種類型：（一）一般通稱的、在中國從事投資的台商，包括早期西進的許多大小型台商；（二）返台投資的台商，這些企業規模大小不一，但以「旺旺」、「頂新」等大型台商回台進行收購最為顯著；（三）在海峽兩岸從事經營的企業集團，其中包括不少與中資合作之台資，例如「潤泰」、「鴻海」、「台塑」、「裕隆」、「華新麗華」、「國泰金控」等等，（四）來台進行投資、併購、交叉持股等營運的中資；其中一部分中資是以港資或第三國的身分來台。到目前為止，以第一、二、三類的資本集團對台灣的政治社會影響較為顯著，第四類的影響則是逐漸浮現。

三、北京預期透過中國因素達成的實際效果，與兩岸間政經、社會脈絡有關；當相關條件改變，其效果也會隨之放大或減縮。因此，本文定義「代理人模式」的作用力，其效用與限制，很大部分取決於台灣國內政治與社會的回應方式，是多股力量的拔河；亦即，抗拒代理人力量的反作用力，會抵消其作用力。

四、中國因素發生作用的國際政治經濟脈絡是「新自由主義」或「新重商主義」？首先參照前文對中國政經體制的定性說明。一些學者以新自由主義制度論的功能主義，來解釋兩岸之間經貿互動，並認為是「新自由主義」在其中推動，但最近的研究證實「新自由主義腳本」已遭遇中國經濟民族主義與地方保護主義的掣肘。[16]反之，我們觀察到的是更多的國家行為：中國資本主義的運行模式，幕後的重要推手是黨國官僚利益，並且帶有濃厚的政治意涵。故而，以新重商主義之發展國家來描述中國資本行為，當比新自由主義更為精準。[17]如前述，在中國許多表象上的市場（資本）行為，內核是由國家操作的政治經濟行為。中國對外的經濟行為，同樣帶有濃厚的政治意涵，例如透過「私營資本家」在海外收購媒體這類「商業行為」。[18]此種政治與經濟混合的行為，乃是借市場之力，行政治之實。因此，從本研究的角度，中國因素的作用力，在理論意義上，偏向新重商主義下之政經權術的運用。

五、在地協力者網絡：個案分析

中國因素所意圖的政治影響力，從全球層次到區域層次皆可見其軌跡，其中又以台灣與香港的活動最為明顯。本節以在地協力網絡切入，分析台灣經驗在不同議題領域個案。

（一）培育政治代理人

這種模式包括數種類型或不同類型的混合型：一、通過政黨人士與政商人物的引介，中國官員在台灣各地建立政商網絡，例如國台辦官員在台灣各地的參訪與採購活動，利用所謂的「全省走透透」，直接建立其與地方派系和「擬樁腳」的關係，嘗試建構以北京為「主」、台灣各地派系與利益集團為「從」的「特權化主從關係」（clientelist relationship）；從實證調查，我

---

16 Yi-Wen Yu, Ko-Chia Yu and Tse-Chun Lin, "Political Economy of Cross-Strait Relations: Is Beijing's Patronage Policy on Taiwanese Business Sustainable?" *Journal of Contemporary China*, 25 (99), 2016, pp. 372-388.

17 Dani Rodrik, "The New Mercantilist Challenge." http://www.project-syndicate.org/commentary/the-return-of-mercantilism-by-dani-rodrik, posted 2013/1/9, accessed 2016/1/25.

18 戴瑜慧，〈中共「文化走出去」政策的新推手：中國私營資本家與海外媒體收購〉，《中華傳播學刊》二四，二〇一三，頁三～四一。

們可以發現這樣的政商網絡已從全國層次滲入地方基層，直到村里層次。二、政商關係連結，代理人模式目前可被清楚觀察到的有「連戰模式」與「光彩模式」。連戰模式通過國共平台與各種政商俱樂部，以兩岸高層次之政商關係網絡為媒介；光彩模式則以中小企業與地方型利益為主，主要的活動範圍在地方政府層級。三、中資來台投資，也需要借助在地政商協力網絡，一部分即透過前述高層政商關係連結進入台灣。中資進入台灣後若構成「生態圈」，並建立可直接掌控的在地協力網絡，其影響力將越過代理人模式，直接介入台灣內部，香港即相當接近此一情況。

黃健群（參見本書第二章）觀察到，中資目前實際進入台灣的數量仍有限，主要原因在於台灣政府對中資設置了一些防衛措施與審查機制。但他也提出一個很有趣的問題：中國投資海外的動機包括獲取資源、占有市場、取得技術，與進入國際金融資金，而若從中方角度看來，台灣投資市場狹小、限制重重，但為何還是有些中資想盡辦法進入台灣？黃健群論證，中資來台除了「布局台灣市場作為進軍國際市場跳板」與「收購產業技術」（尤其是對ＩＣ設計業的收購、挖角）這兩個動機之外，還存在明顯的政治動機與政商關係活動。包括金融、房地產、工程、媒體文化、資訊、航運、鋼鐵、旅遊等產業的中資，都以經營台灣政商、社會關係為主，獲利並非其主要考量。而許多中國駐台機構，包括「機電商會」和「海貿會」，都負有推動「投資促進」與經營政治、社會關係的任務，並與「台灣立法委員合作推動公益活動」。

（二）新聞媒體

最近幾年，一般民眾已普遍認知到，中國政府試圖影響台灣媒體報導與輿論走向。中國透過代理人模式在台灣施展的政治影響力，同時作用在產業層次以及企業組織層次。川上桃子（參見本書第十一章）指出，在產業層次，中國影響力滲入台灣有四種模式：一、台商返台收購媒體；二、中國政府購買新聞（置入性行銷）；三、購買台製綜藝與影劇節目，影響電視頻道的言論空間；四、中國政府與台灣媒體之間交流的日常化。

中國政府通過媒體置入性行銷與利潤誘因，而達成台灣新聞媒體自我審查，最明顯的個案是「旺中模式」。[19]「旺旺」企業早在二〇〇八年即返台購買媒體並成立「旺中集團」，扮演著販賣新聞、置入性行銷代理人，以及宣揚中國「盛世」的角色。[20]但直到二〇一二年爆發

19 筆者曾對旺中操作親中媒體輿論的模式與經濟動機做了詳細描述，參見Jieh-min Wu, "The China Factor in Taiwan: Impact and Response," in Gunter Schubert ed., *Handbook of Modern Taiwan Politics and Society*, Routledge, 2016, pp.425-445。

20 參見杜聖聰，《兩岸真相密碼：中共對台宣傳的政策、作為與途徑》，台北：秀威資訊，二〇〇八；羅世宏，〈中國形象·台灣製造：初探「盛世中國」的媒體建構，以台灣《旺報》為例〉，發表於中華傳播學會二〇一〇年會，二〇一〇年七月三～五日；田習如，〈中國大陸政府置入台灣媒體，食髓知味〉，《財訊》六四，二〇一〇。

「旺中事件」，才普遍揭露出旺中集團代中國政府向台灣媒體購買新聞事蹟。類似「旺中」這種媒體行為，即是扮演在地協力的角色，因此我們也須將觀察焦點移向企業組織層次。川上指出，媒體高層管理者扮演了顧慮中國反應的「守門員角色」，而此種對中國顧慮的新聞處理行為，進一步擴散為自我審查的機制。張錦華與陳菀欣的研究指出，在新疆衝突問題的報導上，《中國時報》的報導在「消息來源」、「報導類型」、「報導立場」、「衝突歸因」等指標，都貼近中國官方媒體；而《聯合報》也有類似傾向：「在台灣媒體當中，《中國時報》和《聯合報》皆大量採用中國官方報導作為消息來源，進行編譯報導，《中國時報》的報導甚至全部皆以中國官媒為主要消息來源。」在這個分析中，問題已經不僅限於媒體的「自我審查」，還惡化為台灣媒體直接將中方「報導框架」與新聞來源置入本地的媒體內容。[21]

此外，川上認為，中國影響力之所以長驅直入台灣媒體機構，主要是透過媒體企業所具有的私人企業屬性，同時並以此論證在親中媒體工作裡的新聞從業者順從，甚至強化自我審查機制的心理現象。這個論點，與李嘉艾的研究發現相符。李嘉艾對「親中媒體集團」進行個案田野調查，發現負責人確實會影響編輯台與記者的行為。她的解釋架構同時包含「資本因素」與「中國因素」，論證兩個因素產生互動而造成自我審查的後果。[22]張錦華（參見本書第十二章）則進一步論證，「旺中案」顯示中國政府對台灣媒體場域的介入，不僅限於所有權、編採人事新聞專業及言論傾向，更可能擴及廣告生態和產銷生態。

（三）介入選舉

中國政府對台灣選舉的干預，從一九九六年以來，不曾停止。但是，一九九六年與二〇〇〇年兩次總統選舉，北京採取直接施力的方式，都造成反效果，於是便逐漸轉換為間接施力，或直接與間接混用的模式。觀察過去二十年，北京透過各種管道，意圖影響台灣的選舉結果。其中，一個「例行現象」是：中國「國台辦」系統每逢台灣重要選舉，即動員台商、台幹返台投票，並且協助返台投票者取得機票優惠。[23]

北京干預台灣選舉的代表作是二〇一二年的總統大選。當年，國台辦再度協調兩岸航空公司打折機票，並透過「台企聯」與各地台商協會，以補貼機票費用等方式，「鼓勵」派駐中國

21　參見張錦華、陳莞欣，〈從人權報導觀點分析五地十報新疆衝突報導框架〉，《新聞學研究》一二五，二〇一五，頁一～四七。

22　李嘉艾，《台灣媒體生產政治中的中國因素與獨裁者邏輯：以C集團為例》，國立清華大學社會學研究所碩士論文，二〇一五。

23　參見吳介民，〈政治ゲームとしてのビジネス——台湾企業の政治的役割をめぐって〉（作為政治競賽的商業活動：台商的政治角色），收錄於園田茂人、蕭新煌（編），《チャイナ・リスクといかに向きあうか—日韓台の企業の挑戦》（怎麼面對中國風險：台日韓企業的挑戰），東京：東京大學出版會，二〇一六，頁三五～七四。

的台灣工作者回台灣投票。[24]但更引人注目的戲碼是：台商企業集團（即跨海峽資本家）出面支持「九二共識」。所謂「九二共識」是北京要求台灣接受「一個中國原則」的代名詞。二〇一一年十二月，總統選舉前幾週，數十個企業集團負責人以輪流召開記者會、集體刊登報紙廣告等方式挺「九二共識」；兩岸經貿議題成為大選焦點，有利於國共兩黨操作這個「議題所有權」，說服所謂「經濟選民」的支持。值得一提的是，挺「九二共識」的企業家之中，有十人名列「兩岸企業家峰會」的理監事名單，由此可見該組織在跨海峽政商網絡中的重要性。[25]

一些針對二〇一二年總統選舉的實證研究，都證實了「九二共識」議題效應對大選結果造成顯著影響，並偏向有利於國民黨候選人馬英九。[26]筆者的研究顯示：二〇一二年選舉後，選民對「九二共識」的態度，在全體受訪者中有百分之二十七點二傾向支持，百分之十六點二傾向不支持，百分之四十二點四表示中立或不確定立場，其餘百分之十四點一為不知道九二共識者；再以多元邏輯回歸分析，發現在控制其他變項之後，支持九二共識者強烈支持馬吳，而不支持九二共識者非常不支持馬吳。從上述統計分析可以推論，當年操作「九二共識」議題確實對國民黨候選人有利。[27]

（四）陸客觀光團

「陸客觀光團」這齣劇碼，可說是中國崛起之後，人類觀光史上的嶄新發明。雖然策略性的觀光布局，早已是中國外交政策的工具之一（參見本書伊恩章），但要等到中國崛起，並展現出財富與巨量的出國人口，才充分發揮出陸客團的政治功能。二〇〇八年，馬英九甫執政，陸客即大量湧入台灣；一年後，北京將陸客團當做政治籌碼，來執行其對台灣施壓的槓桿。

具體實例是：二〇〇九年，高雄電影節規畫播放新疆維吾爾族海外運動領導人熱比婭的紀錄片《愛的十個條件》，引起中國政府抗議，以不讓陸客團進入高雄觀光作為施壓手段；台灣內部則有立法委員與旅館公會施壓高雄市政府。此事件顯示，中方藉由台灣對中國經濟上的依賴，試圖施行政治上的「影響力槓桿」。但公民社會與反對黨即時、強烈地反應，並採取行動，阻止「愛」片被撤展。這個事件發生在台灣地方政治層次，但涉及的行動者包括：中方國台辦、中國各地方政府；台方則有高雄市政府、高雄市議會及市議員、中央行政部門（行政

24 〈藍綠爭1%關鍵票，中共國台辦利誘二十萬台商挺馬〉，《阿波羅新聞網》，二〇一二年一月五日，http://goo.gl/zgRpT4。

25 同註二三。

26 參見湯晏甄，〈「兩岸關係因素」真的影響了二〇一二年的台灣總統大選嗎？〉，《臺灣民主季刊》十（三），二〇一三，頁九一～一三〇；蒙志成，〈「九二共識」對二〇一二年台灣總統大選的議題效果：「傾向分數配對法」的應用與實證估算〉，《選舉研究》二一（一），二〇一四，頁一～四五；吳介民、廖美，〈從統獨到中國因素：政治認同變動對投票行為的影響〉，《台灣社會學》二九，頁八七～一三〇。

27 參見吳介民、廖美，〈從統獨到中國因素：政治認同變動對投票行為的影響〉，《台灣社會學》二九，頁一〇七、一一五～一一六。

院、陸委會、內政部等）、立法委員、旅遊旅館業者組成的公會、在中國的台商組織、民進黨，以及公民社會團體。在整個事件的過程中，中國因素之「在地協力者」的運作清晰可見，包括泛藍立委、台商組織、旅遊業者利益團體，都向高雄市政府施壓撤片。公民組織與民進黨則採取抗爭行動，支持高雄市政府抗拒中方與台灣政商團體的壓力。結果高雄市政府挺住壓力，「愛」片得以如期播放，但代價是組織策展工作的高雄市新聞處遭市議會裁撤，一直到二〇一〇年底，高雄市與高雄縣合併後才恢復編制。分析「熱比婭事件」，對於了解中國因素的運作機制饒富意味。首先，這個事件顯示北京同時混用直接施力（國台辦出面施壓）與間接施力（利用台灣在地協力網絡）；第二，這個事件是馬英九就任總統後，中國對民進黨執政直轄市施壓的第一個案例；第三，雖然中方動員的壓力極大，但在公民團體與民進黨的抗拒之下，北京要求高雄市政府「撤片」的目的並沒有達成，這是二〇〇八年之後第一件中國因素反作用力的案例。

二〇一六年蔡英文就任總統後，北京再度操作陸客團議題，「減量供應」來台陸客，並試圖操作輿論將壓力導向蔡政府，迫其接受「九二共識」。北京之所以能夠利用管制陸客來台數量的手段對台灣施壓，背後的因素，就是將中國人組團出國觀光當作槓桿，並且形構陸客觀光業之跨海峽政商網絡。蔡宏政（參見本書第五章）指出：中國政府操作「觀光統戰」的政治經濟背景，包括中國特殊的審批與特許制度，控制了陸客供給量，形成買方壟斷的市場，並由中資控制的旅行社集團形成「一條龍」的經營模式；基本上，中國人民出境旅遊是由國家刻意主導的寡占市場，是以商業模式進行政治行動的延伸。這是北京刻意建構的、台灣對中國經濟依賴結構的一環，其操作邏輯是偏好具有良好黨政、人脈關係的尋租者，而這也是中國國家官僚資本主義的內建特徵。但是，這種觀光政治學的操作實則帶有先天的內在缺陷：「利益分霑不均」是中國這種列寧式體制的內在邏輯。

若從本文理論角度進一步詮釋，中國政府透過「惠台、讓利」對台執行經濟統戰，背後是列寧主義式政治邏輯，因此這種「分租」（rent allocation）模式的「機會」，會被親近黨國體制的權貴資本或親信資本（crony capitalism）攫取，這些權貴親信資本包括中國的政商集團，也包括跨海峽政商集團。是以，「分租不均」是「以商業模式做統戰」的內在矛盾，造成分不到租金的政商集團之不滿，並引發內爆。[28] 近年來，北京在檢討對台工作挫敗時，也意識到「『兩岸和平紅利』沒有讓台灣中下層民眾均霑」的問題。

伊恩（Ian Rowan，參見本書第六章）提供一個難得的窗口，讓我們觀察陸客團在台灣行程中與導遊和司機的互動，以及這個基層在地協力網絡的生態和語言，尤其是「購物行程」中的奇觀。伊恩親自參加陸客團的行程，與中國遊客一同在台灣進行了八天的旅遊，並見證了「將台灣納入中國國內觀光空間的展演性腳本」，亦即「在台灣上演一中概念」。他指出，這個旅

28　例如焦鈞研究台灣農產品外銷中國，發現其過程中內部的派系與利益鬥爭；可參見《水果政治學：兩岸農業交流十年回顧與展望》，高雄：巨流，二〇一五。

遊經驗提供他進入「後台」的機會，但這個後台並非「本真文化所謂的後台」，而是「兩岸旅遊經濟包裝、規畫，與資助不透明過程所產生的『後台』」。他觀察到，「台灣作為中國一部分的展演表述，可說是國民黨、中國共產黨歷史、領土與文化想像的混合體；其中，日本殖民時期或是被抹去不談、或是被批評。」最有趣的是，他記錄了在地台灣人導遊如何在介紹景點時，夾帶某些令人驚奇的說法，例如有一次經過榮民之家，導遊提到老兵時說：「陳水扁把他們的福利都砍了，所以他們現在是靠國民黨黨營企業的捐助勉強維生。」購物行程中，在花蓮一家據說是由國民黨經營的寶石店，銷售人員對陸客表示：「買我們的花瓶就是幫助和平統一。」這是操作中國對台政治口號達到盈利目的，而發明的「為了統一而購物」論述；也可以說是前述中國政府「以商業模式做統戰」的逆向命題：台灣商人反過來以中國統戰語言從事商業活動，也就是在賺「統戰財」。

這裡值得注意的是，賺統戰財並非中國政府統戰對象（台商）的專利。無數中國政商也在利用中國的統戰發財致富。我們可以從陸客觀光「一條龍產業鏈」中發現，從中賺取最大利益的，是那些在中國擁有組團特權的旅行社，以及台灣飯店與購物經營者背後的中資利益集團。

六、作用力：延伸與演化

中國政府包裹政治目的的經濟統戰，以社會學的角度，就是透過「經濟系統」來殖民「生活世界」（參見本書鄭祖邦章）。「以商業模式做統戰」是貫串上述協力機制的共同特徵，因此我們聚焦在地協力者的經濟動機與物質誘因。然而，中國政府的統戰模式眾多，「商業模式」是主要手段，但也有些場合會兼採「意識形態誘因」，例如訴諸中國民族主義情感、文化血緣連帶、宗教連帶等等。

因此，上一節對基於物質誘因之在地協力網絡的分析模式，是否適用於意識形態與宗教文化等領域？再者，在意識形態與宗教文化領域，通常會假設是以非物質誘因，或理念利益，作為人們的行為動機，但是否也可能夾帶經濟動機？對於這組問題的探索，可以檢證本文分析架構的可推廣性。

（二）教科書爭議

「教科書爭議」從一九九〇年代以來，就一直是台灣抗爭政治的焦點之一。近年來，高中教科書課綱爭議中，在意識形態上親近中國民族主義、主張刪除或縮減本土教材內容的一方，是否也帶有利益動機，或只是基於純粹的意識形態誘因？鄭祖邦（參見本書第三章）為這個問題的解答提供了一個方向。他的文章指出教科書爭議的背景，乃是源於台灣教育領域在解嚴後的自由化與多元化，兩種民族主義——原先居於霸權位置的中國民族主義與興起中的台灣民族主義——競爭文化霸權的歷史過程。他清楚指出有一個主導課綱往「再中國化」方向修訂的在地協力網絡，以統派學者與「兩岸統合學會」為軸線，不但參與教育部課綱審定委員會，而且還開設出版社、著手編輯高中教科書，猶如旅遊業「一條龍」式的操作。這些統派學者團體主張與中國「文字趨同」、「共用教科書」，其理念相當符合馬英九提倡「識正書簡」、呼籲兩岸合編《中華大辭典》等主張，也得到國台辦正面回應。

在分析方法上，鄭祖邦將本文的分析架構局部修改，區分出兩個關聯的場域，一個是「跨海峽文化與意識形態網絡」，另一個是「在地協力網絡」：

> 「跨海峽文化與意識形態網絡」與「在地協力網絡」間的關連須強調的是兩者間關係的相互性。基本上，在文化和意識形態層面，在地協力者未必是被動或單方面地受到跨海峽網絡制約，因此很難在分析上證明誰制約了誰，這種相互性無法以單純的因果機制論斷，或許用韋伯「親近性」（affinity）的概念更能表達兩者間的連結關係。……台灣的大中國史觀者在文化霸權鬥爭過程中有其族群政治的脈絡，並非是中國崛起後才進行的行動。……從「理念」的角度，「中華民族復興和兩岸統一」就是連結兩者的重要世界圖像。「打倒台獨史觀、皇民化史觀」可視為兩者共享的「理念利益」。就目前的分析來看，在文化和意識形態的運作中，「物質利益」（如：金錢資助等）的運作是最不明顯的，可能是沒有出現這樣的情形，也可能是有這樣的情形，但卻被遮掩了。（鄭祖邦，本書頁一七九）

這個論證清晰指向對本文「分析架構原型」的延伸與修正。首先，鄭祖邦的分析框架借用本文的在地協力者模式，但對其因果機制有不同的假設。關鍵的區別在於權力因果關係與誘因機制。在教科書課綱爭議的個案中，無法確定在地協力者是否受到跨海峽網絡的制約，因此鄭祖邦強調的是兩者間的「相互性」與「親近性」，而非權力作用的因果關係；同時在誘因機制方面，只能證實理念與理念利益的作用，而無法證實（雖然也無法否證）物質誘因的存在。再者，早於中國崛起之前，台灣即存在著兩種（或多種）民族主義鬥爭。因此，我們必須留意的是，以政治經濟學觀點出發的中國因素分析框架，必須加上歷史深度，才能適當解釋中國崛起對台灣意識形態領域造成的變化。此外，鄭祖邦的另一個理論創意在於，為本文「跨海峽政商網絡」，新增了「跨海峽文化與意識形態網絡」面向，擴延了本書分析架構的廣度。

（二）宗教領域

一九八七年開放兩岸探親，也開啟了戰後兩岸民間的宗教交流；二〇〇〇之後，交流愈見頻繁。宗教行為本質上雖然並非經濟行為，但是卻經常帶有經濟或利益動機，這在台灣的民間宗教、道教與佛教，並非罕見。因此，中國政府的宗教統戰，也會訴諸台灣宗教界的利益動機或「世俗邏輯」，來執行其政治規畫。

古明君與洪瑩發（參見本書第七章）從媽祖信仰社群頭人「跨海峽做媽祖信仰」的角度，挖掘了民間宗教交流過程中，兩岸的媽祖信仰社群因共構與重構，而產生的政治意涵與政治經濟效應。他們發現兩岸媽祖信仰社群中存在一種「政治經濟叢結」。中國的宗教統戰策略，從

「神緣」論述切入，而統戰對口的關鍵節點是代表中方的「中華媽祖文化交流協會」，以及由鎮瀾宮組織的「台灣媽祖聯誼會」。透過此跨海峽媽祖信仰網絡，進行「進香動員」，使得中國政府可以在高層的政商交流之外，深入台灣民間基層。從本文的詮釋角度觀之，這樣的神緣網絡，提供中方官員「全省走透透」、建立恩庇侍從關係的難得窗口。她們的田野調查發現：

> 二〇一五到二〇一六年，台灣總統大選期間，中國政府表面上沒有直接介入選舉，但實際上大陸海協會長陳德銘於投票前一個月來台，一開始先直奔大甲鎮瀾宮，與大甲區廿九個里里長會談，且會談過程不對外開放；後續又走訪宜蘭南方澳進安宮、南天宮等媽祖廟。本次行程不只拜訪媽祖廟宇，本文作者之一訪問參與座談的各廟委員與里長得知，海協會長陳德銘雖未直接提到總統大選支持對象，但希望大家「考量兩岸關係，做出最佳選擇」。（古明君與洪瑩發，本書頁三一六）

她們的研究也發現此種政教交往關係，其中一個動力在於，台灣媽祖信仰頭人可以在中國獲取「宗教紅利」，例如土地開發的巨大利益。二〇一六年九月，由天津市與大甲鎮瀾宮合作開發、園區面積達三點九萬平方公尺的「天津濱海媽祖文化園」啟用。開幕當天，台方出席者包括國民黨副主席胡志強、大甲鎮瀾宮董事長顏清標，以及數百位台灣各地媽祖廟代表。[29]媽祖信仰網絡的政治經濟叢結，底層流動著政商關係的利益。

二〇一六年七月陸客團火燒車事件之後，大甲鎮瀾宮董事長顏清標接受「中評社」訪問時表示：「事故既然是台灣發生，就是要給大陸民眾一個交代，……蔡政府一定要拿出誠意妥善處理，事情拖越久，家屬會越不滿。但兩岸政府都要思考，不能阻擋兩岸民間交流往來的需求。」當時，蔡英文上任不久，北京正在迫使其接受「九二共識」，如此才願意恢復官方交流；這則新聞透過台灣地方廟宇頭人，塑造出蔡政府阻擋兩岸交流的印象，符合北京施壓蔡政府的政治意圖。

媽祖交流的個案呈現了經濟誘因與政治動機的考量。那麼，在佛教交流的場域呢？

劉怡寧（參見本書第八章）梳理了二〇〇八年以來，中國因素對台灣佛教界四大道場——佛光山、中台禪寺、慈濟、法鼓山——的影響，並釐清中國政府對台宗教統一戰線的脈絡。她從「情感」（認同）與「市場」（宗教與慈善）兩者的辯證，切入對四大道場的分析，並區分出三種模式：第一種模式是佛光山和中台禪寺，其創辦人對中國佛教懷有高度認同，故是以台灣為根據地，傳承並發揚中國佛教；例如星雲法師將佛光山的宗教文化事業模式，在中國進行複製拓展。第二種模式為法鼓山，其因應時代與台灣社會的需求，不直接訴諸對中國佛教的認同，而開拓出結合環境保護、建築美感，與佛教教育結合的實踐之路。第三種模式是慈濟，其

29 〈全球最高媽祖像，天津濱海媽祖文化園開幕〉，《蘋果日報》，二〇一六年九月十一日，http://www.appledaily.com.tw/realtimenews/article/international/20160911/946842/。

與中國佛教的傳承關聯性較低，故可透過慈善模式創造慈濟特色，強調入世的實踐。一九九一年之後，中國成為慈濟在台灣以外、重要的組織拓展地區；與佛光山和中台禪寺不同，慈濟的「中國宗教市場」並非溯源國族認同，而是NGO組織擴張的邏輯。

劉怡寧的個案比較呈現了中國崛起之後在意識形態與宗教領域的轉變，使其成為一個龐大的「宗教市場」，而這正是促使各大道場前往發展的誘因。佛光山與中台禪寺對中國的認同是基於國族認同，自然成為北京統戰的對象，兩大道場也成為中國官員來台必訪之地，並競相爭取會見兩大宗派的開山祖師，使之成為兩岸宗教交流網絡的重要節點（nodes）。我們可以沿用上述鄭祖邦修正過的分析架構，將意識形態、宗教、文化場域的交流，概念化為「跨海峽政教文化網絡」，那麼就可以清楚掌握這個網絡與「宗教在地協力者」（包括媽祖信仰的宮廟與聯誼會及其頭人們、佛光山與中台禪寺等等）之間的「親近性」；甚至進一步發現，跨海峽政商網絡中曾扮演「領頭雁」的「連戰訪中團」，也經常瞥見佛光山開山祖師星雲的身影。

以上討論的媽祖信仰與佛教，皆屬所謂中國本土宗教。那麼，非中國本土的基督教領域是否存在類似的中國因素，存在跨海峽基督教網絡與在地協力者的關係？

黃克先的文章（參見本書第九章），從兩岸基督教交流案例中，否定了這種關係的存在，並翻轉了在地協力機制的論證結構。首先，中國當代基督教發展，一直存在著一個「台灣因素」，亦即，台灣人在當代中國的「基督教熱」中扮演舉足輕重的角色。這個作用力方向，與本文核心關懷是對反的，在這個對反影響力之下，台灣對中國基督教的影響並不帶有如同中國對台的統戰意涵。因為這種表象上不具有「政治意涵」的對反影響力，使中國因素對台灣基督教的影響力——「跨海峽政教集團」——表現出一種脆弱性：「這種中國因素的脆弱性，來自於中共政權本身對基督教本身的敵視，以及基督教徒對於無神論政權的擔憂及反感。」（黃克先，本書頁三八五）

對中共政權而言，基督教是外來宗教，不夠「中國化」，其文化親近性完全無法與中國傳統宗教相比。因此，中國因素在基督教場域的運作邏輯，完全不同於佛教、道教，以及民間信仰等「中國傳統宗教」。對北京而言，「拉抬這些『中國本土宗教』不但符合當前中國夢的主旋律，而且由於台灣民眾信仰這些宗教的比例甚高，也更能達到拉攏民心的效果。」（黃克先，本書頁三八七）然而，正因為以上這兩個特徵，黃克先認為，中國政府若想跨海峽操作中國因素，將對其產生「後座力」：

若中共政府試圖以基督教操作中國因素，很有可能最終倒成「反中國因素」，一方面激起中國內部及台灣基督徒對於這些檯面上的跨海峽政教聯盟與在地協力者的不信任，二方面也傷害了共產黨本身內部的團結及信念鞏固。……本文以獨特的基督教為例，試圖彰顯中國因素在不同例證產生迥異效果之可能性及脆弱性，以論證操作不當反倒造成反中國因素的潛力，以至中共寧可選擇不操作。……這一場曾在世界各地上演數百年的民族國家與宗教競合的劇情，將在中國這偌大的舞台上演，而在這場大戲之中，台灣一直扮演了關鍵角色；相信未來仍是如此。究竟，兩岸連繫起的宗教連帶內孕育且發酵的，是台灣因素或中國因素，抑或是本文嘗試申論的潛在反中因素？筆者認為不能不考慮兩岸各自的政教關係發展趨勢、宗教內部的分歧（包括宗教群體內菁英相對於草根信眾的區分、台灣基督教內傳統的國語教會與台語教會的分別，以及中國基督教內親政府的三自教會相對於家庭教會的不同），以及社會脈絡。本文僅提供初步的嘗試，有待來者做更進一步的討論及觀察。（黃克先，本書頁三八八）

因此，即便將來中國放鬆對基督教的鎮壓，或允許信仰自由，而導致基督教可能成為對台統戰的手段，這個行為本身對中共政權而言仍具有高度風險。黃克先在文章結束處的提醒與提問，在敦促我們思考，作為中國因素反作用力的「台灣因素」，將可能發生在宗教領域。

（三）媒體領域

以往對新聞媒體領域的關注，大多集中在中國因素如何削弱台灣的新聞自由。本書的兩篇文章則擴展了我們對這個議題領域的認識。

首先，對中國媒體政策的關注，近年來已經從「大外宣」[30]轉移到網際網路政策與「網路主權」。如果說大外宣是中國因素在台灣（與全球）產生媒體效應的政策基礎，那麼中國對網際網路政策的關注，則意味著其對外（包括對台灣）媒體政策正在「進化」之中（參見本書李志德章）。中國政府近年來極力強化對公民社會的控制，並清洗一些在網路上有影響力的意見領袖（所謂的「大V」）。但中國媒體政策的變化不僅止於此，其結合了高科技的社會控制與集體情緒操控，並讓黨媒「學會賣萌」，博取閱聽眾的追隨，藉以形塑對習近平的個人崇拜；同時，也讓「網信辦」成為超級權力機構。李志德強調台灣和中國在網際網路政策上的巨大落差，並警告中國影音網站公司「愛奇藝」在台灣開站的深遠影響：台灣影音產業將落入「帶有言論檢查基因的商業資本」的控制；換言之，就是「戴立忍事件」的日常化。面對中國在媒體與網路政策上的「進化」，台灣如何因應？李志德提出的建議是：「在國家政策層面，筆者認為面對習近平的『網路主權說』，台灣應該旗幟鮮明地宣示『網路中立性』為台灣的國家基本政策與之抗衡，並且推動立法。」（李志德，本書頁五六五）

另一個角度，黃兆年（參見本書第十章）將我們的眼界拉到美中台三邊地緣政治視野，並追溯言論自由的歷史，看看台灣如何在強權夾縫中謀求發展。他的分析架構指出，新聞自由與媒體制度，歸根究柢反映了一個國家在地緣政治中的相對位置，展現出具有霸權地位的強權對受其影響小國的支配作用。因此，今天我們側重中國因素對台灣媒體自由的侵蝕之際，也必須回顧台灣在美國霸權底下新聞自由情況的變化。「美國因素」恰恰反映了台灣在地緣政治中的

30　所謂「大外宣」是中國對外的文化與媒體宣傳策略，包括推動影響國際媒體與創辦孔子學院等等政策，大約從二〇〇八年開始，每年投入數百億人民幣。

敏感性與脆弱性。黃兆年指出，「國民黨威權統治時期，台灣的新聞自由不僅受到被『延續』的國共內戰結構的制約，也受到國際冷戰結構的制約。但在美國因素對台灣發生影響之前，台灣的媒體制度和新聞自由已有其既定基礎和狀態。」（黃兆年，本書頁四〇三）在冷戰的格局下，台灣依賴美國，國民黨政權就是美國的「協力者政權」。[31]當時美國對其協力者政權極力干預，全球皆然，台灣的政府決策也深受美國影響，自然包括媒體政策。冷戰結構解除之前，台灣的新聞自由極為有限（即便「消極新聞自由」亦然）。從一九八八年開始，隨著冷戰結束與台灣的民主化，台灣的「消極新聞自由」快速地進展，「積極新聞自由」也獲得改善。但歷史並非永遠直線前進，二〇〇八年之後，中國成為干預台灣的另一個霸權，台灣的「積極新聞自由」面臨倒退的困境。

七、反作用力

台灣處於中國因素受力的一方，但並不表示毫無招架之力，事實上，社會產生防衛能力是歷史常態。在人類社會，壓迫經常引起抵抗，作用力伴生反作用力，針對中國因素產生的反作用力，近幾年的確在台灣具體顯現出來。

筆者想借用赫緒曼（Albert Hirschman）在《反動的修辭》一書中對於牛頓力學第三定律的轉譯，來說明這組對偶關係。[32]第三定律說：「每一個作用力（Action），都會產生一個相等力量的反作用力（Reaction）。」在社會世界，反作用力是否會「相等」於作用力，難以量化確定，然而我們的確可以在性質上分析其間關聯，並解釋其因果關係。

反作用是對中國影響力作用的抵抗，而抵抗必然基於民怨（grievances）與不滿，而其亦成為抵抗的社會基礎。這些社會基礎包括：一、中國影響力有效作用的結果，例如北京介入台灣選舉、資本集團挺「九二共識」，以及下述事件導致的警覺與焦慮，而在公民社會激發出抗爭行動。二、兩岸貿易擴張導致少數資本家、經理階層與高技術者獲益，但卻使自營作業者與非技術工人受損，表現在宏觀經濟面則是所得分配惡化，造成新的社會分歧。[33]筆者的研究也發現，在現行的兩岸經貿關係下，擔心失業者較不傾向支持國民黨總統候選人。[34]而在北京培育的跨海峽政商網絡中，這些獲得中國政府授予特權的資本集團與在地協力者遂成為抗爭標的，例如旺旺、頂新等跨海峽資本，以及連戰家族等政治集團。

31 黃兆年「協力者政權」這個詞彙，係轉引自若林正丈，參見若林正丈，《戰後臺灣政治史：中華民國臺灣化的歷程》，台北：國立臺灣大學出版中心，二〇一四。

32 赫緒曼（著），吳介民（譯），《反動的修辭》，台北：左岸文化，二〇一三。（Albert O. Hirschman, *The Rhetoric of Reaction*, MA: The Belknap Press of Harvard University Press, 1991.）

33 林宗弘，〈臺灣階級不平等擴大的原因與後果〉，《臺灣經濟預測與政策》四五（二），二〇一五，頁四五～六八。

34 吳介民、廖美，〈從統獨到中國因素：政治認同變動對投票行為的影響〉，《台灣社會學》二九，頁八七～一三〇。

在兩岸關係中，中國因素作用力與反作用的互動，已出現重要案例。在這些社會抵抗中，我們看出作用力（中國因素）與反作用力（抵抗中國因素）的對偶關係。然而，與自然世界不同，社會世界的反作用力並不是對作用力的直接反應，需要有「社會過程」；即反作用力雖是被作用力激發的，但這個力量並不必然會發生，是需要被該作用力衝擊到的人們有所覺知，有意識地接收與分析訊息，凝集共識，形成論述，並採取集體行動。這個社會過程展示了人的能動性（human agency），而我們需要具有因果機制的社會過程分析方法（mechanism-process approach）。[35]

在此中國影響力與在地社會互動的過程中，台灣的公共領域，形構了一個關於中國因素的「認知架構」與「認知社群」，這個觀念網絡包含了知識圈、媒體專業者，與公民運動者，而形成對「中國因素」的認識框架與分析方法。「認知社群」本身就是中國因素作用力之下的產物，也是社會抵抗之所以能夠進行的共同語言基礎。而從社會運動理論的角度，「認知架構」的浮現，即是提出論述框架（discursive frame），這是「命名」（naming）的過程，以此得以產生聚焦作用、界定民怨的來源、辨認行動主體與行動對手，進而形成公共論述。[36]有了論述框架，抗爭者才能中介、擴散、協調集體行動。[37]缺乏認知架構與論述框架，就無法將那些隱敝在中國因素雲霧下的現象（例如筆者在台東田野調查中觀察到對陸資的隱晦描述），指認為「中國因素」。當人們無法、甚至不敢指認抗爭對手，便無法有效動員，也無法在公民社會中凝聚、連結具有抵抗意義的集體行動。這種情況下，難以出現針對中國因素而發的社會團結。

在公共領域，中國因素被當作一個特定概念提出，大約是二〇〇八年「陳雲林事件」之後，[38]在中國因素這個「主框架」下，「跨海峽政商網絡」、「在地協力者機制」這組概念才慢慢凝聚下來，並被賦予豐富的經驗內涵；這個論述框架主要以跨海峽政治經濟分析為核心，而非訴諸所謂的「反中情緒」。在抗爭場合，「中國因素」最早被明確當成抗爭標語，是在二〇一二年下半年的「反旺中行動」（反媒體巨獸壟斷運動），遊行隊伍中抗爭者舉出「正視中國因素」的布條。從社會運動理論的角度，「正視中國因素」出現在街頭抗爭，乃是策略構框行動（strategic framing）。根據幾位抗爭組織者的陳述，當時團體內部經過一段時間討論與折

---

35 Charles Tilly and Sidney Tarrow, *Contentious Politics*. New York: Oxford University Press, 2015.

36 Doug McAdam et al. eds., *Comparative Perspectives on Social Movements: Political Opportunities, Mobilizing Structures, and Cultural Framings*. Cambridge: Cambridge University Press, 1996. Robert Benford and David Snow, "Framing Processes and Social Movements: An Overview and Assessment," *Annual Review of Sociology*, 26, 2010, pp. 611-39. David Snow, "Framing Processes, Ideology, and Discursive Fields," in David A. Snow, Sarah A. Soule, and Hanspeter Kriesi eds. *The Blackwell Companion to Social Movements*. Malden, MA: Blackwell Pub, 2014, pp. 380-412.

37 同註三五，頁三一～三五。

38 筆者曾於二〇〇九年初發表的文章中提出「中國因素正在侵蝕台灣民主政治」，參見吳介民，〈中國因素與台灣民主〉，《思想》十一，二〇〇九，頁一四一～一五七。《天下雜誌》也早在二〇〇九年二月，針對旺旺集團購買《中國時報》集團製作專題報導，指向台商與中國政府對台灣媒體的影響力，不過該文並未將中國因素作為明確的概念加以分析；參見林倖妃，〈報告主任，我們買了《中時》〉，《天下雜誌》四一六，頁三六，二〇〇九年二月二十五日。

衝，才達成共識，決定使用這個詞彙。其中一位組織者回憶：「陳雲林事件」引發野草莓學運，但訴求中沒有提到中國議題；此後一直到「旺中事件」，背後也是中國因素在發酵，卻自我審查不敢明講。[39]

二〇〇八年之後，中國因素的作用力與反作用力，一直表現在台灣社會對中國干預的抵抗上。

- 二〇〇八年，陳雲林事件：馬英九總統上任之後，基於「國共合作」（二〇〇五年啟動），採取急遽親近中國的政策。該年十一月中國海協會會長陳雲林來訪，民眾抗議事件不斷，治安人員與抗爭者衝突並暴力維安，引起學生發動抗爭，在中正紀念堂靜坐示威。此波學生運動稱為「野草莓學運」，後續促成數個關心台灣民主的公民團體，例如「臺灣守護民主平台」。[40]
- 二〇〇九年，熱比婭事件：高雄市政府主辦的電影節播放熱比婭紀錄片《愛的十個條件》，北京要求撤片；公民團體聲援高雄市政府，成功抵抗來自中國政府與台灣在地協力者的壓力。
- 二〇一二年，反旺中運動：旺旺集團返台購買《中國時報》等媒體（二〇〇八年），競標中嘉有線電視系統（二〇一一～二〇一二年），旺中集團負責人發表親中言論（二〇一二年一月）導致公民團體批判，後續事件發展導致了抗議旺中集團的數波抗爭。該年暑假青年學生組成「反媒體巨獸青年聯盟」，並與其他關注新聞自由的公民團體合作，舉行大規模街頭遊行示威。「正視中國因素」首次作為運動口號被提出。旺中併購中嘉案最終沒有成功。

- 二〇一二年，鍾鼎邦事件：台灣公民鍾鼎邦為法輪功學員，該年六月赴中國江西探親，遭中國政府以「危害國家安全」名義拘押將近兩個月。期間台灣公民社會與國際人權組織陸續展開救援，台灣的公民團體並舉辦晚會等抗爭活動。八月，鍾鼎邦獲釋返回台灣。
- 二〇一三～二〇一四年，反服貿運動：二〇一三年六月二十一日馬政府與中國政府簽署《海峽兩岸服務貿易協議》。《服貿協議》備受社會各界與反對黨質疑，簽署當日公民團體即展開抗議行動，並於七月組成「反黑箱服貿民主陣線」（簡稱「民主陣線」）。[41] 九月，跨校學生團體成立「黑色島國青年」，同樣以反服貿為主要目標。這

39 作者研究計畫訪談。

40 二〇一三年四月，臺灣守護民主平台發表《自由人宣言》，提倡以《人權憲章》重構台灣與中國關係，並提出「《人權憲章》在台灣及中國已完全落實之前，在建立雙方人民真正的『政治互信』之前，我們反對任何政治人物所推動的任何政治談判或協商，也反對簽署任何政治協議。」資料來源：臺灣守護民主平台，http://www.twdem.org/p/blog-page_4.html。

41 民主陣線於二〇一四年九月更名為「經濟民主連合」，簡稱「經民連」，持續關注與中國經貿關係與自由貿易等議題。

段期間，公民組織持續以論壇方式，論述服貿協議的問題，並動員多場抗爭。民主陣線協調、主導了反服貿運動的論述與抗爭組織結盟。社運團體成員的互信與組織結盟，是太陽花占領行動能夠持續抗爭的重要前提，而民主陣線是促成社運團結的關鍵節點。[42]

• 二〇一四年，太陽花占領行動：抗議馬政府「黑箱作業」通過《服貿協議》，三月十八日青年學生與社運組織者占領立法院議場，行動持續二十四天。期間「占領行政院行動」遭到警察暴力鎮壓，引發社會強力批判；三月三十日五十萬人聚集凱道示

圖一－二　中國因素作用力與反作用力的互動循環迴圈

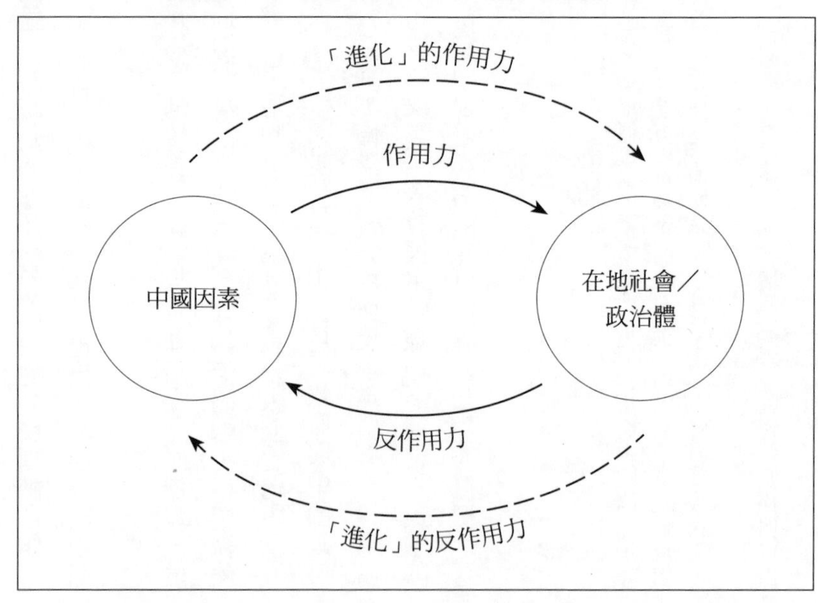

威。這場規模空前的抗爭行動是對馬政府施政與中國因素不滿的總爆發。此波行動導致國共合作議程遭到阻撓，《服貿協議》迄今未能在立法院通過立法，且民眾對國民黨信任度急遽下降，導致其在之後兩場選舉嚴重挫敗。這場行動同時也導致了另一個重要的結果，即台灣公民社會成為兩岸關係中的顯著行動者（player），該年六月，國台辦主任張志軍來訪，所到之處遭受激烈抗議，導致其取消最後一天行程。

以上列舉二〇〇八到二〇一四年間的重要案例。筆者同時使用量化的「抗爭事件分析法」，整理二〇一二年初到二〇一四年四月的資料，發現這段期間總計一千七百九十六筆集體抗爭資料中，與中國因素相關的抗爭有兩百一十二件，約占總體抗爭事件的百分之十二；其中，二〇一四年三月，台灣發生一百四十九件集體抗爭，與中國因素相關議題的事件高達一百件。可見當時社會針對中國因素抗爭風潮的強度。[43]

中國因素與抵抗中國因素之間的關係，是兩種不同價值信念基礎能動性的對抗，而這兩種力量的互動不斷形塑力量的循環迴圈（參見圖一－二）。中國因素施壓台灣社會，產生效應，

42 參見許恩恩、吳介民、李宗棠、施懿倫，〈解釋太陽花運動中的社運團結〉，發表於台灣社會學年會，二〇一六年十一月二十六、二十七日。

43 另參見林政宇、吳介民、廖美，〈台灣近年集體抗爭的總體樣貌分析二〇一二～二〇一四〉，發表於台灣社會學年會，二〇一六年十一月二十六、二十七日。

引發社會的警覺與抵抗動員；台灣社會的抵抗也促發中國政府與在地協力者學習，使中國因素作用力產生「進化」，[44]再度施壓台灣社會，而社會也再進一步「進化」出抵抗的能量與模式。在此不斷反饋的過程中，若中國因素作用力無法學習進化，則會「退化」或「萎縮」；同理，若台灣社會無法從中國因素作用力中學習、摸索出抵抗方式，面臨的就是被中國因素「吸納」與「穿透」。台灣公民社會的社會抵抗，一方面使台灣民主免於倒退，凸顯了台灣國家主權備受中國挑戰的現實狀態；另一方面，也使得中國因素的作用力機制學習、進化。例如，太陽花占領之後，北京將統戰的眼光指向台灣青年世代，提出針對青年創業的「優惠」措施，吸引青年到中國創業，並帶有恫嚇意味地宣傳這是「窮台灣」的策略之一。這些新政策雖然仍在「惠台、讓利」的舊有邏輯中打轉，但已可觀察到北京開始調整對台策略的思維。

如同前述黃克先對中國因素反作用力的思考，張錦華（參見第十二章）也提出台灣因素的重要性。她援引傅柯「那裡有權力，那裡就有反抗」，指出反媒體壟斷運動和太陽花運動，已迫使中國對台灣媒體的併購案，以及中國因素對台灣媒體的產銷生態影響暫時停止。張錦華將媒體領域中的「台灣因素」界定為：「以維護台灣自由及民主環境為目的，民間自發動員的公民意識覺醒和公民運動實踐；其超越政黨及既有政治框架，並透過新媒體傳輸科技發揮零時差，以及無遠弗屆的協力互動。」（張錦華，本書頁五〇六）張錦華並以杜漢的行動倫理意識，來解釋為何眾多人才投入抵抗運動。這裡的「超越既有政治框架」，與前述「中國因素認知社群」以及「抵抗者能動性」正可相互呼應。

八、區域與全球效應

中國因素帶來全球性的衝擊，只是各國受到影響的程度會因地緣政治等因素而有所不同。本文對台灣個案的分析方法，可否延伸到其他區域？香港是最佳測試地點。從台灣經驗中歸納出來的「中國因素在地協力機制」分析架構，能否適用於中港關係？或者，反過來思考，香港經驗可以給台灣帶來什麼研究啟發？

（一）香港經驗

香港早在一九九七年主權轉移到中國之前，中資與中資機構就已星羅棋布。二十年來，中資與中國駐港機構益加緊密鑲嵌在香港這個政治經濟體之中。根據專家分析，除了「中聯辦」這個眾所周知的中央駐港機構，北京在香港還布署了包括公安部、國安部、解放軍情報局、中央專案組等七個「權力部門」，這些部門的駐港人員，有些是以「空殼公司」的職員身分從事活動（參見葉國豪，本書頁二一〇）。經濟整合是中國吸納香港最主要的手段，早在二〇〇

44 參見Steven Heydermann and Reinoud Leenders, "Authoritarian Learning and Counterrevolution," in Marc Lynch ed., *The Arab Uprisings Explained: New Contentious Politics in the Middle East*. New York: Columbia University Press, 2014, pp. 75-92。

八年，廣東省政府公布《規畫綱要》，其中便規定了香港在「粵港融合」的位置。粵港一體化推促香港與廣東雙邊（廣東國家官僚資本與香港私人資本）的資本合作。近年來，中資在香港的角色日益突出，甚至跨足在地產業。港府在這個過程中扮演何種角色？從二〇一二年開始擔任特首的梁振英扮演什麼角色？在此雙邊資本合作的過程中，是否存在類似兩岸關係中跨海峽政商網絡的媒介？分析香港政界的建制派與中方駐港機構（包括各種官方機構與中資機構及其外圍組織）之間的網絡關係，以及建制派與北京的關係，是一個切入點。方志恒最近一篇論文即調整筆者的分析架構，將中國因素的分析概念延伸到香港個案，並在經驗上得到豐富的驗證。[45]根據方志恒所做的個案分析，北京對香港的介入干預，無論在政治代理人、中資、媒體、選舉、教育各領域，都遠甚於台灣。[46]香港的「中國經驗」對台灣的兩岸互動，具有高度的啟示性。

主權轉移初期，中國對港管治策略沿用前殖民者港英政府遺留下來的「法治架構」。二〇〇三年，港府試圖將《基本法》二十三條（有關國家安全）立法，但因遭遇極大阻力而作罷。從此，香港公民社會運動與香港建制的關係，日趨緊張衝突。而在文化意識形態領域，近年來也發生激烈矛盾。二〇一一年，港府宣布將在中學課程實施「德育與公民教育科」，引發中學生於二〇一二年示威絕食抗爭，最後港府鎩羽讓步。葉國豪（參見本書第四章）將中國因素分析架構援用至香港的「反國教運動」，同樣以直接施力與間接施力的概念，分析國民教育科案例中的在地協力機制，詳細而具體地說明了中聯辦、中資機構、親建制政黨、新聞媒體所扮演的角色。然而，也一如台灣，北京對香港的強力干預，引發其對中國因素的反作用力。反國教運動催生了以中學生為主力的「學民思潮」，由當時年僅十四歲的黃之鋒擔任召集人，自二〇一一年開始推動「反洗腦學生運動」。這個組織近年轉型為推動民主自決前途的政治團體「香港眾志」，並在二〇一六年立法會選舉中推出一名候選人，而且高票當選。

香港社會抗爭近年出現前所未見的高峰。爭取特首直選的「占中運動」（二〇一三～二〇一四年），最後爆發為長達七十九天的市民自發占領行動（「雨傘運動」，二〇一四年），遭到港府強力鎮壓。之後一段時間香港公民社會呈現低迷，但二〇一六年立法會選舉有三位主張「民主自決」的年輕候選人當選，另有三位主張「本土獨立」的候選人當選，顯示針對中國的反作用力正急遽浮現，也一定程度轉譯到「有限民主」（limited democracy）的競爭場域。然而，英殖民後期遺留下的有限民主競爭，其實體質脆弱；作為香港核心價值的「法治」與「司法獨立」，也在北京不斷強勢介入香港事務下屢遭破壞，例如「銅鑼灣書店事件」。梁振英主政下的港府採行「激化」和「分化」民主陣營，也助長公民抵抗運動內部路線之爭。二〇一六年九月香港立法會選舉，這次選舉結果顯示，香港人民對於民主運動的總體支持度維持在二〇

45 方志恒，〈香港的本土化浪潮：中國因素氣旋下的抵抗動員〉，《中國大陸研究》，二〇一七年三月號。

46 方志恒（編），《香港革新論：革新保港，民主自治，永續自治。為香港前途而戰。》，台北：漫遊者文化，二〇一五。

一二年的水平，直選得票率仍有百分之五十五，並未因雨傘運動的挫折，以及中港政府的分化策略而降低。但在十一月，北京以兩位主張港獨的立法會議員當選人「宣誓爭議」為理由，由人大常委會「釋法」，判定宣誓無效、喪失公職資格，引發新一波抗爭風潮。

目前香港抵抗運動的政治意義，是在「一國兩制」已然破產的局勢下，與中國「協商」其新的政治認同或「政治契約」。這個認同方向，不論是朝向「自治」、「自決」，或「獨立」，尚需各自提出清晰可行的、總體性的「論述框架」，並進行論辯與整合。缺乏具有共識的運動框架，作為反作用力的抵抗力量難以聚焦、運動路線不易凝結，公民社會抗爭也容易在中港政府分而治之策略下，趨於分化對立而相互抵銷。

同樣處在中國因素氣旋下的香港與台灣，公民抵抗運動呈現了若干「同形化」（isomorphism）的趨勢，尤其是針對中國影響力日增而產生的動員、論述，與抗爭劇碼上的趨同，但是也不能忽略，「占中-雨傘運動」與「反服貿-太陽花運動」之間的差異，特別是在政治機會結構、動員過程、運動後果等方面的歧異。[47] 而兩者之間的根本差異，來自殖民歷史、去殖民抗爭經驗、民主運動歷程，以及在地緣政治位置中的差異。

（二）全球效應

中國因素的效應遍及全球，這裡扼要分析幾個廣被關注的事件。中國於毛澤東時代在國際上從事不結盟運動，宣示與第三世界國家互相扶持。但中國崛起之後，其對外國家行為與商業活動卻被質疑「帝國復返」。近年來，中國在世界各國的經濟布署與軟實力擴張，已經引起全球關注與焦慮，[48]特別是在非洲與拉美地區的第三世界國家，甚至被定性為「新殖民主義」而引發論爭。[49]

在全球開設孔子學院是中國發展軟實力的重要策略，也是大外宣政策的一環。全球現有大約五百家孔子學院，以及一千家孔子課堂。近年來，許多西方大學對孔子學院妨礙學術自由，或暗藏政治宣傳計畫迭有批評，引發不少衝突，並要求不再續約或撤銷合作。[50]芝加哥大學教

47 參見吳介民，〈「中國因素」氣旋下的台港公民抵抗運動〉，收錄於謝政諭、高橋伸夫、黃英哲（編），《東亞地區的合作與和平》，台北：前衛，二〇一四，頁一三〇～一四四。

48 中國崛起引起軟實力的論辯，參見Bonnie S. Glaser & Murphy, Melissa E., "Soft Power with Chinese Characteristics." 2009, http://goo.gl/E3zlz4; Stefan A. Halper, *The Beijing Consensus: How China's Authoritarian Model Will Dominate the Twenty-First Century.* New York: Basic Books, 2010; David Shambaugh, *China Goes Global: The Partial Power.* New York: Oxford University Press, 2013。

49 Stephanie Kleine-Ahlbrandt and Andrew Small, "China's New Dictatorship Diplomacy: Is Beijing Parting with Pariahs?", *Foreign Affairs,* 87(1), 2008, pp. 38-56. C. Alden and C.R. Hughes, "Harmony and Discord in China's Africa Strategy: Some Implications for Foreign Policy", *China Quarterly,* 199(1), 2009, pp. 563-584. Hairong Yan and Barry Sautman, "Chinese Farms in Zambia: From Socialist to 'Agro-Imperialist' Engagement?", *African and Asian Studies,* 9, 2010, pp. 307-333. Mark Beeson, "Can China Lead?", *Third World Quarterly,* 34(2), 2013, pp. 233-250.

50 Perry Link,"The Debate Over Confucius Institutes." http://www.chinafile.com/conversation/debate-over-confucius-institutes, 2014. Christopher R. Hughes, "Confucius Institutes and the university: distinguishing the political mission

授薩林斯（Marshall Sahlins）認為，孔子學院看似無害，實則隱藏了提升中國政治影響力的隱形議程。[51]

中國企業在全球的市場擴張，也引起焦慮和猜疑，例如「華為」的電信與通訊設備在部分西方國家具有高度競爭力的售價，[52]被認為是在利用新重商主義的手法，同時也引發國家安全的疑慮，特別是在美國、加拿大、澳洲，以及台灣。[53]

中國企業在全球的企業併購，最近也引發高度關注。中國已經成為歐盟國家主要的直接投資者。二〇一六年，中國家電製造商「美的集團」採購德國先進的機器人設備廠「庫卡」（KUKA），即引發疑慮。同年五月，中國「福建宏芯基金」（FGC）擬收購德國尖端技術企業「愛思強」（Aixtron），遭質疑背後有國有控股公司的身影；十月，德國政府宣布暫停其收購許可，並重啟審查程序，主要是擔憂德國的技術悄悄流向中國供應鏈。德國擁有先進技術的公司，許多是中小企業，使中國的收購成本相對降低。[54]

陸客觀光團的效應不僅限於台灣與香港，也是全球的現象。一個主要的觀察變項是，中國政府是否將觀光團當作施壓籌碼。蔡英文政府不承認「九二共識」，北京施壓台灣的方法之一就是將來台陸客團減量。二〇一六年七月，南海爭議仲裁後，中國減少赴菲律賓旅遊團。[55]但中菲關係隨著菲律賓總統杜特蒂（Rodrigo Duterte）十月訪中之後已大幅改善。更早之前，中日發生釣魚台主權爭議，也曾使用陸客團作為施壓工具。二〇一六年九月，泰國政府下令整頓觀光一條龍與零團費，但似乎不涉及中泰之間的政治爭議，也尚未聽聞中方的干預。[56]

二〇一六年七月，韓國政府決定布署美國的薩德飛彈防衛系統（THAAD），中國認為將威脅其國防安全而極力批判。中國官方表示：「大陸不會眼睜睜地讓薩德在二〇一七年底運行，第一招，將是推遲將於中韓自貿協定後續有關服貿及降稅的談判及生效，並暗中貿易制裁接納薩德導彈布署地——廣尚北道星州郡，以加大當地居民反對薩德力度；漸進式減少陸

---

from the cultural." *Issues and Studies: an International Quarterly on China, Taiwan, and East Asian Affairs*, 50(4), 2014, pp. 45-83.

51 Marshall Sahlins, *Confucius Institutes: Academic Malware*. Chicago: Prickly Paradigm Press, 2015.

52 Michelle Wein, Stephen Ezell, and Robert D. Atkinson, "The Global Mercantilist Index: A New Approach to Ranking Nations' Trade Policies." *Information Technology and Innovation Foundation*, http://goo.gl/GHqUVb, 2014.

53 Mike Rogers, and CA Dutch. Ruppersberger, "Investigative Report on the US National Security Issues," http://goo.gl/astNlt, posed by Chinese Telecommunications Companies Huawei and ZTE, 2012. The American Interest., "Australia, US, Canada Agree: Huawei is a Security Threat." Retrieved from http://goo.gl/xp64wn, 2012. Shelley Shan, "Ambit Corp must submit 4G wiretap report: NCC," *Taipei Times*, 2014, Jun. 12.

54 〈德國政府重新審查中資收購愛思強案〉，《FT中文網》，二〇一六年十月二十四日，http://big5.ftchinese.com/story/001069843；〈德國政府撤回許可，中資收購愛思強受阻〉，《紐約時報中文網》，二〇一六年十月二十五日，http://cn.nytimes.com/business/20161025/germany-china-technology-takeover/zh-hant/。

55 〈南海仲裁後，菲團頻遭退〉，《世界日報》，二〇一六年八月四日，http://udn.com/news/story/7331/1871134。

56 關於泰國政府打壓中國旅行團一條龍的新聞，參見〈嚴掃中客零團費，泰國當局扣數十億泰銖、千輛遊覽車〉，《自由時報》，二〇一六年九月十三日，http://news.ltn.com.tw/news/world/breakingnews/1824366。

客赴韓。」[57]確實，中國立即把經濟制裁指向「韓流」，八月，中方取消了幾項韓國明星在中國的活動，這個消息使得韓國部分娛樂公司股價下跌。[58]減少陸客赴韓、以演藝人員作為經濟報復對象，都是中方慣用的手法，常出現在其對台與對港策略。值得注意的是，南韓反對黨反對布署薩德飛彈，在爭議期間，六名反對黨國會議員訪問中國，引起韓國執政黨的嚴厲批評。[59]十一月，中國政府升高抵制，對衛星電視台下達「禁韓令」：「不得播出有韓國明星代言的廣告片，不能邀請韓國演員，不許宣傳韓國元素及韓國模式。」[60]同時，中國也嚴密監控提供土地作為薩德飛彈基地的韓國樂天集團，並叫停了樂天在瀋陽的一個價值數十億美元的房地產項目。[61]以上這些施壓模式尚屬於本文提出的間接施壓。但二〇一七年一月，中方採取直接施壓的行動，包括片面取消中韓雙邊的軍事會談，以及中國空軍機隊進入韓國的防空識別區。[62]

中國對韓國施壓的劇碼，顯示本文的分析架構可以適用到台港之外的其他國家；但是台灣與其他國家有個根本差異，就是中國宣稱對台擁有領土主權，並積極以經濟吸納策略促進其「統一」目標，同時在台灣培育在地協力網絡。在地協力網絡是中國的政策目標能否在其「標的國」（target country）產生作用的關鍵。前述報導所引中國將「暗中貿易制裁接納薩德導彈布署地——廣尚北道星州郡，以加大當地居民反對薩德力度」的作法，需要有在地協力者配合才能執行。因此，中國的說法究竟是難以落實的威脅，或是能產生實際效果，仍需要後續觀察。

九、結語

本文解析中國對台「以商業模式做統戰」的戰略，並且解析台灣社會內部「在地協力者」的配合如何讓中國因素發揮影響力。帶有政治目的的「統戰」，以「無害的」商業面貌，滲透入目標政體的日常生活之中。

57 〈「薩德導彈危機」陸祭五招反制〉，《旺報》，二〇一六年八月四日，http://www.chinatimes.com/newspapers/20160804000442-260108。

58 〈不滿韓國布署「薩德」，中國拿「韓流」出氣〉，《紐約時報中文網》，二〇一六年八月八日，http://cn.nytimes.com/china/20160808/china-korea-thaad/zh-hant/。

59 〈韓國反「薩德」議員訪華，被指為「中國的走狗」〉，《紐約時報中文網》，二〇一六年八月九日，http://cn.nytimes.com/asia-pacific/20160809/china-korea-thaad-opposition/zh-hant/。

60 〈「限韓令」升級！中國禁韓星廣告〉，《自由亞洲電台》，二〇一六年十一月二十一日，http://www.rfa.org/mandarin/yataibaodao/junshiwaijiao/ql3-11212016105202.html。

61 〈中國叫停樂天項目，但仍稱歡迎外企投資〉，《美國之音中文網》，二〇一七年二月八日，http://www.voachinese.com/a/news-korea-china-lotte-theme-park-20170208/3714473.html。

62 Stephan Haggard, “The Most Important Korea Story of 2017: China, South Korea and THAAD,” website of *The Peterson Institute for International Economics*. https://piie.com/blogs/north-korea-witness-transformation/most-important-korea-story-2017-china-south-korea-and-thaad, 2017 January 11.

早先，一般民眾雖然可以感知跨海峽的資本活動對日常生活與政治秩序帶來影響，卻不談論、甚至無法談論其「政治意義」與「政治後果」。問題並非無感於其存在；而是，不敢直視中國與台灣的政治關係、缺乏犀利的視角或可供參照的框架，甚至連一個適切的指稱符碼都付之闕如。「中國因素」這個詞彙，經過一段長時間的溝通與互動，才慢慢凝聚為具有一定程度共識的認知框架。以往冷戰時期的「反共」邏輯，或所謂「反中」、「恐中」情緒，皆無法精準指涉本文所提出的新現象——中國崛起讓北京有能力從事全球規模的擴張與運籌，進而帶來全球性的機會與焦慮。因此，中國政府對外的政經權術必須以地緣經濟學的視角來理解。而中國之於台灣日益強大的影響力，亦必須放置在此一框架才能透徹分析。台灣個案與世界絕大部分國家不同之處在於：中國對台灣具有全面性的領土主權宣稱，將台灣視為「核心利益」，並在台灣展開極活躍而不避諱的統戰操作。

「統戰」雖是中國政府的「陽謀」，但它卻不希望被直視、看穿、成為研究焦點。政經權術作為統戰的一環，它讓人們在經濟上依賴中國，或讓人們在價值觀上認同中國，但又儘量掩藏操作的痕跡，逃離大眾的知覺系統，使之變成無感的日常生活。因此，統戰的最高「境界」，就是壓抑人們對「依賴關係」的指認，使之成為「政治無意識」，讓依賴者不質疑依賴關係的政治意義。中國政權無所不在、或隱或顯的威脅，如同蜷曲在「吊燈裡的巨蟒」，俯瞰監控人們的行為，導致自己調整行為模式或自我審查，不敢指認其存在。

然而，這只是北京政權想像中的「理想狀態」，事實上無法全盤實現。部分原因在於台灣社會出現對中國因素的反作用力與抵抗行動；部分原因則是中國因素施力者——包括中國政府自身與台灣的在地協力者——的志得意滿，而導致自我揭發，例如中國官員在台灣宣稱「全省走透透」、數十個台灣企業集團老闆公開在選舉前「挺九二共識」、旺旺中時集團負責人吹捧中國民主與市場、馬英九在第二任任期急切的傾中政策。這些行為皆引起社會大眾的警戒。作用力與反作用力交互激盪，讓中國因素被看破手腳。古籍說「大音希聲、大象無形」，以古喻今，中國既然不再「韜光養晦」，而是向全世界大聲宣告「中華民族的偉大復興」，則必然面對全球性的抵抗。台灣的抵抗，如同香港，是發生於中國因素全球效應之下，但具有特殊的前瞻性意義：這兩個政體／社會，處在與中國政府日常拮抗的最前沿，政治的摩擦與體驗也最深刻。

台灣社會對中國因素的有力抵抗，始於二〇一二年，亦即中國影響力攀至頂峰的階段。同年，「旺中事件」、「鍾鼎邦事件」相繼發生，自二〇一三年啟動的「反服貿運動」，延續動員到二〇一四年，引爆「太陽花占領行動」，從而改變了兩岸互動的格局，牽動台灣政治版圖的翻轉。二〇一六年的總統大選，國共再度動員「九二共識」已無法影響選舉結果。

目前，民進黨政府不接受「九二共識」，也就是不接受「一個中國」原則。北京加大圍堵台灣國際生存空間的力道，並調整對台灣的統戰策略。在新的互動關係下，北京必然重整台灣的「在地協力網絡」與「代理人團隊」。展望未來，除非中國政府放棄以商圍政、以商業模式做統戰的施壓模式，而準備對台採取全面的權力強制與軍事行為，否則本文所提出的分析架構仍將具有解釋力與預測力。未來觀察的重點是，北京在調整策略的過程，以及不同施壓方式的比重與搭配。因此，無論中國對台戰略如何調整，本書所提出的分析架構、概念，與案例，都將是研究中國因素影響力的重要參考。

參考書目

方志恒，〈香港的本土化浪潮：中國因素氣旋下的抵抗動員〉，《中國大陸研究》，二〇一七年三月號。

方志恒（編），《香港革新論：革新保港，民主自治，永續自治。為香港前途而戰。》，台北：漫遊者文化，二〇一五。

田習如，〈中國大陸政府置入台灣媒體，食髓知味〉，《財訊》六四，二〇一〇。

吳介民，〈中國因素與台灣民主〉，《思想》十一，二〇〇九，頁一四一～一五七。

吳介民，〈權力資本雙螺旋〉，收錄於吳介民（編），《權力資本雙螺旋：台灣視角的中國／兩岸研究》，台北：左岸文化，二〇一三，頁五～十八。

吳介民，〈「中國因素」氣旋下的台港公民抵抗運動〉，收錄於謝政諭、高橋伸夫、黃英哲（編），《東亞地區的合作與和平》，台北：前衛，二〇一四，頁一三〇～一四四。

吳介民，〈政治ゲ｜ムとしてのビジネス——台湾企業の政治的役割をめぐって〉（作為政治競賽的商業活動：台商的政治角色），收錄於園田茂人、蕭新煌（編），《チャイナ・リスクといかに向きあうか—日韓台の企業の挑戦》（怎麼面對中國風險：台日韓企業的挑戰），東京：東京大學出版會，二〇一六，頁三五～七四。

吳介民、廖美，〈從統獨到中國因素：政治認同變動對投票行為的影響〉，《台灣社會學》二九，二〇一五，頁八七～一三〇。

李嘉艾，《台灣媒體生產政治中的中國因素與獨裁者邏輯：以C集團為例》，國立清華大學社會學研究所碩士論文，二〇一五。

杜聖聰，《兩岸真相密碼：中共對台宣傳的政策、作為與途徑》，台北：秀威資訊，二〇〇八。

林宗弘，〈臺灣階級不平等擴大的原因與後果〉，《臺灣經濟預測與政策》四五（二），二〇一五，頁四五～六八。

林倖妃，〈報告主任，我們買了《中時》〉，《天下雜誌》四一六，頁三六，二〇〇九年二月二十五日。

林政宇、吳介民、廖美，〈台灣近年集體抗爭的總體樣貌分析二〇一二～二〇一四〉，發表於台灣社會學年會，二〇一六年十一月二十六、二十七日。

若林正丈，《戰後臺灣政治史：中華民國臺灣化的歷程》，台北：國立臺灣大學出版中心，二〇一四。

張錦華、陳菀欣，〈從人權報導觀點分析五地十報新疆衝突報導框架〉，《新聞學研究》一二五，二〇一五，頁一～四七。

許恩恩、吳介民、李宗棠、施懿倫，〈解釋太陽花運動中的社運團結〉，發表於台灣社會學年會。

陳彥廷、游婉琪，〈理想大地案外案　傅崐萁引中資買地？〉，《報導者》，二〇一六年十一月二十一日，https://www.twreporter.org/a/hualien-fu-kun-chi-china-enterprise。

陳順孝，〈網路公民行動的集體演化：從搶救樂生院、野草莓運動到太陽花運動〉，《我是公民也是媒體：太陽花與新媒體實踐》，台北：大塊文化，二〇一五，頁五八～八一。

湯晏甄，〈「兩岸關係因素」真的影響了二〇一二年的台灣總統大選嗎？〉，《臺灣民主季刊》十（三），二〇一三，頁九一～一三〇。

焦鈞，《水果政治學：兩岸農業交流十年回顧與展望》，高雄：巨流，二〇一五。

蒙志成，〈「九二共識」對二〇一二年台灣總統大選的議題效果：「傾向分數配對法」的應用與實證估算〉，《選舉研究》二一（一），二〇一四，頁一～四五。

赫緒曼（著），吳介民（譯），《反動的修辭》，台北：左岸文化，二〇一三。（Albert O. Hirschman, *The Rhetoric of Reaction*, MA: The Belknap Press of Harvard University Press, 1991.）

戴瑜慧，〈中共「文化走出去」政策的新推手：中國私營資本家與海外媒體收購〉，《中華傳播學刊》二四，二〇一三，頁三～四一。

羅世宏，〈中國形象．台灣製造：初探「盛世中國」的媒體建構，以台灣《旺報》為例〉，發表於中華傳播學會二〇一〇年會，二〇一〇年七月三～五日。

Alden, C. and Hughes, C.R., "Harmony and Discord in China's Africa Strategy: Some Implications for Foreign Policy", *China Quarterly*, 199(1), 2009, pp. 563-584.

Beeson, Mark, "Can China Lead?", *Third World Quarterly*, 34(2), 2013, pp. 233-250.

Benford, Robert and David Snow, "Framing Processes and Social Movements: An Overview and Assessment," *Annual Review of Sociology*, 26, 2010, pp. 611-39.

Chan, Che-Po and Beatrice Leung, "The Voting Propensity of Hong Kong Christians: Individual Disposition, Church Influence, and the China Factor", *Journal for the Scientific Study of Religion*, 39(3), 2000 September, pp. 297-306.

Dittmer, Lowell, "Taiwan's aim-inhibited quest for identity and the China factor." *Journal of Asian and African Studies,* 40(1-2), 2005, pp. 71-90.

Glaser, Bonnie S and Murphy, Melissa E., "Soft Power with Chinese Characteristics." 2009, http://goo.gl/E3zlz4.

Haggard, Stephan, "The Most Important Korea Story of 2017: China, South Korea and THAAD," website of *The Peterson Institute for International Economics*. https://piie.com/blogs/north-korea-witness-transformation/most-important-korea-story-2017-china-south-korea-and-thaad, 2017 January 11.

Halper, Stefan A., *The Beijing Consensus: How China's Authoritarian Model Will Dominate the Twenty-First Century.* New York: Basic Books, 2010.

Heydermann, Steven and Reinoud Leenders, "Authoritarian Learning and Counterrevolution," in Marc Lynch ed., *The Arab Uprisings Explained: New Contentious Politics in the Middle East*. New York: Columbia University Press, 2014, pp. 75-92.

Hughes, Christopher R., "Confucius Institutes and the university: distinguishing the political mission from the cultural." *Issues and Studies: an International Quarterly on China, Taiwan, and East Asian Affairs,* 50(4), 2014, pp. 45-83.

Kleine-Ahlbrandt, Stephanie and Small, Andrew, "China's New Dictatorship Diplomacy: Is Beijing Parting with Pariahs?", *Foreign Affairs,* 87(1), 2008, pp. 38-56 .

Kurlantzick, Joshua and Perry Link, “China: Resilient, Sophisticated Authoritarianism,” in *Undermining Democracy: 21st Century.* Freedom House, Radio Free Europe/Radio Liberty, Radio Free Asia, 2009, pp. 13-28.

Link, Perry, “The Debate Over Confucius Institutes.” http://www.chinafile.com/conversation/debate-over-confucius-institutes, 2014.

McAdam, Doug et al., eds., *Comparative Perspectives on Social Movements: Political Opportunities, Mobilizing Structures, and Cultural Framings*. Cambridge: Cambridge University Press, 1996.

Niou, Emerson, *The China Factor in Taiwanese Politics.* Paper presented at the conference of Democracy and Diplomacy in East Asia hosted by University of Tokyo, 2011.

Norris, William, *Chinese Economic Statecraft: Commercial Actors, Grand Strategy, and State Control*. Ithaca: Cornell University Press, 2016.

Rodrik, Dani, “The New Mercantilist Challenge.” http://www.project-syndicate.org/commentary/the-return-of-mercantilism-by-dani-rodrik, posted 2013/1/9, accessed 2016/1/25.

Rogers, Mike and Ruppersberger, CA Dutch., “Investigative Report on the US National Security Issues,” http://goo.gl/astNlt, posed by Chinese Telecommunications Companies Huawei and ZTE, 2012.

Sahlins, Marshall, *Confucius Institutes: Academic Malware*. Chicago: Prickly Paradigm Press, 2015.

Shambaugh, David, *China Goes Global: The Partial Power*. New York: Oxford University Press, 2013.

Shan, Shelley, “Ambit Corp must submit 4G wiretap report: NCC,” *Taipei Times,* 2014, Jun. 12.

Snow David, “Framing Processes, Ideology, and Discursive Fields,” in David A. Snow, Sarah A. Soule, and Hanspeter Kriesi eds. *The Blackwell Companion to Social Movements*. Malden, MA: Blackwell Pub, 2014, pp. 380-412.

The American Interest, "Australia, US, Canada Agree: Huawei is a Security Threat." Retrieved from http://goo.gl/xp64wn, 2012.

Tilly, Charles and Sidney Tarrow, *Contentious Politics*. New York: Oxford University Press, 2015.

Wein, Michelle, Ezell, Stephen, and Atkinson, Robert D., "The Global Mercantilist Index: A New Approach to Ranking Nations' Trade Policies." Information Technology and Innovation Foundation, http://goo.gl/GHqUVb, 2014.

Wu, Jieh-min, "The China Factor in Taiwan: Impact and Response," in Gunter Schubert ed., *Handbook of Modern Taiwan Politics and Society*, Routledge, 2016, pp.425-445.

Yan, Hairong and Sautman, Barry, "Chinese Farms in Zambia: From Socialist to 'Agro-Imperialist' Engagement?", *African and Asian Studies*, 9, 2010, pp. 307-333.

Yi-Wen Yu, Ko-Chia Yu and Tse-Chun Lin, "Political Economy of Cross-Strait Relations: Is Beijing's Patronage Policy on Taiwanese Business Sustainable?" *Journal of Contemporary China* 25(99), 2016, pp. 372-388.

第二章

紅色資本的進擊

黃健群｜政治大學東亞研究所博士

在類產業界工作，也在大學兼課。研究領域為中國政治經濟發展、兩岸經貿政策與實務、全球產業分析。近年來，特別關注中國資本跨國流動特徵。在與陸企、台商交流的經驗中，觀察並嘗試思考兩岸關係的未來。

一、讓全球焦慮的「中國因素」

近年來，中國企業在全球大肆投資收購，引發不少關注和討論，其投資領域由最早期的礦產、能源，逐漸延伸到高科技、醫療、零售企業、媒體及娛樂行業等各領域；投資區域以歐洲、美國等先進國家為主，逐漸遍及全球各地。然而，在全球對於陸資[1]「爆買」開始產生警惕和不滿，且引發不少摩擦的同時，陸資對外的投資仍屢創新高。根據中國商務部公布，二〇一五年中國對外非金融類直接投資創下一千一百八十點二億美元的歷史新高，同比增長百分之十四點七，年均增幅高達百分之三十三點六；二〇一六年，中國對外投資再創歷史，達一千七百零一點一億美元，同比增長百分之四十四點一。依此趨勢發展，中國將成為資本淨出口國。

隨著不斷鼓勵擴大對外投資，全球許多重要企業都染上所謂的「紅色資本」：二〇一三年，中國機械製造商三一重工收購德國普茨邁斯特（Putzmeister）、豬肉加工企業雙匯併購全球最大豬肉供應商美國史密斯菲爾德（Smithfield）；同年，大連萬達集團收購美國院線集團ＡＭＣ娛樂控股公司（AMC Entertainment Holdings Inc.）；二〇一四年，中國最大的電腦集團聯想（Lenovo）收購ＩＢＭ旗下低階伺服器x86事業，同時向谷歌買入摩托羅拉移動（Motorola Mobility）股份。二〇一六年八月，在德國政商界憂心技術外流的情況下，中國家電大廠美的集團宣布成為德國工業機器人企業庫卡（KUKA）的最大股東；稍早之前，德國的歐司朗

（Osram）照明業務才剛賣給中國木林森公司，且更傳出陸資有意收購整個歐司朗企業。包括美國通用電氣（GE）、瑞典富豪（Volvo）、法國標緻雪鐵龍等世界知名企業，紛紛在這幾年內遭到「紅色資本」收購或參股；甚至義大利存貸款能源公司、英國的欣克利角（Hinkley Point）核電廠，也都接受了陸資的投資。

所謂的「紅色資本」，似乎正以勢如破竹之姿席捲全球，並透過資本力量建構全球性的「中國因素」，台灣很難置身事外。長久以來，對於是否開放陸資來台投資，台灣社會始終存在兩種對立的意見：贊成者將陸資視為外資的一部分，認為作為崛起中的經濟強國，中國大陸對外投資正處於向世界布局的快速增長階段，必須積極引入；持反對意見者認為，陸資來台牽涉到複雜且敏感的兩岸政治因素，台灣不能把陸資視為單純的外資，而必須考量其背後複雜的政治因素。為此，儘管台灣於二〇〇二年兩岸同時加入ＷＴＯ時即討論是否開放陸資來台，但直到二〇〇九年四月，兩岸兩會第三次會談達成「陸資來台投資」共識後，才算正式開放陸資來台投資。

陸企來台投資，究竟是振興台灣經濟的救急活水？亦或只為中共實踐一貫「以經促統」對台策略的「經濟讓利」？相關研究認為，近幾年，隨著兩岸經貿深化整合，中共以雄厚的經濟規模，透過給予台灣貿易／投資／市場分享的優惠，形成某種對台灣內政影響力的槓桿，而這

1　為求一致，本文採用現行法令用語，以陸資（陸企）來指稱中資（企）。且在定義上，本文是指外國直接投資（Foreign Direct Investment, FDI），而非外國其他投資（Foreign Other Investment, FOI）。

逐漸成形的「跨海峽政商聯盟」，已內建成為台灣政治體制的一環。[2]這樣的觀點指出，推動陸資來台是中共深化其在台影響力的必然進程。本文同意，中共從未放棄對台政治意圖；然而，從現實面看，若僅為服務政治，陸企在「無利可圖」的情況下是否還會來台？若基於市場的考量，來台的陸企是否會成為影響台灣的「中國因素」？

事實上，由於兩岸關係的特殊性，無論是陸客來台旅遊、陸生來台就學、乃至陸資來台投資，無不牽動兩岸敏感的政治神經。但陸客或陸生畢竟都是短暫停留，陸資來台投資涉及的不只是資金的流動，還包括人員的移動、貿易的往來，以及投資所衍生的各種問題。因此，陸資來台投資引起的討論和爭議屢見不鮮。

過去台商到中國大陸投資，由於人生地不熟，必須透過與當地政府（主要是台辦）、台商協會等組織建構的關係網作為槓桿，以利「落地生根」；對陸資而言，來台灣投資面臨同樣的問題。因此，本文想要討論的是，不同行動體如何依循既有制度脈絡，建構陸資來台網絡？與此同時，來台陸資在地實踐的邏輯及機制為何？透過對這些問題的釐清，不但可了解陸資來台依循政經路徑，更可評估「中國因素」對台灣的在地影響。

二、迂迴曲折的來台投資之路

二〇〇〇年第一次政黨輪替，民進黨政府討論開放陸資來台的可能性，二〇〇一年經發會，即達成「開放大陸企業來台投資」共識。[3]二〇〇二年，因應台灣加入ＷＴＯ，政府規畫分兩階段開放陸資：第一階段是准許陸資投資台灣不動產，第二階段依ＷＴＯ特定服務業承諾表，在對其他國家開放的一〇八項服務業中，先對陸資開放五十八項，並考慮開放陸資進入製造業。[4]二〇〇三年十月，行政院陸委會修正《兩岸人民關係條例》第七十三條，對陸資來台採取許可制。從這些歷程看來，當時台灣已準備開放陸資來台，但由於政黨立場，所以政府對陸資採取嚴格審查，因此陸資僅能以外資的形式迂迴來台。[5]

二〇〇八年政黨再次輪替，傾向新自由制度主義（neoliberal institutionalism）的國民黨政府認為，兩岸經貿整合有利台灣經濟發展，有效促成兩岸和平穩定，且可柔性影響中國。因此，在二〇〇五年「連胡會」之後建立的國共平台基礎上，馬政府大幅開放兩岸政策。兩岸兩

2　相關概念引自吳介民〈第三種中國想像〉一文。參見吳介民，《第三種中國想像》，台北：左岸文化，二〇一二。

3　經發會決議開放陸資來台主要是希望能夠從事三方面的投資：一、土地及不動產的投資；二、事業投資；三、證券投資。

4　二〇〇二年一月，行政院通過「開放陸資來台投資五十八項服務業清單」，二〇〇二年八月內政部公布〈中國大陸地區人民在台取得設定或移轉不動產物權許可辦法〉，但要等到立法院通過兩岸人民關係條例後才能實施。參見洪儒明，《民進黨執政後的中共對台政策》，台北：秀威出版，二〇〇四。

5　例如青島啤酒、洽洽香瓜子、成都譚魚頭、北京同仁堂、阿里巴巴等，都是以總代理或外資的方式進入台灣。

會（海基會、海協會）自二〇〇八年恢復協商迄今，共簽訂了二十三個協議，並達成「人身自由與安全保障」及「陸資赴台投資」兩項共識。在「陸資赴台投資」共識中，兩岸政府認為開放陸資來台投資，不但「有利於兩岸產業合作」，且可「實現兩岸經貿關係正常化和制度化」，故「政府將依此共識訂定相關規定」。[6]基於此，北京政府先於二〇〇八年十二月發布〈關於大陸企業赴台灣地區投資項目管理有關規定的通知〉，二〇〇九年五月再發布〈關於大陸企業赴台灣地區投資或設立非企業法人有關事項的通知〉；台灣則於二〇〇九年六月底公布〈大陸地區來台投資許可辦法〉及〈大陸地區之營利事業在台設立分公司或辦事處許可辦法〉，為陸資來台投資提供進一步的法令規範。自此，兩岸正式進入雙向投資時代。

儘管兩岸都在推動陸資來台投資，且歷經三波開放，陸資可來台投資的項目已超過一半（製造業百分之九十五點二、服務業百分之五十點六、公共建設百分之五十一點二），但對陸資而言，諸多因素導致陸資來台投資仍一直處於「初始階段」。從官方數據來看，自二〇〇九年七月至二〇一六年，核准來台的陸資九百四十七件，核准投（增）資金額僅十六億九千零八十四萬美元，占同期僑外投資不到百分之五。[7]相較台資企業每年百億美元投資中國，陸資平均每年僅兩億多美元投資台灣；陸資並未能大舉來台。

然而，我們要問的是，為何仍有陸資仍願意突破重重限制來台？是為了響應北京政策，亦或有我們不知道的經濟利益？事實上，開放陸資來台投資迄今，建立了不少兩岸經濟整合的新模式，這些透過合資、參股或併購來台的「跨海峽資本」，是否已成為影響台灣的「中國因素」？其中，兩岸政府扮演了什麼角色？

三、「推力」大於「拉力」的兩岸政府

對中共而言，推動陸資赴台，符合其一貫「以經促統」的政策，有經濟／政治雙重目的；對馬政府而言，開放陸資來台，可落實所謂「兩岸經貿正常化」，並達到發展經濟之目的。然而，由於台灣社會質疑馬政府兩岸政策過於傾中，加上第二次政黨輪替後，新政府對於陸資來台趨向謹慎保守。從政府角色觀察，北京的「推力」顯然大於台灣的「拉力」。

（一）推力：中共對台政策的實踐

中共為了取得戰略資源、技術、創造外匯，再加上其全球布局考量，二十世紀九〇年代開始實施「走出去」戰略，在招商引資的同時，也讓陸資對外投資保持快速成長。也就是說，中共改革開放三十多年，從早期的出口推動和吸引外資，至今轉變為以對外投資作為中國產業升

6　相關文件內容請參見行政院陸委會網站「兩岸協議執行成效專區」。

7　同期，政府核准來台投資的僑外投資約四百零六點九億美金，陸資投資台灣金額僅為僑外投資的百分之三點九左右；此比例為作者依經濟部投資審議委員會公布資料自行估算。

級和經濟增長的重要動力。

中國大陸企業對外投資，其戰略目標主要可分為四種：一、為獲取國際市場的「市場型」；二、為實踐低成本資源的有效利用，以及不同市場的彈性生產的「資源型」；以上兩種目標取向從一九七八年改革開放以來，一直維持到一九九二年，產業類型方面主要為礦業、石油等能源產業，投資主體則是以國營企業為主。一九九二年之後開始出現第三種目標，以市場換技術的「技術型」，目的在取得戰略資產，投資產業則鎖定生產加工業，此時除了國營企業，民營企業也加入投資主體。第四種目標主要出現於二〇〇一年之後，透過海外市場上市融資等方式，鏈結國際資本的「資本型」，這個階段重點在取得技術、管理經驗、市場、整合產業鏈等資源，以及獲得財務投資收益，不僅遍及各類產業，民營企業所占比例也逐漸提高。台灣缺乏資源，陸資來台投資主要受「市場導向」及「技術導向」影響；但考量中共對台經貿政策的政治意涵將「政治導向」納入思考，亦是審視陸資來台的一種向度（參見下頁表二-一）。[8]

事實上，中共原本就對企業境外投資有所謂的政治性規範，〈境外投資管理辦法〉中明訂企業境外投資「……危害我國國家主權、安全和社會公共利益……主管部門不予核准」；而北京政府發布的陸資赴台投資法令〈大陸企業赴台灣地區投資管理辦法〉（簡稱「管理辦法」），亦強調陸資赴台投資「不危害國家安全、統一」。雖然這種概略式的規範能產生多大的箝制效果仍需進一步實證，但在中共黨國資本主義體制下，無論國／民企，在進行必須經政府機關審批的對外投資時，或多或少都必須考慮政府立場。

事實上，除了概略式的政治性規範，一般境外投資僅需發改委、商務部審查，但赴台投資還特別需要經過國台辦的審查。對中共來說，如「管理辦法」所明訂，陸資「赴台灣地區投資應遵循互利共贏和市場經濟原則」，但也要「認真了解並遵守當地法律法規，尊重當地風俗習慣，注重環境保護，善盡必要的社會責任」，更重要的是「有利於兩岸關係和平發展」。此外，依據〈大陸企業赴台灣地區投資管理辦法〉第十二條規定，若陸資核准來台投資，除了享有中國政府給予的政策支持，還可以享有兩岸簽署有關協議項下給予的待遇。發改委、商務部及國台辦將透過對外投資合作資訊服務系統、投資指南等方法，加強陸資赴台投資的相關服務與訓練，涵蓋政策、人員和投資環境等方面；同時也鼓勵各相關研究單位加強對台灣的投資環境、市場資訊和產業發展狀況的研究分析，給予陸資投資台灣時的參考。由此可知，中共推動陸資赴台投資相當積極。誠如中共涉台高層官員所說，兩岸之間並非僅是「先經後政」，而是「經中有政」。[9]

8 工研院產經中心、中華民國全國工業總會，《推動陸商來台投資之招商策略及效益》，台北：中華民國全國工業總會委託，二〇一五。

9 前中國國台辦主任王毅在美國紐約曾提到，兩岸現在是「先易後難，先經後政」，但這不是機械和絕對的。他說：「先易後難，其實是易中有難；先經後政，實際上是經中有政。」羅添斌，〈王毅：兩岸先經後政，經中有政〉，《自由時報》，二〇一〇年十月二十一日，http://news.ltn.com.tw/news/focus/paper/437186。

表二－一　陸資來台動機與發展策略

	策略動機	在台事業或投資對象之發展定位	集中產業領域	目標市場	獲利模式	與台既有廠商聯結
市場導向	布局台灣市場	以台灣為目標市場的營運據點	如銀行、批發零售、港埠、食品、餐飲業等。	台灣市場	複製既有營運模式，以自有品牌，向台灣市場行銷與提供產品／服務。	與台灣同業競爭張力大；與台灣上游業者有合作，但不強。
	以台灣為進軍國際市場之跳板	新產品／新服務／創新營運模式的試驗場域	如遊戲業、資訊軟體服務等。	國際市場為主，大陸市場為輔。	利用台灣法令較寬鬆之條件，整合相關互補者與策略夥伴，進行試驗，並將試驗成果回饋大陸總部，以進行後續調整。	與互補台灣業者合作關係密切，共同布局國際。
技術導向	透過收購關鍵資產獲取技術	獲取關鍵資產的載體	如電子零組件製造、金屬製品製造業。	國際市場為主，大陸市場為輔。	以高額報酬獲取關鍵技術，進行消化吸收再利用。	與既存台灣業者爭奪關鍵資源。
	透過建立聯結中介點獲取技術	大陸母公司與產業鏈上下游台商聯結中心	如電子零組件製造業。	台灣下游客戶與國際市場	一方面強化與既有台灣下游客戶之關係，另一方面積極開發更多台灣下游客戶。	與台灣同業競爭張力大；與台灣下游客戶關係持續強化。
政治導向	以經促統	以經營台灣政商、社會關係為主	1. 金融、房地產、工程、媒體及文化等對台灣經濟、社會有影響之產業。 2. 電子、資訊、航運、鋼鐵、旅遊等產業。	非經濟考量	獲利非主要考量	

資料來源：修正自工研院產經中心、中華民國全國工業總會，《推動陸商來台投資之招商策略及效益》之表二－五。

（二）拉力：政府態度受台灣社會影響

反觀台灣，政府對陸資來台除取決政黨立場，更重要受社會輿論影響。民進黨政府時期原本討論是否依WTO規範，開放同是會員的陸資來台，但當時政府基於「國家安全」理由作罷。二〇〇八年國民黨重新執政，開放且「積極鼓勵」陸資來台，不但建構各式平台協助陸資來台，更主動赴中國大陸各地舉辦招商說明會；但另一方面仍設置重重障礙，諸如開放項目限制多、人員往來不易、生活問題不便等，使得陸資認為台灣開放陸資來台投資政策有「大門開，但小門、玻璃門、彈簧門存在」的現象，且陸資在台待遇不比外資，使得台灣對陸資開放「象徵性」大於「實質性」。

同時，馬政府推動包括《服貿協議》在內的各項兩岸協議，引起台灣社會的質疑，甚至引發大規模的社會運動，迫使馬政府擱置進行中的各項重大兩岸政策，態度轉趨保守。

二〇一六年政黨再次輪替，在兩岸政策方面蔡政府雖然強調「維持現狀」，總統蔡英文也曾針對兩岸經貿提出「國家安全網」概念，認為可在市場開放與國家安全間尋找平衡點；[10]然而，閣揆林全曾發言指出，「陸資來台，是經濟問題，也是國家安全的問題。……陸資來如果

10 張瀞文，《蔡英文：從談判桌到總統府》，台北：商業周刊，二〇一五，頁七八～七九、二一一～二一三。

對就業有幫助，但是對創新沒有幫助，我為什麼要讓它來……。」[11]在此思維下，民進黨政府雖延續馬政府時期的陸資來台投資機制，但並未針對陸資來台採取任何積極引進的政策。

從馬政府時期開始，經濟部即將陸資視為外資，鼓勵其來台投資，但「考量開放陸資來台的複雜性」，政府秉持「先緊後鬆、循序漸進、先有成果、再行擴大」原則，以期能夠達到「利益最大化，風險最小化」的政策目標。[12]然而，所謂「循序漸進」並無明確進程，「先有成果」的「成果」意指不明，「利益最大化，風險最小化」的詮釋空間過大，再加上既有的不透明聯審機制，使得行政部門對陸資來台呈現「可緊可鬆」的政策彈性，不但限縮了陸資來台投資的能量，也為陸資來台投資增加了許多不確定性。

具體來說，經濟部原本應扮演積極推動的角色，但前部長張家祝在交接典禮時，提出經濟部未來的重要工作包括「陸資來台審核時要嚴謹」；[13]同年底，面對陸媒質疑台灣投資門檻太高，時任次長的沈榮津則表示「陸資來台，若讓台灣產生疑慮，也該講清楚說明白。」[14]二〇一五年六月，時任經濟部部長的鄧振中赴立法院報告時，特別強調對陸資的六大管理機制。[15]二〇一六年五月蔡政府就職後，經濟部長李世光對於陸資來台投資，特別是高科技產業，強調要「符合技術不外流、確保就業與國安三前提」，必須個案思考。[16]

不過值得觀察的是，自民進黨二〇一六年五二〇執政以來，五至十二月，投審會核准的陸資來台總金額約為二點零五億美元，相較同期僅略為減少百分之五點五，並未明顯低於馬政府時期核准的平均來台投資金額。[17]由此可知，雖然自馬政府後期，台灣社會憂心陸資來台會影響國家／經濟安全，促使政府對於陸資來台採取更為謹慎的態度，但從馬政府到蔡政府皆表現了一定的彈性，並未完全禁止陸資來台投資。只是明顯的事實是，陸資來台過程，為實踐中共對台政策所形成的「推力」，顯然仍大於受台灣社會影響的政府「拉力」。

---

11 吳琬瑜、陳一姍、李明軒，〈林全：政府必須重建人民信心〉，《天下雜誌》，二〇一六年一月四日，http://www.cw.com.tw/article/article.action?id=5073619。

12 請參見行政院網站「開放陸資來台從事事業投資」：http://www.ey.gov.tw/policy5/News_Content.aspx?n=D222AB2C227DC406&sms=F35EF1F226BA24FA&s=BBFCAA7A673D21C0。

13 陳曼儂，〈張家祝交棒叮囑陸資來台嚴審〉，《旺報》，二〇一四年八月十六日，http://www.chinatimes.com/newspapers/20140816000984-260302。

14 陳曼儂，〈沈榮津爆，不少陸資疑是空殼公司〉，《旺報》，二〇一四年九月四日，http://www.chinatimes.com/newspapers/20140904000902-260301。

15 即，採事前許可制、可採直接或間接投資、證券投資超過一定比率視同直接投資、訂定防禦條款、若陸資投資人在台無營業所應委任律師或會計師辦理申請事項、事後管理機制等。參見陳曼儂，〈開放陸資來台六年，罰十五件〉，《工商時報》，二〇一五年六月九日，http://www.chinatimes.com/newspapers/20150609000145-260203。

16 黃巧雯，〈李世光談陸資來台，列三前提未表態〉，《中央社》，二〇一六年五月二十五日，http://www.cna.com.tw/news/afe/201605250225-1.aspx。

17 二〇一六年同期投審會核准陸資來台件數為一百二十二件，金額為二點零五億美金，二〇一五年同期投審會核准陸資來台件數為一百零九件，金額為二點一七億美金；從件數來看，蔡政府時期核准的陸資件數是增加的。此數字為作者依經濟部投資審議委員會公布資料自行估算。

四、陸資來台的跨海峽網絡與在地協力機制

吳介民指出，中國政府透過跨海峽政商網絡之中介，使得跨海峽資本得以在台灣發生政治影響力，而落實此一「中國因素」影響力之最終環節，則需要在地協力者網絡。[18]然而，本文認為，誠如吳介民所說，作為跨海峽資本的陸資企業，的確依托跨海峽網絡行動者來台，但從規模和行為來看，但這些行動者並未形成完全一致的共同利益網絡關係。我們要問的是：陸資來台投資的過程中有哪些推力？在地協力者可分為哪些類型？各自扮演什麼樣的角色？

（一）推動陸資來台的不同行動者

相較於中國有專責對台機構「台辦」，台灣政府並沒有設置專為陸資服務的「陸辦」；同時由於現行法令的限制，在台陸資並無「法」可成立如台商協會般的制度化組織。更重要的是，無論是「國共論壇」、「紫金山峰會」等兩岸間政治經濟俱樂部，還是非制度的、圍繞著政治人物或商業界人士而形成的政商網絡，由於兩岸制度與市場的差異，陸資來台並未能得到減稅、讓利等政策優勢，或可輕易取得巨額經濟利益，因此很難形成嚴密的政商網絡。目前與陸資來台投資有關的行動者，主要有以下四種：

中國大陸駐台經貿機構：北京政策的執行者

二〇一〇年兩岸兩會簽訂《海峽兩岸經濟合作架構協議》（ECFA），在此協議中強調，基於促進兩岸經濟合作，兩岸將「推動雙方經貿團體互設辦事機構」。[19]依此，中國機電產品進出口商會（機電商會）和海峽兩岸經貿交流協會（海貿會），分別於二〇一三、二〇一五年來台成立辦事處。[20]這兩個機構都具有官方背景，駐台重要幹部也多曾任中國重要政府官員。[21]

台灣工商團體與企業：依個別產業的利益不確定者

對於陸資來台，台灣工商團體主要扮演角色有三：向政府進行政策建議、協助政府進行政

18 吳介民，〈中國因素的在地協力機制：一個分析架構〉，《台灣社會學會通訊》八三，二〇一五。

19 請見《海峽兩岸經濟合作架構協議》內文。

20 台灣方駐中國大陸的經貿團體為「台灣貿易中心」（外貿協會）、台灣區電機電子工業同業公會（電電公會）。

21 首席代表李榮民曾是中國商務部國際合作事務局局長，當時的副代表高莉原是商務部台港澳司副巡視員，為商務部旗下海貿會副會長，蔡其泉則是國台辦交流局副巡視員。海貿會名譽會長房愛卿為現任中國商務部副部長、海貿會榮譽會長安民曾任中國商務部副部長，會長王遼平曾任商務部台港澳司司長。事實上，海貿會理事中，除企業人士之外，有不少是在任的中國官員。

策說明，或代陸資向政府反映問題；換言之，多是就政策層面提出建議。在個案方面，陸資要來台投資、併購或參股，政府審查過程通常諮詢的是個別產業公會，而非工商團體。但即使如此，由於個別企業利益不同，同一產業內不同企業對於陸資投資亦會抱持不同態度。例如二〇一二年台灣LED晶粒大廠璨圓引進陸資三安光電，參股將近百分之二十，台灣LED業者擔心璨圓就此獨大，因而表達了疑慮；但璨圓基於資金及拓展中國大陸市場等需求，政府仍在一定限制下同意這起參股案。[22]

值得注意的是，一些台灣企業基於資金、市場等各種層面的考量，主動或被動地接受陸資的併購或參股。[23]可以預期的是，台灣企業將成為陸資來台投資的重要協力者，而這將逐漸成為陸資來台投資的最重要路徑。[24]

專業代理人：法律賦予積極角色的直接利益者

二〇一三年經濟部修正〈大陸地區來台投資許可辦法〉第九條規定：「投資人在台灣地區，無住所或營業所者，……應委任會計師或律師辦理」，而會計師或律師扮演的角色即是協助投資人「填具投資申請書，檢附投資計畫、身分證明、授權書及其他有關文件」，並「向主管機關申請許可」。也就是說，這批以律師、會計師為主的「專業代理人」，是最直接的經濟利益相關者。換言之，律師、會計師基於商業利益，不但積極地在中國大陸各地「招商引資」，推動陸資來台投資、併購或參股；同時為協助陸資客戶順利來台，亦會透過各種管道，為陸資尋求台灣適合的投資標的。

在台陸資：「新台商」的在地參與者

即使受政治、政策影響，但截至二〇一六年底，仍有超過九百家陸資通過政府核准。如同早期到中國大陸投資的台商，陸資在台生活一段時間成為所謂的「新台商」，也變成了在地參與者，在與台灣政商甚至社會各界建立關係的同時，亦扮演推介陸資來台投資的角色。雖然礙於法規，這些在台投資的陸資無法成立如「台商協會」之類的社團組織，但在中國大陸駐台經貿機構的鼓勵及組織下，在台陸資仍常舉辦各種聯誼性質的講座、活動。

22 經濟部提出「不得要求轉移相關專利、不得進行人才挖角、不得要求介入取得經營權及不得要求技術移轉」等限制條件，要求三安光電將相關限制內容列於投資承諾書。

23 例如二〇一二年底成立二十五年的台灣電子連接器廠宣德宣布賣給中國大陸的立訊精密；同年中國大陸LED龍頭廠商三安光電入股璨圓；二〇一五年六月廣東東陽光科技控股入資台灣立敦；亦或中國最大被動元件廠廣東風華高新科技收購台灣晶片電阻廠光頡。事實上，許多陸資都是溢價收購，以至有些台灣企業採「待價而沽」的態度等待陸資收購。

24 謝金河認為，中資買台灣企業的趨勢恐難擋。筆者同意此看法。參見謝金河，〈台灣企業的命運：等著高價賣中資？〉，《財訊》四八〇，二〇一五年七月十四日。

受限於政治氛圍及政策管制，上述這些推動陸資來台的行動者尚未能成為影響台灣的中國因素，不過作為陸資來台的在地協力機制，仍扮演了以下幾個角色：

（二）陸資來台的在地協力機制

進行政策遊說

機電商會和海貿會這兩個中國大陸駐台的經貿組織，都負有推動「投資促進」的任務。機電商會在台灣主要任務包括促進兩岸產業互補、協助解決兩岸企業在經貿方面的困難，並將狀況反映給相關政策單位，提供建言獻策等等，當然，也包括吸引陸資來台。[25] 為了便利中國大陸企業來台交流投資，機電商會也編寫了「大陸企業來台投資指南」，並與台灣的大專院校合作，開設「陸資高管培訓班」。[26] 同樣地，對海貿會來說，「促進兩岸貿易投資便利化」[27] 是其重要任務，因此亦透過許多不同場合呼籲台灣「能對陸資進一步開放」。[28]

台灣工商團體對陸資企業來台投資，都抱持著較為正面的態度。包括工業總會、商業總會、工商協進會、電機電子工業同業公會（電電公會）等主要產業公會，都在其對政府的政策建言或公開談話中，表明希望政府加速開放陸資企業來台；例如工總和工商協進會即曾建議政府對現行陸資開放項目由「正面表列」改為「負面表列」，[29] 會員以服務業為主的商業總會，則建議政府鬆綁陸資來台投資服務業，[30] 而以電機電子產業為主的電電公會則曾希望政府開放陸資投資台灣面板產業。

邀請陸資來台參訪

邀請或接待中國大陸來台經貿團組，是中國駐台經貿機構的核心工作之一。實際上，由於其具有官方背景，對於希望來台、或已來台投資的指標性企業（如央企或重要民企），中國大陸駐台經貿機構往往透過既有網絡，扮演這些陸資和台灣工商團體（企業）交流的平台。而台灣工商團體則經常扮演邀請陸資來台參訪的角色，也由此間接促成陸資來台參股或投資。事實

25 〈陸機電商會：扮橋梁促兩岸合作〉，《中央社》，二〇一三年十二月七日，參考網址：http://www.chinatimes.com/realtimenews/20131207001518-260410。

26 〈機電商會台北辦事處與中國文化大學共同舉辦陸資高管培訓班〉，資料來源：中華人民共和國商務部，二〇一五年八月二十日，http://fwmys.mofcom.gov.cn/article/huiyuan/xuehuidongtai/201508/20150801087044.shtml。

27 參見海峽兩岸經貿交流協會網站簡介。

28 二〇一五年六月海貿會台北辦事處揭牌，當時中國商務部副部長、海貿會名譽會長房愛卿即提出了這樣的呼籲。事實上，中國政府認為，開放陸資來台投資是兩岸經貿正常化的一部分，因此，這樣的呼籲並不少見。參見陳柏廷，〈海貿會來台，服務兩岸企業〉，《中國時報》，二〇一五年六月十七日，http://www.chinatimes.com/newspapers/20150617000473-260108。

29 參見工業總會和工商協進會網站。

30 參見商業總會二〇一二年「全國商業總會產業建言書」。

上，隨著中國大陸經濟崛起，加上台灣企業需要資金及市場，不乏有一些由台灣企業發起引進陸資投資案，只是限於既有法規，於是便透過台灣工商團體或產業公會邀請進行。

台灣民間社團亦扮演了「投資促進」或「引進陸資」來台投資的角色，[31]主要協助陸資來台找尋投資、併購或參股的標的；他們往往和專業代理人合作，甚至負責人本身就具有專業代理人資格。對許多台灣的律師、會計師事務所來說，其協助陸資來台投資仍基於經濟利益，個人或事務所政治意識形態並不構成影響其行為的關鍵。[32]在台陸資偶爾也會邀請陸資來台參訪，但現行法規對中國大陸來台專業交流有相當嚴格的限制，因此僅能邀請與其產業相關之陸資來台參訪。

經營政商網絡，建立正面形象

經營在地政商關係，是中國駐台經貿機構、在台陸資的重要工作。機電商會、海貿會等兩

---

31 例如強調「以推動陸資企業來台投資採購，協助台灣廠商與陸資企業資金、經營管理與人才交流合作為宗旨」的「台灣陸資來台投資採購服務協會」，或曾經出版《投資台灣：陸資來台面面觀》的「台灣併購與私募股權協會」。前者由前商總理事長張平沼成立，其並為現任理事長；後者現任理事長則為長期從事創投的藍濤亞洲總裁黃齊元。

32 舉例來說，台灣資誠（PwC）、安永（EY）、勤業眾信（Deloitte）、安侯建業（KPMG）等所謂四大會計事務所，或理律、萬國等大型律師事務所，都有所謂的陸資小組，或有專人協助陸資企業來台投資。其他中小型的律師、會計師事務所亦積極爭取陸資來台。

圖二－一　陸資來台投資的跨海峽網絡與在地協力機制

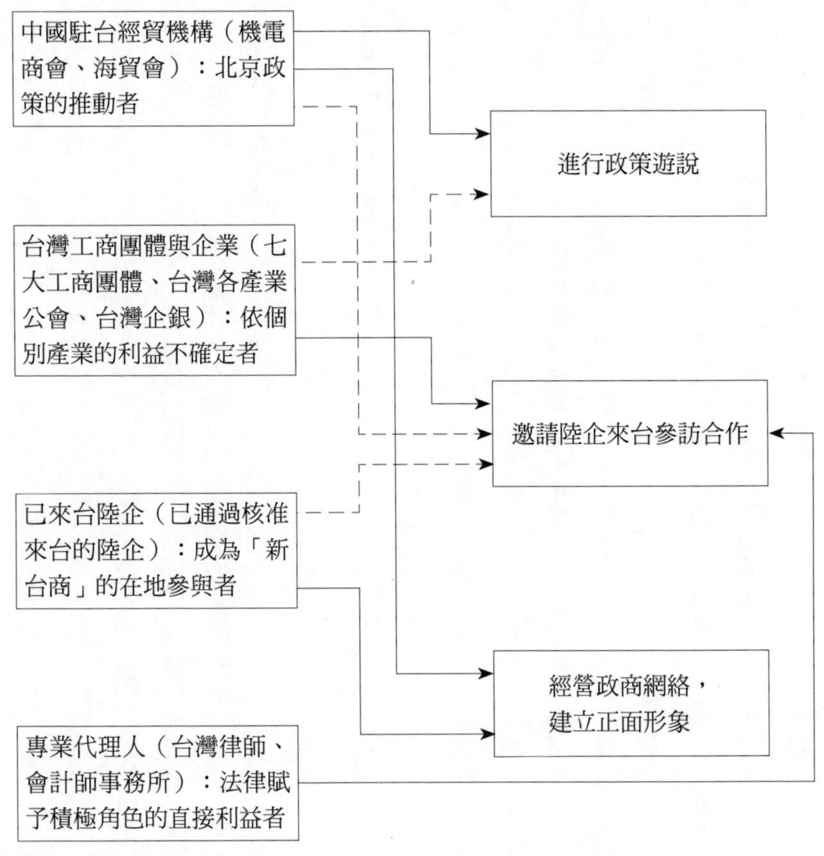

個中國經貿機構台北辦事處成立時，仍是馬政府時期，因此包括經濟部、海基會、外貿協會、台灣重要工商團體負責人等都到場祝賀。而亦有已在台投資的中國大陸央企，與台灣立法委員合作推動公益活動。[33]由於台灣方面對陸資來台投資仍有不少限制，因此這些活動多屬聯誼性質，陸資遇到問題，台灣行政部門仍得依循既有政策處理，很難特別放寬。值得觀察的是，中國大陸駐台經貿機構特別注重公益形象，例如二〇一四年高雄氣爆、二〇一六年台南大地震，機電商會都號召在台陸資捐款。

五、在台陸資的初步考察

釐清已來台的陸資類型（typologies），有助於了解陸資進入台灣過程，以及進入台灣後與在地協力者的合作模式。然而，由於目前資料有限，不易從產權性質檢視來台陸資的「中國因素」作用。當然，由於中國大陸仍屬黨國資本主義體制，政企關係密切，即使並非國營企業、官僚資本（或與太子黨）關係密切的混合型企業，而是民營、中外合資的陸資，中共都有發揮影響力的空間／管道。

但這樣的論述似乎忽略陸資的主體能動性。我們要問的是，在來台投資不易的情況下，為何還有陸資突破重重困難來台投資？難道僅僅是為了配合政府「以經促統」、「以商圍政」的對台策略？亦或有我們所不知、基於市場機制的經濟利益？在資料有限的情況下，本節以既有的量化研究為基礎，歸納在台陸企的訪談資料，[34]檢視其「來台動機」，以更細緻的描摹來台陸資樣貌。

（一）投資產業多樣而分散

李沃牆認為，中共推動陸資來台採取的策略應與香港模式雷同：一、以國家利益為前提。可能將金融、房地產、工程、媒體及文化等對台灣經濟、社會有影響之產業，作為其長期策略性重點投資項目。二、以企業利益為考量。在取得實質利益同時，又可以深化台灣本地企業對其依賴，藉此擴大市場布局；是以會選擇電子、資訊、航運、鋼鐵、旅遊等產業，作為合作策略重點投資項目。[35]

換句話說，若是要藉由投資某些特定產業以實踐政治目的，或影響台灣經濟安全，上述這些產業都應是陸資投資的重點項目。然而，若從經濟部的統計來看，到目前為止，陸資來台投資產業非常分散。頁一一二表二-二為陸資來台投資統計，若單看投資金額或件數的加總占比，來台陸資投資皆以「批發及零售業」居首位。但細究平均投資規模，「批發及零售業」規

33 郭芝芸，〈京泰送車不手軟，原民足感心〉，《旺報》，A九版，二〇一三年一月二十三日。
34 訪談主要集中於二〇一五~二〇一六年。
35 李沃牆，〈陸資來台投資概況及對經濟的影響分析〉，資料來源：二〇一四年五月五日，財團法人國家政策研究基金會，http://www.npf.org.tw/3/13551。

模其實相當小，只有七十九點五萬美元，（甚至遠低於總平均投資規模的一百七十八點五萬美元）；對照之下，大部分製造業的平均投資規模反較為凸顯。因此，綜合評估投資件數與投資規模，值得注意的反而是資通訊（ＩＣＴ）產業的陸資身影（下節將再詳細討論）。

「批發及零售業」規模小，也不具政治戰略性，但為何陸資熱衷投資此行業？北京學者熊俊莉認為，中國對外投資雖明顯受政策趨動，例如發布「對外投資國別產業導向目錄」，鼓勵企業將投資轉向對其有利的方向；但由於台灣社會對陸資特別關注，且台灣政府監管嚴格，因此很難以政策引導某些產業在台灣投資。陸資來台之所以多為批發及零售業，是由於「批發及零售業」是台灣優勢產業，且未設限，容易通過台灣行政部門聯合審查。[36]也就是說，由於台灣對陸資來台投資產業別是採取「正面表列」，為了設立公司的便利，辦理陸資來台投資的台灣專業代理人（即律師、會計師），經常建議陸資先申請從事設限較少的「批發及零售業」，以利通過台灣政府的審查。[37]

換言之，即使為實踐其國家（政治）利益，陸資在台灣也很難投資被認定為「具敏感性或國安（含資安）疑慮」，且尚未開放、或限制仍多的金融、房地產、工程、媒體、文化等項目。因此，較為可能的情況是，即便中共希望通過陸資實踐經濟利益的同時，深化台灣（企業）對中國大陸的依賴，但由於現實上制度的限制，加上台灣媒體高度監督，使得中共要在台灣複製「香港模式」具有相當的難度。

延續上述問題，陸資是否會在違背企業利益、不符合市場法則的情況下，仍堅持來台投資？或許，可從對現有在台陸資的訪談中進行初步的觀察。

（二）陸資來台投資的動機與目的

二〇〇九年台灣才剛開放陸資來台投資，兩岸的媒體即合作針對中國大陸上市企業進行「來台投資意願調查」。在這個調查中，問及有意願來台的陸資，「影響企業投資台灣的主因」，依序是「市場商機」（百分之五十五點六）、「國際布局」（百分之五十五點六）、「產業鏈完整」（百分之四十四點四）、中國政府鼓勵（百分之三十三點三）等；若無意願來台者的原因則依序是「市場商機太小」（百分之五十）、「不了解台灣法令」（百分之四十七點九）、「勞工成本高」（百分之四十一點七）、「台灣政治不穩定」（百分之三十三點三）等。[38] 而在開放陸資來台多年後，檢視已來台投資陸資的動機，有助於觀察兩岸企業的競合關係。

根據經濟部的委託研究，近五年（二〇一〇～二〇一四）在台陸資來台投資動機主要是為了「拓展台灣市場」，其他占比較高動機分別為「建構台灣與大陸兩地分工體系」、「成為全

36 熊俊莉，〈陸資在台產業分佈及影響因素〉，收錄於王健全、朱磊、童振源（編），《二〇一五年投資臺灣藍皮書》，台北：博誌，二〇一五，頁三二一。
37 作者訪談。
38 參見《遠見雜誌》二七九，二〇〇九年九月號。

	件數	占比	金額	占比	平均投資規模
技術檢測及分析服務業	6	0.6%	3,190	0.2%	532
成衣及服飾品製造業	2	0.2%	2,947	0.2%	1,474
運輸及倉儲業	18	1.9%	2,852	0.2%	158
未分類其他運輸工具及其零件製造業	3	0.3%	2,022	0.1%	674
創業投資業	1	0.1%	1,994	0.1%	1,994
專業設計服務業	8	0.8%	1,972	0.1%	247
租賃業	2	0.2%	939	0.1%	470
廢汙水處理業	5	0.5%	385	0.0%	77
家具製造業	1	0.1%	40	0.0%	40
廣告業	1	0.1%	6	0.0%	6
小計	947	100.0%	1,690,844	100.0%	1,785（總平均投資規模）

單位：千美元

資料來源：整理自經濟部投資審議委員會。

說明：因本表資料經由原始資料四捨五入，小計數字可能會與表上數字直接加總有些許誤差，以小計數字為主。

表二－二　陸資來台投資分業統計（截至二〇一六年十二月底）

	件數	占比	金額	占比	平均投資規模
批發及零售業	615	64.9%	488,625	28.9%	795
銀行業	3	0.3%	201,441	11.9%	67,147
電子零組件製造業	50	5.3%	166,809	9.9%	3,336
港埠業	1	0.1%	139,108	8.2%	139,108
電力設備製造業	7	0.7%	106,131	6.3%	15,162
電腦、電子產品及光學製品製造業	30	3.2%	106,106	6.3%	3,537
住宿服務業	4	0.4%	89,723	5.3%	22,431
資訊軟體服務業	47	5.0%	73,546	4.4%	1,565
金屬製品製造業	6	0.6%	73,265	4.3%	12,211
化學製品製造業	3	0.3%	57,564	3.4%	19,188
機械設備製造業	29	3.1%	42,836	2.5%	1,477
廢棄物清除、處理及資源回收業	6	0.6%	21,123	1.3%	3,521
餐飲業	41	4.3%	20,575	1.2%	502
紡織業	1	0.1%	17,784	1.1%	17,784
研究發展服務業	9	1.0%	16,220	1.0%	1,802
食品製造業	2	0.2%	13,775	0.8%	6,888
化學材料製造業	5	0.5%	12,562	0.7%	2,512
汽車及其零件製造業	2	0.2%	6,846	0.4%	3,423
會議服務業	19	2.0%	4,478	0.3%	236
產業用機械設備維修及安裝業	5	0.5%	4,314	0.3%	863
橡膠製品製造業	2	0.2%	3,972	0.2%	1,986
塑膠製品製造業	10	1.1%	3,898	0.2%	390
未分類其他專業、科學及技術服務業	3	0.3%	3,794	0.2%	1,265

球布局重要環節」、「配合客戶或上下游廠商」，以及「運用台灣營運管理模式經驗」等。值得注意的是，表示為「呼應大陸政府投資政策」而來台投資的占比，除了二〇一一、二〇一二兩年分別為百分之十四點八二和百分之二十一點五四，其他年份都不到一成（參見表二-三）。

由於此委託研究僅為隨機的抽樣性調查，並未針對所有在台陸資，也未考慮產業別；因此，是否能反映多數陸資來台動機，尚有討論空間。但連續五年的研究都顯示「拓展台灣市場」是主要動機，若以此為基礎，檢視並分析筆者關於在台陸資的訪談資料，[40]或許能描繪出更清晰的圖像。

從拓展台灣市場轉向採購台商商品

台灣是一個充分開放的市場，產業競爭相當激烈，陸資來台「拓展台灣市場」如何可能？具國營資本的A陸商，數年前來台從事批發零售業，進口中國大陸的飲品到台灣銷售；但以該產品而言，台灣消費者多已習慣台灣本土、日本、歐美的品牌，市場幾乎飽和，對中國大陸品牌接受度並不高，多年經營效

運用台灣營運管理模式經驗	有利技術創新	運用台灣高階人才	呼應大陸政府投資政策	其他
20.29	10.14	26.09	8.70	7.25
25.93	16.05	27.16	14.82	6.17
36.92	24.62	29.23	21.54	9.23
22.99	12.64	17.24	4.60	4.60
26.16	18.02	21.51	4.07	5.81

果仍有限。因此，該陸資近幾年將營業項目轉向其他領域，包括採購台灣產品銷往中國大陸：

> 我們沒有壓力在那裡，是因為我沒有工廠壓力，我是以銷售來定進口多少。我們倒不希望有太大的增長，增長太大實際上也不見得是好事，就是希望每年都有增長就OK了。目前（我們）運作還是不錯，基本上就是維持一個微利，今年可能會有適當的增長，但去年的幅度比較高。這個行業（食品業）競爭太激烈了……[41]

39 以二〇一五年的調查來看，共寄發三百五十七份問卷，成功回收兩百五十二份，總回收率為百分之七十點五九。參見中華經濟研究院（編撰），《二〇一五年僑外及陸資投資事業營運狀況調查分析報告》，頁十七。

40 筆者正式訪談資料共計四十三家。

41 田野訪談，A陸商台籍主管（食品業），二〇一五年九月十七日。

表二－三　陸資來台投資的重要動機（二〇一〇～二〇一四）

	樣本家數（家）	拓展台灣市場	建構台灣與大陸兩地分工體系	成為全球布局的重要環節	配合客戶／上下游廠商	偕同於中國大陸投資的台商夥伴來台投資
2010年	69	75.36	31.88	43.48	23.19	4.35
2011年	81	75.31	27.16	39.51	32.10	2.47
2012年	65	78.46	30.77	46.15	32.31	6.15
2013年	174	70.12	32.76	33.33	32.76	2.87
2014年	172	69.77	31.40	30.81	26.74	2.33

單位：%

資料來源：中華經濟研究院編撰，《二〇一五年僑外及陸資投資事業營運狀況調查分析報告》，頁九五。

另一家同樣持有中國大陸地方政府股份、從事食品業的B陸資也提到相同的問題。B陸資原本要進口產品銷給台灣的大盤商，但加上關稅後進口成本太高，且競爭激烈，後來就不了了之。B陸資也曾嘗試直接在台灣的大賣場將產品上架，但最後並沒有成功：

之前有去推過Y大賣場，可是Y大賣場的窗口跟我們講，他們老闆拒用大陸的產品。也送了很多樣給他們試吃，然後（他們）就說我們口感很好，不輸美國貨，但老闆說只要是大陸的就不要。所以推過一次就沒有再推了。[42]

公共工程並非開放陸資投資項目，因此在中國大陸主要為營建業的C陸資，策略是先在台灣設立辦事處，看看可以投資什麼、有什麼商機，之後再正式申請設立公司。但考察幾年後，C陸資發現台灣市場非常飽和，且陸資能在台灣投資項目非常有限，多年來仍無法找到適合的營業項目，只好一直以辦事處形式停留在台灣。[43]

D陸資是中國大陸中部某省國營改制民營，且已上市的商貿物流企業，二〇一一年來台設立辦事處，主要的業務即是採購台灣的農漁產品、食品及日用品。集團負責人提到，D陸資之前一直有對台採購，但項目不多，金額占比也小；設立辦事處後，可更迅速掌握台灣商品動向，有助擴大對台採購金額。有趣的是，D陸資雖早已改制為民營企業，但來台成立採購辦事處的幹部卻仍是該省的退休官員。D陸資主管提到，「對台採購」是該公司的任務之一，除此之外，也要學習台灣先進的產業技術：

（D陸資）主要業務有二：一是調查台灣業種型態。台灣在服務創新上仍走得比大陸前面，不僅要針對台灣第三產業（服務業）做相關的研究，提供給母公司參考；也要邀請台灣通路專家學者赴大陸母公司進行演講和培訓，同時協助安排（母公司幹部）來台灣考察學習。二是代理台灣的產品至大陸，以前是單一對台採購，但成本高且有囤貨的壓力，現在則是和其他省市聯合對台採購，可平均庫存風險，同時也能降低採購成本。台灣在冷鏈物流產業有許多技術超越大陸，很值得大陸企業借助台灣冷鏈產業的先進技術、專業人才和管理經驗，提升冷鏈物流服務水準。同時，未來也不排除和台灣業者洽談合作的機會。目前（D陸資）接觸許多台灣知名物流及食品企業，大部分廠商皆表達高度的合作興趣，期待共同拓展兩岸的市場。[44]

E陸資是中國大陸國有企業，來台成立全資陸資公司。該企業原本在中國大陸經營的業種

42 田野訪談，B陸商台籍主管（食品業），二〇一五年七月六日。
43 二〇一四～二〇一五年間，與C陸商陸籍駐台代表（營建業）的非正式訪談。
44 田野訪談，D陸商陸籍主管（批發零售），二〇一五年五月二十八日。

遍及各領域，但來台後受限於開放項目，於是就先從事批發零售及貿易。其在台主要的業務就是尋找適合的產品回銷中國大陸；換言之，仍是以採購為主。該公司主管提到，剛開始是有登記一些行業，但來台幾年後，發現台灣市場不如想像中的好做，因此開始從事貿易：

> 我們一開始在這邊不熟悉，可以說從零開始。當時我們的運營項目裡，一個是零售業批發、建築業批發，還有一個就是會議會展，（後來）我們發現會展中心不是那麼好做，就努力發展貿易。前兩、三年確實很不好做，我們走遍了、確實是走遍了台灣的大小廠商，了解很多情況。
>
> 貿易主要在專注食品這一塊，食品為什麼好做呢？因為當時受小三通的衝擊，我們不可能去做（小額貿易），我們想做的是正正規規的、大貿的形式。（我們）計畫下半年開始試行出口台灣製的米食製品回大陸，日前已跑遍台灣，找到合作的廠商。根據公司的調查，（我們）認為中國人仍然維持以米食為主食的習慣，米食製品的市場應該有其商機；若未來在中國大陸銷售效果好，將繼續在台灣尋找合適的大米來源，可能會製造自己的品牌後再銷往大陸。[45]

F陸資也是中國國營上市公司，來台從事批發零售業；其早年是中國大陸某地方政府主導成立的開發公司，主要從事基礎建設，後來逐漸開展國際和國內貿易，然後延伸到物流、房地產等。在內外貿部分，F陸資跟隨中國大陸政策，出口勞力密集度高的加工產品，並進口中國大陸所需的原物料。一九九〇年之後，許多從事製造業的台商赴中國大陸投資，F陸資當時就是台資企業的原料供應商，和台灣的企業已往來多年，對台灣並不陌生。因應台灣開放陸資投資，F陸資順勢來台灣設立辦事處、成立公司：

為什麼會來台灣設立（公司）？我們跟台灣的業務已經開展很久，對台灣市場，包括台灣的產品，我們會比其他廠商有更進一步的了解。辦事處主要是做一些市場調查啦、產品前期分析啦，還有（目前）有在做生意客戶的維護，（以及）一些撮合成交的動作。務中心跟資金中心就承擔了集團的業務單，以前（中國大陸）F集團作為進口方，現在它（在台灣的業務）一是業務中心，在境外我們會設立若干個業務中心跟資金中心，這些業可以選擇香港作為進口方，或是新加坡，或是台灣作為進口方。第二部分就是針對集團有相關經營的產品，到台灣拓展新的客戶、廠商跟市場，比如說有些工業的原材料，我們在台灣可以找一些新的廠商，這些產品因為耗能又汙染，台灣不生產，只能（供）大陸採購給廠商用。第三部分就是利用台灣做國際通路的平台，做一些三角貿易，這個三角貿易就跟大陸（完全）沒有關係，兩頭都不在大陸，比如說東南亞的通過台灣到韓國，或者是歐

45　田野訪談，E陸商陸籍主管（批發零售），二〇一五年五月二十二日。

> 洲的、東歐的經過台灣到日本，這種跟大陸沒關係的純三角貿易。第四項就是把一些台灣的精品推廣到大陸，台灣水果到中國大陸（很多）就是我們在做……
>
> 大概四個方面啦，一個是業務中心，第二個就是相關產品賣到台灣來，第三個純三角貿易，第四個就是台灣精品賣到大陸去。[46]

如前所述，台灣市場不大、相對飽和，要經營並不容易。以餐飲業而言，陸資來台投資餐飲，多因市場競爭，最終以歇業撤資作收。[47] G陸資是中國大陸頗具知名度的餐飲集團，剛到台灣投資，生意很好但利潤不高，究其原因是希望能先打出品牌，之後再擴大經營：

> 大家覺得（我們）一定賺飽了、賺死了，其實我們每個月利潤率真的很低，為什麼低呢？因為第一，我們在探索這個市場，反饋給顧客的東西就算是免費的，也一定是品質最好的。第二，我們的食材一定是找最好的供應商提供。第三，我們的普通服務員能拿到五萬塊左右一個月，月休八天。所以整體來說，我們對顧客、對員工下了滿大的成本，我們不是想來賺錢的，我們只是說一跟海外學，二能在這個市場上擴大我們品牌知名度。[48]

然而，也有陸資來台投資目的是為了服務台灣客戶。H陸資是中國大陸一家大型國企，從海外進口上游原物料，再提供給中國大陸及台灣業者，和固定台灣業者已有長期的往來。由於考慮到課稅問題，原物料從海外進口到中國大陸再轉到台灣，會增加客戶成本。剛好台灣開放陸資投資，H陸資就乾脆在台灣成立公司，直接將海外的原物料提供給台灣廠商，直接在台灣就完成採購、合約簽訂，減少了不少時間和金錢成本。也就是說，若H陸資沒有在台灣成立公司，台灣廠商需要這些特別的原物料，就必須和H陸資中國的母公司聯繫：

在兩岸開放投資之前，我們（陸資和台灣廠商）之間就有往來，大家都很熟了，所以台灣一說可以開放陸資，而且我們這個行業別又可以過來投資，我們總裁就想過來台灣設立一個機構。主要就是想通過我們這個窗口做台灣的市場。因為兩岸有稅收的問題，從（中國）國內直接進口到台灣價格很高，所以我們就從海外進口到台灣。採購都集中在台灣這邊，這樣可能業務、合同上簽訂就會比較有效率一些；另一方面其實交易成本也低很多啦，透過我們去拿，比台灣自己拿的成本低很多。[49]

46 田野訪談，F陸商台籍主管（批發零售），二〇一五年九月二十一日。

47 例如俏江南、小肥羊、譚魚頭、丁蓮芳包子等幾個中國大陸各地知名的餐飲集團，因為口味不合、經營策略錯誤等種種因素，最後鎩羽而歸。

48 田野訪談，G陸商陸籍主管（餐飲業），二〇一六年八月二十二日。

49 田野訪談，H陸商陸籍主管（批發零售），二〇一五年九月十七日。

表二－四　陸資來台投資類別（截至二〇一六年底）

投資類別	件數	金額
新設公司	630	372,027
投資現有公司	189	823,618
設立分公司	128	170,175
增資*	167	325,024
小計	1,114	1,690,844

單位：千美元

資料來源：經濟部投資審議委員會。

說明：「增資」是指在中國大陸發展的台商，為了進入該地市場，邀請陸資入股，本質上屬於台商。

歸納來看，台灣市場不大，且早已開放外來投資，再加上對陸資有投資項目的限制，使得陸資很難以台灣市場作為獲利來源。但上述幾家具國企背景的在台陸資，有一些共同特色：一、他們雖然認為台灣市場飽和，拓展不易，但並未因此撤出，仍持續在台灣投資；二、採購台灣產品回銷中國大陸，成為其主要業務之一；三、以既有業務為基礎，持續推動其他種類投資。這些以採購台灣商品回銷中國大陸為主要業務的陸資，或許一方面是為配合中共對台經貿政策；另一方面，或許是看好台灣商品在中國大陸的銷量。事實上，對這些陸資而言，採購台灣商品較不會引起台灣政府或輿論的負面批評，且也可藉此和台灣企業建立更緊密的關係，是較「安全」的投資經營方式。然而，值得觀察的是，上述在台陸資，開始會透過和台企合資，成立法律上認定的非陸資公司，參與其他未對陸資開放的投資項目。

台企為拓展中國大陸市場引進陸資

經濟部統計，截至二〇一六年底，有一百八十九家陸資是投資台灣現有公司。也就是說，所謂的陸資有超過一成（百分之十六點九六），是台資企業因經營策略等諸多因素考量下，主動／被動引進陸資參股後，被認定為陸資公司（參見表二－四）。

台資企業為何要引進陸資？對台商來說，透過引進陸資參股合資，是一個搶占中國大陸市場的策略。舉例來說，原為台資企業、從事批發零售業的I電商，談為何引進陸資入股時表示，I公司根本就是台商，主要是透過引進陸資進行策略性合作，讓台灣商品更容易在中國大陸銷售：

> 其實我們只是增資，增陸資而已，這個公司本來就是台商。我們單純只是做跟大陸的對口生意，後來是邀請它加入。它（陸資）是我們的合作夥伴，單純只是為了彼此之間的關係更密切。其實我們原本是擔心我們採購台灣的東西，如果要在大陸賣（可能有困難），賣久了當然就希望這個關係可以更link一點，所以就請它投一點股。我覺得很多（台商）都是合資，我們原來做的是食品，除了大陸哪裡可以買？它其實不見得會對你台灣的食品感興趣。[50]

50　田野訪談，I陸商台籍主管（電子商務），二〇一五年六月十八日。

這樣策略合作的成效如何？I公司是透過電子商務平台，銷售台灣農產品、民生用品或食品到中國大陸，但由於海空運費用都很高，再加上關稅以致產品價格降不下來，或因為通關時間過長而壓縮保存期限（主要指加工食品），所以經營起來很辛苦。至於對參股的陸資母公司而言，電商本來就是全球進貨，若台灣產品沒有競爭優勢，頂多只是網站上少了台灣農產品的區塊，影響並不大。

另一家引進陸資的台灣食品業者J，著眼的同樣也是中國大陸市場。該公司主管表示，引進的陸資並未實際參與公司營運決策，僅由法人代表派員出席董事會。但該公司主要的獲利仍以台灣為主，引進陸資後，預計的合作效益並不如預期。主要原因其一：大陸消費者期待買到的產品為台灣生產製造，但由於通關時間過久，影響食品保鮮時間，無法與當地生產產品競爭；其二，該公司產品多以伴手禮形式包裝，不符合當地觀光景區多「即食」的消費文化。此外，J企業表示，因有媒體報導陸資參股，在社會觀感部分感受到一定程度的負面壓力，在實際獲利並不大的情況下，又被視為「紅色企業」，其實頗為困擾：

當初我們的期待（有利大陸市場的開拓），目前還沒有顯現在大陸的經營狀況。（參股的陸資）可以提供的就是管道（通路的合作）。他們投資我們，沒有替我們帶來效益，可是我們被貼上標籤、（變）陸資了，我們被貼上紅色企業了。

我在大陸那邊也是有一個百分之百投資的工廠，但是在大陸要是說「台灣製」的，馬上會遭到市場無情的反應，也就是他們不買帳，他們要的是台灣（進口）的。我覺得走出去絕對是受益的，但是……打市場一定要靠他們，因為當地（還是）有人與人的限制。進中國的通路，這是我們比較需要的。計畫（未來）在台委外生產，除在台灣本地銷售，也將回銷中國大陸，未來如在台代工生產模式運作順利，除在台販售以及回銷中國大陸外，不排除由台灣出口至第三地，開發東南亞市場。[51]

兩地企業合作沒多久，J企業在中國大陸網路商城的伴手禮店歇業，而其企業中陸資持股比例也減少。但J台商並沒有放棄中國大陸市場，未來還是要和陸資成立合資公司：J台商負責生產技術，利用對岸既有廠房，並交由中國大陸夥伴負責銷售通路。

台商藉由陸資的參股／合資拓展中國大陸內需市場，並不限於批發零售或食品業。從事電子業的K陸資，是由台商和陸資合資的新公司，但只有台籍員工。當初會合資成立新公司，主要是為了中國大陸及海外市場的開發；值得注意的是，K陸資在台灣負責的是研發和接單，製造的部分早已轉往中國大陸。K陸資的主管一再表示，公司只有台籍員工，因此一直自認為台灣企業，但卻一直被認定為陸資；該公司陸資成分其實未達法定的百分之三十，之所以被認定為陸資，是因為投資股東中有一位具有中國大陸官員身分。K陸資主管表示：

51　田野訪談，J陸商台籍主管（食品業），二〇一五年八月二十七日。

陸資的身分對我們沒影響。應該說，我們公司的接單基本上其實是靠兩家母公司。所以你問我陸資身分對業務發展有沒有幫助，當然是有的。台資身分方便我們未來去找國際（包括台廠）的單，（陸資身分）比較容易接到大陸的客戶。[52]

另一家從事機械業的L企業也是同樣的情況。L企業原本就是台商，但在回台投資時由於股東有陸資，因此被認定為陸資公司。然而，即使因為被認定為陸資而不太能參與台灣政府工程的相關案子，該公司也不以為意，因為台灣是研究及保留核心技術的地方，重點還是在開發市場。L企業主管表示：

在台灣，（如果）有一些我們不能承擔的，就大概只會做供貨。我現在很積極的推廣菲律賓、印尼的市場，所以我們（其實是）從中國到整個東南亞地區的布局（都）大概做了一些準備工作。（陸資股東）未來會變成我們在（大陸）區的經銷商，對我們新公司來說，最缺的就是市場圈。因為我們不能否認中國大陸是一個很大、而且是急速發展的市場，這個市場我們沒辦法放棄，但核心技術一定根留台灣。

我們現在最大的問題是中國政府很敢做實驗，這點是我們很弱的地方。最希望在台灣有足夠的實驗場，讓我們在最短的時間把技術搞得很成熟。[53]

M企業是台資企業，主要從事教育軟體的開發，在引進陸資參股後被政府認定為陸資。M企業的陸資股東也是從事相關行業，和台資企業合作主要是藉重其研發能力；對M企業來說，和中國大陸企業合作，不但有助於拓展中國大陸市場，還可以藉其將市場延伸到海外。然而，被政府以陸資身分規範的M企業，不但很難參與台灣的公共工程採購案，還會受到同業的抵制：

> 參與政府的合作到最後一關都（會）被卡住，因為那個（陸資）身分，所以後來我決定儘量不要去投（政府採購）。
>
> （陸資）市場會互相分享，我們目前有台灣市場、大陸市場、東南亞市場，然後中東市場跟中南美這幾個市場。大陸跟東南亞（占比）還是最高，中東跟中南美洲是（才）剛切入。在台灣，我們現在比較多是做宣導，就是剛剛提到那個問題嘛，同業會用（陸資身分）打我們，（雖然產品還是）獲得滿不錯的回響。[54]

52 田野訪談，K陸商台籍主管（電子業），二〇一五年八月五日。

53 田野訪談，L陸商台籍主管（機械業），二〇一五年七月七日。

54 田野訪談，M陸商台籍主管（資訊軟體業），二〇一六年七月二十六日。

台資企業之所以引進陸資，通常都是為了中國大陸市場考量。但N企業會被認定為陸資，主要是因為參股陸資原本就是N企業的原材料供應商，且N企業和該陸資在中國大陸也合資成立一家公司，為了加強兩者合作關係，N企業才接受其成為台灣的股東；N企業主要客戶仍以歐美、日本為主，中國大陸市場占比並不高。[55]但總的來說，接受／引入陸資的台商，主要原因似乎都是冀望透過與陸資的合作，能有利於其在中國大陸市場的拓展。

取得台灣的「技術／管理／人才／品牌」

「技術／管理／人才／品牌」亦是陸資來台的重要誘因。台灣傳統製造業O是被陸資民企全資收購的例子。

我們企業在國外，就是大陸以外並沒有投資，我們想要做跨國企業，但我們的老闆相對而言比較保守，他也是說走一步看一步，而且是要比較熟悉的（才有可能合作）。我們當時也有世界各地找過，可是老闆的印象就是覺得國外的文化、人員掌握不住，通過供應商介紹，Z企業想要賣，就找到我們。

我們到台灣（發展），第一個（意義）是我們走出來，第二個是我們要立足台灣，把台灣這個企業搞好，然後擴散到世界各地。這裡至少語言沒有障礙；文化則是這邊比較好，因為保存的好，實事求是；台灣人敬業精神各方面，我們來之後更加有這個感受，來了以後也比較有信心。[56]

除了語言文化因素，O陸資將布局台灣作為國際化的第一步，台灣員工的敬業精神也受到該陸資主管一再肯定。在提到投資動機時，該公司主管強調，將藉由台灣公司優質的生產力爭取代工，但會同時將產品銷售到東協國家，並且回銷中國大陸。值得觀察的是，其實在收購／被收購的公司都有生產相同的產品，而陸資認為即使是同樣的產品，但對中國大陸民眾來說，「MIT」還是相對比較安全，因此可以透過差異化開拓中國大陸市場。

基於「MIT」產品在中國大陸有一定的吸引力，原本就有來台投資傳統製造業的民營P陸資開始增加「批發零售」的營業項目，不定期採購台灣加工食品到該陸資母公司省份販售。P陸資將台灣產品引進該省，銷售透過自身原有的零售通路，但加上運費、通路費用等成本後，售價高於一般同質商品，銷量還是受限。但P陸資透過在台灣的機會找尋各種商機，包括與台灣企業合作，在母公司省份成立休閒文創園區，或是透過採購台灣商品，向台灣公司學習行銷、結合觀光文創、品牌推廣和集客技巧等軟實力，將其複製到旗下的文創園。[57]

55 田野訪談，N陸商台籍主管（資訊業），二〇一六年八月二十四日。
56 田野訪談，O陸商陸籍／台籍主管（製造業），二〇一五年七月七日。
57 田野訪談，P陸商陸籍經理（批發零售業），二〇一五年二月五日。

Q陸資是一家中國大陸上市企業集團，主要生產消費性電子產品。長期以來就是以台灣廠商作為其供應商。政策開放後，該公司到台灣設立子公司，主要工作是協助母公司採購，並作為集團在台聯絡窗口，幫忙處理母公司關係企業與台灣供應鏈廠商相關事宜，以及開發在台合作對象等。但由於台灣現行法令對陸資經營消費性電子產品相關項目仍有許多限制，因此，母公司將台灣子公司定位為備用單位，並無實質的業務。目前則是希望在台灣開展研發服務工作。換言之，Q陸資將布局台灣作為一個尋找供應商的據點。

> 我們台灣公司這邊主要是承接集團關係企業的新想法，所以會比外面的廠商早知道集團要推什麼東西。（將台灣定位為採購的動機）單從成本來看，中國的成本其實是最貴的，香港跟台灣相對來說比較便宜，這就是為什麼我們很多採購行為是放在香港；當初也是看中台灣在金融這塊的優勢。而且我們在台灣有滿多供應商，我們也一直從這點去說服集團儘快啟動台灣這個部分。[58]

R陸資也是中國大陸上市企業，主要也是生產消費性電子產品。由於該產業利潤越來越微薄，台商便將公司賣給R陸資，但市場還是以中國大陸為主。所以R陸資台灣分公司負責研發，主要客戶就是母公司，但也會拓展歐美其他客戶。該公司台籍主管強調，雖然大環境景氣不好，但被收購後，台灣這邊的員工福利跟薪資還是比照原來公司處理。[59]

S陸資是一家陸資參股的純台資企業，主要研發製造醫療器材。對S企業來說，研發是個非常曠日廢時、需要龐大經費的工作，但由於該公司尚未有具突破性的產品，在台灣募資不易。過去S企業常往返兩岸，認識了一些中國大陸同業，便開始接受他們的委託研發，繼而促成陸資參股。S企業主管表示：

我們面臨到的第一個當然是資金的問題啊，因為做研發（是這樣），實際上要好好地、很扎實地研發一個產品，通常需要很長的周期，就這樣搞了十幾年也有，中間可能還都沒有獲利。所以前期需要很多資金，對於我們來說，資金是一個問題，就是剛開始怎麼去募資，（因為）剛開始我們可能就只有技術……台灣的市場太小了，我們這個研發單位是比較辛苦，後來一些因緣際會，我們跟陸資那邊有了接觸，他們是在中國當地很大的通路，因為看上我們研發的能量，所以願意跟我們合作。這是我們自己的人脈，應該十、十五年前吧，我們慢慢開始進到中國去做一些相關的交流，然後才慢慢認識他們。剛開始他們也不是立刻要投資我們，而是委託一些案子讓

58　田野訪談，Q陸商台籍主管（電子業），二〇一五年八月五日。

59　田野訪談，R陸商台籍主管（電子業），二〇一五年八月十二日。

> 我們做，從一些安全性的評估開始，到最後他可能覺得與其這樣委託我們，不如就入股好了，這樣他們可以做的事情會更多。
>
> 這個對他們來說……，有時候我想也是一種冒險啦，他們也不知道最後可以拿到什麼東西；對我們來說，就是有資金挹注，其實我是覺得是還不錯啦。[60]

談到會不會擔心技術外流或股權稀釋？S企業表示並不擔心。他們認為做研發創新最重要的是「人」、「團隊」，若無法留住這些，只是參股（台資）公司效果不大；且S企業還強調，對他們這個產業來說，以研發為主的公司有陸資參股是「利大於弊」，不用擔心技術因陸資參股而被外流，因為對研發團隊來說，再開發新的就好。此外，S企業也強調目前仍處於虧損狀態，引進陸資有助於該公司的研發；而對參股的陸資而言，台商可以協助開發新的專利。

T台資企業主要從事電子類產品的研發。和S企業一樣，T企業也是在和中國大陸交流過程中接受陸資委託研發產品，之後陸資參股成為股東，T企業也因此成為陸資。對T企業而言，是否成為陸資影響不大，但由於尚未研發出具市場性的產品，因此雙方合作後續如何，仍值得觀察：

> （陸資投資）合作是單一產品。（陸資）他也沒管，就（派）過來一個董事這樣。產品

（研發）大部分都是在網路上（討論）。[61]

問到為何不去中國大陸投資？T企業表示，由於該公司研發的電子產品很多樣，而陸資委託研發的只是單一產品，不可能為此去中國大陸投資，也因而才接受陸資成為股東。

從上述個案可以看出，從企業角度，無論是配合政策採購（以國企為主），或以「資金／市場」換取「技術／管理／人才／品牌」，陸資來台很難不考慮到經營績效；即使是相對而言較不具資金壓力的國企，都必須透過採購台灣產品回銷中國大陸來創收。民營陸資更是如此，若沒有商業／經濟利益，僅為配合政策，很難持續經營下去。

六、陸資來台關鍵產業：IC設計

曾有北京學者提到，一般認為台灣技術較為領先的關鍵性產業，例如通訊設備、電子零組件、機械、汽車、紡織、醫療服務及藥品製造、食品加工等，台灣其實並不具有絕對優勢，以

60　田野訪談，S陸商台籍主管（製造業），二〇一六年七月二十一日。

61　田野訪談，T陸商台籍主管（電子業），二〇一六年八月二十四日。

中國大陸發展的速度，三到五年內就有可能趕上。[62]的確，陸資可透過併購／參股台灣以外的國家／地區，快速取得技術；台灣實非陸資對外投資的唯一選擇。

但相對於其他產業，台灣電子業未來仍為陸資有意參股併購的重點產業。根據媒體評析，基於幾個觀察，電子業幾年內將掀起陸資購買台企的風潮：一、為取得技術及歐美出口市場，陸資電子業產業升級最方便、最快速的策略就是收購台灣企業；二、在中國大陸銀行提供資金、陸資高科技業本益比遠高於台灣的情況下，對陸資而言，收購台企的成本相對較低；三、對陸資來說，台灣上市公司已經處於相對便宜、值得收購的歷史低點；且隨著官方反腐打貪政策，中國大陸很多「問題資金」或「問題企業」更可能加速逃出，改以鞭長莫及的台灣作為轉投資避風港。[63]

基於這層憂慮，只要有陸資投資／併購／參股台灣電子業，就會引起關注。而近年引起最多討論的，就是台灣是否該開放陸資投資台灣ＩＣ設計業。關於這個議題，官／產／學／研都有各自不同的看法。

根據媒體歸納，陸資投資／併購／參股台灣ＩＣ設計業，主要爭議有四：一、對於開放陸資參股，台灣ＩＣ設計業是否有什麼前提？二、是否涉及國安問題？三、人才技術是否外流？四、如果不開放，以目前台灣與大陸企業合作模式，未來會有何影響？政府方面傾向在兼顧國安、就業的前提下，進行個案審查；台灣業界則是基於「打不過就加入」的立場，面對全球超過百分之七十七的手機製造於中國大陸，但自製手機晶片不到百分之三這樣的市場，支持有條件開放陸資投資，但也憂心智慧財產的保護問題；至於學術界基本上認為，讓陸資參股ＩＣ設計會造成技術外流，引發產業崩潰，進而影響國家／經濟安全，因此反對任何方式的開放。[64]

然而，即使政府尚未開放，陸資企業想參股台灣ＩＣ設計也並不困難。根據媒體報導，「中國有的就是『錢』和『市場』，台灣業者難以抵抗。……中資轉道第三地，防不勝防。」[65]事實上，陸資以港資或外資身分來台設立新公司，在台營運以挖角台灣ＩＣ設計業人才的消息時有所聞。媒體報導，包括中國電信通訊設備製造龍頭華為旗下的訊崴技術，和疑具大陸手機晶片廠展訊色彩的鑫澤數碼，都曾傳出以數倍的薪資挖角台系ＩＣ設計工程師；在竹北的台元科技園區亦有不少具陸資背景的小型ＩＣ設計公司，以地利之便加上優渥的薪資條件，吸納了不少台灣ＩＣ設計的人才。[66]

由於涉及敏感產業，在台從事ＩＣ設計的陸資都非常低調。受限專業，本文無意／也無法

62 熊俊莉，〈陸資在台產業分布及影響因素〉，《二〇一五年投資臺灣藍皮書》，頁三二一。

63 郭正亮轉引自謝金河臉書。參見郭正亮，〈陸資收購台灣電子業漸成燎原〉，《美麗島電子報》，二〇一五年十月五日，http://history.n.yam.com/my-formosa/politics/20151005/20151005312505.html。

64 嚴珮華、朱致宜，〈四大爭議，看陸資參股ＩＣ設計吵什麼〉，《天下雜誌》，二〇一六年六月十五日，http://www.cw.com.tw/article/article.action?id=5076883。

65 卓怡君，〈中資早伸手入台，管理規定形同具文〉，《自由時報》，二〇一五年十一月二十九日，http://news.ltn.com.tw/news/business/paper/936393。

66 嚴雅芳，〈紅流襲台，陸廠五倍薪挖人〉，《聯合新聞網》，二〇一四年十月十四日。

實質討論開放陸資投資／併購／參股台灣ＩＣ設計業的利弊。然而，筆者在偶然情況下與從事ＩＣ設計的X陸資主管有過幾次正式及非正式的對話／訪談，可作為思考此議題的微觀觀察。

由於擔心受到關注，X陸資的台籍工作人員一向非常低調，甚至不太和同業透露自己在哪家公司上班。在談到X陸資的陸籍老闆時，台籍主管強調，（中國籍）老闆雖然是在中國出生，但在美國待很多年，想法是完全全美式的思維。為什麼會想在台灣成立公司，是因為老闆覺得X陸資不可能只經營中國市場，它必須往外走；至於到台灣的原因，主要是為了招募人才。

> 他（老闆）認為中國的人才其實還沒有像台灣的這種國際觀，以及面對海外客戶時的種種應對進退。所以他覺得必須在台灣成立（公司）招募優秀人才。我們主要的工作是什麼？是拓展海外的客戶跟海外的整個市占率。……台灣的員工沒問題，台灣的國際觀其實領先大陸至少五年以上。
>
> 員工主要就是收集（訊息），海外市場用X陸資的東西有什麼問題，然後他們有什麼樣的需求。我們常常會去跟（老闆）介紹我們有些什麼東西，讓他了解我們有什麼樣的產品。那當然在design過程中，他有什麼問題就會回饋給我們。產品出去以後，有什麼樣的疑難雜症需要我們解決，台灣也會是一個窗口。所以我們的工程師，或是我們的員工、銷售員，他們都得往海外跑。當然，台灣本身也有客戶。[67]

除了國際觀，X陸資台籍主管表示，「護照」也是台灣的優勢。台灣護照到許多國家都是免簽或落地簽，特別是歐洲，因此台籍員工今天收到指示、明天就可以出差。該主管認為，隨著該企業在海外布局越來越廣，正好是一個好的時機點，讓台灣人才去補這個缺。至於談到台灣政府（社會）對於挖角的疑慮，他則表示由於員工都在台灣上班，不但為台灣創造就業機會，也讓台灣人發揮自己的專長。[67]

我們沒有在台灣找人、送過去中國，這個目前完全沒有。X陸資雇用台灣的專才，找到了就是在台灣上班，在台灣製造就業機會，讓台灣人可以發揮他的專長。我們一個大陸員工都沒有。X陸資不只在中國，全球都會有布局，而且我們都是在地化和聘用當地員工。我們希望（在台灣）招募更多的人，因為現在陸資受限，只有一些（正面）表列的項目才可以（投資）。[68]

提到與中國幹部的相處，台籍主管強調，X陸資的陸籍主管大都有國外深造的經驗，因此

67 田野訪談，X陸商台籍主管（IC設計業），二〇一五年五月二十九日。
68 同前註。

相當國際化，相處溝通都沒有問題。談到在頗具爭議的陸資ＩＣ設計公司工作，他表示企業一定是競爭的，企業不可能在保護下還可以成長茁壯。他認為台灣政府常會受輿論影響，過度保護台灣特定產業，反而失去和全球競爭的契機。此外，這位台籍主管還表示，在台灣經營最大的困擾，就是媒體經常報導（陸資）是要來打敗台灣的產業、搶台灣人的工作，但X陸資認為該公司主要的銷售市場還是在中國大陸，設點在台灣是希望能和當地其他的客戶溝通，推廣至海外的市場。台籍主管強調，對比台灣某ＩＣ設計企業在各地廣設研發中心，反而是增加中國大陸的就業機會，幫助中國大陸訓練人才，扶植中國大陸的ＩＣ設計產業；相較之下，X陸資對台灣產業發展還較有貢獻。

七、結語：以「台灣因素」回應「中國因素」的可能

紅色資本過去幾年的全球擴張，引起各國焦慮，憂心中國大陸透過對外投資／併購所形成的「中國因素」，破壞被投資國的國家／經濟／社會安全。但不可諱言，許多國家政府即使對紅色資本採取保守謹慎態度，在促進經濟、提高就業等種種考量下，仍會接受陸企投資；以美國而言，二〇一六年中國大陸企業投資即創新高。[69] 一般認為，隨著一向對中國不友善的川普上任，再加上美國政府祭出更嚴苛的投資審查，這股陸企對美投資熱潮當可退燒。但即使如此，強調「美國優先」的川普，對聲稱將創造美國百萬就業的中國企業家馬雲仍高舉雙手歡

迎。

至於台灣，總體看來，囿於社會氛圍，加上政府對陸資來台審查更為謹慎及嚴格，相較於陸資來台投資，中國因素透過包括台商組織、工商團體等既有在地協力網絡的作用力，可說更為顯著。因此，我們可以這麼說：所謂的紅色資本，在目前並未成為影響台灣在地的「中國因素」；反而在既有的政治／社會氛圍中謹慎而低調的經營。

進一步而言，如前所述，中共對台任何政策都具有政治意涵。然而，從政治面檢視，若來台陸資僅是中共作為「中國因素」滲透到台灣各個階層的載體，在台灣既有法律、政府審查機制，及社會輿論壓力下，陸企的「政治任務」很難有所作為。若從經濟面來看，雖然台灣並非陸資取得技術唯一的管道，但由於台灣企業的國際化程度、管理、技術和人才，仍有其可借鑑之處；再加上陸資併購台企經濟成本相對較低、台企為拓展中國大陸市場而主動引進陸資，可預期陸企仍將持續來台投資。

綜觀來看，未來陸資來台的可能趨勢如下：

一、資本性質難以辨識，政府審查成本增加：由於資本的全球流動與複雜化，致使台灣對外來投資身分將越來越難辨識。事實上，政府對陸資來台採取「被動防守」的開放策略，以致即便有嚴格的審查制度，但仍時常聽聞有陸資為規避管理，以外資身分來台投資；但也有正常

69　二〇一六年，中企對美投資高達四百五十六億美元，併購交易更達到二〇一五年的三倍。

外資來台投資時，因被認為股權中有陸資成分，而被拒絕的例子。換言之，隨著資本性質越來越難辨識，若持續對外來投資嚴審，勢必要增加許多審查的時間成本。

二、基於市場誘因，由台灣企業引進／發起的陸資併購交易將成為趨勢：隨著紅色供應鏈的興起，以及中國大陸進口替代的升級轉型政策，為參與中國大陸乃至國際市場，台灣企業將引進／發起更多陸資併購交易。而在此過程中，法定專業代理人（律師、會計師）以及台灣企業，將成為陸資來台在地實踐的主要協作者。

三、陸資來台將以市場與技術導向為主：依目前兩岸政治氣氛，以及政策緊縮情況下，短期之內能開放陸資來台投資的產業仍相當有限。陸資來台投資將回歸常態，以市場導向與技術導向為主，具有政治意圖的投資則會採觀望的態度。

四、將有更多的新陸商成為「在地參與者」：如同過去的陸配來台，隨著陸資來台在地化，包括在台的陸籍、台籍幹部，都會受到台灣制度、文化、社會氛圍的規訓與影響，成為「在地參與者」。

外資來台投資本應是單純的經濟行為，但由於兩岸經濟量體極不對等，且中共對台既定的政治意圖，致使陸資來台投資牽涉的不只是經濟、社會，還是政治的問題。近年來，台灣社會不斷質疑陸資來台目的，憂心台灣關鍵技術外流將影響經濟安全；或中共藉由陸資來台投資掌握經濟主權，干擾台灣政經體制；或來台炒房，影響民生；甚或形成親中利益集團，箝制台灣民主發展。這些質疑都反映了台灣社會對於習以為常的民主制度與生活方式，可能改變的擔憂。回顧過去幾年「跨海峽資本」對台灣的影響，這樣的憂慮並非無中生有。但面對中國大陸的崛起與國際影響力，台灣是否有可能思考：如何發揮主體能動性，建構以人文／法治／創新為核心、具建設性的「台灣因素」[70]，以回應無所不在的「中國因素」？

70 此處借用蔡宏政於《新新聞》專欄文章概念。參見蔡宏政，〈中國因素與台灣因素〉，《新新聞》一五四二，二〇一六年九月二十一日，頁十三。

參考書目

〈阿共來台五年只有陸客成績還可以？〉，《遠見雜誌》三三三，二〇一四年三月。

〈馬總統：開放投資是常態管制是例外〉，《經濟日報》，二〇一二年十月十一日。

〈陸資登台投資調查〉，《遠見雜誌》二七九，二〇〇九年九月。

〈陸機電商會：扮橋梁促兩岸合作〉，《中央社》，二〇一三年十二月七日，參考網址：http://www.chinatimes.com/realtimenews/20131207001518-260410。

〈「新華社」駐港模式即將移植台灣〉，《自由時報》，二〇一三年一月二十九日，http://talk.ltn.com.tw/article/paper/650577。

「『面對中資來台後，台灣該有的因應之道』座談會會議記錄」，台灣新社會智庫，二〇〇九年七月九日。

「中國威脅，全面來襲」專題，《天下雜誌》五五四，二〇一四年八月二十日。

「我的老闆會變大陸人？」專題，《商業周刊》一三三六，二〇一五年六月二十七日。

「陸資，狼來了！」專題，《天下雜誌》四六九，二〇一一年四月二十八日。

「當台灣之光遇上紅色資本」專題，《天下雜誌》五八〇，二〇一五年九月一日。

工研院產經中心、中華民國全國工業總會，《推動陸商來台投資之招商策略及效益》，台北：中華民國全國工業總會委託，二〇一五。

中華人民共和國商務部、中華人民共和國國家統計局、國家外匯總局，《二〇一四年度中國對外直接投資統計公報》，北京：中國統計出版社，二〇一五。

中華經濟研究院（編撰），《二〇一四年僑外及陸資投資事業營運狀況調查分析報告》，台北：經濟部投資審議委員會，二〇一四。

丹碧莎・莫尤（著）、黃中憲（譯），《當中國買下全世界：全球資源布局戰的最大贏家，如何掌控世界商品的供需網絡》，台北：野人出版，二〇一三。（Dambisa Moyo, *Winner Take All: China's Race for Resources and What It Means for the World*, Basic Books, 2012.）

王健全、朱磊、童振源（編），《二〇一五投資臺灣藍皮書》，台北：博誌，二〇一五。

王敏，〈中國大陸企業對台灣投資現狀與前景〉，收錄於王健全、朱磊、童振源（編），《二〇一五投資台灣藍皮書》，頁二一五～二二八。

王銘義，〈馬曉光：陸資入台是戴著鐐銬跳舞〉，《中國時報》，二〇一四年五月十五日，http://www.chinatimes.com/newspapers/20140515000906-260102。

吳介民，〈中國因素的在地協力機制：一個分析架構〉，《台灣社會學會通訊》八三，二〇一五。

吳介民，《第三種中國想像》，台北：左岸文化，二〇一二。

吳琬瑜、陳一姍、李明軒，〈林全：政府必須重建人民信心〉，《天下雜誌》，二〇一六年一月四日，http://www.cw.com.tw/article/article.action?id=5073619。

李沃牆，「陸資來台投資概況及對經濟的影響分析」，財團法人國家政策研究基金會，二〇一四年五月五日，http://www.npf.org.tw/3/13551。

李淑華，〈馬：陸資來台，只有再開放空間〉，《中央社》，二〇一二年八月二十七日，http://www.cna.com.tw/topic/NewsTopic/348-1/201208270051-1.aspx。

卓怡君，〈中資早伸手入台，管理規定形同具文〉，《自由時報》，二〇一五年十一月二十九日，http://news.ltn.com.tw/news/business/paper/936393。

洪儒明，《民進黨執政後的中共對台政策》，台北：秀威出版，二〇〇四。

胡安·巴勃羅·賈勒德納、埃里韋托·阿拉伍侯（著）、譚家瑜（譯），《中國悄悄占領全世界》，台北：聯經，二〇一三。（Juan Pablo Cardenal, Heriberto Araújo, *China's Silent Army: The Pioneers, Traders, Fixers And Workers Who Are Remaking The World In Beijing's Image*, Broadway Books, 2014）。

徐斯儉，〈為何不能對房間裡的大象裝可愛？中共黨國資本主義與服貿〉，《想想論壇》，二〇一四年三月二十三日，http://www.thinkingtaiwan.com/content/1863。

郭建中、王國臣，〈中國大陸對外投資的動機與差異化戰略分析〉，《中國大陸研究》五六（四），二〇一三，頁九七～一二八。

陳柏廷，〈海貿會來台，服務兩岸企業〉，《中國時報》，二〇一五年六月十七日，http://www.chinatimes.com/newspapers/20150617000473-260108。

陳曼儂，〈沈榮津爆，不少陸資疑是空殼公司〉，《旺報》，二〇一四年九月四日，http://www.chinatimes.com/newspapers/20140904000902-260301。

陳曼儂，〈張家祝交棒叮囑陸資來台嚴審〉，《旺報》，二〇一四年八月十六日，http://www.chinatimes.com/newspapers/20140816000984-260302。

黃巧雯，〈李世光談陸資來台，列三前提未表態〉，《中央社》，二〇一六年五月二十五日，http://www.cna.com.tw/news/afe/201605250225-1.aspx。

熊俊莉，〈陸資在台產業分布及影響因素〉，收錄於王健全、朱磊、童振源（編），《二〇一五年投資台灣藍皮書》，頁二〇五～二二三。

劉柏定、溫芳宜，〈陸資來台政策之歷程、現況與展望〉，收錄於王健全、朱磊、童振源（編），《二〇一五年投資台灣藍皮書》，頁一九九～二一三。

劉靜瑀，〈三一八學運後，嚴審陸資來台〉，《工商時報》，二〇一四年八月二十五日，http://www.chinatimes.com/newspapers/20140825000090-260202。

盧力平，《中國對外直接投資戰略研究》，北京：經濟科學出版社，二〇一〇。

謝金河，〈台灣企業的命運：等著高價賣中資？〉，《財訊》四八〇，二〇一五。

羅添斌，〈王毅：兩岸先經後政，經中有政〉，《自由時報》，二〇一〇年十月二十一日，http://news.ltn.com.tw/news/focus/paper/437186。

嚴珮華、朱致宜，〈四大爭議，看陸資參股ＩＣ設計吵什麼〉，《天下雜誌》，二〇一六年六月十五日，http://www.cw.com.tw/article/article.action?id=5076883。

嚴雅芳，〈紅流襲台，陸廠五倍薪挖人〉，《聯合晚報》，二〇一四年十月十四日，參考網址：http://www.cw.com.tw/article/article.action?id=5061821。

Buckley, Peter J; Clegg, L Jeremy; Cross, Adam R; Liu, Xin; Voss, Hinrich, "The determinants of Chinese outward foreign direct investment." *Journal of International Business Studies* 38(4), 2007, pp. 499-518.

Du, Xiaojun; Liu, He; Bao, Lingjing; Huang, Peng., "Chinese cross-border mergers and acquisitions: strategic types, organizational factors and enterprise growth." *Journal of Asia Business Studies* 7(2), 2013, pp. 171-184.

Henry Wai-chung Yeung, "Chinese Enterprise, Transnationalism, and Identity." *Journal of Contemporary Asia* 35(2), 2005, pp. 272-274.

Hou, Mingqiang, "A Discussion on the Legal and Ethical Challenges for Chinese Overseas Investment: Risks, Contributors, and Measures." *Journal of International Business Ethics* 8(1), 2015, pp. 66-76,78.

Rosen, Daniel H; Hanemann, Thilo, "The Rise in Chinese Overseas Investment and What It Means for American Businesses. " *The China Business Review* 39(3), 2012, pp. 18-22.

Yan, Daying; Hong, Junjie; Ren, Bing, "Determinants of outward foreign direct investment by Chinese enterprises: An empirical study from institutional perspective." *Nankai Business Review International* 1(3), 2010, pp. 237-253.

第三章

中國因素與台灣教科書爭議

鄭祖邦｜佛光大學社會學系副教授

台灣大學社會學系碩士，政治大學社會學系博士。研究與趣包括韋伯的社會學理論、戰爭與現代社會、九〇年代以來台灣的民主化與國家構成。目前關心的議題是在中國因素下香港本土意識的發展。

二〇一四年八月三十一日，陳翠蓮與周婉窈兩位教授帶領的研究小組，與臺灣守護民主平台合作召開「歷史教育與課綱『微』調工作坊」；在此感謝小組成員之一周馥儀的協助，提供數篇當天發表資料，本文許多論點都獲益於此；同時感謝前國立編譯館館長藍順德教授對教科書編寫議題的詳盡說明和指正。

本文初稿於二〇一六年九月十日中研院社會所「中國因素前沿研究」研討會發表，感謝主持人張茂桂教授，以及兩位匿名審查人提供筆者若干重要修正意見，讓本文相關內容的鋪陳能夠更為完整。

一、前言

二〇一五年夏天，因教育部欲公告實施微調後的高中一〇一歷史課綱（即一〇三課綱），[1]引發了高中生、教師與公民團體組成反黑箱課綱聯盟的包圍和抗議，並在七月二十三日晚間衝進教育部，進行占領行動，使得已歷經多年發展的高中課綱微調受到台灣社會全面而廣泛的注意。事實上，如果進行較長的歷史回溯，可以發現此一衝突早在一九九七年就已經埋下種子，高中生們在二〇一五年的衝撞與抗議，或許可說是近二十年教課書爭議中或隱或顯的文化與意識形態衝突，最終的縮影與展演。[2]也是在一九九七年，台灣發生國中教科書《認識台灣》爭議，當時教育部規畫變更國中歷史課程標準，改變既有的教學順序，增設兩學期「認識台灣」新課程。正當政治圈與教育界為此一課程內容爭論不休，同年六月，教育部宣布高中歷史課本標準自八十八學年度（一九九九年）實施，也就是後來稱的八八課綱；高中教科書自一九九九年起全面開放由民間編輯，從「統編制」改為「審定制」，正式進入所謂一綱多本的時代。[3]

基本上，八八歷史課綱代表兩個重要的變化：首先是教材編寫由過去依朝代順序，改為「專題式」編寫，這使得中國史中開始有四章專講台灣[4]；其次是教科書的編輯與出版，從「統編本」改為「審定本」。[5]解嚴以後，台灣政治自由化與民主化的氛圍，在教育領域形成中小學教科書開放民間編輯之呼聲，藉此打破長期由國立編譯館主導的統編制度；因此，在教科書編寫自由化與多元化的背後，其實意味著過去威權體制教育意識形態的瓦解。在審定制度

1 二〇一三年教育部組成社會及語文領域檢核小組，對高中國文與社會科一〇一課綱進行微調；其中，社會科包含了歷史、地理和公民三個部分。由於在整個爭議過程中，高中歷史課綱的微調受到整體社會最大的關注與討論，為了凝聚焦點，本文在討論上主要亦是針對歷史課綱微調的爭議加以開展。

2 本文相關事件年代請參閱本書附件一「九〇年代以來台灣教科書爭議大事記」。

3 「課程綱要」（簡稱「課綱」）可以說是教科書形成過程中一開始的研發工作，而它的出現也象徵著九〇年代以來台灣教育自由化與多元化的結果。開放教科書由民間編輯是九〇年代重要的教育議題之一，在「統編制」的年代，教育部會公布「課程標準」，由國立編譯館編寫；但之後在社會各界（特別是書商）的壓力下，開放民間編寫教科書。台灣各級教育開放教科書編寫的時間不一，國民小學自一九九五年二月宣布開放，自八五學年度（一九九六年）開始實施；高級中學則是一九九七年六月宣布開放，自八八學年度（一九九九年）起開始實施，國民中學為配合九年一貫，直到二〇〇二年才開放，至此台灣正式進入「審定制」，一綱多本的時代。參見藍順德，《教科書意識形態：歷史回顧與實徵分析》，台北：華騰文化，二〇一〇，頁一五四。

4 這四章的主題分別是：拾貳、台灣的開發與經營，拾肆、台灣建省與乙未割讓，拾捌、「台灣經驗」的建立，拾玖、台灣社會文化的變遷。

5 陳慧先、許妝莊，〈中國民族主義者的執念？檢視課綱微調的「成果」〉，發表於「歷史教育與課綱『微』調工作坊」，頁二；藍順德，《教科書意識形態：歷史回顧與實徵分析》，頁一五三～一五四；周婉窈，〈「黑箱大改」的台灣史課綱，為何非抵制不行？〉，《我們為什麼反對「課綱微調」》，台北：玉山社，二〇一五，頁二二。

下，一本教科書的形成會先由一個學者專家和教師組成的委員會、經過一定的程序訂定出課綱，同時並由教育部進行確認和公布，之後各家出版社即可依據課綱撰寫教科書，再交由國立編譯館[6]組成的「教科書審定委員會」審查，審查通過、取得執照才可印行。值得注意的是，正是此種一綱多本的編寫程序，使得課綱成為不同意識形態的行動者和團體爭奪教科書詮釋權的重要戰場，更導致了過去二十年在政治民主化與政黨輪替的背景下，課綱不斷變動的根本原因。

高中課綱十年修訂一次，因此九八課綱原本應在二〇〇九年實施，不過，陳水扁政府時代為了讓九年一貫教育下、將於九十四學年度（二〇〇五年）升高中的這批國中畢業生得以銜接，教育部因而研訂了「高級中學課程綱要」草案，於二〇〇三年七月份公布，預計九十四學年度開始逐年實施，可稱為九四課綱。此一草案中，高一下學期的「中國古代史」寫到明代鄭和下西洋就結束了，明代中葉以後的歷史，包括中華民國的建立，全部歸到高二第三冊「世界近代史」的範圍，這在當時也引發了激烈爭議，指其去中國化，使該課綱受到許多攻擊。[7]為平息爭議，教育部決定將九四課綱延後一年實施，其後經過修正，將明代之後的中國史重新放回「中國史」的章節，最後的版本第一冊為台灣史、第二冊為中國史、第三和第四冊為世界史，基本上與九年一貫國中生的歷史教材一樣，採取同心圓的敘事架構。[8]教育部在二〇〇四年十二月三十一日再推出修正後的高中歷史課程綱要，也就是所謂的九五課綱，將於二〇〇六年實施，一般通稱為「九五暫綱」。此一階段最重大的變化就是，「台灣史」獨立成冊，與

「中國史」分開教授，在大中國史觀者的眼中這就是所謂的「一邊一史」。

九五暫綱於二〇〇六年秋天啟用，高中歷史第一次單獨用一個學期的時間教授台灣史。其後經過再次修訂形成九八課綱，原訂於二〇〇九年開始使用，不過二〇〇八年馬英九贏得總統大選、國民黨重新執政，新任教育部長鄭瑞城在同年十月二十七日的課程發展委員會議上裁決「擱置再議」，暫不公布國文與歷史兩科的課綱。[9] 其後，為了修改歷史課綱，教育部組成「研商普通高級中學歷史科課程綱要專案」，而國文科也成立同樣的專案小組。二〇一〇年，

6 二〇一一年，國立編譯館併入國家教育研究院，改為「編譯發展中心與教科書發展中心」。

7 二〇〇三年九月十九日，台大歷史系教授吳展良在報紙投書，指課綱的編者或許沒有政治意涵，但將台灣史從中國史脈絡抽出，並且將明朝中葉以後的中國史放入世界史的做法，是「一邊一國」乃至「兩國論」的史觀。可參閱吳俊瑩，〈課綱修改真的只是藍綠惡鬥嗎？〉。

8 陳慧先、許妝莊，〈中國民族主義者的執念？檢視課綱微調的「成果」〉，發表於「歷史教育與課綱『微』調工作坊」，頁三；韓國棟，《走在風尖浪頭上：杜正勝的台灣主體教育之路》，台北：時報文化，二〇一六，頁二二一～二二三。

9 馬英九政府上任第四天，教育部長鄭瑞城原本要宣布二〇〇九年正式實施九八課綱，此時社會上即有不少質疑的聲音。此外，除了本文欲討論的歷史課綱，事實上余光中、張曉風等人亦透過「搶救國文聯盟」，呼籲新任教育部長重新修訂高中九八課綱，主張古文至少占百分之五十五、中國文化基本教材列為必修、每週至少五節國文課，並恢復部編本。而根據張亞中的說法，「當時兩岸統合學會的朋友串連了一些人，經過了兩三個月的努力，終於迫使鄭瑞城暫不公布國文和歷史兩個課綱，並重新修訂。」參見張亞中，《論統合：張亞中自選集》，香港：中國評論學術，二〇一四，頁三五八。

課綱委員會再度運作，此時加入世新中文系教授王曉波參與修訂九八課綱；修訂後於二〇一一年頒布一〇一課綱。但此次修改過程引發參與委員之一、台大歷史系教授周婉窈的不滿，除了辭去委員一職，並於《南方電子報》發表〈新政府撥亂反正？還是歷史教育大復辟？——高中歷史課綱要改成怎樣，請大家來關心！〉一文[10]，呼籲社會大眾正視課綱修改的問題，不過其後該課綱仍舊進入出版社編寫教科書和送審階段。然而，二〇一二年五月，教育部突然發給歷史教科用書審定委員一份「民眾建議意見書」，並在六月開會時加入台大政治系教授張亞中為審定委員；二〇一三年八月一日，教育部成立一個社會與語文領域的檢核小組，預備針對不符合要求的名詞進行修改，但此一檢核小組卻對原本一〇一課綱內容進行多處變動。[11]

台灣在近二十年的教科書爭議中，具體呈現了民主化與本土化的社會過程；而教科書作為教育再生產過程中的一環，更是一種歷史記憶、詮釋權爭奪的場域。本文主要想探討的是教科書爭議背後的社會過程，亦即嘗試從不同的行動者、團體、歷史脈絡、地緣條件的變動，理解台灣教科書爭議的形成與演變。本文主要進行兩個部分的分析，首先，在台灣內部的發展，將一九九七年《認識台灣》與近年高中課綱微調的爭議加以對比，可以發現「族群政治」因素在台灣教科書相關爭議中產生的作用與影響；同時也嘗試提出在不斷爭議過程中，逐漸形成的「結構化」現象。其次，在外部的發展則嘗試凸顯「中國因素」所扮演的作用，以及相關「在地協力者網絡」的運作；而中國因素的出現，也使台灣教科書的爭議進一步成為跨海峽的文化與意識形態議題。

二、族群政治下的教科書爭議：從《認識台灣》到高中課綱微調

自解嚴之後，九〇年代台灣在政治上進入了一個本土意識高漲的歷程。而事實上，劇烈的變革不僅發生在政治與社會面向，九〇年代也可說是台灣教育史上變動最大的時期，許多重大的法律制度紛紛在此時修正或公布，如《大學法》的修正、《師資培育法》、《教師法》、《教育基本法》等等；此外，因四一〇教育改革大遊行引發的一系列教育改革，也對台灣當前各級教育發展產生相當深刻的影響。正是這樣的氛圍，教育部為因應新的社會變化與教育需求，分別在一九九三年、一九九四年、一九九五年陸續修訂公布《國民小學課程標準》、《國民中學課程標準》、《高級中學課程標準》，其中的影響包括國民小學首次開設「鄉土教學活動」[12]，國民中學則是開設了「認識台灣」的課程。

---

10 本文網址：http://enews.url.com.tw/south/56491。

11 歷年課程綱要，可參見教育部課綱微調專區：http://www.k12ea.gov.tw/cur/。

12 事實上，早在教育部訂定課程標準、推動鄉土教育之前，一九八九年縣市長選舉，民進黨籍候選人一舉在台北縣、宜蘭縣、新竹縣、彰化縣、高雄縣等六縣市勝選，其執政之後即致力推動鄉土教育、編寫鄉土教材、鼓勵民俗技藝、辦理鄉土藝術展演活動，並利用原課程標準，規定團體活動的時間推動「母語教學」及「鄉土藝術活動」教學，以凸顯執政縣市重視本土教育之特色。所以，一九九三年公布新的國小課程標

一九九三年六月，教育部修訂國中課程標準中「科目與時數」的部分，基於「立足台灣，胸懷大陸，放眼世界」之原則，於國民中學一年級開設「認識台灣」課程，每週三節，分為《認識台灣．歷史篇》、《認識台灣．地理篇》、《認識台灣．社會篇》，代替原來國一的「歷史」、「地理」、「公民與道德」三科。《認識台灣》課程的增設使得國中六個學期的歷史課綱順序從原本的「本國史」與「外國史」各三個學期，改為「認識台灣」（兩學期）、「本國史」（兩學期）、「外國史」（兩學期）。起初，課程變動並未引起太大的關注，但到了實施前，卻開始遭受社會質疑的聲音，主要來自當時新黨籍的立法委員李慶華在一九九七年六月三日舉辦的一場公聽會，「國中《認識台灣》教科書內容是否妥當？」[13]之後以李慶華和新黨為核心，加上相關外圍團體，如：新同盟會、愛國同心會、中國統一聯盟等，以及若干立場相近的學者，在後續三個月至少舉辦了八場公聽會、四場群眾抗議行動（如：蛋洗國立編譯館）。[14]相對地，支持的團體包括民進黨、建國黨、台教會等也陸續舉辦公聽會肯定教科書內容，並率眾到教育部表達支持。同年七月二十日，TVBS和《新新聞》合辦「認識台灣教科書大辯論」，於台大法學院國際會議廳舉行，正反雙方公開辯論，新黨和民進黨皆派員參與。

王甫昌〈民族想像、族群意識與歷史：《認識台灣》教科書爭議風波的內容與脈絡分析〉一文，對台灣教科書爭議提出兩個相當重要的觀察面向。首先，無論台灣教科書爭議具體內容為何，背後主要還是「大中國史觀」與「台灣主體性史觀」兩者間的對抗與碰撞；兩種史觀建立在不同的族群意識（「中國意識」與「台灣意識」）之基礎上，進而衍生出對台灣過去與未來的不同想像與詮釋。其次，王甫昌試圖從台灣「族群政治」長期的對抗脈絡，解釋九〇年代為何會出現《認識台灣》教科書的爭議。基本上，王甫昌是以族群政治作為解釋教科書爭議的重要社會條件，而在本節中，筆者也嘗試從《認識台灣》到高中歷史課綱微調爭議，整理出在族群政治的影響下，不同階段教科書的動態爭議中逐漸形成若干「結構化」（structuring）的現象。

從王甫昌的分析來看，一九七〇年代以前中國意識占全面性的優勢，但一九七〇年代的外交挫敗及一九七九年的美麗島事件，對於台灣民主政治與台灣意識的發展具有關鍵性的影響；反對陣營針對國民黨中國民族主義論述開始提出「台灣民族主義」的訴求。[15]如果從文化與意識形態經營的角度，一九八〇年代初期，台灣文化界與知識界有所謂「中國結」與「台灣結」

準，一方面為提前啟動的縣市解套，另一方面也是順應著社會的呼聲和需求。參見藍順德，《教科書意識形態：歷史回顧與實徵分析》，頁一五六～一五七。

13 根據王曉波的說法，此一公聽會的緣起是該年四月，杜正勝發表了「改革」高中歷史教科書的文章，引起師大教授王仲孚的注意。王教授與他討論此事，並在五月號的《海峽評論》和《國是評論》發表評論，後來打電話給李慶華，請他關注此事。參見王曉波，〈好漢剖腹來相見：評《認識台灣》國中教科書〉，頁一七四～一七五。

14 王甫昌，〈民族想像、族群意識與歷史：《認識台灣》教科書爭議風波的內容與脈絡分析〉，《台灣史研究》八（二），二〇〇一，頁一四六。

15 同前註，頁一五九～一八〇。

的討論，並從文學領域延伸到歷史與社會科學的領域。此外，更值得注意的是，台灣各大學歷史學研究所中台灣研究的增長；碩士論文中，台灣史研究的比例從百分之九上升到百分之二十五點七。此外，台灣史書籍的出版，在一九八七年以後的增加速度遠高於一般書籍。無論是學術論文或研究書籍的增長，都與台灣意識的增長有關，而這些研究的累積也提供了後來編寫《認識台灣》教科書的先決條件。一九九〇年代，台灣政治體制經歷了許多重大變革，如：國會全面改選、省市長開放民選、總統直選等，除了代表政治民主化的發展，也使得用來支持中國法統論的制度基礎逐漸瓦解。一九九一年，民進黨將有條件的台灣獨立主張列入黨綱，一九九二年，廢止刑法一百條通過，其後，原本受到壓抑的台獨訴求紛紛浮上檯面。這些情形使得中國意識在現實上失去了制度性的支持。當時成立的新黨一開始就提出了「反台獨」的訴求，此一訴求原本未必與族群有關，可是卻與省籍區分的集體記憶糾結在一起。在此種族群政治的激烈衝突下，教科書的編寫自然形成了歷史記憶與詮釋權爭奪的戰場。

　　就本文的角度來看，從《認識台灣》到「高中歷史課綱微調」，這場長達二十年的教科書文化霸權（cultural hegemony）爭奪，一直都是族群政治下兩種不同史觀之間的鬥爭。或許，一個更為精確的說法是，隨著台灣民主化與本土化不斷開展，教科書也開始依循台灣主體性意識的史觀加以書寫，只是在過程中不斷受到秉持大中國史觀的行動者或團體挑戰（《認識台灣》），乃至於嘗試變更（高中課綱微調）；而每一次挑戰，似乎都更加確定了台灣主體性史觀。一本教科書的確可以涉及到無數的細節、史料或史實的不同詮釋，然而，在這近二十年的相關爭議中，可以發現有些部分似乎已隨著時間穩定下來，成為一種結構。首先，國高中歷史課程的同心圓史觀就是一個已被確定的結構，大中國史觀者不論採取任何行動，似乎都已無法有效地加以改變。

同心圓史觀是杜正勝在一九九七年擔任《認識台灣》課程〈社會篇〉的編輯主任委員時提出。杜正勝在該年八月份《當代》雜誌「歷史教育與歷史意識專輯」中，發表〈一個新史觀的誕生〉一文，認為就學術而言，同心圓的史觀架構並非建立在什麼哲學基礎，但有著深刻的現實性考慮：「過去那套以中國為主體的史觀有可能成為台灣的『緊箍咒』，非奮力突破不足以生存。面前擺著的問題是，在即將進入二十一世紀之際，我國政治已經民主化，經濟進入全球化的經濟網絡中，我們應該交給子弟——二十一世紀的主人——什麼樣的歷史，以使他們具備寬廣的世界觀和深刻的歷史觀，以提昇國際的競爭力？我們生存在台灣……我們的子弟應該具備什麼樣的歷史知識才能面對『國家認同』與『文化認同』的糾葛？」[16]此一同心圓概念直接影響當時國中歷史課程安排，先教「台灣史」，再教「本國史」，最後則是「外國史」。在高中課程架構方面，九五暫綱公布後，二〇〇六年開始的歷史全面變成第一冊為「台灣史」、第二冊為「中國史」、第三和第四冊為「世界史」，「台灣史」開始獨立成冊，「本國史」

16 杜正勝，〈一個新史觀的誕生〉，《當代》一二〇，一九九七，頁二四～二五。

的字眼走入歷史。[17]從大中國史觀者的角度，他們除了對教科書中許多細節內容有所質疑，事實上，最令他們詬病的還是課程的安排，也就是這個所謂同心圓史觀的課程架構。在這波高中課綱爭議中，台大政治系張亞中教授為核心行動者之一，他在〈異化的史觀與認同：從我者到他者〉一文中強烈批判同心圓史觀造就了「一邊一國、一邊一史」的歷史教科書：「同心圓理論的邏輯脈絡是，從地理的立場與框架來寫歷史，把台灣放在東亞或世界的角度，而不是放在中華民族歷史發展的角度來書寫台灣的歷史。」[18]這種「異化的史觀」將導致學生「異化的認同」，也是一種「一邊一史」的書寫架構。其實一九九七年十月號的《海峽評論》，陳映真發表〈一個「新史觀」的破綻〉就已經提出：「杜正勝的史論，是為一個虛構的新台灣國家建造民族論、國家論和社會論的『國策』歷史……歸根結柢，是反對民族團結與和解，配合當前朝野權力造『國』、『建國』運動的史論，是對於克服民族分裂，恢復民族團結的歷史歸趨恆有深刻焦慮的史論。」[19]

從張亞中的角度，李登輝在一九九四年三月接見日本作家司馬遼太郎時提出「生為台灣人的悲哀」，為兩國論與文化台獨實踐的起點，而正是在這樣的背景下進行了教科書台灣史和中國史的切割。二〇〇二年民進黨執政時推動九年一貫課程，將國中歷史、地理和公民合併為社會科，完整的歷史課程從國中教科書中消失，只剩下高中有專門的歷史課程。這也可以說明為何在《認識台灣》的爭議之後，大中國史觀者會將攻防焦點放在高中歷史課綱。只是，不論課綱如何微調，都未能撼動同心圓的課程架構安排，也因此課綱實質內容的調整就成為關鍵之所在。王曉波親身參與了兩屆一〇一課綱制定委員會，乃至於後來的課綱微調，不過他仍感嘆只能做到「撥亂」（枝節問題的修正）而無法「反正」（整體歷史課程的安排）：「李扁亂政二十年，世人企盼馬政府能撥亂反正，但以『新課綱草案』（指一〇一課綱）而言，『撥亂』或有之，但『反正』則全不然，或許『反正』也不是能一步到位的，而空留為德不卒之憾。所以，馬政府還必須繼續努力才行。」[20]

王甫昌將《認識台灣》中，雙方爭議的內容加以類型化，點出其中四個涉及具體內容的爭議點：一、台灣與中國的歷史關係（反中）；二、台灣與日本的歷史關係（親日）；三、台獨（去中華民國）；四、李登輝之功過（反李）。這些爭議點分別涉及不同族群對台灣過去、現在和未來的想像。[21] 除了「反李登輝」是對當時政治人物的歷史評價，事實上，前三者幾乎構

17 在教育部一九九五年公布的「高中歷史課程標準」中，將「本國史」分為「中國史上冊」和「台灣史下冊」，直到九五暫綱之後，才將台灣史獨立成冊，且順序為先教台灣史，再教中國史。

18 張亞中，《論統合：張亞中自選集》，頁三五八。

19 陳映真，〈一個「新史觀」的破綻〉，收錄於王仲孚（編），《為歷史留下見證：《認識台灣》教科書參考文件》，台北：海峽學術，二〇〇二，頁一二一～一二二。

20 王曉波，《馬英九時代的歷史見證》，台北：海峽學術，二〇一一，頁二三四；亦可參閱張亞中在《論統合：張亞中自選集》，三五九、三六〇頁的討論。從課程架構的調整來看，一〇一課綱將原本（九八課綱）只有一學期的中國史改為兩學期，但並未改變先教台灣史再教中國史、世界史的課程架構。

21 王甫昌，〈民族想像、族群意識與歷史：《認識台灣》教科書爭議風波的內容與脈絡分析〉，頁一五四。

成了近二十年教科書內容爭議的核心。近年高中歷史課綱的微調爭議在某個程度上可說只是延續了《認識台灣》的相關爭議（反中、台獨、親日的三角邏輯）[22]，從這個角度或許也可以說，正是在這兩種史觀長期不斷地碰撞與衝突中，將這些爭議結構化了，相關爭議的內容與論點也因此被固定了下來。

從大中國史觀者的角度來看，台灣過去二十年教科書的編寫正是在建立一種「去中國化」（台獨化）與「皇民化」的史觀，而這也正是最需要「撥亂反正」之處。一〇一高中歷史課綱的微調結果，可看出這樣的修改立場相當明顯。[23]首先修正了課綱中「反中」或去中國化的立場，也就是結束一邊一史，台灣史再度納入中國史的脈絡，這包括：

一、國際競逐時期↓漢人來台與國際競逐時期。

二、鄭氏統治時期↓明鄭統治時期。

三、清代治台政策↓清廷治台政策。

四、中華民國政府接收台灣↓中華民國政府光復台灣。

就第一點而言，《認識台灣》的教科書中將台灣的歷史階段劃分為「史前時代、國際競爭時期、鄭氏治台時期、清領時代、日本統治時期、中華民國在台灣」，持大中國史觀者當時認為應修訂為「史前時期、原住民部落文化時期、漢人來台及荷西入據時期、明鄭時期、清朝時期、日據時期、中華民國時期」；國際競逐時期增加「漢人來台」、鄭氏改為「明鄭」、清領改為「清朝」、接收改為「光復」，從《認識台灣》到高中課綱微調，這幾個歷史分期用詞的修訂完全一模一樣，所以，高中歷史課綱微調或許也可以說是大中國史觀者亟欲嘗試變更的未竟之業。當時台師大歷史系教授王仲孚所編的《為歷史留下見證：《認識台灣》教科書參考文件》一書[24]，開頭部分即是逐句逐行對《認識台灣》的用字遣詞進行修訂，「歷史篇」的修訂由王曉波、李維士、曾健民、黃麗生、潘朝陽五人負責，「社會篇」的修訂則是由李維士、陳

22 參見閱林怡廷，〈民主化之後的歷史詮釋：台灣歷史教科書的爭議〉，《陽光時務》二四，二〇一二，頁七四。

23 一份課綱主要由「單元」、「主題」、「重點」、「說明」四個部分組成，一〇一課綱微調前後的內容變動，可參閱曾柏文在〈歷史課綱到底改了什麼？：新舊版本比較（二〇一四）〉中的對照整理。一〇一課綱微調中，「台灣史」部分的具體內容，可參見附件二。

24 本書的前身為台灣史研究會一九九七年出版的《認識台灣教科書參考文件》，由王仲孚和王曉波主編。另外，一九九九年陳映真也以許南村的筆名，邀請兩岸學者完成《認識台灣教科書評析》一書。台灣史研究會是由王曉波、尹章義等人於一九八七年三月十五日成立，一九八八年組成「大陸台灣史研究現況考察團」，赴大陸進行學術交流，與廈門大學台灣研究所舉辦「台灣研究學術交流會」，一九九五年在江西廬山與廈門大學台灣研究所、中國社科院台灣研究所共同舉辦「台灣史學術研討會」，其後與廈門大學台灣研究所、閩台交流協會、福建省社會科學院、福建省歷史學會等單位，合作於一九九九年和二〇〇一年先後舉辦「海峽兩岸台灣移民史學術研討會」、「海峽兩岸台灣交通史學術研討會」等等。可參見李祖基，〈大陸台灣史研究三十年的回顧與感想〉，頁六二～六三。

昭瑛、曾健民、劉孝春共同負責。[25]就「歷史篇」的修訂來看，潘朝陽提出下列論點：

- 原教科書嘗試誇大荷、西兩國在台灣短暫、局部的商業帝國殖民活動，在在均為了強調台灣無主的論調，卻美其名曰：「國際競爭」，在這樣的史觀之下，清朝被視為與台灣互為敵體的政權，故曰：「清領」；而對於鄭成功的收復、開啟台灣的「中國意義」卻故意加以掩蔽，將鄭氏三代仍奉明正朔的「明鄭」一辭加以消滅而只用「鄭氏」取代……此教科書未能完全凸顯台灣歷史的主體，卻一直強調與外來文化並列的所謂「多元文化」性格……這個目的全在於要將台灣「非中國化」，並且利用歷史教育，達到促使台灣人在思想觀念上從「中國人意識」中分離出去的目的。[26]
- 原教科書專用「中國大陸」與「台灣」對舉，表示台灣不屬於中國主權所有。「中國大陸」應改正為「大陸」……原教科書在須用「中國」一辭以示中國主權之處不用「中國」一辭，表示台灣不屬中國之意。[27]

除了對去中國化的史觀大加撻伐，另一個結構性的爭議就是所謂的「皇民化史觀」。對於日治/日據時期的用詞爭論，在九〇年代是一個相當被凸顯的議題，因為在台灣主體意識成長的過程中，如何重新認識台灣的歷史是個重要的任務，而對日本統治時期理解的重要性也因此逐漸被凸顯出來。[28]戰後國民黨政府是一種反日與去殖民化的思維，連帶壓抑了對日本統治時期遺留下來的研究成果或制度與建設成就的相關探討。因此，如何重新詮釋日本時期的統治，不僅可以對國民黨長期大中國意識的教育產生對抗作用，也是一種尋求建立台灣自我認識的重要方式。就當時的學術研究成果來看，在台灣意識剛崛起的八〇年代，日治時期研究成長比例是最快的，同時也成為重要的研究課題，[29]這些研究建構出的史觀很自然會與原本大中國意識所建構的史觀產生了扞格。

有意思的是，大中國史觀者反而認為目前教科書中對日本殖民的「頌揚」正是一種去台灣主體性的表現，以王曉波的論述為例：「日據下台灣人反抗日本帝國主義的殖民統治，自武裝反抗而思想反抗，自本島反抗而參加祖國大陸的對日反抗，聲浪不斷，此即『台灣人的

25 王曉波、潘朝陽（時任台師大地理學系、現任台師大東亞學系）、陳昭瑛（台大中文系）、黃麗生（時任海洋大學通識教育中心、現任海洋大學海洋文化研究所）四人都參與了近年高中課綱微調的相關工作。

26 王仲孚（編），《為歷史留下見證：《認識台灣》教科書參考文件》，頁二～三。

27 同前註，頁四二。

28 王甫昌，〈民族想像、族群意識與歷史——《認識台灣》教科書爭議風波的內容與脈絡分析〉，頁一七六。

29 據王甫昌的統計，一九七一到一九九九年台灣各大學歷史學研究所的碩士論文，共有兩百八十二篇以台灣研究為主題，經過不同統治時期的交叉分析，其中以日本統治時期為主題的論文比例持續增加，從七〇年代的百分之十二、八〇年代百分之二十八到九〇年代的百分之三十。參見王甫昌，〈民族想像、族群意識與歷史——《認識台灣》教科書爭議風波的內容與脈絡分析〉，頁一七八～一七九。

主體性』，而形塑『台灣人的主體性』的思想根基，即林獻堂所言：『簡言之，為民族主義也。』」[30]對王曉波而言，儘管在日本的殖民統治之下，當時的台灣人仍與中國具有不可割裂的民族意識，並起身反抗日本的殖民統治（台灣民主國的簡大獅），甚至赴中國參加抗日（李友邦）、參與中華民國的革命與建立（羅福星、許贊元），這些建立在中國民族主義之上的抵抗行動才真正能彰顯台灣人民的主體性。所以，皇民化的史觀也是一種去中國化的史觀，自然也就成為了高中課綱微調時的重點之一。以課綱微調的結果來看，除了「日本統治時期」改為「日本殖民統治時期」，其餘修改多是在「說明部分」，重點為強調日本統治時期對台灣各方面的壟斷與剝削，另一部分則是強化中國與台灣在此一時期的連結與影響。同樣地，我們可以發現這些爭議也出現在《認識台灣》的爭辯，曾健民提出了如下的修正觀點：

- 《認識台灣》教科書原來是一律使用「日治時期」以取代大家慣用的「日據時期」。經李慶華立法委員和王曉波教授等學者強力批判後，才又臨付梓前匆促修正為「日本殖民統治時期」。[31]
- 修正課文中使用的，代表日本國主義史觀的名詞，如「南進」應改為「南侵」，「中日戰爭」應改正為「日本侵華戰爭」，否則就成為《認識日本》教科書了！[32]
- 補強台灣人民武裝抗日及非武裝抗日（社會、民族運動）的史實……復原被刻意切斷的反抗日本殖民統治的主體精神——中華民族意識。[33]

- 課本內容著重在台灣總督對台灣「經濟發展」的貢獻……修訂重點在：完整交代蓬萊米、糖業、軍需工業為主要內容的所謂「經濟發展」，其實質是日本殖民者為其本國利益在台灣進行近代式榨取的「殖民經濟發展」。[34]

第三種結構性的爭議就是「中華民國的法統與正當性」，只是這項爭議在《認識台灣》時是以「反台獨」的方式出現，而在近年課綱微調爭議中，大中國史觀者則是以「違憲」來駁斥台灣主體性史觀者，並捍衛自身行動的正當性。從課綱微調的結果來看，這部分最明顯地表現在第四部分「中華民國時期：當代台灣」的大幅修改，除將「主題部分」從原先「接收台灣」改為「光復台灣」，「說明部分」則增加「說明開羅宣言、波茨坦宣言與中華民國政府光復台灣。並敘述中華民國憲法的制定與台灣代表的參與」，透過加入此一段落，確立中華民國政府的法理地位。此外也在「說明部分」強化此一時期國民黨對台灣的建設及民主發展的貢獻，前者增列項目包括：土地改革、匯率改革、加工出口區的設立、十大建設、科學園區等；後者增

30 王曉波，《馬英九時代的歷史見證》，頁一三七。
31 王仲孚（編），《為歷史留下見證：《認識台灣》教科書參考文件》，頁四四。
32 同前註，頁四五。
33 同前註。
34 同前註。

列的項目則是：推動地方自治、增額立委選舉、開放黨禁、解嚴、國會全面改選、總統直選等。而《認識台灣》的修訂，關於彰顯政府政策的部分較無意見，反而是從強調《國家統一綱領》來描繪中華民國的地位和未來兩岸和平統一的願景；對此，李維士所提出的修正觀點如下：

- 原文「中華民國在台灣」修訂為「中華民國政府在台灣」；說明：中華民國只能在中國，但中華民國政府可以在廣州、在北京、在南京、在重慶、在台灣。原文「為了維護中華民國在台、澎、金、馬的主權和治權」修訂為「為了維護中華民國的主權與在台、澎、金、馬的治權」；說明：中華民國的主權及於全中國，治權則及於台、澎、金、馬地區。[35]
- 原文：要之，必須能戰而不畏戰，且不求戰，才足以確保和平與安全。修訂：更重要的是，必須根據《國家統一綱領》，促進兩岸交流，增進兩岸了解，加強兩岸互信，才能維護兩岸的和平與安全，及促進國家統一。說明：根據中華民國憲法及《國家統一綱領》，兩岸的終極目的是和平統一，而非挑起獨立戰爭。[36]

這次高中歷史課綱的修訂，大中國史觀者最重要的修訂理據就是原本的課綱「違憲」，他們認為既然是由中華民國教育部制定的課綱，就應該遵守中華民國的憲法，而這樣的理由在《認識台灣》的爭議爆發時並未那麼強烈地被提出。[37]王曉波就提出：「台灣歷史課綱是中華民國教育部要實施的教科書課綱，中華民國憲法第一百五十八條（教育文化之目標）明文：『教育文化，應發揚國民之民族精神，自治精神，國民道德，健全體格與科學及生活智能』……我們除了嚴厲要求馬英九政府必須『遵守憲法』，將台灣的歷史教育確實回歸到『發展國民之民族精神』外，為了兩岸中華文化認同和中華文化復興，我們也必須把台灣被顛倒的歷史顛倒過來！」[38]「根據《中華民國憲法增修條文》第十一條與《台灣地區與大陸地區人民關係條例》第二條的規定，中華民國包含『大陸地區』與『台灣地區』（亦即『一國兩區』），謀求分裂兩岸或追求台獨的教科書課綱，均違反憲法。」[39]從王曉波的角度來看，教育部的課綱對內必須符合憲法，對外則是要促進兩岸和平統一與中華民族的復興。事實上，近年有個相當

35 王仲孚（編），《為歷史留下見證：《認識台灣》教科書參考文件》，頁七五。

36 同前註，頁七五～七六。

37 二〇〇九年二月十三日，王仲孚出席監察院諮詢會議時就已提出，九八課綱已違背了憲法精神：「歷史課綱把數千年中國歷史濃縮成一冊，課時僅有一學期每週兩節而已，更為嚴重……台灣史『日據時期』（硬性規定必須用『日治時期』）需用日本天皇紀年；中國史不僅大砍課時，且行文不准使用『我國』；武昌起義必須改為中性名詞『起事』；強調一九四三年『開羅會議』無效，台灣地位未定。凡此，皆背離國家立場與主體性，也違反憲法精神。嚴格地說，這是違憲的課綱亦不為過。」轉引自張亞中，《論統合：張亞中自選集》，頁三五九。

38 王曉波，《馬英九時代的歷史見證》，頁三四。

39 同前註，頁一三七。

有意思的發展趨勢，即儘管台灣主體意識不斷地強化，但是，持大中國史觀者似乎對中華民族復興與兩岸和平統一的公開表態也益趨明顯。或許，在中國崛起的當下，對大中國史觀者而言，兩岸和平統一是「大勢所趨」，而這也促使我們可進一步結合中國因素的作用，進一步思考當前教科書的相關爭議。

三、中國因素下的教科書爭議：跨海峽的文化與意識形態網絡

一九九六年，台灣在中國飛彈威脅的陰影下完成了極具歷史意義的首次總統直選；而這次台海飛彈危機似乎標誌著，中國因素已經不是外部且遙遠的事務，它將具體進入台灣本土社會及日常生活世界之中。[40] 事實上，中國因素背後代表的是一套具體的政治和經濟體制。在政治上，中國共產黨與國民黨達成所謂的「九二共識」（一個中國，各自表述），儘管國民黨希望強調的是「各自表述」，但中國卻是透過「一國」，制約台灣的政治自主性。除了這種政治上制度性與結構性的安排，透過「經濟系統」殖民「生活世界」更是其相當重要的手段，也就是「以商逼政，以經促統」的策略。關鍵的設計就是ECFA，這使中國得以在兩岸創造出一種資本結盟的體制，一方面有利於台商資本，另一方面中資也可以直接進入兩地的本土社會，藉以間接達成政治控制的強化。

從本文的角度，當前對中國因素此一概念的討論是以九〇年代後期作為起點（一九九六

年），其後台灣與中國在九二共識下簽訂ECFA（二〇〇八年），「九二共識＋ECFA」就是使中國因素能在台灣發揮作用力且完備的權力體制或支配結構；而從這體制與結構中，我們看到一個由共產主義發展出的威權政體，竟然「妥善地」結合了全球新自由主義（全球資本主義）的發展趨勢，試圖達成對周遭地區的政治控制，這可以說是中國因素在整個體制運作上最為特殊之處。

關於「中國因素」概念，吳介民從政治經濟學的角度作出如下的界定：「中國政府運用資本與其他相關手段，對他國或境外區域從事經濟吸納，使其在經濟上依賴中國，進而執行其政治目標，這個作用力機制就是『中國因素』。」[41]更仔細地說，就是一整套經貿依賴結構的建立（ECFA的簽訂），並進一步培植一批擁護此一結構的「在地協力者」（local collaborator，如親中的資本家、政治人物或相關團體等等），透過以商逼政的手段，讓中國政

40 李丁讚與吳介民就認為，從一九九六年台海飛彈危機之後，台灣的國內政治與兩岸關係就開始密切聯繫：「『中國因素』原先在台灣社會處在模糊而遙遠的認知狀態，但是經過此次危機，中國對於台灣的主權要求與武力威脅，變得具體而清晰，也讓台灣內部的族群緊張、統獨爭議，增添了干擾因素。從此，族群統獨爭議，就不只是國內問題，而是與兩岸關係、甚至國際霸權結構都糾結在一起。族群統獨爭議也差不多在這個時間點，開始嚴重地分化社會團結，改變了公民社會的進程。」參見吳介民、李丁讚，〈生活在台灣：選舉民主及其不足〉，《思想》九，二〇〇八，頁四十。

41 吳介民，〈「中國因素」氣旋下的台港公民抵抗運動〉，收錄於謝政諭、高橋伸夫、黃英哲（編），《東亞地區的合作與和平》，台北：前衛，二〇一四，頁一三五～一三六。

府的政治意志能夠影響台港兩地的日常政治（選舉的結果、媒體輿論的製造等等）。除了政治經濟學面向的觀察，本文嘗試延伸此一概念，從教科書的爭議觀察跨海峽文化與意識形態網絡之運作；其中，「在地協力者」是一個經驗觀察上相當重要的操作概念。首先，我們想探討在地協力者如何在此一網絡中進行理念的結合與影響；此外，我們也將會發現，大中國史觀的承載者（行動者或團體）在跨海峽運作中不必然是被動的角色，兩者間是一種交互的影響與交融，並在兩岸相關的場域中共同經營一種意識形態上的文化霸權。（參見圖三－一）

基本上，對大中國史觀者而言，二〇〇八年馬英九政府上台後，開啟了再次改變教科書編寫的契機，他們也逐漸開始進入與制定課綱相關的委員會運作。是以，我們或可從檢視委員會成員，建構此一在地協力網絡。下頁表三－一為歷史課綱委員會歷屆委員名單，教育部為了達到其修訂教科書的目的，其中一個、同時也是最主要的手段，就是更換課綱小組成員，張亞中就曾提到二〇〇九年「換到了吳清基部

圖三－一　大中國史觀承載者在跨海峽運作中的交互影響

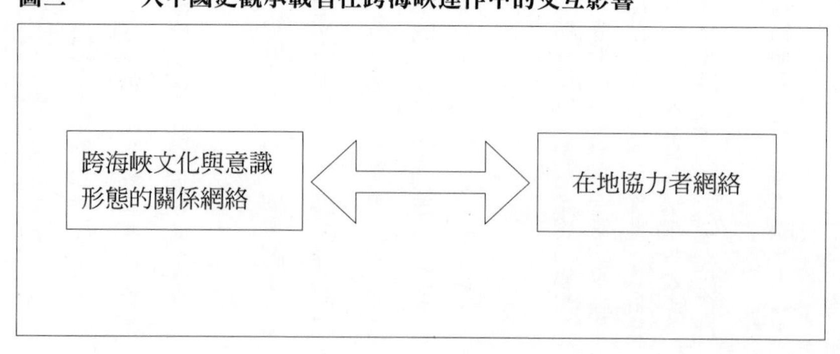

長，終於增聘了少許公正學者參與，課綱委員會（指一〇一課綱）才得以運作，二〇一〇年下半年終於完成了課綱的審訂」。[42]從表三－一的整理可以看出，學科專家中增聘的成員為王曉波、孫若怡、黃秀政、周婉窈、翁嘉聲，其中王曉波和孫若怡[43]兩位新聘委員都是持大中國史觀的部派教授。根據一同參與課綱委員會、台大歷史系教授周婉窈的敘述：「我去出席第一次會議，讓我很吃驚的是：王曉波先生赫然在場，而且來勢洶洶，開口閉口九八違反憲法。」[44]二〇一〇年，課綱修訂小組再次換血，加入幾位知名的中研院中國史學者。最終，以王曉波為首的修訂方向未被全面接受，只取得局部的修改。二〇一二年，歷史課綱修訂完成，進入出版社編寫和送審階段，不過教育部卻在同年五月提出一份「民眾建議意見書」；六月，張亞中加入國教院的教科書審定委員會。據張亞中個人的說法，他認為當時審定幾個版本教科書的共通現象就是：「過度美化日本殖民統治、刻意貶低國民黨在台灣的正面貢獻，將台灣民主化的功勞完全歸於民進黨的努力。在行文中將兩岸的『一邊一史』寫成『一邊一國』，將『台灣史』

42 張亞中，《論統合：張亞中自選集》，頁五二六。

43 孫若怡時任稻江管理學院代校長，除參與一〇一課綱制定，其後被教育部聘為十二年國教社會領域課綱副召集人，負責歷史科的部分；她同時亦擔任《海峽評論》編輯，「中華和平兩岸發展聯合會」執行委員。中華兩岸和平發展聯合會的臉書粉絲頁：https://www.facebook.com/pg/cspdu.tw/。

44 周婉窈，〈「黑箱大改」的台灣史課綱，為何非抵制不行？〉，《我們為什麼反對「課綱微調」》，台北：玉山社，二〇一五，頁二四。

表三－一　歷屆歷史課綱委員會名單（二〇〇九～二〇一四）

	召集人	學科專家	教育學者	高中老師
九八課綱	周樑楷（逢甲歷史與文物管理所／世界史）	廖隆盛（師大歷史／中國史） 楊肅獻（台大歷史／世界史） 蔡錦堂（師大台史／台灣史） 吳學明（中央歷史／台灣史） 金仕起（政大歷史／中國史）	周愚文（師大教育） 鄧鈞文（逢甲師培中心）	黃春木（建國中學） 張百廷（北一女中） 林桂玲（竹北高中） 黃大展（新竹中學） 許全義（台中一中） 戴麗桑（高雄中學） 林惠源（瀛海中學）
一〇一課綱（二〇〇九年）（九八課綱修訂小組）	吳文星（師大歷史／台灣史）	呂芳上（東海歷史／中國史） 王曉波（文化哲學／中國哲學） 孫若怡（元培通識／西洋史） 廖隆盛（師大歷史／中國史） 黃秀政（中興歷史／台灣史） 周婉窈（台大歷史／台灣史） 王文霞（成大歷史／西洋史） 翁嘉聲（成大歷史／西洋史） 呂春盛（師大歷史／中國史） （遞補黃秀政）	周愚文（師大教育）	李彥龍（中山女中） 伍少俠（台中二中） 藍朝金（明倫高中） 林桂玲（竹北高中） 林秀蓉（高雄中學）
一〇一課綱（二〇一〇年）	汪榮祖（中央歷史／中國史）	呂芳上（東海歷史／中國史） 王曉波（文化哲學／中國哲學） 孫若怡（元培通識／西洋史） 廖隆盛（師大歷史／中國史）	周愚文（師大教育） 楊國賜（淡江教育）	李彥龍（中山女中） 伍少俠（台中二中） 藍朝金（明倫高中） 林秀蓉（高雄中學）

		周婉窈（台大歷史／台灣史） 王文霞（成大歷史／西洋史） 黃克武（中研院近史所／中國史） 陳永發（中研院／中國史） 許雪姬（中研院台史所／台灣史） 陳正國（中研院史語所／西洋史） 林滿紅（國史館／中國史、台灣史） 張勝彥（台北大學／台灣史）		張曉英（文華高中）
課綱微調（一〇三課綱）	召集人：王曉波（文化哲學／中國哲學）、謝大寧（佛光中文）、陳昭瑛（台大中文）、董金裕（政大中文）、朱雲鵬（中央經濟）、包宗和（台大政治）、潘朝陽（師大東亞暨發展系）、吳連賞（師大地理）、黃麗生（海洋文化所）、李功勤（世新通識）			

說明：一〇一課綱委員會於二〇〇九年四月六日首次召開，暑假後黃秀政辭職並質疑王曉波非歷史專業，翁嘉聲出國後未再出席。

資料來源：九八—一〇一歷史課綱委員名單是參考周婉窈〈「黑箱大改」的台灣史課綱，為何非抵制不行？〉和周馥儀〈歷史教育大倒退：比較夭折的九八課綱與現行一〇一課綱〉兩篇文章整理而成。課綱微調小組成員教育部一直不予公布，筆者主要依據《自由時報》報導整理而成；參見：〈台聯：歷史課綱委員有紅鬼〉，《自由時報》，二〇一五年六月五日，http://news.ltn.com.tw/news/focus/paper/886640。

當成『國史』在撰寫。」[45]當時張亞中在委員會中以「憲法大於課綱」的原則，強調維護憲法的重要性，並依憲法第一五八條，將課綱中不符事實與不合理的陳述加以修正。不過，他認為審定委員會雖會依憲法調整必須修改的文字，但他本身其實無法要求出版社改變課綱中使用過的語彙，[46]因此打算透過兩岸統合學會[47]成立出版社，自行編寫教科書。於是，兩岸統合學會執行長鄭旗生負責出版社的成立，謝大寧[48]及部分學者負責撰寫，十月間成立了「克毅」、「史記」、「北一」三家出版社，分別編寫三個版本的高中歷史教科書。二〇一三年一月，三本教科書送交國教院審查，不過送審過程中引發了許多內容上的爭議。其中尤以「日據」替代「日治」，受到當時召集人黃克武直接反對，後續馬政府政務委員居中協調，馬英九也做出教科書中「日治」、「日據」可並用的決議，但是爾後政府文書則必須使用「日據」。[49]張亞中認為這是自一九九七年使用「日治」，十六年後才又可使用「日據」，李、扁時期所建構的「分離史觀」、「去中國化教育」大壩，終於有了裂縫。[50]

大中國史觀者經過上述許多的努力，但是，二〇一三年七月仍出現了後來備受爭議的課綱檢核小組；而就之後披露的十人小組名單可以發現，其中王曉波本就是九八課綱的修訂委員、謝大寧參與了兩岸統合學會的教科書編寫，陳昭瑛、潘朝陽早年也都參與了《認識台灣》的教課書爭議。此外，以《海峽評論》此一刊物為中心，王曉波是總主筆與總編輯，潘朝陽、謝大寧、李功勤，以及參與一〇一課綱修訂的孫若怡皆為編輯委員，黃麗生則曾為《海峽評論》撰文，這些行動者間可說有著同質且相當密切的意識形態連帶。[51]

事實上，對大中國史觀者而言，課綱微調只是整體文化霸權競逐過程中的一環。如果從兩岸統合學會此一組織的工作方向來看，其所要進行的不僅是「撥亂反正」台灣內部的「分離史觀」，更重要的，是要向外建構一種「兩岸共同體史觀」。[52]基於這樣的構想，兩岸統合學會

45 張亞中，《論統合：張亞中自選集》，頁五二七～五二八。

46 同前註，頁五二八。

47 兩岸統合學會成立於二〇〇八年，理事長為台灣大學教授張亞中，秘書長為佛光大學教授謝大寧，執行長鄭旗生，創始會員多為「民主行動聯盟」的成員。民主行動聯盟成立於二〇〇四年，二〇〇四到二〇〇八年間分別由謝大寧、黃光國、張亞中擔任總召集人，該聯盟以促進兩岸和平為職志，曾發起「反六一〇八軍購大聯盟」、投入二〇〇五年任務型國代選舉、參與反貪倒扁的活動。兩岸統合學會則致力於推動兩岸共同認同，主張以「一中三憲、兩岸統和」為基礎，推動兩岸和平發展；八項重要工作中，其中一項就是「建立兩岸共同史觀與認同」。參見張亞中，〈兩岸統合學會簡介〉，《中國評論新聞》。

48 謝大寧時為佛光大學中文系教授，參與課綱微調小組，擔任兩岸統合學會秘書長。

49 張亞中，《論統合：張亞中自選集》，頁五三五。

50 同前註。

51 此一課綱檢核小組的成員專業背景及政治力干預備受外界批評，不過，有意思的是，在《認識台灣》發生爭議之時，王曉波亦為文指出《認識台灣》課程制定小組的政治干預，十一位成員中李永熾、張炎憲、李筱峰、吳密察四人皆非學術教育機關或團體推薦，而由立法委員推薦進入小組，且更質疑李永熾怎麼由日本史專家搖身一變為台灣史專家。參見王曉波，〈好漢剖腹來相見：評《認識台灣》國中教科書〉，收錄於王仲孚（編），《為歷史留下見證：《認識台灣》教科書參考文件》，頁一八二～一八三。

52 張亞中提到，為了得到更多兩岸學者關注兩岸認同問題，二〇一一年一月十五至十八日，由兩岸統合學會

在二〇一一年辛亥百年，拍攝了一部《百年中國：迷悟之間》紀錄片[53]，其內容正是喚醒已為兩岸人民所遺忘的共同體史觀。[54]除了史觀之外，大中國史觀者還就不同層面提出了文化和意識形態的兩岸行動策略；例如：兩岸文字趨同化，推動兩岸高中使用相同中華文化基本教材，並朝兩岸高中國文課文能有一半以上相同的目標發展，目的在於讓兩岸年輕人能有共同的文字與文化記憶。兩岸三地應發行「認同卡」，以作為民族文化識別的身分文件。我們可以注意到，在兩岸文字趨同化的部分，馬英九在總統任內（二〇〇九年六月）提出「識正書簡」的想法，並於六月二十六日發表〈大陸「識正書簡」的文化意涵〉一文，呼籲兩岸合編《中華大辭典》，後來得到國台辦善意回應。同年七月十一日於長沙召開「兩岸經貿文化論壇」，席間大陸全國政協主席賈慶林更把兩岸文化交流提昇到文化認同、民族認同和中華民族復興的層次。[55]

研討會的舉辦是海峽兩岸聯繫交流最直接的媒介，基於此，兩岸統合學會與中國的「孔子基金會」、香港的「中國評論通訊社」共同發起「推動兩岸文化融合研討會」，首次會議於二〇一三年十一月二十九日至十二月二日在宜興大覺寺舉行。此外，兩岸統合學會也與中共的文化統戰組織「中華文化發展促進會」合作舉辦「兩岸軍事築信研討會」，第一屆會議在二〇一三年六月二十四日於北京舉辦，主題為「止戈與立信」，由兩岸退役將領和專家學者公開討論兩岸軍事安全互信議題。[56]中華文化發展促進會成立於二〇〇一年六月，成立目標為「以弘揚中華文化、凝聚民族意識、推進祖國統一為宗旨」，在各類活動的推動和參與上特別強調「積極參與海外華僑華人『反獨促統』運動，是『全球華僑華人推動中國和平統一大會』的發起方之一」。[57]其組織成員多位具有解放軍背景，特別是副會長辛旗，本身具有解放軍總政戰部聯絡部副部長的職銜；辛旗曾表示自己對台灣課綱的關心和介入，[58]而這也引發了更多對中

與佛光山澳洲南天寺主辦，中國社會科學院台灣研究所、亞太和平研究基金會、中國評論通訊社協辦，在澳洲南天寺舉行「南天會談：史觀、論述、政策與認同」閉門研討會。參見張亞中，《論統合：張亞中自選集》，頁二九一。

53 相關影片可參見：https://www.youtube.com/watch?v=rHr_GsLcTf0。

54 張亞中，《論統合：張亞中自選集》，頁二九〇。

55 王曉波，《馬英九時代的歷史見證》，頁十二～十三。

56 張亞中，《論統合：張亞中自選集》，頁五〇七。

57 可參見中華文化發展促進會網站：http://www.chinaapc.org/index_utf8.php。

58 中華奉元學會第二十八期電子報（二〇一六年四月七日）刊載了一篇〈華夏文化教育的省思與展望：辛旗副會長、劉君祖理事長、徐泓教授的對談〉，文中辛旗提到：「就像剛才徐教授所講，給了馬英九一個機會。但是我那個時候的判斷，就如您所說應該把教科書改過來，而且必須越快越好，用八年時間，把每年三十多萬年輕選民，首投族，八年下來接近三百萬。也就有百分之十幾的選票。那個時候也通過包括蘇起、王曉波先生，每次都苦心孤詣的跟他講，他說他也沒辦法。王曉波先生在教科書審委會中是『萬綠叢中一點紅』，連藍的都不算，他也感到沒有力量……雖然國民黨拿到了行政及「立法權」的控制，但實際上文化、話語權力，以及社會價值建構，實際上是在人家綠營手裡，這就是您剛才說「天然獨」的社會基礎……結果由於馬英九先生的拖延，對於問題沒有看到根本，八年的教育，用易經八卦來講又出現從過去情緒化『台獨』到文化『台獨』的高潮，這高潮八年到現在已經到了頂點，這高點恰巧又跟二〇〇八年的國際金融危機是合在一起的，也就是出現貧富差距和社會階層分化的情況，恰恰民進黨底下這些年輕學生又體會到二十二K的問題，就把很多情緒化跟文化的東西結合在一起，以反權貴、反分配不公、甚至資本

國介入教科書爭議的質疑和批評。從歷史發展的脈絡來看，九〇年代末期《認識台灣》引發台灣教科書編寫的相關爭議，這些爭議本來在民主化與本土化的大脈絡下，沿著族群政治的軌道展開相關的爭奪，不過當中國因素逐漸浮現，就使得相關爭議從內部的族群政治走向跨海峽的政治與文化議題，大中國史觀者與中國的文化統戰組織形塑了一種對「文化台獨」的防堵，而這也是台灣主體意識未來在發展上將會面對的新挑戰。

圖三－二更進一步呈現了「跨海峽文化與意識形態網絡」與「在地協力者網絡」間的關連，並以同心圓（行動者／組織／行動策略）表現在地協力者網絡的運作方式。基本上，在地協作者網絡最內圈就是核心與關鍵的行動者，第二圈則是這些行動者透過各類組織、刊物、研討會等機制，作為行動者間的網絡連

圖三－二　在地協力者網絡的運作方式

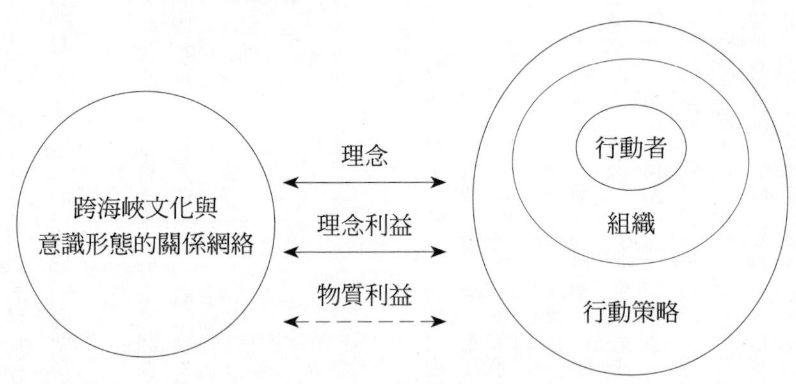

說明：組織——兩岸統合學會、海峽評論、中評會、兩岸研討會
行動策略——教科書、紀錄片、識正書簡、兩岸共同教材、認同卡、中華大辭典

結，同時傳播理念、發揮影響力。最外圈則是此一在地協力者網絡為了達成文化與意識形態上的目標，具體所欲採取的行動策略。至於「跨海峽文化與意識形態網絡」與「在地協力者網絡」間的關連須強調的是兩者間關係的相互性。基本上，在文化和意識形態層面，在地協力者未必是被動或單方面地受到跨海峽網絡制約，因此很難在分析上證明誰制約了誰，這種相互性無法以單純的因果機制論斷，或許用韋伯「親近性」（affinity）的概念更能表達兩者間的連結關係。如同上述的分析，台灣的大中國史觀者在文化霸權鬥爭過程中有其族群政治的脈絡，並非是中國崛起後才進行的行動；因此可進一步從三個面向理解彼此間的相互性與親近性的關連：「理念」（idea）的關連、「理念利益」（ideal interest）的關連，以及「物質利益」（material interest）的關連。[59]從「理念」的角度，「中華民族復興和兩岸統一」就是連結兩者的重要世界圖像。[60]「打倒台獨史觀、皇民化史觀」可視為兩者共享的「理念利益」。就目前

主義制度為名義，以『台獨』方式來表達，這就變得很可怕。」

59　此處是採用韋伯對「人類歷史行動」分析時提出的三個概念：「直接支配人類行動的是物質上與理念上的利益，而不是理念。但是由『理念』所創造出來的『世界圖像』，常如軌道上的轉轍器，決定了軌道的方向，在這軌道上，利益的動力推動著人類的行動。」韋伯，〈比較宗教學導論：世界諸宗教之經濟倫理〉，頁七一。

60　從韋伯宗教社會學的研究來看，所謂的「理念」或「世界圖像」指的就是世界各大宗教在教義上對「人生而何來、死而何去」這類根本而重大問題的解答，進而為相關宗教行動提供了理念基礎。此處筆者將其進行援引和類比，將大中國史觀者所訴求的血緣式的「中華民族復興」視為是支撐整個文化與意識形態行動

的分析來看，在文化和意識形態的運作中，「物質利益」（如：金錢資助等）的運作是最不明顯的，可能是沒有出現這樣的情形，也可能是有這樣的情形，但卻被遮掩了。

最後，從「反作用力」的角度，相較於九〇年代的教科書爭議，當時的鬥爭主要環繞著不同立場的學者、政黨和相關團體，但近年的課綱爭議除了學界和政黨，許多高中教師、學生和相關公民團體的投入反而成了新穎且顯著的現象。面對這些新型態團體與行動者的出現，從近年來台灣公民社會對中國因素作用力的抵抗脈絡，或許可以獲得更完整的理解。二〇〇八年之後，隨著中國因素在台灣社會各個層面不斷發揮其影響力，而相應此一「作用力」，台灣社會不斷出現與之相關的抗爭運動或事件，也就是一種對中國因素的「反作用力」。二〇〇八年十一月中國海協會會長陳雲林第一次來台，抗議的群眾與警察推擠導致維安爭議，其後更引發野草莓運動。二〇一二年十一月底到十二月初，旺中集團意欲收購壹傳媒，然而其收購動機與資金背景受到社會質疑，並引發公民團體抗議，其中各大專院校學生組成了所謂「反媒體巨獸聯盟」，並進行多次的集會抗爭活動。二〇一四年三月，立法院在ECFA架構下強行通過《海峽兩岸服務貿易協議》，十八日，一群集結在立法院外抗議黑箱服貿的學生衝進立法院、「占領」了台灣國會殿堂，從而展開了長達二十四天的太陽花運動。二〇一五年夏天則是爆發了由高中生發起的反課綱微調運動，讓長期隱伏的教科書爭議受到社會廣泛關注。

反課綱運動可以說是不同層面反對運動（政治、經濟、媒體、文化與意識形態）中的一環，也揭露了不同層面的中國因素作用力。而無論是反媒體壟斷、太陽花運動、反課綱微調運動，值得注意的是其中年輕世代身影的浮現。今年二十歲的林宇廷在一篇讀者投書中這樣描述自己：「我，林宇廷，一九九五年出生，今年二十歲……二〇〇一年這年秋天，我進入小學就讀。二〇〇六年，本土課綱實施，我正要進入小學最後一年。所以我自第一天使用歷史課本，就是完完整整的本土課綱……我們這一代台灣人不必崇拜任何人的山河，自己就擁有兩百六十八座三千米級大山的雄偉，以及擁有整片西太平洋的遼闊。」[61]事實上，這樣的台灣意識已不再是純粹糾纏於傳統上的獨立建國、悲情台灣、國族認同，這些聯繫著政治壓迫的歷史基礎之上；年輕世代的本土意識基礎不再是以「歷史的悲情」為基底，而是「生活在台灣」的真實感。也因此，他們對中國的態度不是建立在國共鬥爭、冷戰時代下的「國仇家恨」，而是成長過程中看到中國對台灣在國際場合上的打壓、文攻武嚇。一九九二年出生的許嚴冰，在投書媒體時提到他對中國的想法：「對於中國只有兩個印象，就是他們一直在人權上有迫害的問題，另外就是在國際上不斷的打壓我們，否定我們身為一個國的尊嚴，這樣的行為實在無法和自己的『國家』連在一起。一個到處做壞事且又欺負我們的人，沒有人會認為是自己人，因此年輕人支持『台灣獨立』是自然的。」[62]反洗腦課綱學生陣線召集人侯宗穎則說：「今日的台

背後最關鍵且最上層的理念圖像。

61 林宇廷，〈天然台、天然獨、天生台灣人〉，公民行動影音資料庫，二〇一五年八月四日，http://www.civilmedia.tw/archives/35304，取用時間：二〇一五年十二月十八日。

62 許嚴冰，〈身為一個年輕人，國民黨得不到我支持的三個原因〉，《關鍵評論網》，二〇一五年十月

獨，一部分是『天然獨』，另外一部分是抗拒『外來統治』，歷史告訴我們，外來統治者通常無法設身處地為當地人民著想，建立獨立自主的新國家，才能一勞永逸。」[63]在這些年輕世代的話語中，似乎也反映著兩岸發展的趨勢，亦即，隨著兩岸交流互動日益密切，環繞著中國因素所形成的社會矛盾和衝突也隨之不斷浮現，不過弔詭的是，當中國越想透過各種手段與方式（無論是威逼或利誘）促進兩岸的統一或融合，台灣社會的人心卻離中國越來越遠，中國因素的作用力似乎反而持續推進台灣社會本土意識的高漲。[64]

四、結語

二〇一六年，蔡英文政府上台後，新任教育部長潘文忠宣布五月三十一日正式廢止二〇一四年公告的國文、歷史、地理、公民與社會的微調課綱，分別回復到二〇〇八年或二〇一一年公告的課綱，近年的課綱微調爭議算是暫告一段落。在族群政治和中國因素作用下的這場文化霸權鬥爭，將會如何延續或另闢戰場，尚無法得知。本文主要是從社會學的角度關注在課綱制定背後的社會過程與影響。基本上，課綱必然蘊含了某些社會價值、知識技能的選擇與傳遞，很難用絕對的客觀性（價值中立）來評價兩種史觀或兩種歷史行動之間的對與錯，兩者在一定程度上有著不可共量性。[65]不過，這並不意味著我們就得直接進入純粹多元論的領域，迴避掉必須在兩者間進行價值選擇的問題。總體來看，大中國史觀者在意的是所謂中華民族復興與兩岸統一的大局，希望借助馬英九的執政與中國崛起的脈絡，進行所謂的課綱微調；但事實上，這樣的做法卻與台灣民主化和本土化不斷深化的歷史進程產生了衝突。歷史事實的客觀性或歷史教育的目的或許尚有討論空間，但備受爭議的修正程序卻嚴重挑戰了台灣社會不斷建構中的民主生活方式。從年輕世代的行動來看，或許對他們而言，面對的不是「異化的史觀」而是「異化的憲法」，大中國史觀的離地性質，或許還是比不上「生活在台灣」的親切。

就本文的討論可以了解，在台灣教科書爭議的過程中，族群政治一直起著重要的作用，然而近年中國因素作為一種外部因素的出現，也使得此爭議上升為跨海峽的政治與意識形態議題。同時，香港近年來爆發的「德育與國民教育科」爭議也讓我們意識到，不能將台灣的課綱爭議視為是一種單一的與社會內部的現象，在中國因素的作用下，無論是台灣或香港，教科書

二十八日，http://www.thenewslens.com/post/237664/，取用時間：二〇一五年十二月十八日。

63 侯宗穎，〈又是台獨又是皇民，搞得我好亂啊〉，《蘋果日報》，二〇一五年八月七日，http://www.appledaily.com.tw/realtimenews/article/new/20150807/664878/，取用時間：二〇一五年十二月十八日。

64 相關身分認同的統計資料分析可參閱吳介民、廖美〈占領，打破命定論〉（收錄於林秀幸、吳叡人（編），《照破：太陽花運動的振幅、縱深與視域》）中的討論。另外，從跨地域的比較來看，在中國因素的作用下，香港人的政治身分認同亦有相似的發展趨勢，參見鄭祖邦，〈瞧！香港人：台港中的三角難題〉（收錄於王宏仁（編），《巷仔口社會學》）。

65 張茂桂，〈高中「公民與社會」新課綱的訂定〉，《新教育研究月刊》一六六，二〇〇八，頁四四。

作為一種文化與意識形態的生產管道，已進入一個更為複雜且跨地域的社會權力運作過程。[66]

最後，值得我們再次強調的是，過去台灣的族群動員通常發生在特定的年齡，少有年輕世代參與。對年輕世代而言，在身分認同的建立上，族群分類似乎已不再具有必然的重要性，相較之下，不同的民族想像可能是更重要的身分統整原則。[67] 如同前述，當中國因素的作用愈強烈，本土的身分認同反而更加深化，這點在年輕世代的身上更為顯著，這或許在一定程度上可以解釋，年輕世代在中國因素反作用力上所表現出的行動力與積極性，而這樣的世代差異與發展趨勢將如何引導或改變這場文化霸權的鬥爭，未來值得進一步觀察。

66 關於近年香港「德育與國民教育科」爭議的分析，可參見本書葉國豪的分析。

67 王甫昌在〈民族想像、族群意識與歷史：《認識台灣》教科書爭議風波的內容與脈絡分析〉（頁一九四）對《認識台灣》的討論中即提出這樣的觀察，從當前發展的狀況來看，這樣的發展趨勢的確隱隱然成形。

參考書目

王仲孚（編），《為歷史留下見證：《認識台灣》教科書參考文件》，台北：海峽學術，二〇〇二。

王仲孚、王曉波，《《認識台灣》教科書參考文件》，台北：台灣史研究會，一九九七。

王甫昌，〈民族想像、族群意識與歷史：《認識台灣》教科書爭議風波的內容與脈絡分析〉，《台灣史研究》八（二），二〇〇一，頁一四五～二〇八。

王曉波，〈好漢剖腹來相見：評《認識台灣》國中教科書〉，收錄於王仲孚（編），《為歷史留下見證：《認識台灣》教科書參考文件》，頁一六八～一八三。

王曉波，《馬英九時代的歷史見證》，台北：海峽學術，二〇一一。

李祖基，〈大陸台灣史研究三十年的回顧與感想〉，《台灣研究》九五，二〇〇九，頁六〇～六三。

吳介民、李丁讚，〈生活在台灣：選舉民主及其不足〉，《思想》九，二〇〇八，頁三三～六八。

吳介民、廖美，〈占領，打破命定論〉，收錄於林秀幸、吳叡人（編），《照破：太陽花運動的振幅、縱深與視域》，台北：左岸文化，二〇一六，頁一一五～一六一。

吳介民，〈「中國因素」氣旋下的台港公民抵抗運動〉，收錄於謝政諭、高橋伸夫、黃英哲（編），《東亞地區的合作與和平》，台北：前衛，二〇一四，頁一三五～一三六。

吳俊瑩，〈課綱修改真的只是藍綠惡鬥嗎？〉，台灣與海洋亞洲，二〇一四年八月二十七日，https://tmantu.wordpress.com/2014/08/27/課綱修改真的只是藍綠惡鬥嗎?-2，取用時間：二〇一六年八月二十九日。

杜正勝，〈一個新史觀的誕生〉，《當代》一二〇，一九九七，頁二〇～三一。

林宇廷，〈天然台、天然獨、天生台灣人〉，公民行動影音資料庫，二〇一五年八月四日，http://www.civilmedia.tw/archives/35304，取用時間：二〇一五年十二月十八日。

林怡廷，〈民主化之後的歷史詮釋：台灣歷史教科書的爭議〉，《陽光時務》二四，二〇一二，頁六七～七七。

周婉窈，〈「黑箱大改」的台灣史課綱，為何非抵制不行？〉，《我們為什麼反對「課綱微調」》，台北：玉山社，二〇一五，頁二〇～二九。

周馥儀，〈歷史教育大倒退：比較夭折的九八課綱與現行一〇一課綱〉，發表於「歷史教育與課綱『微』調工作坊」，主辦單位：臺灣守護民主平台，二〇一四年八月三十一日。

侯宗穎，〈又是台獨又是皇民，搞得我好亂啊〉，《蘋果日報》，二〇一五年八月七日，http://www.appledaily.com.tw/realtimenews/article/new/20150807/664878/，取用時間：二〇一五年十二月十八日。

陳映真，〈一個「新史觀」的破綻〉，收錄於王仲孚（編），《為歷史留下見證：《認識台灣》教科書參考文件》，頁一一七～一二八。

陳翠蓮，〈黑箱綁不住年輕人奔放的心靈〉，收錄於《我們為什麼反對課綱微調》，頁一〇七～一一一。

陳慧先、許妝莊，〈中國民族主義者的執念？：檢視課綱微調的「成果」〉，發表於「歷史教育與課綱『微』調工作坊」。

張亞中，〈兩岸統合學會簡介〉，《中國評論新聞》，二〇一三年四月五日，http://hk.crntt.com/doc/1024/9/2/1/102492132.html，取用日期：二〇一六年八月二十九日。

張亞中，《論統合：張亞中自選集》，香港：中國評論學術，二〇一四。

張茂桂，〈高中「公民與社會」新課綱的訂定〉，《新教育研究月刊》一六六，二〇〇八，頁四四～五三。

許南村，《《認識台灣》教科書評析》，台北：人間出版社，一九九九。

許嚴冰，〈身為一個年輕人，國民黨得不到我支持的三個原因〉，《關鍵評論網》，二〇一五年十月二十八日，http://www.thenewslens.com/post/237664/，取用時間：二〇一五年十二月十八日。

曾柏文，〈歷史課綱到底改了什麼？：新舊版本比較（二〇一四）〉，個人部落格，二〇一四年一月二十九日，https://alberttzeng.wordpress.com/2014/01/29/history_curriculum_dispute/，取用日期：二〇一六年八月二十日。

鄭祖邦，〈瞧！香港人：台港中的三角難題〉，收錄於王宏仁（編），《巷仔口社會學》，台北：大家，二〇一四，頁五三～六一。

韓國棟，《走在風尖浪頭上：杜正勝的台灣主體教育之路》，台北：時報文化，二〇一六。

藍順德，《教科書意識形態：歷史回顧與實徵分析》，台北：華騰文化，二〇一〇。

韋伯（著）、康樂、簡惠美（譯）、羅麗芳（編），〈比較宗教學導論：世界諸宗教之經濟倫理〉，《宗教與世界：韋伯選集II》，台北：遠流，一九九一，頁五二～一〇〇。

第四章

香港「愛國教育」的在地協力機制

葉國豪｜香港中文大學社會科學院客席講師

香港大學社會學博士。曾任清華大學當代中國研究中心研究助理、香港中文大學香港亞太研究所計畫協調員。研究興趣為公共領域、社會運動、量化研究方法以及台港民意研究。

本文感謝鄭祖邦、張茂桂、黃偉國等教授的建議。

一、背景：被擱置的重大爭議

戰後初期，港英殖民地政府即在初中課程設置公民科，一九七〇年代更有社會科的推行；之後因應中英兩國關於香港前途問題的談判，當時的教育署於一九八五年印行《學校公民教育指引》，提出「推行公民教育應遍及全校」，首次確立中小學公民教育（civic education）的重要性，並於一九八六年成立公民教育委員會。一九九〇年代開啟的政治改革，促使港英政府於一九九五年成立公民教育工作小組，教育署於一九九六年修訂一九八五年的指引，鼓勵學生多了解中國歷史、政治和社會經濟狀況，加深對民主、自由、人權、法治的認識，並且決定於一九九九年在初中設立獨立的公民教育科。[1] 上述發展歷程顯示，早在一九九七年香港主權移交給中國以前，政府已經開始強調公民教育的重要性。然而自八十年代中期以至九七之前，香港人的政治認同是以「香港人」為主；舉例而言，在一九九七年有過半數（百分之五十五點八）的受訪者表示自己是「香港人」，約有三分之一（百分之三十二點五）受訪者表示自己是「中國人」，具有雙重認同者（即是「香港人」也是「中國人」）不足一成。[2]

教育局於二〇〇一年開始推行課程改革，將德育及公民教育列為四個關鍵項目之一；[3] 二〇〇四年十月一日開始，政府規定各主要傳媒晚間必須播放由民政事務局轄下公民教育委員會資助拍攝的《心繫家國》電視宣傳短片，希望加深市民對國民身分的認同及對國家的認識，顯示在去國族化的香港，政治文化回歸正式啟動，且進入每一個尋常家庭。[4] 二〇〇七年七月，時任中國國家主席胡錦濤訪港，曾表示「要重視對青少年進行國民教育，加強香港和內地青少年的交流，使香港同胞愛國愛港的光榮傳統薪火相傳」，隨後香港特區政府即著手在中小學引進國民教育（national education）課程，意圖強化學生的國家認同與愛國情懷。

從公民教育到國民教育的演變，在香港社會逐漸引發了不少關注與爭議。[5] 特區政府在二〇〇八年推出「新修訂德育及公民教育課程架構」，強化學校中原有的德育與公民教育課程學習；並於該年年底的《施政報告》中表明政府「有責任培育下一代認識發展一日千里的祖國」。[6]

---

1 關於香港德育及國民教育課程發展，可見教育局「德育、公民及國民教育：課程發展歷程簡介」，以及倪紹強、阮衛華、梁恩榮的〈各師各法：香港學校推行公民教育與國民教育的教學模式〉。香港中學在回歸前以社會科目推動公民教育的情況，可見謝均才，〈中學社會科目和公民教育〉；回歸後初期，香港初中推行公民教育的情況可見吳迅榮、梁恩榮，〈香港初中推行公民教育的現況〉。

2 參見《明報》，二〇一六年五月十一日。

3 四個關鍵項目包括德育及公民教育、從閱讀中學習、專題研習，及運用資訊科技進行互動學習。

4 參見吳俊雄、張志偉、曾仲堅（編），《普普香港：閱讀香港普及文化，二〇〇〇～二〇一〇》。相關短片可見，公民教育委員會電視宣傳短片，http://www.cpce.gov.hk/main/tc/tv_announcement.htm。而這些宣傳短片的播放，隨即在香港引發了是否涉及洗腦的爭議。

5 莊璟珉，《從公民教育到國民教育的爭議》，香港：香港中文大學香港亞太研究所，二〇一三。

6 參見《二〇〇八至二〇〇九施政報告》第一二三至一二七段。

二〇〇九年一月「薪火相傳」國民教育活動系列委員會成立，標誌著特區政府開始與民間機構團體合作，加速推廣國民教育；該委員會的名稱與主題曲《情繫祖國赤子心》，充分表明特區政府與部分民間教育機構的確呼應了二〇〇七年胡錦濤訪港時針對國民教育的訴求。[7]時任特首曾蔭權於二〇一〇年十月的《施政報告》中再次強調，推動國民教育是政府的既定方針，目標要讓學生於中、小學階段內可獲資助參加至少一次內地交流計畫，並且提出設立獨立的「德育及國民教育科」。

以國民教育取代公民教育作為學科名稱的變化，顯示官方強調的是國民身分認同的教育。[8]從二〇一一年五月至八月，先是進行為期四個月的諮詢，之後據此對相關課程指引作出修訂。二〇一二年四月，教育局轄下的「德育及國民教育專責委員會」以及受特首委任的諮詢組織課程發展議會[9]編定與公布《德育及國民教育科課程指引》，向學校發出通告，建議小學及中學分別於二〇一二／一三學年及二〇一三／一四學年，開始推行「德育及國民教育科」，並且設定三年「開展期」（即小學於二〇一二／一三至二〇一四／一五學年，以及中學於二〇一三／一四至二〇一五／一六學年）以循序漸進方式推行。在為期三年的「開展期」內，中、小學須依據課程指引，並按學校的實際情況，為全面推行本科作好規畫和布署，包括課程規畫、成立本科教學團隊、發展學與教資源等，並反映在「學校發展計畫」和「學校週年計畫」中。[10]教育局於二〇一二年八月以現金方式提供每間學校五十三萬港幣額外的「德育及國民教育科支援津貼」，用於購買教材、相關師生培訓與境外交流團活動，[11]並要求在小學至初中階段，學校應安排總課時的百分之三至五（即每週安排約一至兩節）推行；而在高中階段，學校則可以彈性安排處理。

然而，《德育及國民教育科課程指引》卻受到香港市民的普遍關注與反對，進而形成普遍的「反國教運動」。[12]二〇一二年九月七日晚間在政府總部前廣場的抗議集會吸引了數萬名的市民參與；在群情壓力下，特首梁振英旋於九月八日晚間宣布取消在二〇一五年正式全面推行

7　可參見其網頁：http://www.passontorch.org.hk/。

8　參見《二〇一〇至二〇一一施政報告》第一五八至一六二段。

9　課程發展議會（前稱課程發展委員會）成立於一九七二年，歷經一九八八、一九九二、一九九六年的重組，目前擁有「課程發展議會及常務委員會」以及「學習領域委員會及功能委員會」等兩層架構，主要工作是為中、小學編定教學課程綱要。目前（二〇一五至二〇一七年）的主席是香港中文大學楊綱凱教授。

10　參見《新聞公報》，二〇一二年四月三十日。

11　教育局推動中小學國民教育所涉及的開支，由二〇〇七至二〇〇八年度的三千五百三十萬元，增至二〇一一至二〇一二年度預算的九千五百七十萬元，當中包括為教師舉辦專業發展課程的預算開支七百六十萬元、編訂學與教資源的預算開支三千零二十萬元、舉辦跨境師生交流／研習活動的預算開支五千八百萬元。參見《新聞公報》，二〇一一年七月十三日。

12　根據香港大學民意研究計畫當時針對國民教育的多輪民意調查，超過半數的受訪者表示教育局應該擱置該課程，只有不到兩成表示應該如期於二〇一二年九月推行。參見香港大學民意網站，「國民教育民意調查」，網址：https://www.hkupop.hku.hk/chinese/report/applenational_w4/，取用時間：二〇一六年八月二十七日。

該科的規畫，轉由學校自行決定是否開展、是否獨立成科與如何開展該科，並且承諾在其任內不再推行。[13]特區政府於十月八日採納「開展德育及國民教育科委員會」的建議，[14]正式擱置上述課程指引，即政府不會要求學校使用該指引，也不會以指引作為視學的依據。至此，「反國教運動」達到階段性的目的，而香港的國民教育則成為一個被擱置的重大爭議。

二、中國因素與在地協力機制

從上述香港公民教育在九七前後的發展歷程可知，公民教育（以及今日之國民教育）的課程設計與安排，往往受到當時政治環境所影響，顯見教育與政治之間的複雜互動關係。回歸前的兩次（一九八五、一九九六）《學校公民教育指引》分別涉及中英外交角力與香港本地的民主化變革；回歸後，香港成為中國主權下一個享有高度自治權的特別行政區，可以自行制定有關教育的發展和改進政策（《基本法》第二、十二、一三六條），然而中國因素從外部轉向內部，直接影響到公民教育中一個相當主要任務，便是重新界定香港市民的國民身分。[15]

中國因素是一個框架概念（framework concept），吳介民從政治經濟學的角度將其定義為：「中國政府運用資本與其他相關手段，對他國或境外地區從事經濟吸納或整合，使其在經濟上依賴中國，進而方便執行政治目的。」他認為中國因素必須通過「政治代理人」（political agency）或「在地協力者」（local collaborators）才能引發效應，並進一步在政治、經濟、社會、文化和生活各領域產生影響。無疑地，描述與解釋在地協力機制的具體運作模式，是理解中國因素政治社會影響力的重要前提。[16]香港在分析上可視為一個政治體（polity），其受到中國因素特別活躍而不避諱的影響，因此「德育及國民教育科」爭議為我們提供了一個實證經驗分析的個案經驗，以理解在地協力機制於課程推動的過程中扮演的角色。

中國因素對「德育及國民教育科」爭議的政治影響力可以分為「直接施力」與「間接施力」。[17]

「直接施力」指的是北京黨政各部門，包括教育部、中共中央統戰部、國務院港澳辦、中

13 葉國豪，〈香港國教衝突愈演愈烈〉，《蘋果日報》，二〇一二年九月十日。

14 該委員會於二〇一二年八月二十二日成立，以回應社會人士對德育及國民教育科的關注。主席為時任強制性公積金計畫管理局主席胡紅玉，副主席為德育及國民教育專責委員會主席李焯芬，並且納入教育界與家長、學者等代表。

15 參見Ng, Shun Wing, Leung Yan Wing and Chai-Yip Wai Lin, "A Study of the Development of Civic Education: the Social and Political Perspectives," in Y. C. Cheng, K. W. Chow & K. T. Tsui (Eds.), *School Curriculum Change and Development in Hong Kong*. Hong Kong: Hong Kong Institute of Education, 2000, pp. 391-410。在香港，親建制派報章，如《文匯報》與《大公報》等，多將「中國因素」改為「內地因素」，以強調香港與中國的一國與從屬關係。

16 吳介民，〈中國因素的在地協力機制：一個分析架構〉，《台灣社會學會通訊》八三，二〇一五，頁四～十一。

17 此部分的分析策略參考了吳介民對中國因素在台灣的相關研究；當然，仍必須要留意中台與中港關係的差異。

聯辦、共青團、全國青聯等機構，透過政治喊話與影響力直接支持國民教育的推行。舉例而言，時任中共中央政治局常委、全國政協主席賈慶林於二〇〇七年十二月接見香港學生國民教育「薪火相傳系列活動」訪京團時即高調表示，特區政府應以更大的力度、更高的目標，全面推動國民教育，並且從教育體制、教育機制、教學內容、教師培訓和教材編寫等方面，保障國民教育順利開展，而中央相關部門和地方將一如既往地支持香港各界開展國民教育活動。[18]與此同時，特區政府部門也必須積極配合，例如時任教育局局長的孫明揚曾於二〇〇九年三月赴北京，向當時的中共中央政治局委員、國務委員劉延東匯報在香港推動國民教育工作的最新情況。[19]中國因素對香港的「直接施力」凸顯了香港作為中央與地方關係中，地方政府的從屬角色與地位，相較於中國因素在台灣，中國因素在香港的直接施力不僅非常明顯，也被視為理所當然。

「間接施力」是透過在地協力的政治代理人，包括特首與港區人大與政協代表、建制派政黨與中聯辦、中資等機構，以制度或制度外的方式（包括政商網絡關係、社團聯會、商會等）表態支持國民教育的推行。中國在香港的在地協力者是北京能夠間接影響香港的重要關鍵，其主要存在以下不同的機制與形式：

行政長官

作為特區首長的行政長官必須向北京中央政府以及香港負責（《基本法》第四十三條）。特首屬於地方官員，但其位階比正省部級官員更高，約等同國務委員，可向中聯辦推薦政協委員，顯然是香港管治權與利益的首要政治代理人。受北京實質任命的歷任特首多次透過《施政報告》強調國民教育的重要性，現任特首梁振英在上任之初更傳出要為北京執行包括國民教育在內的「四大政治任務」，[20]而其在當選翌日即前往中聯辦拜會之舉，更顯示出北京對特首的政治影響力。

港區人大與政協代表

九七前的港區人大與政協代表並非透過選舉產生；港區人大是由當時的新華社香港分社推薦，再由廣東省人大選出，政協代表則全部都是經北京委任產生，顯示兩者與北京的政治聯繫相當緊密。九七後，港區人大經選舉會議提名與選舉產生，選委會成員則由港區全國政協，以及特首選委會成員等共同組成。[21]政協代表作為北京重要的統戰手段，則沿用九七前辦法，經

18　《人民日報》，二〇〇七年十二月二十五日。

19　《新聞公報》，二〇〇九年三月十日。

20　《明報》，二〇一二年三月二十七日。四大政治任務均與意識形態息息相關，包括《基本法》二十三條立法、政改方案、整頓香港電台，以及推行國民教育。

21　第十二屆全國港區人大共需選出三十六名，五十二人參選，其中二十三名為連任，這樣的選舉過程很難說是激烈與具民主代表性。當選名單可參見中國人大網，「第十二屆全國人大代表簡介」，http://www.npc.gov.cn/npc/gadbzl/xgdbzl_11/node_8514.htm。

由協商推薦後委任產生，這一批結合退休政治人物（如前特首董建華）、前任高官（如前政務司司長唐英年）、大學校長（如前香港中文大學校長劉遵義）、立法議員、工商界人士、宗教界等的「特邀香港人士」，號稱具有「廣泛代表性」以及「較高的綜合素質」。[22]我們可以從香港過往的殖民歷史找到類似的在地協力經驗。

殖民地政府透過委任制度吸納菁英（特別是行政局和立法局的非官守議員），藉此補充先天缺乏的正當性，增加社會支持。羅永生以「勾結共謀式」的殖民形構，描述那些菁英階層從未制定任何實現自主的政治計畫，反而為了獲得代理權力，十分傾向與任何當權政府勾結以至通謀，始終需要尋求以往帝國當局或殖民主子的認可。[23]這些港區人大與政協代表利用中國政治決策不透明與神祕的特性壟斷資訊，以代表的身分作為中間人，負責傳遞與演繹訊息；然而這個中間人的立場並不真正中立。他們利用中央與地方權力及資訊的不對稱揣摩上意，有時甚至繪聲繪影地藉著無法證實的小道消息與釋放政治風聲，提高自身的地位與權威性；同時，他們也需要在關鍵時刻為北京的政治意志與目的護航或辯護。這些在地協力者一方面獲得北京在政治與經濟上直接或間接的回饋（包括有形的政治職務，以及無形的榮譽與影響力），另一方面由於他們無須歷經民主選舉，沒有受選票懲罰的可能性，因而益發有效地維持其地位，但北京也更難明白香港的真實民意。[24]其中，最具分量與備受關注的有全國人大常委、前立法會主席范徐麗泰，以及基本法委員會委員、港區人大譚惠珠。范徐麗泰多次表明應落實國民教育，讓年輕一代認識中國歷史；其是從現實的考量出發，認為了解國情有助將來發展。而譚惠珠則指責香港年輕一代對中國歷史了解不足，因此特區政府應該大力支持國民教育。

建制派政黨

建制派政黨目前在香港各級議會與數量龐大的諮詢組織中均占優勢，包括未以政黨名稱活動的政團，而建制派政黨包括民建聯、工聯會、經民聯、新民黨、新界鄉議局等。這些建制派政黨其及成員或早已是港區人大與政協代表（如民建聯的葉國謙同時是立法會議員與港區人大），他們必須緊跟北京的方針，同時為特區政府的國民教育政策護航。例如擁有豐富資源的立法會第一大黨民建聯，以及一貫強調「愛國愛港」的工聯會，即使面對二〇一二年九月的立法會選舉壓力，仍反對撤回國民教育。

中聯辦

「中聯辦」是「中央人民政府駐香港特別行政區聯絡辦公室」的簡稱，前身是新華社香港

22　本屆港區全國政協委員共計一百二十四名，名單可參見「全國政協委員特邀香港人士名單」，http://news.wenweipo.com/2013/02/02/IN1302020055.htm。然而，不應該忽略的是除了全國政協，港區各省級政協也是北京在港重要的統戰對象。

23　羅永生，《勾結共謀的殖民權力》，香港：牛津大學出版社，二〇一五，頁三五。

24　關於透過花錢買官等手段出任各省市與全國政協委員的事件亦時有所聞，也成為北京重點整頓的目標。

分社，由於其在政治上的重要性（例如上述直接推薦政協代表的工作，以及日漸介入香港本地選舉），加上位置位於香港島西環，近年衍生出「西環治港」之譏。[25]中聯辦對國民教育推行的影響相當直接且露骨，中聯辦教科部處長王新立曾指特區政府如有需要，中聯辦會幫忙推行；時任副主任王志民也曾公開表示年輕人接受國民教育十分正常，並且呼籲市民支持特區政府推行；宣傳文體部長郝鐵川甚至在微博撰文指出，這種必要的「洗腦」是一種國際慣例，國民教育若不聽中央政府的，就不叫做國民教育，似乎暗示推行國民教育是中央政策；中聯辦副主任李剛則是曾出任國民教育促進會的顧問。時任教育局局長的孫明揚曾揭露中聯辦就國民教育向其「給過意見」。[26]據報載，特首梁振英前助理鄭希喧曾試圖安排「國民教育家長關注組」發起人陳惜姿與中聯辦官員舉行單獨會談，顯示中聯辦對國民教育的介入。[27]中聯辦尚透過廣東新文化事業發展有限公司掌控聯合出版集團（下轄三聯、中華與商務等書局），壟斷香港的出版與書籍零售市場。根據《基本法》第二十二條規定「中央人民政府所屬各部門、各省、自治區、直轄市均不得干預香港特別行政區根據本法自行管理的事務」，由於是否推行國民教育科屬於特區政府內部事務，因此中聯辦的動作有可能違反一國兩制。

中資在港機構

中資機構對香港的經濟影響巨大。以二〇一五年為例，中資機構占香港上市公司數目的百分之五十一，其市值超過百分之六十二，達十五萬億港元；[28]二〇一四年，中環甲級商廈的租客百分之十九來自中資機構。中資機構也透過親建制團體推廣國民教育。例如，由教育局資助、成立於二〇〇七年的國民教育服務中心，其董事會成員即包括中國銀行（香港）的成員；而其製作和派發的《中國模式國情專題教學手冊》，將中國共產黨形容為「進步、無私與團結的執政集團」，隱惡揚善，備受爭論。[29] 國民教育服務中心是香港教育工作者聯會（教聯會）的下轄機構，教聯會時任主席楊耀忠曾任中學校長與全國人大代表，一般認為其為親北京的教育組織。實際主編該手冊的是香港浸會大學當代中國研究所，其為自負盈虧的學術研究單位，時任所長薛鳳旋曾任港區人大代表與多項政府公職，足見其相互間緊密的政治聯繫。中資機構

---

25 《蘋果日報》，二〇一六年八月二十七日。最近的事例是二〇一六年自由黨立法會選舉新界西參選人周永勤受威嚇棄選事件，該黨甚至向廉政公署舉報，事件直指北京與中聯辦對香港選舉的介入。其他疑似中聯辦推薦的選舉名單曝光已不是首次，甚至引發建制派內部的競爭。然而，廉政公署是否有能力調查涉及北京與中聯辦的政治事件頗令人質疑。

26 《信報》，二〇一二年六月二十七日。

27 *South China Morning Post* February 4, 2013.

28 參見香港交易所「二〇一五年市場統計數據」。

29 該手冊可由http://tinyurl.com/82tz4fl下載。教育局否認國民教育有任何洗腦成分，並且認為該手冊不是國民教育科的教材，兩者沒有關係。反國教抗議事件之後，教育局已於二〇一二年年中停止每年對國民教育服務中心數百萬的資助。參見教育局常見問題問與答，http://www.edb.gov.hk/tc/curriculum-development/moral-national-edu/faq.html。

在選舉期間動員拉票以支持特定候選人，甚至主動參選（例如中銀香港吳亮星，以及香港中旅姚思榮），已經成為議會的新興勢力；他們均大力支持推動國民教育。

新聞媒體

親北京的新聞傳媒也是中國因素在香港的在地協力者。包括傳統兩大「左報」《文匯報》、《大公報》，以及中共深圳市委機關報《深圳特區報》的子公司《香港商報》、標榜中產保守親特區政府的《星島日報》、《紫荊》雜誌等。尤其《文匯報》與《大公報》時常以社論方式，鼓吹推動國民教育；這兩者都由廣東新文化事業發展有限公司持有絕大部分股權，中聯辦為其背後出資者。

其他社會團體

二〇〇七年之後成立許多親北京的社會團體，在政府各部門的贊助支持下，推廣針對青少年的國民教育；這些團體的贊助者與顧問中，不少為中聯辦的成員。這些團體包括香港國民教育促進會，其宗旨為「推動國民教育，提高國民意識」，該會多次主辦由中聯辦支持，民政事務局出資的「青少年紅色之旅」，主席姜玉堆曾言「腦有問題就應該洗」，反擊國民教育科是洗腦教育的指控；[30]中華青年精英基金會，該會亦主辦多次大學生青年中國行活動，主席鄭志綱現為中華全國青年聯合會副主席、天津市政協委員；香港青少年發展聯會，其成立德育發展中心以提升青少年的國民意識及教育，主席陳振彬為港區全國人大、諮詢機構青年事務委員會前主席；香港青年交流促進聯會，其宗旨是與愛國愛港青年社團合作，推動青少年交流工作，增強對國家、民族的認同感，主席徐小龍是寧夏政協委員、青聯副主席，自二〇〇四年開始辦理青年交流團。其他尚有學界中規模最大，自二〇〇三年開始主辦國民教育交流團、「香港學生國情研修班」的和富社會企業，其創辦人李宗德為港區人大代表、全國青聯常委、寧波市政協委員、民建聯黨員，曾任香港青年事務委員會主席，以及公民教育委員會主席。針對小學生與少年的國民小先鋒則成立於二〇〇七年，宗旨在令小孩有「對國家的感情和責任感」，「把愛國訊息薪火相傳，把訊息傳送給身邊的人，以達至國民身分認同的目的」，時任主席趙善安、副主席佘綺華，活動經費由民建聯支持，登記地址則為工聯會物業。曾多次與少先隊交流的國民小先鋒被批評為「港版的少先隊」，是中共領導下的少年兒童組織。上述這些親北京的社會團體與人士也互為彼此顧問，成員有時亦相互重疊，顯示彼此的關係密切。

當然，也不應忽略教育體系中學校的主動配合。首先，傳統愛國「左派」學校如培僑、香島、福建、惠僑與漢華等中學，其辦學方針均著重國民教育，其管理層（如校監、校董會成員

30 香港國民教育促進會也接受來自中國的捐助。全國政協委員、深圳市同心俱樂部（為一政商人士與民營企業主組成的社團）主席陳紅天曾捐款一百萬元以「培養香港青少年的家國情懷」，見《深圳特區報》，二〇一六年十一月十七日。

等）亦與北京有較緊密的聯繫。新界校長會會長朱景玄曾承諾，將至少派兩千名校長和教師赴深圳「國民教育基地」接受培訓，讓更多的香港學生了解中國的國情。[31]其次，聖公會的宗教領袖也相當支持國民教育的推行。聖公會自港英時代以來即擁有大量的中小學校，雖然天主教教育事務處聲明，天主教香港教區學校將不會於二〇一二年九月推行國民教育課程，然而宗教領袖卻頻頻主動表態，支持國民教育的推行。[32]首位聖公會港澳教區華人主教、香港島教區首任主教鄺廣傑（曾任港區全國政協委員）即主張應在學校推行國民教育，增加中國歷史教育，讓年輕人知道自己是「龍的傳人」，增強他們對國家、民族的歸屬感。接任鄺廣傑的聖公會大主教鄺保羅亦於二〇一三年成為港區全國政協委員。顯見北京對香港宗教界人士的

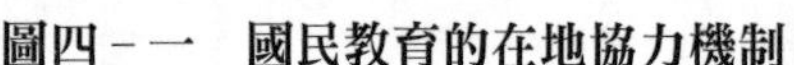
圖四－一　國民教育的在地協力機制

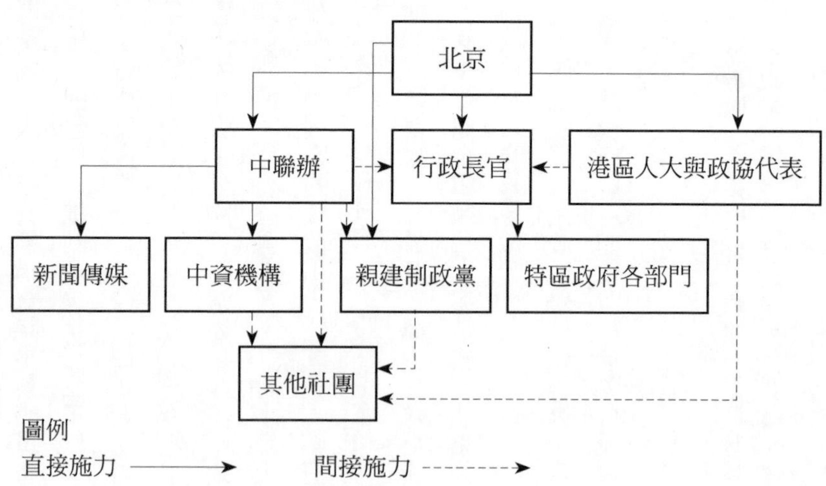

積極統戰。而許多學校也繼續以國情教育團或國情研習班的名義，進行非正式的國民教育。

圖四－一表示國民教育課程爭議中，中國因素的在地協力機制。在地協力機制透過政治權力的支配與經濟資本的掌控所構建，最終以推行國民教育科課程的方式，達到文化與意識形態的改變。北京的黨政高層作為政治經濟影響力最大的行動者，得以直接施力影響包括中聯辦（派駐聯絡機構）、行政長官（地方官員），以及港區人大與政協代表（形式上的最高權力機關以及統戰對象）。中聯辦作為中央政府在香港的聯絡辦公機構，其角色與影響力近年來越來越受到爭議，除了直接以控股方式掌握親中傳媒，在職能上也可以直接管理在港的中資機構，同時間接地以董事或顧問等身分影響親中社團，保持與親建制政黨的密切關係（例如協助籌款、站台撐場，甚至選舉配票等）。值得注意的是中聯辦對行政長官的間接施力。一般認為，梁振英能夠在二〇一二年擊敗唐英年當選特首與中聯辦的干預與支持有關，因此梁振英當選翌

31　《南方都市報》，二〇一二年五月十五日。類似針對香港中小學生的國民教育活動延續至今，例如在由廣東省與香港官方與民間社團所主辦、名為「同根同心」的活動中，僅二〇一六年九月至二〇一七年一月就有超過四十所學校、四千名學生分三十五批次參訪廣東省各城市，以「培養家國情懷和民族自豪感」，參見《文匯報》，二〇一六年十二月二十八日。

32　《東方日報》，二〇一二年七月十九日。根據天主教香港教區資料，香港天主教學校和幼稚園共計兩百七十六間，包括一百一十間小學、英文中學及中文中學八十七間，共有約二十萬名學生。另可參見《聖公宗辦學團體對德育及國民教育課程的意見》，二〇一二年八月二十九日。

日罕見拜會中聯辦，引發激烈的批評。一本關於反國教運動的著作中，更披露中聯辦直接插手反國教事件，特首梁振英已經out of equation（即與此事無關）。[33]從圖四－一中我們可以看到，行政長官除了直接聽命於北京，也受到包括中聯辦與港區人大及政協代表的間接影響；然而，由於特首並非任何政黨的成員，除了直接影響政府各部門，並沒有能力左右其他親建制政黨。[34]特區政府各部門，例如教育局，也在推行國民教育科時委託直屬中國教育部的北京師範大學製作與編寫教材，其內容流露濃厚的愛國色彩。[35]港區人大與政協代表由於選舉制度之故，自然受到北京直接施力影響，但其本身也間接地影響行政長官施政（在國民教育議題上，兩者存在協力關係）[36]，以及其他親中社團的發展。

三、中國因素及其影響

自二〇〇七年胡錦濤訪港以降，其精心布署的國民教育科在二〇一二年遇到始料未及的激烈反抗，就此結果而論，公民社會似乎取得了階段性的勝利，至少特區政府已經宣布擱置相關的《德育及國民教育科課程指引》。因此，反國教運動中的中國因素與其在地協力網絡雖然緊密而強大，卻似乎並非沒有反抗的可能。綜觀中國因素對反國教運動的影響有四。

首先，中國因素的影響會因議題而有所不同。法治與自由是香港民眾最重視的「核心價值」，[37]相對而言，民主與市場經濟卻未必是，因此反國教運動之所以可以匯聚民意，乃是因為國民教育觸及了香港家長視其為子女教育的切身權益，直接影響子女的價值觀與世界觀，因而甚至促使一些原本較為保守溫和的中產階級家長都選擇上街抗議。曾經在二〇一二年七月二十九日發起「全民行動，反對洗腦」萬人遊行的「國民教育家長關注組」，在其網頁中提到「如果你在孩子的課本上，看到令你悚然而驚、偏頗失實的國教教材；如果你在學校活動裡，留意到鼓動盲目愛國的環節；如果你的孩子，受到是否愛國的價值評核……不要遲疑，請聯絡我們！……讓我們連結更多家長關注事件，齊齊守護孩子」。[38] 其中，家長關注保護子女的心

33 參見國民教育家長關注組，《爸爸媽媽上戰場》，頁一四六。關於中央駐港機構等幹部成為香港「第二支管治隊伍」的討論，則可參見曹二寶，〈「一國兩制」條件下香港的管治力量〉。

34 參見《行政長官選舉條例》第三十一條。但在重大政經議題上，親建制政黨會自動歸隊支持政府。

35 《星島日報》，二〇一二年四月十三日。

36 當然，兩者間的確有衝突矛盾的可能，例如全國人大常委范徐麗泰雖然支持國民教育，但是並不同意特區政府推行的方式；然而，這些細部的討論已經超過本文的範圍。

37 參見香港中文大學香港亞太研究所於二〇一五年十月二十九日相關民調。二〇一六年年中，另一份調查再次證實了「新聞自由」、「社會和諧」、「經濟發展」及「司法獨立」等社會價值，在香港得到跨越黨派的高度重視。相對的，關於「國家利益」的認同差異最大，例如相較於建制派，僅有約四成四的本土派認為「國家利益」重要。參見香港中文大學新聞與傳播學院傳播與民意調查中心，《明報》，二〇一七年一月十九日。

38 可參考國民教育家長關注組的網頁，http://www.parentsconcern.hk/。這樣的觀點同時可以適用於解釋二〇〇三年反對《基本法》二十三條的國安立法。

切情緒躍然紙上（在廣東話的語境就是「不要搞我個仔」），有律師與人權工作者因此認為國民教育屬於倫理、信仰與道德的範疇，依據國際人權公約及聯合國的人權標準，家長有權為子女選擇是否接受國民教育，或參與相關課外活動。[39]然而，若是換成其他諸如政治改革或中港兩地經濟融合等議題，即使均涉及中國因素，相信未必會激發如此強烈的反彈。曾任教育署長，時任行政會議（協助行政長官決策的機構）召集人的林煥光即曾表示，反國教運動已變成港人核心價值之爭，是「家長及教師懷疑政府講一套做一套，『掛羊頭賣狗肉』」。[40]簡單地說，中國因素雖然強大，但若是涉及法治與自由的保障，在香港就會面臨激烈的抵抗，因此對於中國因素的在地影響，必須做出更準確與細緻的判斷。

其次，「德育及國民教育科」爭議顯示，九七後的香港，中國因素及其龐大的在地協力組織逐漸擴張於各個領域。香港原本就存在傳統的「左派」親中力量（例如工聯會與左派學校等），但是長期以來是被邊緣化與壓抑的；如今「德育及國民教育科」爭議，清楚揭露出這些在地協力網絡是如何長時間地在日常生活的各方面（包括傳媒、社團與中資機構等）擴張其影響力。「德育及國民教育科」爭議發生於二〇一二年，但早在二〇〇七年胡錦濤訪港後，陸續成立多個以青少年國民教育為主的社團即是一例。這些社團透過在地協力者，構建具有「隱匿」（invisible）和「默會」（tacit）性質的文化和意識形態的網絡，平常未必能為一般市民所認知，然而在中聯辦的支持，並取得大量的政府公帑資助下發展迅速，藉由舉辦交流活動對青少年產生潛移默化的影響。

第三，這涉及了在地協力網絡的執行能力問題。透過「德育及國民教育科」爭議經驗，我們可以看到儘管北京可以直接動員香港的在地協力網絡，對國民教育科進行宣傳，然而在地協力網絡的執行能力卻足以影響事件的成敗。很明顯的，從特首梁振英的個人形象與名望，教育局局長吳克儉在教育界所受的爭議，以及浸會大學當代中國研究所編寫《中國模式國情專題教學手冊》所引發的負面影響，均顯示中國因素的作用與結果並非簡單的因果關係可以直接描述，有時候因執行能力的差劣，反而引發更強烈的反彈。

最後，對中國因素的反作用力也催生了以中學生為主力的學民思潮及國民教育家長關注組等公民社會組織。其中，前者由當時年僅十四歲的黃之鋒擔任召集人，自二〇一一年就開始舉辦「反洗腦學生運動」，以及多場簽名抗議活動，目前已經轉型為推動民主自決前途的政治團體香港眾志；後者則持續關注普通話教中文及國民教育相關議題。過去，香港民眾多循體制內的管道，以「和平、理性與非暴力」的方式表達訴求，如遊行與靜坐呈交陳情書等；然而，年輕的一代以更為激進的抗爭方式反抗建制，表達出對特區政府與北京的深刻不信任，這些反作用力均可能影響北京所設定的政治議程。[41]因此，在有政治意志卻缺乏政治能量的條件下，特

39　《蘋果日報》，二〇一二年十月五日。

40　《明報》，二〇一二年七月二十七日。

41　吳介民，〈台港兩地共同面對的中國因素〉，《灼見名家》，二〇一六年一月十四日。

區政府短期內（甚至下一任特首）將難以重啟國民教育的討論，取而代之的是增加撥款資助，並且強化在地協力網絡的發展。例如《文匯報》與《大公報》已經合併為一個傳媒集團，目前發行量超過三百萬份、中共中央委員會機關報《人民日報》海外版，據聞也將全面在港發行以加強輿論宣傳；多份與中聯辦及中國傳媒有關的網路媒體紛紛創辦，包括《點新聞》、《橙新聞》與《輕新聞》。具中資背景而在香港註冊，其董事局主席為解放軍出身、現任全國政協常委劉長樂的鳳凰衛視，也於二〇一六年五月向通訊事務管理局申請免費電視牌照。[42]熟悉中國事務的林和立甚至表示，目前有兩千至三千名來自公安部、國安部、解放軍情報局和中央專案組等七個「北京權力部門」的人士，或以空殼公司的職員身分在港活動，[43]再再顯示這些公民社會中的反作用力將與中國因素就不同議題將持續地衝突與碰撞。

四、香港與台灣的歷史經驗比較

相較於台灣教科書課程綱要的爭議（參見本書鄭祖邦章），香港的「德育及國民教育科」經驗呈現出某些值得進一步比較的共通點與差異性。

在共通點方面，首先，中國因素是一個兩地共同的外部作用力，這影響了港台人民如何認知與定位中國。在台灣，族群政治影響了「大中國史觀」與「台灣主體性史觀」的長期爭議；在香港，如何認知與評價共產黨及當代中國所發生的重大歷史事件（例如「六四」天安門事件等），也有不同的看法與爭辯。其次，從以中國為中心、「自上而下」的權力關係想像中，來自於台灣與香港的異見與不滿，都可以視為是來自於邊陲、「自下而上」的反抗，同時也是在這樣的反抗過程中，逐步爭奪詮釋權並確立其自主性。第三，中國因素的影響皆對本地社會造成一定的撕裂與對抗。在台灣，不同的政黨與團體會在公民社會中進行動員，以對政府施加直接與間接的壓力；然而在香港，「德育及國民教育科」的支持與反對陣營亦通過集會遊行、絕食罷課等等手段，爭取傳媒與社會大眾的關注，這些動員有時亦導致了肢體的推撞與口角的衝突。最後，中國因素的作用影響均部分取決於本地社會的政治制度。在台灣，政黨輪替會帶來視中國因素為機會或威脅的轉變，同時深刻地影響兩岸關係；然而在香港，並不存在政黨因選舉輪替的問題，但是特區政府仍必須在難以取得共識，及繼續維持有效管治的考量下，對強大的反對民意作出部分的修正與暫時的妥協。

在差異性方面，首先，中華民國在台灣儘管面臨統獨的不確定性，然而卻保有自二戰之後事實上的（de facto）主權與獨立性，加上台灣海峽地理上些許的障蔽阻隔，不論就人群流動或政經影響而言均較為間接；而香港在《基本法》的憲政體制下，既是中國「不可分離的部分」，也是一個經授權而成立的特別行政區，僅以一條深圳河與中國大陸相望，在近年強調

42　《信報》，二〇一六年九月二十日。

43　《蘋果日報》，二〇一六年九月十一日。

中港融合的趨勢下，勢必將受到中國因素更為直接的影響，例如中聯辦與其他親建制團體的角色。其次，港台兩地民主化與本土化的程度不同，對中國因素的反抗也呈現出不同的力度與樣貌。在台灣，課程綱要的相關爭議已經逐漸出現被「結構化」（structuring）的現象（例如同心圓史觀與相關課程架構，以及反中、台獨、親日的邏輯），反映出經歷民主轉型與鞏固的台灣社會已產生了更強的本土優先意識與認同；然而在香港，近年遭受政治改革與民主化進程跌宕乃至退卻的困境，香港人認同亦逐步升高，不同於台灣強調族群政治的對抗與影響，中國因素若直接觸及香港民眾最重視的「核心價值」，往往引發激烈的反抗。最後，在行動者方面，台灣主要是持有不同族群認同的學者與政黨，針對教科書課程綱要的爭議進行角力，理應受課程最直接影響的學生群體，一直要到近二十年教科書爭議後，才化作集體的爆發；然而在香港，被「逼上梁山」的家長與學生直接站上街頭，成為「德育及國民教育科」爭議中的主要行動者。相對地，政黨在特區政府進行初期相關諮詢時，是甚為被動、無反應的；再者，為了保持運動的純潔性，包括國民教育家長關注組在內的公民社會組織也與政黨保持距離，導致政黨在整個爭議中並未扮演主要領導的角色。[44]

整體而言，可以預期只要中國因素繼續存在，不論是台灣的教科書或是香港的「德育及國民教育科」爭議都將繼續存在。台灣主體性史觀似乎在中國因素的影響下反而更趨確定；在香港，近年來對中國因素的反作用力也影響了占中運動與本土主義的發展，呈現出彈壓愈強，反抗愈大的情況，這種抗爭政治勢必繼續延續。中國因素作為最主要的共同外部作用力，甚至加強了港台兩地公民社會的交往與互動。

五、結語

本文目的在說明二〇一二年香港「德育及國民教育科」爭議中的中國因素，及其在地協力機制的作用與影響。中國因素在香港的經驗顯示其不僅是一種政治與經濟的影響，同時也是一種文化與知識的運作。香港國民教育仍是一被擱置的重大爭議，舉例而言，二〇一六年一月，中共教育部黨組下達《中共教育部黨組關於教育系統深入開展愛國主義教育的實施意見》的黨內文件，提及對港澳台青少年學生加大「愛國主義教育力度」與開展國教活動」；[45] 近日香港教育局計畫修訂《學前教育課程指引》，建議加入「初步認識中華文化及作為中國人的身分」，亦引發是否向幼稚園學生「洗腦」的爭議；[46] 修訂初中中國歷史及歷史課程專責委員會提出將香港史增加至中國歷史科之中，並討論中國歷史獨立成科的意見，亦引發國教科是否借屍還魂的爭議；建議特區政府推動國民教育並將其列為重要工作的意見，也仍在親北京的新聞

44 學民思潮成員中曾經參與絕食抗議的林朗彥認為，反國教運動的成功是「基於我們的純潔」，即獨立於政黨之意。《蘋果日報》，二〇一二年十二月二十九日。

45 《信報》，二〇一六年二月十五日。

46 《明報》，二〇一六年六月二十五日。

傳媒中宣揚，顯示相關議題不但敏感且值得我們持續關注。本文認為，「德育及國民教育科」爭議中的中國因素及其在地協力機制雖然日漸擴張強大，但其影響將因議題而有所不同，其執行能力以及反作用力，也不可忽視。

參考書目

《二〇〇八至二〇〇九年施政報告》，http://www.policyaddress.gov.hk/08-09/chi/policy.html

《二〇一〇至二〇一一年施政報告》，http://www.policyaddress.gov.hk/10-11/chi/

吳介民，〈中國因素的在地協力機制：一個分析架構〉，《台灣社會學會通訊》八三，二〇一五，頁四～十一。

吳介民，〈台港兩地共同面對的中國因素〉，《灼見名家》，二〇一六年一月十四日。

吳迅榮、梁恩榮，〈香港初中推行公民教育的現況〉，《香港教師中心學報》三，二〇〇四，頁七二～八四。

吳俊雄、張志偉、曾仲堅（編），《普普香港：閱讀香港普及文化，二〇〇〇～二〇一〇》，香港：香港教育圖書公司，二〇一二。

倪紹強、阮衛華、梁恩榮，〈各師各法：香港學校推行公民教育與國民教育的教學模式〉，發表於香港亞洲研究學會第八屆研討會，香港教育學院，二〇一三年三月八、九日。

曹二寶，〈「一國兩制」條件下香港的管治力量〉，《學習時報》，二〇〇八年一月二十九日。

莊璟珉，《從公民教育到國民教育的爭議》，香港：香港中文大學香港亞太研究所，二〇一三。

國民教育家長關注組，《爸爸媽媽上戰場》，香港：天窗出版社，二〇一三。

葉國豪，〈香港國教衝突愈演愈烈〉，《蘋果日報》，二〇一二年九月十日。

〈賈慶林會見香港學生國民教育「薪火相傳系列活動」訪京團〉，《人民日報》，二〇〇七年十二月二十五日。

謝均才，〈中學社會科目和公民教育〉，《教育曙光》三八，一九九七，頁十～十四。

羅永生，《勾結共謀的殖民權力》，香港：牛津大學出版社，二〇一五。

Ng, Shun Wing, Leung Yan Wing and Chai-Yip Wai Lin, "A Study of the Development of Civic Education: the Social and Political Perspectives," in Y. C. Cheng, K. W. Chow & K. T. Tsui (Eds.), *School Curriculum Change and Development in Hong Kong*. Hong Kong: Hong Kong Institute of Education, 2000, pp. 391-410.

第五章

陸客觀光的政治經濟學

蔡宏政｜中山大學社會學系教授

台灣大學哲學系碩士，美國紐約州立大學賓漢頓校區社會學博士。研究領域為發展社會學與政治經濟學，不過比較喜歡在不同知識領域與時空之間穿梭，希望能拼湊出一些有意義的世界圖像。

蔡英文政府上台後，由於未如中國政府要求，承認九二共識與一中原則，中國展開各種抵制行動，中國旅遊業者甚至直接說明，自二〇一六年四月底開始「因為政治問題即日起停接台灣團」[1]。以台灣官方發布的統計數字來看，與前一年同期相比，陸客來台自五月開始呈現下跌趨勢（參見圖五－一）。對此「懲罰」，台灣的觀光旅館商業同業公會、旅行商業同業公會、遊覽車客運同業公會全聯會等十一個觀光產業團體在該年九月七日宣布成立「百萬觀光產業自救會」，並在九月十二日動員群眾上凱道抗議。[2]百萬觀光產業自救會發言人李奇嶽指出除了購物店，遊覽車司機、導遊、旅館業者、洗滌業者、伴手禮店、鳳梨酥店、茶葉蛋業

圖五－一　來台陸客增減趨勢（二〇一五～二〇一六）

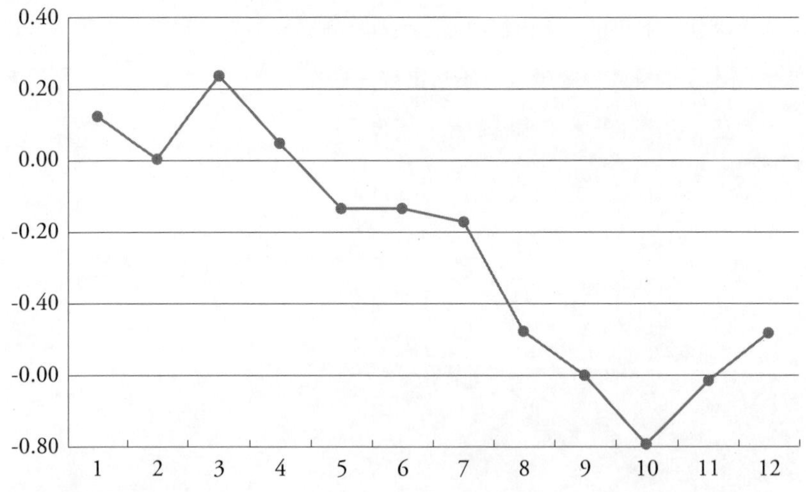

單位：%

資料來源：交通部觀光局，http://stat.taiwan.net.tw/system/country_months_arrival.html，取用時間：二〇一七年一月十五日。

者，甚至景點的攤販、夜市手搖飲料店、租賃車的業者等，都遭受陸客減少波及，影響層面廣泛。針對外界批評最多的陸客觀光一條龍模式，李奇嶽強調，一條龍是十年來自然形成的產業聚落，「哪一條龍可以養活幾十萬人？」[3]面對行政院拍板三百億觀光升級方案，觀光業並不領情，表示「要客源不要錢」。[4]

百萬觀光產業自救會的訴求十分清楚，為了養活「幾十萬台灣人」，台灣社會必須接受單一客群（陸客）與壟斷性經營模式（一條龍）；更重要的是，他們略而不提一個關鍵點：客源其實完全掌握在中國政府手中。因此所謂「要客源不要錢」這個訴求背後所要鋪陳的邏輯是，

---

1 〈網民：不思長進！竟要靠著跟別人要飯吃才能飽〉，資料來源：http://www.businessweekly.com.tw/article.aspx?id=17777&type=Blog，取用時間：二〇一七年一月二十日。筆者的訪談紀錄中，台灣旅行業者表示其大多是依賴個人人脈，接觸某個中國組團社相關人員以爭取出團，所以其實早在蔡英文當選前，就已盛傳她的勝選將導致陸客人遽減。後續發展也顯示這種傳言並非空穴來風，再次證實陸客觀光與中國對台的政治議程是如何緊密連結。

2 〈觀光業下週一上街：陸客減四成．住房少五成．「要生存」〉，《蘋果日報》，二〇一六年九月八日，http://www.appledaily.com.tw/appledaily/article/headline/20160908/37375252/，取用時間：二〇一七年一月十五日。

3 〈一條龍業者發動　觀光業九一二上街怒吼〉，《自由時報》，二〇一六年九月十一日，http://news.ltn.com.tw/news/life/breakingnews/1822978，取用時間：二〇一七年一月十五日。

4 〈觀光業明上街抗議　「只是想要有飯吃」〉，《聯合晚報》，二〇一六年九月十一日，https://udn.com/news/story/10272/1954096，取用時間：二〇一七年一月十五日。

台灣人如果要求溫飽，有工作，就不要讓中國政府不高興。中國因素在地協力者的性格在此表露無遺。

本文即將論證的是，陸客觀光經濟從來都是架構在一個戰略目標明確、過程設計縝密的政治目的下進行，而這就是「以商業做統戰的本質」（參見吳介民，本書第一章）。百萬觀光產業自救會的陳抗清楚表現了目前中國政府對台灣統戰的成果，看似公民社會自由交往的形式，長期下來將漸次限縮台灣社會未來自由的選項。經濟上的一條龍之所以形成，並非如李奇嶽所言，是十年來自然形成的產業聚落，而是由處於經濟交往上層之政治工程精心安排的結果。

本文第一節先分析陸客觀光人數爆增的歷史進程，而筆者的分析顯示，這個歷史進程本來就是架構在國共合作、和平統一的政治目標之下。第二節分成兩個段落，首先說明在中國觀光政治的概念底下，出國旅遊是被當成一項經濟讓利的籌碼而加以運作，公開清楚地著力在如何強化反獨促統的力量；其次分析，因為來台觀光人數屬禁區中的禁區，由國務院直接特許的組團社經營，這種壟斷導致陸客觀光產業形成一種買方市場：中國的組團社主導價格，甚至指派特定的旅行社、購物站、遊覽車公司，形成一條龍式經營。台灣的地接社則壓低成本，惡性競爭，不僅導致旅遊品質下降，而且造成一條龍業者與在地商家之間利潤分配不均的現象。

清楚分析陸客觀光經濟來龍去脈之後，第三節則是將陸客經濟擴大到其政治效果，說明陸客觀光被形塑為一種「台灣是中國一部分」的政治教育，其實是中國國族主義建構的一環。但陸客經濟在二〇〇八年之後的快速進展，為何會在台灣社會累積不滿的政治能量？這就必須理解台灣與中國經濟往來所造成的社會後果，也就是產業空洞化之後的薪資停滯、投資遽減與所得不均；在台灣發展停滯的情況下，還強調要「求溫飽，有工作」，就不要讓中國政府不高興，自然造成陸客經濟越發展，反而遭到台灣公民社會內部越大的抵抗。

一、陸客觀光的歷史

陸客輸入可分成三個歷史階段。第一階段是二〇〇〇年以前，此時陸客來台人數是零，既無陸客觀光經濟利益，自然也沒有影響衝擊可言。第二階段是二〇〇〇~二〇〇八年，當時的民進黨政府在二〇〇一年十一月二十三日行政院院會通過《開放大陸地區人民來台觀光推動方案》，開啟陸客觀光首頁。不過當時中國政府不願意把這個「利多」給民進黨政府當政績，所以一直到民進黨執政結束，陸客人數大致只維持在一、三十萬人之間，尚在港澳觀光人數之下，此時的陸客觀光在數量上未形成舉足輕重的規模，能貢獻的經濟利益自然也不大。

二〇〇八年之後的第三階段呈現戲劇性變化，在馬政府「商機無限」的宣稱下，陸客由二〇〇八年的三二九、二〇四人，二〇〇九年一下子躍升為九七二、一二三人，此後持續以一年六十多萬人的速度增加。二〇一四年陸客人數達到三、九八七、一五二人，占每年來台觀光人數百分之四十以上，以超乎尋常的速度成台灣觀光客最大來源，遠遠超過第二、三、四名的日本、港澳與東南亞。（參見下頁圖五-二）

國內討論陸客觀光，主要會涉及兩個相互糾結的問題：第一、陸客來台是否帶給台灣經濟利益？第二，陸客觀光是否會對台灣造成以商圍政的衝擊？就台灣的立場，主要當然是希望獲取經濟利益，而不要造成政治與社會的衝擊；但就中國的立場，自然是希望用最低的經濟價格，產生最大的政治槓桿與「兩岸一家親」的社會融合。過去這幾年，特別是二〇〇八年馬政府執政之後，快速朝向中方希望的方向發展，而後文即是要分析這種「觀光統戰」的態勢，究竟是如何被操作成功。

觀光統戰最終目標原本就是要造成台灣對中國的經濟依賴，短期內可通過經濟槓桿施加政治影響力，長期而言則可達到經濟上的實質統一。因此，對台

圖五－二　陸客的馬政府現象：近十年來台主要客源國旅客變化趨勢

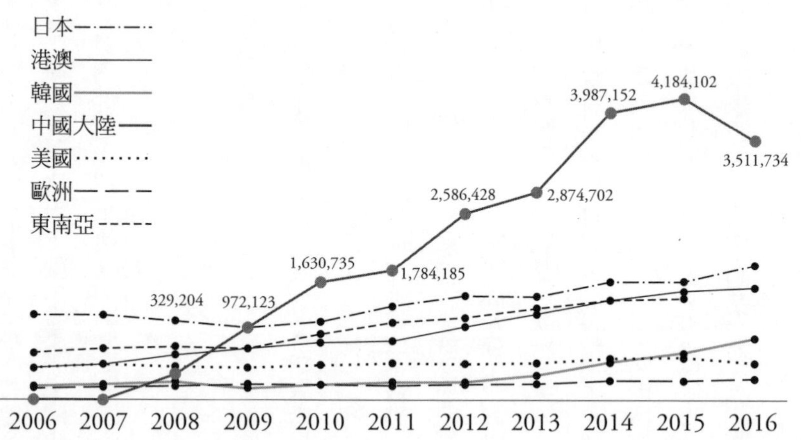

單位：人次

資料來源：交通部觀光局，http://admin.taiwan.net.tw/public/public.aspx?no=315。

取用時間：二〇一七年一月十五日。

旅遊政策必須通過嚴密的行政控制，以確保陸客輸台可以達到此依賴效果。也正是在這個戰略目標下，中國政府即便對二〇〇八年以前執政的民進黨政府開放陸客觀光政策不假辭色，卻在二〇〇五年對國民黨的連戰張開溫暖的雙臂，而陸客來台人數也在二〇〇八年馬英九上任之後，呈現井噴式成長。

其次，這種嚴密的政治控制成功地造成台灣業者對中國黨國體制的順服，以及對台灣政府的政治壓力；也型塑出一個中國政府指揮的買方市場，通過這個買方市場，中方業者建立起一條龍運作模式，不但在最大可能範圍內將利潤鎖在中方業者，也方便控制來台陸客。但是，一條龍運作模式不只讓台灣各界對中國觀光「巨大」利益的期待落空，也拉低陸客觀光的品質，甚至讓台灣人因為與陸客的直接接觸，而強化了自身的認同。因此產生一個極為弔詭的現象：一條龍模式成功達到中國政府設定的政策目標，日益深入地改變台灣的經濟社會生活，但這反而激起台灣社會對中國因素越來越深的疑慮。

二、陸客觀光的形成過程、實施機制與政治目標

（一）中國的觀光政治

英國《金融時報》副主編馬利德（Richard McGregor）在分析中國共產黨與國家的關係時指出，黨將自己定位為政治的全景敞視監獄（panopticon），監看任何國家與非國家機構，他

引述一名北京教授的說法：「黨就像神，無處不在，但你見不著祂」。[5]在列寧式黨國體制下，以黨領軍、以黨領政，同時通過領導各級政府全盤控制著市場與社會，政府、市場與社會三種運作邏輯幾乎難以區分。對台觀光商業活動就是對台政治活動，這點不只具現在中國的法律規章與主管單位，也表現在兩岸旅遊實際的談判行動。

改革開放前，中國人民基本上無法出境旅遊；經濟改革後，入境旅遊被視為創匯的重要來源，但一九八三年也只有先開放港澳探親旅行團。一直到二〇〇二年施行《中國公民出國旅遊管理辦法》，出境旅遊國家才逐漸獲得全面性開放，但第二條仍舊明白規定，開放那些國家、進行什麼活動，都必須經由國務院審批：

> 出國旅遊的目的地國家，由國務院旅遊行政部門會同國務院有關部門提出，報國務院批准後，由國務院旅遊行政部門公布。任何單位和個人不得組織中國公民到國務院旅遊行政部門公布的出國旅遊的目的地國家以外的國家旅遊；組織中國公民到國務院旅遊行政部門公布的出國旅遊的目的地國家以外的國家進行涉及體育活動、文化活動等臨時性專項旅遊的，須經國務院旅遊行政部門批准。[6]

第六條進一步規定，中央、省、自治區與直轄市都可以對組織出國旅遊進行人數上的控管，而這個一條鞭主要的權力則掌控在國務院手上：

> 國務院旅遊行政部門根據上年度全國入境旅遊的業績、出國旅遊目的地的增加情況和出國旅遊的發展趨勢，在每年的二月底以前確定本年度組織出國旅遊的人數安排總量，並下達省、自治區、直轄市旅遊行政部門。
>
> 省、自治區、直轄市旅遊行政部門根據本行政區域內各組團社上年度經營入境旅遊的業績、經營能力、服務質量，按照公平、公正、公開的原則，在每年的三月底以前核定各組團社本年度組織出國旅遊的人數安排。
>
> 國務院旅遊行政部門應當對省、自治區、直轄市旅遊行政部門核定組團社年度出國旅遊人數安排及組團社組織公民出國旅遊的情況進行監督。[7]

早期的入境旅遊被視為創匯重要來源，出境旅遊自然被視為會造成外匯的損失。國務院的宏觀調控有一個重要的目的，就是在出境旅遊的外匯損失與入境旅遊的創匯上維持平衡；因

5 馬利德（著）、樂為良（譯），《中國共產黨不可說的祕密》，台北：聯經，二〇一一，頁三八。（Richard McGregor, *The Party: The Secret World of China's Communist Rulers*, Harpercollins, 2010.）

6 參見《中國公民出國旅遊管理辦法》第二條，資料來源：中華人民共和國國家旅遊局，http://www.cnta.gov.cn/zwgk/fgwj/xzfg/201506/t20150610_17563.shtml，取用時間：二〇一六年七月二十一日。

7 同前註，第六條。

此，組團社能夠分配到的出境旅遊人數份額，必須視「上年度經營入境旅遊的業績」決定。在這個前提下，也毋怪中國政府會將對外旅遊國家及旅遊人數的開放，視為對該國的讓利。而這也衍生出對該國的旅遊讓利要符合最大投資報酬率的操作策略；也就是要用最少的「旅遊經援」達到相同的政治目的。這正是陸客一條龍的商業模式，以及背後的政治邏輯。

既然開放那些國家、開放多少旅客數量、旅客能進行什麼活動，都得由政府審批，並配合政府的政治行動而定，自然也就不難理解，出境觀光旅遊這種在民主國家被視作公民社會的商業活動，但在中國列寧式威權體制運作下，就成為涉外政治的延伸。因此，一九九〇年代開放東南亞、韓國、日本與澳洲，是為了建立「中國-東協自由貿易區」，強化當時「東協加三」的區域經濟影響力；二〇〇〇年開放土耳其是為了交換中國購自烏克蘭的航空母艦得以順利通過博斯普魯斯海峽；二〇〇四年中進入最終談判的《中加雙邊旅遊協議》未能簽訂，則是因為加拿大總理會晤達賴喇嘛，並拒絕將賴昌星引渡回中國。[8]

這個邏輯也充分顯露在對台的旅遊開放政策。二〇〇二年，台灣電商金融危機，當時民進黨政府希望通過觀光客倍增計畫提振經濟，因此開放大陸民眾來台旅遊。這雖然可以增強兩岸經貿連帶，但中國政府無意以旅遊「經援」傾獨的民進黨政府。二〇〇四年，民進黨再度贏得總統大選，胡錦濤政府一方面在二〇〇五年三月通過《反分裂法》，另一方面則在四月邀請落敗的國民黨主席連戰赴中，進行國共內戰五十年後首次的兩黨領導人會面，並在會後宣布開放中國民眾來台旅遊的利多政策。二〇〇六年四月連戰第二次訪中，之後北京就進一步發布《赴台旅遊管理辦法》。同時，談判時不可避免會有官員就事涉公權力等業務進行協商，為了避免出現國與國的關係，中方成立「海峽兩岸旅遊交流協會（海旅會）」，台方則成立「財團法人台灣海峽兩岸旅遊交流協會（台旅會）」以複委託方式進行。將旅遊這項利多交由傾統的國民黨發布，「以商業模式做統戰」的邏輯清楚明白，毫不掩飾。

二〇〇八年馬英九政府上任，政治顧忌盡去，陸客旅遊在「經濟讓利交換政治讓步」的戰略性目標下急速展開，進入了前述的第三階段。為了正當化如此急速的開放，國民黨智庫當時宣稱，「根據觀光協會估計，若台灣每天開放三千名的大陸旅客，一年一百萬名，每位大陸人士來台停留七至十天，每人在台灣的消費約五萬元（不含機票在內），則對台灣旅遊業產值直接貢獻約為五百億元新台幣，若再乘上消費所引發的乘數效果，可使台灣服務業產值增加至少一千億元以上。」[9]這個數字，占當時GDP的百分之零點八。

這個GDP的占比現在還在繼續膨脹，《中國時報》社論就強調「二〇〇八年僅有三十二點九萬人次，二〇一四年已高達三百九十八點七萬人次，成長幅度超過十倍。而在經濟效益方面，單純計算團進團出的陸客創匯效益，粗估已為台灣帶來四千七百四十五億元新台幣的觀光

8　范世平，《大陸觀光客來台對兩岸關係影響的政治經濟分析》，台北：秀威資訊，二〇一〇，頁九五～一〇二。

9　財團法人國家政策研究基金會，二〇〇八年五月八日，http://www.npf.org.tw/1/4186。取用時間：二〇一六年七月二十一日。

外匯收入，占GDP比重將近三個百分點」。[10]這個數字以一般七夜八天環島遊，匯率以一美元兌換三十元台幣計算，平均陸客每人每天消費高達四百九十五點九美元，是官方統計數字的一點八八倍。這種明顯的虛假宣傳，充分說明了中國因素的「在地協力者」角色，也是中國對台的觀光統戰成就的清楚例證。

那麼，台灣究竟從陸客觀光獲得多少利益？這些利益進到誰的手中？如果台灣收到如此巨大的經濟讓利，為何三一八服貿協議會激起驚天波瀾，不只讓連戰之子在台北市長選舉敗北，還催枯拉朽地讓國民黨在後續的國會選舉與總統選舉都慘遭滑鐵盧？台灣社會是愛情勝於麵包，拒絕向人民幣下跪；還是麵包不夠多到可以買下台灣人的愛情？

（二）陸客觀光利益的分配

二〇〇八年六月十一日江丙坤與陳雲林會談，五天後中國觀光踩線團旋即抵台，七月四日就有首發團，兩年之後陸客人數超過百萬，躍升來台觀光人數第一名，這一連串行動可謂劍及履及，符合胡錦濤在五月二十六日與吳伯雄會面時，回應馬英九提出開放陸客來台與直航兩項要求時所說的：「這兩件事情完全可以在最短時間內辦成、辦好。」[11]伴隨著陸客人數遽增，那個想像中的巨大中國市場究竟有沒有成真？

據筆者訪談的旅行社業者表示，二〇〇八年一開始來台的陸客大多為公務團與參訪團，團費甚至購物費大多是公款支出，加上從未來過台灣，處處透露著新鮮，消費力出乎原先預期。

以此消費模式與水準若擴大規模，的確商機無限。於是在馬政府的政治偏好以及旅遊業者的利益期待之下，陸客來台人數急遽增加；但之後的發展並不如業者原先的預期。主要的問題就是列寧式威權體制運作，加上「以商業模式做統戰」的結果。

一九八四年旅遊外聯權下放之前，對外旅遊業務實際上由中國國際旅行社總社（前身隸屬國務院）、中國旅行社總社（華僑服務旅行社）、中國青年旅行社（共青團）三大系統壟斷，它們基本上就是從事政治目的的對外接待。旅遊權下放之後，除了原來的三大系統，其他辦理旅遊業務的單位也是由黨與國營事業單位下的旅遊部門，以及少數的大型企業集團升格而來。[12]出境旅遊基本上就是一個由國家刻意主導的寡占市場，是以商業模式進行政治行動的延伸。這不是說中國所有的出境旅遊都是政治活動，但是在必要的時候，出境旅遊會成為國家政治行動的有力工具；因此，商業行為最終絕對不會違反政治意志。

10 〈社評：陸客經濟對台灣影響重大〉，《旺報》，二〇一五年八月二十二日，http://www.chinatimes.com/newspapers/20150822001090-260310。取用時間：二〇一六年七月二十一日。

11 田世昊，〈吳胡共識，速兌現陸客觀光及包機〉，《自由時報》，二〇〇八年五月二十九日，http://news.ltn.com.tw/news/focus/paper/215116。取用時間：二〇一六年八月九日。

12 其中的「北京台灣會館國際旅行社」更是直接由中央統戰部營運。蔡俞姍對此羅列了一個詳細的清單，參見蔡俞姍，《兩岸旅行業在陸客來台上的合作動態與機制》，國立清華大學社會學研究所碩士論文，二〇一三，頁三八～三九。

根據一九九八年通過的《中外合資經營旅行社試點暫行辦法》，外商與台商不能經營中國公民出國、赴港澳台之旅遊業務；二〇一〇年開始，中方雖然願意在試點的基礎上，逐步開放外商投資的旅行社經營中國內地居民出境旅遊業務，但第四條仍特別載明，「大陸居民赴台灣地區旅遊的除外」。[13]在《大陸居民赴台灣地區旅遊管理辦法》第二條則清楚規定：「大陸地區居民赴台灣地區旅遊，須由指定經營大陸赴台旅遊業務的旅行社組織，以團隊型式整團往返，參遊人員在台灣期間須集體活動。」第三條：「組團社由國家旅遊局會同有關部門，從已批准的特許經營出境旅遊業務的旅行社範圍內指定，由海峽兩岸旅遊交流協會公布。儲備指定的組團社外，任何單位或個人不得經營大陸居民赴台旅遊業務。」[14]換言之，對台旅遊業務是禁區中的禁區，外資與台資皆不得涉入，形成了中國官方指定的少數旅行社，寡占台灣出境旅遊的特許經營權。這個寡占的必要性有三：第一、政治上，它讓中國政府可以如臂使指地決定在什麼時候、以什麼方式、放出多少旅客到哪個國家，以及在什麼時候、以什麼方式將這些「旅遊利益」抽回，以施壓該國，達到其政治目的；第二、經濟上，它讓中國少數的組團社掌握出團的分配權，形成買方市場，藉以壓低地接社的價格，甚至指定某些特定的旅行社、飯店、遊覽車業者與購物店，形成一條龍經營，將利潤極大化回流到中國組團社；第三、社會控制上，一條龍經營可以將出國的中國人盡可能地控制在固定的行程中，易於管理，同時避免與當地社會接觸，維持原本中國社會所繼承的集體迷思（group thinking）。

但這種安排直接造成台灣旅行社以低團費或零團費削價競爭，卻轉向購物站抽佣金作為利潤貼補的商業模式。根據觀光局的《來臺旅客消費及動向調查》歷年資料，二〇〇九～二〇一四年陸客來台年平均人數約為兩百三十萬人，每人每天平均消費為兩百五十六點八美元。與過去占台灣觀光客最大宗的日本相比：二〇〇九～二〇一四年，日本觀光客每年來台年平均人數約為一、〇三八、二三九人，每人每天平均消費為三百五十二點六美元。可見陸客的消費力並未高於他國，走廉價觀光路線，但整體仍以「人海戰術」取勝。此外，陸客的消費型態一直是以購物費為其最大部分，與來台人數排名第二的日客呈現相當明顯的對比（參見下頁圖五－三）；同時，陸客購買的物品主要集中在「珠寶與玉器類」，這點也跟日客相當不同（參見下頁圖五－四）。

根據佘健源、劉玉皙的分析，中國觀光團在二〇一三年平均每人每日消費支出為兩百六十四美元，其中購物費用為一百六十一美元，而旅館、餐飲、交通、娛樂與雜費等支出（也就是團費）僅為一百零三美元。[15] 根據《新新聞》一三六九期的報導，鳳凰旅遊董事長張

13 中國國家旅遊局，http://www.cnta.gov.cn/zwgk/fgwj/bmfg/201506/t20150610_17588.shtml。取用時間：二〇一六年八月九日。

14 中國國台辦，http://www.gwytb.gov.cn/ly_43787/zcfg_43788/q_43911/201312/t20131230_5447324.htm。取用時間：二〇一六年八月九日。

15 佘健源、劉玉皙，〈人潮不等於錢潮〉，《想想論壇》，二〇一五年七月二十二日，http://www.thinkingtaiwan.com/author/4338，取用時間：二〇一五年七月二十三日。

圖五－三　陸客與日客購物費占總消費比例（二〇〇七～二〇一五）

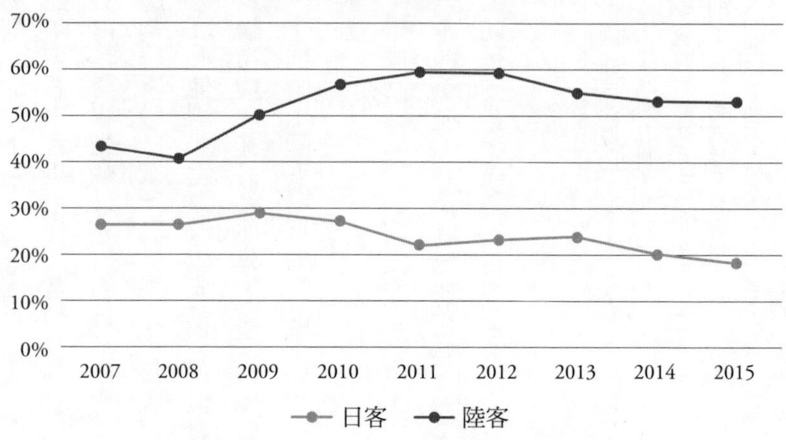

資料來源：交通部觀光局，《來台旅客消費及動向調查》。

圖五－四　陸客與日客購買珠寶與玉器占購物金額比例（二〇〇六～二〇一五）

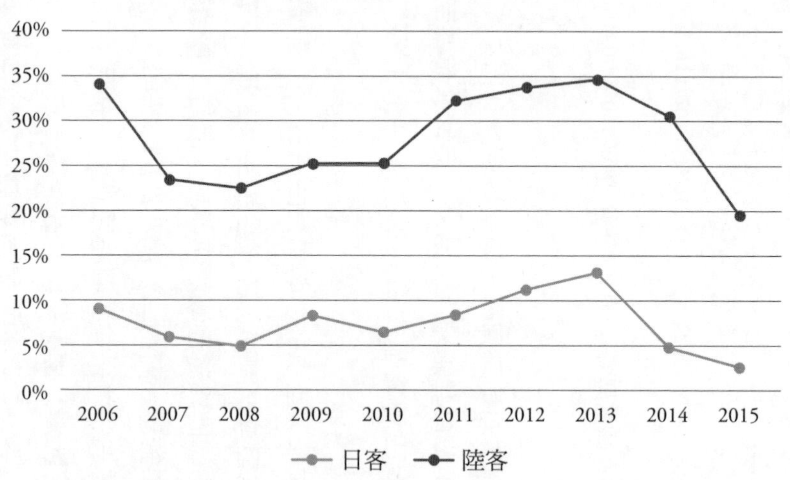

資料來源：交通部觀光局，《來台旅客消費及動向調查》。

金明表示，每名陸客成本約六十美元，但扣除中國組團社的抽成，台灣業者實際上收到的可能僅約四十美元，有些業者甚至會以十五到二十美元承接生意。但「接陸客團有個好處，就是客源穩定，**若中國官方不刻意阻擾**，每天進來台灣旅遊的陸客就是幾千人」（粗體字為筆者所加）。[16]

蔡俞姍的分析也得到類似的利潤分配。在典型的八天七夜環島行中，每人餐費約兩千四百元新台幣（一餐以一百五十元一餐的合菜為主），住宿費為四千九百元（三星級，兩人一房，每人七百元），機票、遊覽車、火車等交通費約九千零五十元，景點門票約一千一百五十元。如此計算下來，每人團費為一萬七千五百元，[17]約合每日七十三美元。但在地接社削價競爭的結果下，每人每日的費用竟然可以低到十五到二十美元。換言之，約三分之二的團費都留在組團社手中，而台灣旅行社平均每團要賠二十多萬。事實上，許多導遊是先自己付錢給旅行社，再利用強迫推銷抽佣的方式回補；有時候十團中可能九團都賠二十萬，但只要最後一團可以做到五百萬，以退佣百分之六十來算，就可以倒賺一百二十萬。這導致台灣旅行社接團像在賭博，也形成某些地區來的肥羊團變成組團社、地接社與導遊之間的搶手貨。[18]

16　林哲良，〈鳳凰老闆無奈告白陸客沒利潤！〉，《新新聞》，二〇一三年六月四日，http://www.new7.com.tw/coverStory/CoverView.aspx? NUM=1369&i=TXT20130529152852IH0，取用時間：二〇一六年八月十四日。

17　二〇一六年七月十九日，遼寧來的陸客團發生火燒車悲劇，據電視報導該團團費為一萬五千元。

18　蔡俞姍，《兩岸旅行業在陸客來台上的合作動態與機制》，國立清華大學社會學研究所碩士論文，二〇一三，頁四二～四五。

三、以商業模式做統戰的政治成果與反挫

這種商業模式會造成幾個結果：第一、低團費的觀光行程直接導致服務品質下降，所謂「起得比雞早，吃的比豬差，跑得比馬快」；而導遊逼迫團員購物以達到業績，也易引發導遊與遊客之間的爭執。第二、陸客一直用比定價貴上數倍的價格在購物站消費，對此也了然於胸，以至於有所謂「沒來台灣終生遺憾，來過台灣遺憾終生」的評語。[19]第三、購物集中在少數購物站，陸客團的消費實際上並不能惠及觀光景點周圍的一般商家。第四、承上三點，陸客觀光的結果經常是加重在地環境清潔的負擔、交通惡化、生活習慣衝突，乃至於對其他觀光客產生排擠效果。這些問題使得陸客人數衝高的同時，實際上卻逐漸壓縮台灣在地的觀光經濟利益。[20]

但這種實際上壓縮台灣整體觀光利益的行為，在媒體上卻成為「占GDP比重將近三個百分點」的經濟重點，政治實務上的操作也導向地方政府不敢「讓中國不高興」，二者相加，形成對中央政府施壓的「廣大民意基礎」。這種權力槓桿的放大作用之所以可行，主要有賴一群台灣的在地協作者。

高雄的熱比婭事件中，中國政府基於觀光政治的理由，阻斷陸客團進入高雄，台灣內部也立刻有中央與地方的民意代表、台商組織，與旅館公會同步對高雄市政府施壓。在筆者對高雄

市政府官員的訪談中，這位綠色執政的一級主管也頗為無奈的表示，這些壓力以兩種方式呈現，一種是「某些業者是民意代表的金主」，「特別是在選舉期間」得以將一己的商業利益轉

19 觀光局二〇一一年《來臺旅客消費及動向調查》，其中「旅遊決策分析」一項，官方明白指出，「由主要市場觀察，旅行社安排大陸旅客的購物次數以五~六次為最多（占百分之四十三點二五），非大陸旅客的購物次數以三~四次為最多（占百分之五十四點五六）。大陸旅客對於旅行社安排購物的物品價格觀感以『貴』為最多（占百分之四十七點六二）」。有趣的是，二〇一一年之後的調查不再區分大陸與非大陸，只說明認為購物價格「實在」的人占最大比例，但在二〇一四年的《來臺旅客消費及動向調查》卻又特別說明：「一〇三年大陸觀光團體旅客在臺每人每日平均消費為二百六十五點三四美元，較一〇二年增加百分之零點三四；消費細項中除購物費成長百分之六點九六外，其餘各項皆略呈減少；而購物類別中，花費在珠寶玉器類者之比重已呈下滑趨勢（由一〇二年占百分之三十五降至一〇三年的百分之三十），其他各類物品購買金額則多為上升，顯示觀光局推動優質團措施，對帶動觀光相關產業發展達致雨露均霑，已顯現其正面效益。」這無疑是由官方証實了陸客的購物費偏高，以及購物集中在某些業者的問題。

20 針對這種利益分潤不均的問題，中國方面也開始推出高端團來回應。二〇一五年五月二十七日，無錫中國旅行社以「奢華啟航，食宿俱尊」為號召，推出商務艙來回、行程中至少三分之二住宿為五星級飯店、餐費平均每人每天新台幣兩千元的「獨家ＶＩＰ至尊台灣旅遊團」，每人團費約八千元人民幣。台灣的觀光局還特別幫忙指出，高端團須在行前付清團費，因此大陸組團社須在行前提出付款水單，台灣接團社也提出已收到貨款的切結書才得放行，「行程中全程無指定購物店，團員能依照自身意願前往特色商圈、商場、百貨公司等地自由購物，展現高消費實力」。而這些報導其實正是從反面證實了之前低團費、高抽成，與購物站消費型態的問題。資料來源：一一一一人力銀行，http://www.1111.com.tw/13sp/ tourism/news_ct.asp?msgno=78316&type=1，取用時間：二〇一五年八月十日。

換成政治壓力；另一種則是「藝品店、旅館業與某些在地商家雇用許多在地人口」，一旦這些人失業，就會形成輿論，構成一定的選票壓力。

寡占的組團社、一條龍的經營模式、在地協作者網絡，以及大陸官員來台走透透，共同讓中國的觀光政治得以穿透到台灣社會基層，並精準地打擊台灣選舉政治的要害。二〇〇八年以來急速增長的陸客觀光潮，已經有效建立了一個「別讓中國不高興」的指揮系統，而這個指揮系統目前則已經進化到「老大哥」直接插旗島內的程度。「海峽兩岸旅遊交流協會」是國務院轄下的官方單位，成立宗旨為「遵守國家的憲法、法律、法規與有關政策」，其在高雄成立分會時，公開宣告要本著「兩岸一家親」理念，增強「兩岸同胞感情」，因為這是要「更好地響應台灣南部業界呼聲、服務更多南部民眾」。成立儀式當天，不只陸委會的台灣海峽兩岸觀光旅遊協會會長到場為之揭牌，「台灣觀光協會榮譽會長張學勞、高雄市觀光局局長許傳盛，以及兩百四十多位台灣南部觀光業界人士共同見證揭牌儀式」。

正如伊恩（參見第六章）在本書中所論證的：「策略性的觀光布局是中國外交政策工具的一部分。中國當局長期利用特殊形式的移徙，作為國家建構、領土統一與合併，以及擴大海外政治影響力的手段。對其轄內所謂的自治區域，勞工移徙已經是送給新疆與西藏發展基礎設施的『禮物』，而其中多數移民將中國主權視為理所當然。對台灣與香港，觀光旅遊亦被描繪成促進政經交流合作的經濟性『禮物』。」

在對陸客旅遊團詳細的民族誌深描中，伊恩指出，整個旅遊景點與導覽行程的安排是一個有效的舞台管理與設計，是一個用來展示台灣是中國的一部分，所進行的腳本展演，並「將遊客的經濟力導入台灣特有政經系統，國民黨與其所屬的私人企業團體得以在其中結合利益與政治意圖，以便在中國促進兩岸統一的國家領土計畫中，相互合作獲利」（伊恩，本書頁二五二）：

導遊接著介紹了我們隔日要造訪的第一個景點，是位於台灣中部的中台禪寺，他在這裡展現了處理主權問題的策略：「我們上任的總理，溫家寶，曾經說他想去中台禪寺與阿里山。但台灣與大陸還沒有統一，所以他怎麼能來這裡？他不能來，所以你們先代替他來了。」這段話很快地建構出兩個訊息：一、他展現出對台灣與中國統一的支持態度；二、儘管是中華民國退休軍人，他至少在與中國遊客交談時，仍稱中國前總理溫家寶為「我們的」總理。（頁二五四）

他接著用與中國「分離」來討論與其「統一」：「台灣與大陸已經分開六十幾年了，我會播放一些影片來談談蔣介石與其他事情。當然這會是從台灣觀點出發。當我還是小孩的時候，學到的是我們的大陸同胞生活水深火熱，等待我們解救。我們知道要統一才會強大。我們並不想跟菲律賓或日本或其他地方結盟，或與它們一樣。」車上的遊客都點頭，表現出他們十分贊同導遊的說法。

他繼續說，「現在，有百分之七十的人想要維持現狀，並不是因為他們不想統一，而是他們擔心被管得太嚴格。但自然，事情會好轉。我們是兄弟民族。當然有些人不同意，所以有抗爭，比如說太陽花運動反對服貿協議。但第一個出來反對的是一位台大教授，他也是法輪功成員。你們知道的，台灣就是太民主了。」（頁二五七）

通過這些有效規畫的旅遊經濟，中國國民黨與它所支持的企業獲得經濟利益，而中國政府則因為這些在地協力者的幫助得到其所需要的政治槓桿。如是，一個威權的大經濟體通過市場的「自由」經濟，逐漸滲透一個較小的民主社會，從一個看似互利、自願性的商業行為開始，逐漸構作一條依賴的路徑，讓台灣社會退出的成本越來越高，逆轉回原先狀態的可能性越來越小，而個人、短期的利益則逐漸累積為集體、長期的不利。看似公民社會的自由交往，長期下來卻逐漸限縮台灣社會未來自由的選項。因此，經濟上的一條龍之所以形成，並不是自由經濟自然形成的結果，而是由經濟交往上層之政治工程所精心安排；它是政治一條龍所指歸的方向。

政治一條龍正是最上位的戰略目標，指揮一連串經濟活動的安排。陸客觀光作為一種經濟統戰，實則為是中國政府系統性運用「自由市場」漸次改變台灣公民社會的一環。從二〇〇八年六月十三日的第一次江陳會，到二〇一五年八月二十五日的第十一次江陳會，七年間密集簽署了二十三個協議，涵蓋範圍從一開始的包機、海陸空運，一路延伸到食品安全、金融合作、農產品檢疫、核電安全、智慧財產權，以及服務貿易，[21] 樣樣都關鍵性地加速了台灣與中國的經濟融合，以及台灣的經濟依賴。但對台灣而言，這種經濟融合卻累積越來越多的社會矛盾。

台灣對中國的投資於二〇〇〇年政黨輪替之後急速上升，到二〇〇二年超過台灣對外投資比重六成之後，就不再下降；二〇一〇年之後持續攀升，甚至超過八成，到達另一高峰。勞力密集產業的快速移出產生了「台灣接單，海外出貨」之三角貿易成長模式，至今海外生產比例已超過百分之五十，而其中九成的生產基地在中國大陸。通過這種商品與資本流通的自由化，中國「廉價」的勞動力價格對台灣勞工的就業條件與薪資造成競相沉淪（race to the bottom）的作用。在一九九一年之前，實質薪資跟經濟成長率還能維持相同水準的成長；一九九一～一九九九年，經濟成長率為百分之六點三，實質薪資成長率已經降為百分之三點八；二〇〇〇～二〇一一年，經濟成長率為百分之三點四，但實質薪資成長率卻為百分之零點六的負成長！[22]

如果我們將GDP分解成受雇人員報酬、間接稅淨額、固定資本消耗、企業營業盈餘，第一項是國家財富以薪資方式分配給勞工的份額，第二項則是由政府獲得的稅收，第三與第四項其實都是資本積累，應由資產階級獲得。政府的稅收占GDP比例從一九八〇年代就持續下

21　資料來源：行政院陸委會「兩岸協議」，http://www.mac.gov.tw/ct.asp?xItem=67145&CtNode=5710&mp=1，取用時間：二〇一五年八月十日。

22　林宗弘、洪敬舒、李健鴻、王兆慶、張烽益，《崩世代：財團化、貧窮化與少子女化的危機》，台北：台灣勞工陣線，二〇一一。

降，而薪資所得比例是從一九九〇年之後日漸下降，資本所得則是快速上升，二〇〇二年兩者呈現逆轉，目前的趨勢是持續溫和擴大。台灣的資產階級跟中國的資產階級一起分享自由化果實的同時，台灣的勞工則越來越趨近中國勞工的勞動條件。

換言之，經濟融合讓台灣跟威權中國往一種制度上、與社會經濟生活上趨同的方向前進。這種「用最低價格買下台灣」的策略越成功，對台灣政治與經濟現狀的改變就越大。政治上威權復辟，但這次台灣社會不但要承受一個威權的國民黨政府，還要聽命於一個對公民社會更加壓制的中國政府；經濟上雖言讓利，卻是讓給兩岸特殊利益團體。正是在這層意義之上，我們才能理解太陽花學運抗爭為何會帶有濃厚的反中色彩，並獲得許多人的支持，形成一種吳叡人所謂的「逆說的民主鞏固」（paradoxical process of democratic consolidation）浪潮。[23]從這個觀點而言，陸客觀光的政治經濟學，本質上就是中國式列寧體制與台灣新生公民民族主義之間的拉扯。[24]

23 吳叡人，《受困的思想：臺灣重返世界》，台北：衛城，二〇一六，頁二六六～三二二。

24 中國對台觀光統戰採取一條龍操作模式顯然有特定的歷史脈絡與條件，可以因地制宜而有不同的操作模式。例如對香港人而言，自由行的衝擊反而較大。大量自由行雖然可以讓經濟利益滲透較為廣泛，但卻也導致香港公民社會對中國遊客的直接反彈。中國對香港跟台灣採取不同的模式，關鍵點就在於香港已經是中國的一部分，港府本身就是在地協力者，壓倒性人數的陸客進入就足以改變香港，因而無須通過一條龍模式，在公民社會間接地建立親中系統。筆者感謝審查人提醒此點，讓本篇論文可以在日後進行跨國性比較研究。

第六章

在台灣上演「一中」

伊恩 Ian Rowen｜南洋理工大學人文與社會科學學院助理教授

美國加州大學數學與東亞研究雙主修、科州大學地理系博士、傅爾布萊特（Fulbright）學者、中研院民族學研究所博士後研究，法國現代中國研究中心兼任研究員。研究領域為地緣政治、社運、觀光，以及轉型正義。曾做過記者、旅遊領隊、譯者，以及音樂家。

一、前言

近年興起的中國遊客來台觀光，對於台灣境內的國家性（stateness）、國家領域及國家認同，已經造成多重、交互重疊且相互矛盾的感受。這些效應某種程度上是源自台灣、中國大陸，以及香港觀光業所發展出之高度嚴格控管的團客旅遊組織，並在此過程中複製出與中國本地觀光類似的旅遊經驗。

本文將呈現筆者於二〇一四年八月在台灣參加中國旅遊團台灣八日遊的民族誌調查與分析；除了爬梳歷史與理論脈絡，也將探討旅程訂定程序、旅行團的組成與路線，以及筆者在此遊程中作為不尋常的外國參與觀察者之角色定位。筆者藉由詳實記述旅行團每日遊程，包括造訪景點、下榻旅館、餐廳體驗，以及團員之間的社交活動等等，一方面分析旅行團導遊主流政治敘事與旅行社相關行業之間的經濟互惠網絡，一方面探究團體內部成員之間的動態關係，而這局部決定了遊客的旅遊經驗。簡言之，筆者認為此旅行團遊程所形成的社會時空結構，成功地複製出身在中國的效果，預防了干擾中國遊客行前領土社會化（tourists' pre-trip territorial socialization）而產生的意識形態。

這類的遊程，是台海兩岸旅遊發展下典型的旅遊模式；其發展脈絡可追溯到兩岸一個世紀以來的主權紛爭。自一九八〇年代起，隨著中國與台灣各自在政治上的改革，兩岸間透過投資、探親與觀光等方式，進行人口、物資與資本的往來，日益頻繁。一開始，兩岸接觸是單向的，僅開放由台灣到中國，近年來則開始有反方向的流動。過去作為英國與葡萄牙殖民地的香港與澳門，原本是典型的遊客轉運點，但自二〇〇八年起，台灣與中國開始有定期、非特許的直航，接著也有限制地開放了中國廈門與台灣金門之間的小三通。從那之後，中國遊客的人數很快地超越了日本，成為台灣觀光發展最大的客群。[1]儘管兩岸國家主權爭議依舊，甚至分別進行大規模軍備擴張，但兩岸人民的交流並未減少。重要的是，兩岸觀光不只成為社會關注與討論的主題，同時也促成兩岸互設辦事處——這是中華人民共和國建國以來，兩岸間成立的第一個帶有官方背景的辦事處。二〇一〇年四月，台灣海峽兩岸觀光旅遊協會駐北京辦事處在北京掛牌，中國亦在台北設立海峽兩岸旅遊交流協會駐台北辦事處。[2]

過去許多關於兩岸旅遊研究的文獻提出一種兩岸和解的標準發展軌跡，反映出旅遊研究對於和平與邊界的普遍性假設。郭英之等人將台灣與中國大陸視為分區狀態，所以提出以兩岸觀光交流來促進「和解」與統一；[3]在與事實不符的狀況下，該文亦斷言香港的「『順利回歸』

1　交通部觀光局，「一〇〇年來臺旅客按居住地分」，二〇一二。
2　"Cross-strait tourism offices to open in April." *China Times*, 2010 February 26.
3　Y. Guo, S. S. Kim, D. J. Timothy, & K.-C. Wang, "Tourism and reconciliation between Mainland China and Taiwan." *Tourism Management*, 27(5), 2006, pp. 997-1005.

中國說明了『一國兩制』可以解決中國統一的問題，可作為處理台灣問題的模式」[4]。對最後的這個觀點，該書作者並未提出參考依據，顯示其忽略了香港抗爭的長期歷史並不符合所謂的「和平」回歸，且其結論並沒有充分證據顯示「越來越多人認為『一國兩制』對香港與台灣都適用」。在其他以英文討論兩岸旅遊政治的論文中，亦發現類似的立場。[5]許多近期的文章仍將兩岸旅遊視為「和解式觀光」[6]，但筆者將會說明這樣的觀點已越來越站不住腳。兩岸的中文文獻中，許多學者則是假定兩岸和解的發展軌跡，更著重在經濟上的影響或旅遊地行銷的研究。[7]除了像本書蔡宏政（參見第五章）針對「陸客觀光」政治經濟學的探討，大部分的文獻其實都欠缺一種不同的觀點，即是旅遊不見得促進「和解」，但會產生政府可以利用甚或與民爭利的機制。兩岸觀光實有其複雜性，並非僅單純假設和解有助於相互了解的發展軌跡，學者更應該關注國家機器的運作是如何導致可能相反的結果。而其中重點在於，觀光旅遊本身即是一種政治上相當混雜、充滿模糊地帶的行業。

過去的研究指出，策略性的觀光布局是中國外交政策工具的一部分。[8]中國當局長期利用特殊形式的移徙，作為國家建構、領土統一與合併，以及擴大海外政治影響力的手段。[9]對其轄內所謂的自治區域，勞工移徙已經是送給新疆與西藏發展基礎設施的「禮物」，而其中多數移民將中國主權視為理所當然。對台灣與香港，觀光旅遊亦被描繪成促進政經交流合作的經濟性「禮物」。然而，中國人移徙與觀光的規模與尺度在這些「邊陲地帶」已經引起關注與抗議。因此，遊客與在地被觀光對象（非）日常的邂逅，就成為一再被挑起、或被其自身所激化，難以兩立的民族情感。

觀光不只是透過被觀光套裝行程與旅遊書所追蹤的世界而產生的人流聚集。如同社會學家富蘭克林（Adrian Franklin）所說的，觀光是遊客的身體、造訪地點、控管觀光活動的國家機器，以及規範機制（例如通行證或護照），共同產生出的一種具有廣泛效應的「混雜組

4 同前註，頁一〇〇三。

5 L. Yu, "Travel between politically divided China and Taiwan." *Asia Pacific Journal of Tourism Research,* 2(1), 1997, pp. 19-30.

6 J. J. Zhang, "Borders on the move: Cross-strait tourists' material moments on 'the other side' in the midst of rapprochement between China and Taiwan." *Geoforum,* (48), 2013, pp. 94-101.

7 Y.-C. Ho, S.-C. Chuang & C.-J. Huang, "The Study of Brand Cognition of Sun-Moon-Lake—The Example of Mainland China Tourists." *Journal of Island Tourism Research,* 5(1), 2012, pp. 52-71；劉瑋婷，〈開放陸客來台觀光之影響與探討〉，《臺灣經濟研究月刊》三二（八），二〇〇九，頁五七～六三；L. R. Wang, "How Taiwan's economy benefits from independent Chinese tourists," *China Report,* 6, 2011, pp. 50-51; S. H. Yi, "The impact of Cross Strait tourism cooperation on Cross-straits economics." *Cross-Strait Relations,* 10, 2008, pp.35-36. Retrieved from http://cnki50.csis.com.tw/kns50/detail.aspx?QueryID=19&CurRec=22。

8 W. G. Arlt, *China's Outbound Tourism.* Oxon: Routledge, 2006; L. K. Richter, "Political implications of Chinese tourism policy." *Annals of Tourism Research,* 10(3), 1983, pp. 395-413.

9 P. Nyíri, *Mobility and Cultural Authority in Contemporary China.* Seattle: University of Washington Press, 2010; W. Sun, *Leaving China: Media, Migration, and Transnational Imagination.* Rowman & Littlefield, 2002.

配」（hybrid assemblage）。[10]在此本體論之下，觀光可以被視為是一種「現代性的活躍排序」（active ordering of modernity），透過意識形態範疇、地點經營設計，以及動向的規範，產生了國家化的主體與空間；其延展效應超越了名義上被公認是觀光的身體與空間。

遊客的旅行如同一個舞台，民族或種族價值觀不只銘刻其中，也展演於國內外。國家將道德價值投射於移徙主體的身體與再現之上。例如，在中國，即使觀光常被描繪為休閒活動，但遊客行為已經對民族認知造成更廣泛的影響。邱垂珍曾指出，「中國觀光客在國外的（負面）故事破壞有關旅遊、個人與國家角色之間的正面聯結。」[11]為了回應這個問題，中國當局已經發起各種運動來促進「文明旅遊」，將其觀光客描繪成是國內外大使，將觀光客納入此民族計畫之中。

這樣的道德價值觀與國族教育運動不只銘刻於身體，也刻劃在特定與限定為提供旅遊經驗的景點上。景點的建構與文化權威（cultural authority）的管理施行是國家自我定義的重要元素。中國境內的大眾旅遊發展也充分證明這樣的手法：國家建構了一套論述體系，在其中「景點與其被國家認可的等級是愛國教育與現代化的工具。而國家有最終的權力來決定地景的意涵」。[12]促成這套體系的組織狀態包含了國家規範組織、遊程執行者、景點開發者與管理者，甚至政黨。

二、研究方法：典型旅行團的行動民族誌

筆者參與研究的旅行團，是典型平庸無奇、大眾市場品質的中低價遊程，九百美元的團費

中，包括上海浦東機場往返台灣桃園機場的來回機票、七晚飯店住宿、大部分的餐飲與強制參加的購物行程。[13]筆者是直接走入一家上海旅行社實體門市，經過諮詢、訂位、付款、取得預定行程相關文件，便開始與一般中國遊客幾乎相同的體驗。唯一的差異在於筆者持有美國護照，因此不像同團其他團員需要申請入台許可。此外，在最初洽詢時，就有幾家上海旅行社因為筆者並非中國籍，也不是中國國民配偶，一開始就婉拒提供旅程諮詢，也無法說明他們在法律或操作上的考量；櫃台人員只簡短解釋，受理筆者的案件違反規定，但並沒有提供任何文件說明國家的政策。筆者最後在上海的中國旅行社完成訂位，該旅行社並沒有禁止外國人參加台灣旅遊團的規定，但他們也無法回答其他旅行社是否因為法定、監管或其他原因而拒絕筆者。

參加這個旅行團使筆者得以觀察遊客彼此，以及與導遊之間的互動。這個經驗進入的後台並非馬坎納（D. MacCannell）指稱，旅遊景點背後真實空間或本真文化所謂的後台，而是兩岸

10 A. Franklin, "Tourism as an ordering: Towards a new ontology of tourism." *Tourist Studies*, 4(3), 2004, pp. 277-301; M. B. Salter, "To Make Move and Let Stop: Mobility and the Assemblage of Circulation." *Mobilities*, 8(1), 2013, pp. 7-19. http://doi.org/10.1080/17450101.2012.747779.

11 J. Chio, "China's Campaign for Civilized Tourism What to Do When Tourists Behave Badly." *Anthropology News*, 2010 November, p. 14.

12 P. Nyíri, *Scenic Spots: Chinese Tourism, the State, and Cultural Authority.* Seattle: University of Washington Press, 2006, p. 75.

13 本文民族誌內除了旅行社與免稅店，所有的人名、店名皆為化名。

旅遊經濟包裝、規畫，與資助不透明過程所產生的「後台」。[14] 遊客－參與者的身分有助筆者了解關於遊客與旅程文化生產，以及領土社會化等議題。

但筆者首先要從一段旅程開展時的軼事，說明筆者個人的定位（positionality）。「你是第一個我講過話的外國人。」從上海浦東前往桃園機場的飛機上，筆者的旅程室友小孫在扣上安全帶時邊這樣說。這情形不只發生在小孫身上，他的四位朋友亦是如此；他們都是來自江蘇北部鄉下，彼此用蘇北方言交談。筆者也是旅行團領隊與導遊所碰到的第一位非中國籍的遊客。身為美國人，筆者被認定為對中國、台灣與全球地緣政治有特定意見與偏見，同時有明顯的飲食與生活方式偏好。雖然他們都說，筆者的在場使這趟旅程更加有趣與特別，但本人的參與也無可避免對旅程造成輕微影響。如同之後的描述，導遊偶爾會在意識到筆者的目光時，針對其極度反日的言論提出解釋或試圖緩頰；同時幾乎在我們造訪的每一個商家，都會把握機會迅速提醒店員「對這個外國人應該就像對待中國人一樣」。這種情形也會引起一些好奇與有趣的反應，因為筆者除了與中國人迥異的樣貌特色，本人所說的漢語還有著輕微的台灣口音。

筆者當然不可能讓自己隱形，而且因為被認為可以代表美國，的確必須回答許多典型的問題；但筆者在旅途中很少提問，避免自己的「外來性」引起更多注意。筆者在觀察導遊、遊客與地方互動時會保持距離，以創造局內人／局外人、中國人／台灣人／外國人之間的中介空間，同時以不招搖不明顯的方式使用手機或平板電腦記錄田野筆記。不過筆者即使在旅程中頻繁地使用手機，或在遊客間拍照，這種記錄方式大多也會被筆者的對話者忽略。

本文在簡述遊程基本經驗後，將分析與闡述幾個彼此相關的主題，包括：台灣導遊對台灣歷史的部分粉飾，對於反日種族主義、族群政治語言策略性使用，運用兩岸統一敘事來迎合遊客與刺激消費，政黨與觀光產業共謀的可疑案例，以及遊客與法輪功等抗議團體的互動。最後則會探討觀光旅遊業如何利用時間、空間與資本的結構化，有力地展示台灣為中國的一部分。

本民族誌當然並非、也無法呈現中國旅行團來台觀光的全貌。許多的交際互動其實是透過中文進行，而筆者無法掌握所有的對話。筆者與台灣導遊及司機一樣，無法理解部分旅行團成員使用的蘇北方言，因此無法理解或參與他們的對話；筆者的台語能力雖然比本團遊客好，但仍僅能大概猜測導遊、司機與其他台灣本地對話者的內容。筆者曾在中國的旅行業服務，關注導遊、司機、旅行社與商家之間複雜的商業與人際關係，包括回扣、副業銷售業務，以及其他灰色市場價格——但作為旅行團的成員，筆者只能詢問有限的幾個問題，來勾勒出這些不為人知的商業策略，以避免引起對話者的懷疑或怨恨。

儘管本次遊客體驗有些枯燥乏味的部分，但如同其他旅行經驗一樣，遊程在符號與感官體驗上是飽和的。書寫無法完全呈現造訪地豐富的視覺、聲音、氣味與紋理，亦無法充滿掌握服裝、口音或身體動作的細節是如何顯露與建構文化認同與差異。除了這些文字書寫方法的限制，本文也受到篇幅的限制以致無法涵蓋所有的細節。筆者關注旅遊邂逅的文化政治意涵，因

14　D. MacCannell, *The Tourist: A New Theory of the Leisure Class*. New York: Schocken, 1976.

此記錄分析較著重在觀光過程的領域性語言與實踐面向，而非關於觀光目的地市場更有興趣了解的遊程或遊客滿意度等細節。

三、遊程作為將台灣納入中國國內觀光空間的展演性腳本

筆者將不會在以下的民族誌敘述中討論這趟遊程的行程資料，而這有一個很好的理由，那就是旅行團團員幾乎不會注意到這件事。我們並未在抵達台灣後獲得第二份行程資料。雖然筆者帶著在確定出遊前旅行社所提供的、以及隨訂位收據附上的行程資料，但在旅程中，筆者並未觀察到同團的遊客有人檢視行程資料，或確認實際遊程與資料是否相符。大部分的團員都對導遊的指示感到相當滿意，並不會想參考其他朋友的意見；筆者的室友小孫就說，「我寧願跟團，這樣不需要想要去哪裡吃，或住什麼地方，比較容易一些。」

然而，儘管行程資料在本旅行團中是不可見的部分，但卻具備許多關鍵功能——它是一種設計來銷售遊程的廣告；它是一種為未來或目前遊客提供目的地資訊的文件；它是一份釐清遊客與旅行社之權利、責任與義務的法定契約。更重要的是，它是導遊用來計畫與決定每日操作與遊客體驗的工具。換言之，我們的觀光行程是不同成員間——旅行社、地勤安排人員、出發地與目的地移民與觀光相關機構——不斷變動協商的產品。遊程也是一種腳本，它使得導遊可以展演在特定時空限制下的旅遊目的地，同時具備足夠彈性可以視環境或其他無法預測的狀況

即興發揮與變化。如同王寧所說，遊程是「作為遊客體驗的載體」。[15]

筆者所參與的旅行團行程是由上海中國旅行社核可，除了標明台灣需要不同的旅行文件、明確警告不可參與政治活動或出現於地方新聞中，其他部分與中國地方觀光行程差異不大。本行程也跟一般台灣地方觀光行程差異不大，除了使用簡體字與在中國境內時常使用的領土稱號（territorial designation）；尤其，它並不以中華民國來指稱台灣。

遊程將旅遊活動分成八日，每日造訪地點的時間序列以「分號」來連接。依循二〇一三年新版《中華人民共和國旅遊法》的規範，此旅行團明確註明購物行程未超過法令所規定的六個，然而並未提供購物商家的名稱；一些較不明顯的購物停留點，如阿里山的茶行與所謂的鄧麗君紀念館，則被列為是「午餐」與「博物館」地點。行程上亦未註明旅館名稱，僅指出住宿位置（縣市、鄉鎮或區域），以保有地勤接待者選擇旅館最大的彈性。

這份行程不僅具有本團遊客很少注意到的、為地點與領土命名的能力，它的權力展現在將台灣區分為許多個別的、可消費的地點與商家，藉由休息站、高速公路，以及我們搭乘的遊覽車連接起來。這份遊程是我們觀光目的地的映像與決定要素，不僅將感官的空間化為文字，也將台灣多種意涵的多元性轉變為一系列的景點，透過中國遊客熟悉的空間拓撲（spatial

15　N. Wang, “Itineraries and the tourist experience.” In C. Minca & T. Oakes (Eds.), *Travels in Paradox: Remapping Tourism.* Rowman & Littlefield, 2006, p. 66.

topology）與時空序列來呈現。

中國旅行社的行程為導遊敘事與地勤安排造訪地點所用，所以成為一種用來展示台灣是中國觀光一部分的腳本大綱。儘管行程結構決定了觀光路線，但仍然保留彈性，讓導遊與地勤安排者可以選擇如何展演台灣作為中國不可分割的一部分；它也使得地勤安排者可以將遊客的經濟力導入台灣特有政經系統，國民黨與其所屬的私人企業團體得以在其中結合利益與政治意圖，以便在中國促進兩岸統一的國家領土計畫中，相互合作獲利。

（一）旅行團的組織結構

本旅行團遊程為上海中國旅行社銷售，由台灣某家位於高雄的旅行社執行。旅行團可分為兩個小團體：從上海城郊來的一家四口，以及來自江蘇北部的五位室內建築工人。[16]上海來的一家四口包括三十二歲的婦女宜青（音譯）[17]，她的九歲女兒、六歲的兒子，以及她的婆婆。她婆婆多用上海話溝通，少與家人之外的同團遊客互動。建築工人彼此間則是以蘇北方言交談，但用北京話與其他人溝通。他們在上海一家台灣人開的公司工作，小孫解釋這趟台灣觀光，是老闆對於他們工作表現優良的獎勵，另方面也是要幫助他們更加理解公司的發展脈絡。除了職業與技術訓練，他們並未受過任何大學文科教育。

旅行團的領隊是上海人，四十歲，已經來過台灣五十次左右，因為會說英語，也常擔任歐洲與北美導遊。地陪導遊是一位台南的退休軍官，五十歲的台灣人，時常以台語跟司機或其他在地人交談，跟筆者或其他遊客則以國語溝通。他擔任導遊已經有三年時間，大部分接待中國遊客。司機來自台灣北部港都基隆，二〇〇九年加入快速發展的中國遊客觀光業，之前的工作是駕駛商用貨車。

（二）遊程的時間順序

第一天

我們的旅程從上海浦東機場開始，指定集合地點的領隊自己就遲到超過半小時。等到領隊終於出現，他只簡單解釋遲到是因為遇上交通事故，確認我們的旅行文件無誤後，他就坐下來看手機訊息還有講電話，並沒有跟團客有太多的互動。不過等待登機的這段時間，使我有機會可以問問宜青，她在這次旅程中最期待的部分是什麼。「小吃、夜市，還有故宮博物院的翠玉白菜。但我就是要帶孩子出去玩一玩。」

飛機上，我坐在小孫旁邊，他跟我說，我是第一個他這麼近距離接觸相處的外國人；他是我未來七晚的室友。我們簡單地聊了一下美國與中國的生活，這是他第一次離開中國大陸到境

16　下文會將他們分別標示為T２到T５，以與筆者的室友「小孫」有所區別。
17　本文中出現的所有人名皆已經過更動。

外觀光。他跟我說，「我想台灣是比較民主跟文明的……我在台灣人開的公司工作，這趟遊程對我們來說是經理給的獎勵，他希望我們來台灣看看。一開始他希望我們單獨來，但我們的戶口（蘇北）還不行，必須加入旅行團。」

沒多久，我們抵達台灣，進入有數百位中國遊客排隊的海關安檢區，領隊提醒團員要好好保存入台證，他的說法是「簽證」。孫先生其中一位同事T3，注意到證件上中華民國國旗標誌。「那是台灣國旗嗎？」他問。「什麼國旗？」T5不以為然地回應。「國旗，」宜青的兒子問，「媽媽，為什麼我們來台灣需要這個？」但他並沒有得到答案。

完成入境手續後，我們與導遊「張導」碰頭。他帶我們去搭遊覽車，並發給我們觀光局印行的簡體中文版台灣地圖。「拿著吧，你可以把它當作第一份紀念品！」張導說。小孫答道，「哇！這是特別為我們做的地圖！」張導拿起麥克風，正式開始他導遊的任務：「我要怎麼稱呼你們？有些人從上海來的，有些人從江蘇來的？」他看了我一眼，然後繼續說，「我想我會稱呼大家是我們江南VIP！歡迎來到寶島台灣！」他向大家致意並用台灣口音的上海話說「謝謝」。筆者跟其他江南貴賓們一起鼓掌回應。

導遊接著介紹了我們隔日要造訪的第一個景點，是位於台灣中部的中台禪寺，他在這裡展現了處理主權問題的策略：「我們上任的總理，溫家寶，曾經說他想去中台禪寺與阿里山。但台灣與大陸還沒有統一，所以他怎麼能來這裡？他不能來，所以你們先代替他來了。」這段話很快地建構出兩個訊息：一、他展現出對台灣與中國統一的支持態度；二、儘管是中華民國退休軍人，他至少在與中國遊客交談時，仍稱中國前總理溫家寶為「我們的」總理。

等到我們都入座了，他開始播放台灣觀光局為中國遊客特製的介紹影片。影片中描述一位帶著台灣口音的年輕婦女，對著一隻藍色玩偶熊說明在台旅遊須知，並搭配台灣知名景點，如故宮博物院與日月潭的影像。影片重點包括：不可以隨地亂丟垃圾、不可以隨地吐痰、請勿高聲談話、請勿在室內吸菸；您的導遊不會強迫購物；請留意食物成分與標價；台灣使用新台幣而非人民幣，已有越來越多的地方可接受中國銀聯卡；購買有標章認證的商品。這隻藍色玩偶熊學得很快，也會幫助糾正其他遊客失禮的行為。類似的角色也曾出現在中國中央電視台於二〇一四年製作的一部針對遊客禮儀的宣導短片，只是那部短片裡的角色是隻貓熊。但該片在中國境內曾造成爭議，因為它突顯了遊客的不當行為；有一位部落客就說這是「醜化中國公眾」，甚至藉由呈現「低水準遊客」行為來「抹黑貓熊」。[18]

這段影片在我們抵達郊區一家中價位旅館時結束。張導總結說道：「台灣是個自由民主社會，人們可以表達不同意見。你們會常見到有人抗議示威。我喜歡這邊的人情味、食物與地方風情。說起食物，老蔣當年帶了兩百萬大陸人以及許多料理餐點來到台灣，但這些料理已經漸

18 C. H. Wong, "Pandas Behaving Badly Remind Chinese Tourists to Mind Their Manners." *Wall Street Journal*, 2014, October 16, Retrieved from http://blogs.wsj.com/chinarealtime/2014/10/16/misbehaving-pandas-remind-chinese-tourists-to-behave/.

漸變成台灣口味了。如果你們不喜歡餐點就告訴我，我們之後會聊到很多兩岸的差異。之前我去過大陸兩次，是到上海跟廣東。」

抵達旅館，領隊與導遊發了房卡，並提醒我們不可在室內吸菸。我並未多付錢要求一間單人房，一方面是因為我是個拮据的研究生，另一方面與人同房可以提供我更多民族誌材料。我們很快地決定了在五位建築工人中，哪位要與我同住；在飛機上已經結識的小孫，理所當然成為我這趟旅途中的室友。

第二天

小孫的同事T2與T3，早上七點被飯店服務叫起床後，就開始看電視上的台灣政論節目。泛藍立法委員邱毅，正在討論中國共產黨中央政治局常務委員會委員周永康被提起公訴，鋃鐺入獄一事。周永康是當時習近平反腐運動中層級最高的案件，他被移送法辦的消息在中國已有報導，但本團團員對於在台灣的電視上討論周永康，包括他三位情婦的個人生活細節，感到相當驚訝與讚嘆。

自助式的早餐後，我們離開旅館，搭車前往溫家寶夢想的觀光地——中台禪寺。我們的導遊繼續有關台灣政治／文化的介紹：「台灣是一個民主的地方，所以我們會將看到不同團體組織，例如法輪功。運行法輪功是OK的，但他們的領導者李洪志告訴人們共產黨是邪惡的，這就不好了。不要拿他們的東西，否則你們回國後會有麻煩。即使是他們的筆，上面也會有他們的名稱與宣傳資訊，所以要小心。他們會利用報紙，或其他方式，告訴你要退出共產黨。不要理他們。」他接著討論台灣與中國的差異，首次提到了日本，而這會成為他描述台灣很重要的部分：「請看窗外。我們會看到許多日本車。這並不是因為我們喜歡日本，而是因為日本車比較省油。」

他接著用與中國「分離」來討論與其「統一」：「台灣與大陸已經分開六十幾年了，我會播放一些影片來談談蔣介石與其他事情。當然這會是從台灣觀點出發。當我還是小孩的時候，學到的是我們的大陸同胞生活水深火熱，等待我們解救。我們知道要統一才會強大。我們並不想跟菲律賓或日本或其他地方結盟，或與它們一樣。」車上的遊客都點頭，表現出他們十分贊同導遊的說法。

他繼續說，「現在，有百分之七十的人想要維持現狀，並不是因為他們不想統一，而是他們擔心被管得太嚴格。但自然，事情會好轉。我們是兄弟民族。當然有些人不同意，所以有抗爭，比如說太陽花運動反對服貿協議。但第一個出來反對的是一位台大教授，他也是法輪功成員。你們知道的，台灣就是太民主了。」

有一位建築工人，T4，問到前總統李登輝為何主張中華民國與中國都宣稱擁有主權的釣魚台是日本領土。導遊回答：「大家都說他就是個日本人。他爺爺是日據時期的警察。我還是不要說太多，但……台灣真的太民主了。」

T4繼續追問下去，「為什麼他這麼關心？他已經很老了但還在上電視，我真的想不通。」導遊的回應讓T4理解到他有聽到這個問題，並藉此來換個話題：「他受到日本影響，的確，但他也是農業經濟博士。他還是對台灣及農業發展有貢獻。你們知道，台灣的水果很好吃，你們應該趁著在這裡的時候買一些，但不要太多，以免壞掉。」

導遊接著介紹他要播放有關蔣介石的影片，但有提醒我們這是從台灣觀點描述的故事，所以可能跟中國的官方敘事不同。這部紀錄片主要著重蔣家在中國的家庭背景、抗日戰爭與一九五〇年代土地改革，以及後來在台灣的工業化過程。它省略了蔣家統治下的國家暴力，包括二二八事件、白色恐怖以及其他戒嚴時期已有詳細文獻記載的事件，這些事件至今仍牽動著當代台灣人的集體記憶。

影片結束後，我們準備前往中台禪寺，途中在路邊一間相當大，但沒什麼客人的台灣主題餐廳享用午餐。導遊與司機帶領我們入座，不過他們並沒有跟我們一起用餐。席間，江南貴賓討論著該如何稱呼餐廳服務人員：「我們應該叫他們服務員，還是小姐？」在台灣，小姐是個中性用詞，但在中國有時會指涉性服務工作者。

午餐後我們來到中台禪寺，此地也接受中國遊客付費參加冥想與靈修等活動。因為僅有一小時的時間參觀大殿與建築物周邊環境，導遊特別著重介紹主殿的一項裝置，即是一座以銅鑄造、象徵兩岸統一的同源橋。中文「銅」與「同」、「統」諧音，源則意味根源。導遊解釋，「台灣與中國是同種同源。」橋上由中台禪寺與杭州靈隱寺共同奉獻的飾牌，似乎證實了他的詮釋：「兩寺同源，同法同源，兩岸文化互融不獨……誠為兩岸人民和平祈福。」

導遊又指向附近一座雕像：「這個瑪瑙是從山西來的。」一位遊客問：「喔！是進口的？」導遊回答：「進口？不，都是一個中國！我想你現在還是可以說它是進口的，因為它必須經過海關。」導遊這時做了另一種比較，「我們的佛教是比較正統的，在大陸，你們的和尚穿西裝開BMW到寺廟，然後換上袈裟開始工作，等到完成一天的工作，就離開寺廟去喝酒。我們的是真的，他們也吃素。」

接下來是四十分鐘自由活動時間，我們四處參觀並購買寺廟的商品，然後就搭上遊覽車前往日月潭，這也是繪製在中國護照上那幅圖像的所在地。導遊與他播的那部台灣觀光局影片都引用了一八二一年清朝詩人描寫日月潭的句子；同時也一再描述介紹那個將日月潭視為聖地、台灣原住民族中人口最少的邵族。

我們抵達日月潭，在穿越群眾展開遊湖之旅時，T2跟導遊說，「這很像大陸啊。我真不覺得我離開了。」導遊回答：「這裡是觀光勝地。如果你走遠一點，就會發現一些不同。」T3還繼續著這個話題：「這裡所有東西都是壓縮的。不像在中國那麼寬闊或巨大。」我問T3他曾聽過的、關於台灣或日月潭的描述。他回答：「我們是聽著這裡和阿里山長大的。也許政治立場不同，但對這些地方的描述是很中性的。」

船靠岸後，導遊指著附近舞台上著裝的表演者說道，「你們可以聽高山族唱歌、買他們的光盤。」他的用語，高山族，是中國對台灣原住民正式的族群稱號，在台灣很少聽到這樣的說法。中國將台灣許多原住民族統稱為「高山」族（如台灣過去所稱的「山地人」），本文稍後會再深入討論這個部分。而導遊使用「光盤」取代台灣常用的「光碟」，這個詞也是中國大陸用語，不過不像高山族，蘊含了意識形態。

接著我們走向「餐廳」，所謂的餐廳其實是個緊鄰地下停車場、沒有招牌的空間。路上，導遊指著賣甘蔗汁的攤販說，「那是白甘蔗，在台灣日據時期用來製糖。他們拿了我們的資源，把我們當成殖民地。」停車場的洗手間有簡體中文標示，提醒遊客不可將垃圾丟入馬桶。當我們吃著平淡無奇的晚餐，大家談論著今天的感想，日月潭不像他們想像中那麼大。

在我們前往彰化縣旅館的路上，導遊解釋在台灣用語中，「飯店」與「酒店」的差異。「飯店」，就是「吃飯的地方」，指的是旅館；而酒店，在中國指的是「旅館」，在台灣卻是有陪酒小姐的俱樂部。他繪聲繪影地描述酒店是個什麼樣的地方，讓建築工人們很感興趣，卻完全無視同車婦幼成員的感受。藉著這個主題，他指著窗外街邊一個閃爍霓虹燈的檳榔攤，與裡面穿著清涼的檳榔西施，一邊介紹著，檳榔是一種台灣特有的健康良藥。我們在某個檳榔攤旁停下，導遊告訴遊客有興趣的話可以拍照。他買完檳榔後回到車上，播放「中國好聲音」的卡拉OK專輯，大家看得十分開心。

最後我們回到旅館報到，此時櫃檯人員介紹，這家旅館的老闆是一位在中國有廣泛商業交易的台灣設計師，因此這家旅館有百分之八十到九十都是中國遊客訂房。旅館走廊與房間內的標示，使用的文字皆為中國官方使用的簡體中文。

第三天

這天來到台灣第二個知名地點，阿里山。我們早上七點起床用餐，用完餐後坐車，經過一條蜿蜒的山路，十一點就抵達午餐地點。空出來的時間，讓我們有機會可以在用餐空間旁的「文化中心」向身著鄒族服裝的原住民「了解」高價的「在地」茶。這個停留點並未明列於遊程之中，旅行社因而可以規避遊程僅能有六個購物點的法定限制。我私下詢問，導遊解釋這樣的安排在技術上是合法的，原因在於這個地方緊鄰我們的用餐地點，所以不算購物行程。

這間茶行有幾個特別的地方。在停車場有個小籠子，裡面養了一隻小熊吸引遊客。店主宣稱這是隻台灣黑熊，是台灣具有代表性的瀕危動物，沒有特殊許可不能捕獵飼養（我後來證實那是隻馬來熊，因此並未受到這麼嚴格的控管）。店裡的茶不只昂貴，而且有總統兼國民黨主席馬英九的肖像與簽名背書。店內還擺了一張馬英九與公司老闆握手合影的大照片，這間公司的老闆也是國民黨官員。

除此之外，帶有民族風情的茶館體驗與中國任何地方可能獲得的經驗類似，並無特殊之處。多數遊客都買了茶，價格從兩千八百元新台幣（九十四美元）到兩百五十元人民幣（四十美元）。鄒族女銷售員在接待中國遊客時，餐廳老闆試著向我推銷的不只是茶，還有他員工的性感。他說，「如果你買些茶，我就給你一個阿里山姑娘！」從這裡可以很清楚地看到，性別是遊客體驗中的重要因素。

午餐後，我們進入阿里山森林，裡面擠滿了其他的中國旅行團。我們的導遊介紹日本車站與其他基礎設施的歷史時，一再將日本人稱為「小日本鬼子」。他在某個時刻意識到我的目光，問我是否接受這樣的說法；我試著表達自己並不在意。

我們花了一小時走完步道，接著上車前往高雄。我們的導遊說明隔日會造訪鄧麗君博物館，並播放這位知名歌手的影片。他一再強調這個姓氏在台灣與中國都十分有名，他說，「大陸有老鄧，台灣有小鄧。」

這晚是我們第一次造訪台灣的夜市。我的同伴證實，對中國遊客來說，台灣的夜市跟阿里山或日月潭同樣有名。導遊介紹著地方知名的小吃，司機從前方大吼道，很多東西其實都是大陸製造的。導遊表達贊同，並藉機褒揚中國一番，「這是真的，因為大陸是世界的工業強國。」

從我們抵達台灣到現在，旅行團第一次分成兩個小組，其中一組完全沒有導遊帶領，得自行前往旅館：上海一家去逛夜市並自行用餐，而建築工人們離開導遊，與台灣母公司的同事會面用餐。我利用時間訪問了幾個攤販商家，想藉此了解六合夜市生態的變化。一位攤販說：「陸客不喜歡我們的臭豆腐，不夠黑也不夠臭。他們會去吃海鮮，因為對他們來說在中國吃海鮮很貴。但這裡所有的海鮮其實都是從泰國進口的，所以很多台灣傳統小吃現在已經消失了。而且我們的租金也在上漲……中國遊客很吵又會插隊，所以現在台灣人已經比較少來這裡了。本地人也不太能忍受這種狀況。」二十分鐘後，我問到附近賣烏魚子的攤販，他也有類似的看法，但補充說明本地人會自己調整時間，等到中國遊客回旅館後才來逛夜市。我與上海一家人大約晚間八點三十抵達旅館，而這時建築工人們仍與他們的同事在一起，尚未回來。

我室友回來後，打開電視收看地方新聞，新聞持續幾天都在關注最近高雄傷亡慘重的氣爆意外。他說，「台灣新聞報導面向應該更寬廣。他們為什麼不對其他地方有同等份量的報導？」我問他，大陸新聞是否對中國以外地區的事件有更為全面的報導呢？他的回答是，「其實，也沒有喔。」

第四天

這天從高雄西子灣賞海景開始。我們在這裡停留了一個小時，除了照相，並沒有其他建議的活動。遊客們覺得無聊，就去便利商店購物，在店內停留了二十分鐘，享受免費空調並挑戰店員的耐心。

下一站是愛河。我們將車停在高雄的二二八紀念公園，穿越公園前往目的地。遊程進行至今，導遊未曾提及任何有關二二八事件的話題；也沒有利用這個機會談此事件。和他一起走在其他人前方時，我問了他原因，他回答：「我不會跟國內客人介紹像是二二八這類的事件，因為它具有政治性，而且這並非他們來這裡想了解的重點。另外，二二八也是他們的人（外省人）做的。觀光途中，我不喜歡談政治。」

我們一邊走上了木棧道，一邊聽著導遊介紹愛河。他批評從一九九八年開始在高雄執政的民進黨無法有效清理河道（但他並未提及，在民進黨從國民黨手中取得權力前，這條運河的狀況其實更糟糕）：「台灣太民主了，所以我們不夠團結。有時候太多民主也不是好事……在大陸，政府如果想要做什麼，直接就可以做，不需要獲得所有人簽名同意。」他認為這條河的情況跟以前一樣糟糕。當我們離開木棧道時，建築工人的台灣同事開著Prius房車來送伴手禮給他們，作為前晚聚會的紀念。

我們接著前往紀念鄧麗君的「博物館」。即使是像這樣的小站，外面也有法輪功團體示威。下車前，導遊說這個地方是由鄧麗君的家人經營，沒有拿政府補助，而是以各界捐款來維持營運，因此看來有些破舊。所有人都拿到一條上面刻著「7」的名牌，讓我們可以在參觀時戴在身上；其他旅行團則是戴了不同的數字。這個「博物館」中並沒有收藏鄧麗君個人實際使用過的物件，大部分展示的都是再製的照片。

當我們從展示區進入比鄰的購物空間時，這個「博物館」的商業目的突然變得清晰起來。購物區販售的不只是鄧麗君的音樂，也包括台灣主題的典型紀念品。店裡禁止攝影。商品上標示的人民幣價格出奇的高，筆者詢問店員原因，他們解釋這個價格是根據三年前的匯率，而且「要更新電腦系統太困難了」。但遊客如果喜歡，還是可以用新台幣支付。當導遊與收銀人員輕聲交談時，店員很緊張地問我是不是記者。我們這團沒有人在這家店裡買東西，在離開這裡、前往一家以雞肉料理為主的餐廳享用午餐前，我們歸還了帶著數字的名牌。

回到遊覽車上，我的室友注意到一間電子3C連鎖店。他說：「這家店好小。我還看到有一家賣車的，店面是間鐵皮屋。大陸人不會放心那種店。」導遊回答：「我們台灣人只是想要比較便宜的價格，也比較會信任這種店家。」

接著我們抵達佛光山，這是由在中國南京剃度出家的星雲法師所創辦的大乘佛教寺廟與佛陀紀念館；紀念館是一座以「愛國主義教育」為特色，來記錄日戰暴行的博物館。佛光山目前已是中共官員半正式的造訪地點，也是國民黨學者高希均提出，希望作為未來中華民國領導者與中國簽署「兩岸和平協定」的地點。導遊介紹：「我們中國有幾座聖山，峨眉山、華山等等，這裡就是以它們的樣子打造。」建築工人T４說，「這裡真的很壯觀！」與中台禪寺相較，寺廟周遭有各種購物的選擇。

之後我們前往恆春古城，這是另一個遊客設施不多但免費的景點。我們看著當地孩子們打棒球，這時導遊首次用領土性的語言，以「中國」而非「中國大陸」來與做台灣對比：「中國棒球也贏過我們。中國棒球人口眾多，比台灣打棒球的人多，所以他們有很多人可以挑選。」現場似乎沒有人注意到領土性名詞所呈現的差別。我們看著孩子們擊出幾顆球後，他繼續說道，「台灣的經濟因為政治內鬥而停擺。我們太民主了。同時，勞力太貴了，所以台灣人到中國設廠。」

回到車上後，室友小孫告訴導遊：「這樣的觀光路線跟在大陸的很像。只是在這裡我們是環島。」導遊點點頭。我們抵達位於車城的旅館（雖然行程上寫的是更知名、更受歡迎的景點墾丁，但實際上從這裡到墾丁要三十分鐘路程），小孫私下跟我說：「是啊，好像我沒有離開中國大陸。尤其是在南部這種比較貧窮和鄉下的地方……感覺上很像我家那邊的鄉下。我沒發現有太多的不同。」他對於筆者想要獨自出去散步感到擔心：「我想這裡的人可能不習慣看到外國人。他們可能會盯著你瞧。」

他繼續分析這趟旅行的動態關係：「當我們走進午餐的餐廳，我馬上就能分辨所有人都是大陸來的，但這沒關係。我還是寧願跟團。這樣不用煩惱去哪兒吃跟住，比較簡單。我們的導遊人也好，他不會強迫我們買東西。他甚至告訴我們休息站的水果標價太高了。」

我乘機問他對於政治的觀感。他說，「我並不在意台灣是否獨立，因為我們都是中國人。這跟日本人不同。台灣人應該自由選擇。我是說，如果你父母把你送給別人撫養，然後要求你長大後再回來，那公平嗎？我想如果一定要我說，我會支持統一。為何不支持呢？這樣可以讓所有人變得更強大。我想美國是持續支持比如……越南、菲律賓，這些地方來動搖中國。」洗澡後他打開了電視，收看的是中央電視台新聞而非台灣節目，他說他對台灣電視感到厭倦了。

第五天

今天我們從台灣南部前往東部的台東。在遊覽車上，一位乘客接到中國來的電話，開始用手機大聲地談生意。其他人注意到沿路有很多法輪功的看板。其中兩位用中文大聲地把標語念出來，然後搖著頭用蘇北方言簡短地討論著。

路上我們於幾個小的免費景點短暫停留。在我們下車參觀墾丁的燈塔時，張導說他想去拜訪一間小小的海產店，這家店是由嫁給台灣養豬農的大陸配偶所經營。參觀完燈塔後我們在那裡會合，同團旅客看到中國同鄉都很高興，彼此互動簡短而友善，這位女士說她很喜歡在台灣的生活。她的店，如同這些地點其他的商家，以人民幣標示價格。

我們在這些地點也都看到了法輪功示威者。在我們其中一個停留點貓鼻頭，一位建築工人拿了一份法輪功組織免費的《大紀元日報》；我也拿了一份。他讀著他的那份，稍後他的同事也把我放在遊覽車座位的這份拿去看。

在一起旅行五天後，小團體內的緊張關係開始浮現。有幾位建築工人對一位男士持續高聲講電話的行為感到不耐，兩個上海小孩也加入吵鬧。在一陣高聲尖叫後，兩位工人吼著「真是受夠了！」此時導遊介入，用一種獨特的、兩岸惡巫故事來調解。他笑著跟孩子們說：「我們下車時，如果法輪功看到你哭，會把你抓走喔！」

導遊化解了緊張，同時打算播放影片讓大家恢復平靜。在播影片前那段安靜的空檔，他告訴大家：「最後一天我們會去故宮博物院，欣賞中國歷史五千年的文物。請大家稍微穿得正式一點。畢竟那裡也有外國遊客，最好穿得好看些。」他接著播放由跨國華語頻道鳳凰衛視製作，關於國民黨老兵在台灣的紀錄片。小孫以前看過，跟我說這部紀錄片很好看。

張導宣布我們抵達東海岸。

「那兒有個島嗎？」T5指著海問。

「不，海的另一邊是美洲。」張導回答。

小孫問我：「想回家嗎？」並接著問，「美國是靠著太平洋對吧？」

我回答：「是的，西岸靠太平洋。」

他問，「另一邊的海岸呢？是靠著什麼海？印度洋嗎？」

我用手機的地圖軟體幫助小孫了解大西洋的輪廓，然後他突然改變話題，開始討論美國大選。他曾聽說希拉蕊會在歐巴馬後成為總統，對於她的「排華傾向」感到憂心。他說是從電視新聞與報紙知道這件事的。

在加油站與賣水果的購物點停留時，我問司機他對這個旅行團的想法。他說，「這些陸客只想看所謂的『台灣』，他們已經聽說很久，但以前不能過來，現在可以來了。他們並不在意怎麼欣賞台灣，至少這些一般遊客不會。」

經過台東市時，我們在都蘭的免費觀光景點「水往上流」停了一會。這個會讓人產生錯覺的奇觀，是一條看似違反地心引力、小小的人工溝渠。兩位獨自旅行的台灣年輕女孩拿著手機幫彼此留影，而我們團的孩子一直在鏡頭範圍內跑來跑去。其中一個女孩對著鏡頭講話：「我們現在在水往上流。我們騎了一個半小時就為了來這裡，現在我們要循原路回去。只是為了這個（她指著這個地方搖搖頭）。隨便啦，很傻眼。喔，對了，這裡還有很多陸客。」她們在鏡頭前作了個表情，停止了拍攝便離開了。

我們回到車上，繼續往北行駛。張導說，「市區的旅館不太好，所以我們安排了市區外的旅館。」這家很大但老舊的旅館位於台東市北方四十公里處的成功，是個寧靜的漁港。張導預定隔天早上八點離開。

第六天

早上在房間裡，小孫看著電視新聞並抱怨道，「新聞都是在講高雄，都沒有關於大陸的。」

「應該要有大陸的新聞嗎？」我問。

「新聞應該是國際性的，沒有邊界。」小孫回答。

「你們的新聞比較不無聊嗎？」我問。

「嗯，沒有。剛好相反。」小孫回答。

我們一起下樓吃早餐。小孫看到鄰桌有遊客在問我們導遊問題。他說：「我們去的地方，都是大陸人。我想我們之前有看過這些人。」

我們上車回到台東市，參觀列在購物行程中的某家「珊瑚博物館」。在車上，張導解釋說，「蔣介石的太太宋美齡很喜歡紅珊瑚……全球紅珊瑚中，有百分之八十是台灣生產的。紅珊瑚可以避邪而且代表長壽……乾隆與康熙皇帝也喜歡紅珊瑚，慈禧太后也喜歡……宋美齡活到一百零六歲，所以你們可以見證它的功效。」他接著播放一支有關紅珊瑚的行銷短片。T4注意到我們走的路線與前一日相同，小聲地跟他朋友抱怨，「這麼早叫我們起床參加購物行程，真是浪費時間。」

我們抵達「紅珊瑚博物館」，這家空間很大但維持不佳的店掛著宋美齡的照片。建築工人對購物並沒有興趣。上海媽媽宜青買了一條價值一千元人民幣的項鍊。「這沒多少錢。」她告訴我。

我在店外等候時，旁邊就是法輪功的示威者。

司機問：「你罵法輪功了嗎？」

「我為什麼要罵他們？他們並沒有煩我。他們讓你覺得麻煩嗎？」我問。

「是啊，他們每天都煩我。」他說，然後用台語吼那些示威者。

小孫從店裡出來。在離司機比較遠的地方，我問他對這家店的想法。「我們已經在大陸跟香港看過這些，所以對這樣的東西感覺似曾相識。台灣也有騙子的。」他說。

上車後，張導在我們經過幾間榮民之家的時候，講起了老兵。「陳水扁把他們的福利都砍了，所以他們現在是靠國民黨黨營企業的捐助勉強維生。」講起陳水扁執政時期，他說「那個時候」的發音明顯是大陸口音而非台灣口音，T4注意到這個表達方式，就拿它開玩笑，反覆大聲說「那個時候」。張導接著播放一部中國喜劇電影《硬漢奶爸》。

我們北上前往花蓮之前，第三次穿梭在台東與成功之間。電影結束後，張導介紹這個地區，強調「花蓮有很多『高山原住民』。五十萬人口的原住民中人數最多的是阿美族，有十五萬人。有些人看起來白白的，很美；當然，其他人還是黑黑的。」

我們在北回歸線紀念碑短暫停留。下車前，張導先提醒我們這是個照相留念的好地點，他說我們會看到原住民歌舞團的現場表演，也有販賣光盤，同時還建議我們應該留意有位在這裡從事資源回收的大陸老兵。

回到車上後，張導告訴我們，雖然行程中有花蓮北方知名的峽谷，太魯閣國家公園，但因為有坍方，還可能會碰上塞車，所以我們只能到入口處看看。的確，我們到入口處時看到前方的遊覽車已經大排長龍。張導宣布，與其加入塞車的隊伍，我們應該在河流交界處的觀光購物商店照照相，慰勞自己一下。

我們改停留在附近一個鄰近空軍基地的海邊。海邊擠滿了中國遊客，看著飛行員駕駛從美國買來的老噴射機練習起飛與降落。Ｔ３與Ｔ４十分熟悉這些機型，對我如此缺乏軍備知識感到驚訝。他們跟其他的遊客都在忙著拍照。我們回到花蓮市市郊，下榻在一個據說是三年前才開的中等旅館。如同我們之前停留的旅館，所有的房客都是中國人，且室內文字都以簡體中文標示。

第七天

這天以造訪玉石店開始。在車上，張導介紹在中國文化歷史中，玉石作為守護健康長壽、展示財富與純淨的象徵。他也提到玉石在調解兩岸關係中扮演的特殊角色，是支持統一的台灣政治人物送給大陸同胞的禮物。玉石的象徵性不只在於它原本的材質特性、空間與命理的屬性。張導提到，二〇〇五年，國民黨榮譽主席連戰將一座特別的七彩玉花瓶贈與當時的中國國家主席胡錦濤。「花瓶有一百九十二公分高，『一』是指一個中國，『九二』是指九二共識。現在這花瓶放在北京人民大會堂。宋楚瑜，另一位台灣政壇人物，也是連戰二〇〇四年總統大選的搭檔，在連戰之後訪問了胡錦濤，當時他送了玫瑰石。因為宋楚瑜有湖南背景，胡錦濤就把禮物放在湖南博物館。」介紹結束，他播放了有關台灣玉石的影片，片中搭配簡體中文字幕與半原住民的電音流行配樂。

影片結束後，他指著另一個榮民之家，用它來介紹玉石以及我們即將前往的寶石藝品店。「這家公司是國民黨黨營的，每個人都喜歡來這裡，因為它的收益有百分之二十五會用來支持榮民。陳水扁把他們的福利全刪了，所以現在他們的生活很困難。我們也希望你們能帶些這種可以代表台灣、帶有美好回憶，同時也是好的紀念品。」

我們到了藝品店，他們在招牌上宣傳自己是由兩岸集團經營的「和田寶石博物館」，以及國民黨特約商店。入口處懸掛著蔣介石、蔣經國、連戰與其他國民黨領導人，以及中國領導人鄧小平與胡錦濤的照片。張導把我們交給「博物館」的「導覽人員」之前告訴我們，會在那裡停留一小時。

我們的「導覽人員」帶著麥克風，他證實了張導的說辭：「在這裡工作的每個人都是國民黨黨員，這裡的經營所得將用來資助榮民。我也是這種背景，我父親是湖南來的軍人。」

他指著入口處展示區玻璃櫃裡的樣品：「連戰送給溫家寶的禮物就是這種。你們也可以帶一組花瓶來支持和平統一。」他強調「瓶」與「平」的諧音。接著他帶我們上樓，在一個房間裡簡報說明他們玉石的來源與多樣性，同時使用燈光與其他效果來證明其玉石貨真價實。

十分鐘後，我們被帶去參觀戒指、手環、項鏈與其他飾品，但筆者所屬的旅行團成員並沒有購買任何東西。「這些都是假的，我們在中國見多了。誰知道他們是不是真的會拿錢幫助老兵啊。」T3在問我是否買了什麼時這麼說。幾位店員回答了我的問題，說他們都是國民黨黨員，是透過家人或朋友那裡的關係而到這裡工作。

離開藝品店前，我把果汁分給張導。他突然一邊搖頭晃腦一邊念了首打油詩：「上車睡覺下車尿尿，回家什麼都不知道。」我要他多說一點，他說，「有些遊客喜歡講這句話，還有這句：不去台灣是一輩子遺憾，去台灣是遺憾一輩子。」這在中國遊客間常聽到，而且不只適用於台灣。除了這趟在台灣進行的訪談，二〇一一年我在雲南香格里拉進行研究調查，當時就已經聽過五組遊客都這麼說。

我們回到遊覽車上，看了台灣知名流行歌手周杰倫的音樂MV。導遊告訴我們，蘇花公路連接花蓮與宜蘭蘇澳，但這條路危險又不好走，所以我們會改搭火車，稍後司機會再跟我們會合。不意外，法輪功示威者也出現在這些火車站的出入口。

再度搭上遊覽車，我們到北海岸的野柳地質公園參觀，那裡有特殊的地形地質景觀，加上門票不貴，因此成為受歡迎的景點。在野柳之後，我們到台北市的維格餅鋪，這是第二個購物停留點。維格餅鋪是家鳳梨酥與美食專賣店，中國投資者擁有百分之二十五的股份。在結帳櫃檯上方，前台北市長也是國民黨忠貞黨員郝龍斌與馬總統的照片十分醒目。

在前往第三個也是我們最後一個購物行程昇恆昌免稅店的途中，張導推銷我們購買去阿里山時他介紹過的藥膏，並讓我們輪流試用。他說如果要買，可以直接送到我們下榻的旅館。旅行團成員大家都抹了些試用，但沒人跟他訂貨。

我們有一個半小時的時間在六層樓的昇恆昌購物。這家私人企業在台灣幾乎是免稅店的獨占企業，而且不提供導遊與領隊回扣。本團成員分成幾個部分：上海家庭逛化妝品與皮包區，建築工人在菸酒販賣區域花比較多時間。T3買了一瓶人民幣八百五十元的夏堡雅邑X.O.白蘭地。他說，「我從來沒有喝過這支酒，我想一定很棒，因為是XO。」

我們離開免稅店時，小孫發出感嘆：「哇，看看這些遊覽車！台灣怎麼能繼續反對服貿協議？」之後，我們到了北投的溫泉飯店。登記入住前，我們先到淡水老街，那裡有餐車、平價餐廳與攤販。但張導並沒有提到北投是日本殖民者開發的溫泉景區。

小孫跟他的同事搭計程車去逛家樂福。他們買了台灣地方特產與點心要帶回去給家鄉親友當禮物。在房間裡，小孫總結了他的台灣體驗：

> 我曾經覺得台灣很神祕。現在我知道它是什麼樣子了，就不會對它感到好奇了。這裡並不像我想的那樣發達……你知道，它是亞洲四小龍之一，像香港、韓國、日本……但我們現在都市的標準是上海，我已經看過台北跟高雄，都比不上。但就像我告訴過你的，這些小地方，像是旅館周圍的這些城鎮，是很不錯、很整齊的，值得我們學習。人民的素質、禮

儀等等……很不錯。

第八天

在餐廳用過早餐後，我們上車展開最後一日的行程；其中包括幾個知名景點。首先我們到了故宮博物院。張導跟我們強調這裡收藏「中華民族五千年的寶藏」。我們在館內待了兩個小時，包括排隊兩次，第一次是在入口處領取語音導覽設備，第二次是為了看知名的翠玉白菜。

等候時，我問了張導一些問題，以多了解一點他個人的政治傾向。他說自己已經加入極度親中支持統一的組織，新同盟會；這個組織是以國父孫中山的同盟會為名。他提到這個組織的台灣成員大部分是退役軍官及泛藍人士，包括國民黨與其他衍生團體。同時由於他具有新同盟會成員的身分，過去幾年有到中國與低階官員見面，發展個人關係，也更加了解到台灣是中國一部分。他說，造訪中國與他退伍後擔任導遊沒有關聯，他當導遊只是為了多賺點錢，而且他喜歡這個工作。

我們的午餐在一家北平餐廳。遊程設計一家以中國首都北平為名的餐廳，作為我們在台灣的最後一餐，意味深長。與我們在台北購物商家所見相似，這家餐廳也懸掛了國民黨籍市長馬英九與郝龍斌的簽名照，但唯獨不見民進黨籍前市長陳水扁的照片。

午餐後，我們到了國父紀念館，在那裡不只見到法輪功示威者，還碰到一位穿著並販售中華民國與國民黨紀念服的老人；他賣的東西包括旗幟、帽子與標語布條。他說最晚在二〇一二年之後，他每天都會出現在那裡。的確，從那一年開始，我每次來幾乎都會碰到他。我們有三十分鐘的時間參觀國父雕像與雕像所在的博物館，裡面包括一些孫文於日治時期造訪台灣時留下的文物；展覽也描述了後來在台灣執政的國民黨光榮展現了孫文的三民主義，及其推動民主自由的努力。

最後，我們來到附近的台北一〇一摩天大樓。旅行團的方案不包括到頂樓觀景台的入場卷（大概五百元新台幣），所以本團成員分成幾個小組在大樓的高級百貨公司逛逛。小孫與我幾乎都走在一起，我們照相、自拍，回想這週的點點滴滴，比較這個百貨公司與中國類似場所的差異。「是啊，這是個很好的百貨公司，當然，我在上海也可以看到這些，而且那裡的建築規模更驚人。但這裡的人啊……我會懷念他們的親切和貼心。」小孫這麼說。

下午三點我們在大廳集合，準備上遊覽車。我在司機的協助下領出我的背包，在大家出發前往機場前與他們揮手道別。

四、分析

從旅程開始到結束，旅行團的組織與操作方式很一致地將台灣展演成中國的一部分，並展示台灣人為中國的族裔主體（Chinese ethnic subjects）。導遊描述領土的方式與台灣歷史的選擇性敘事，都達到了這個目的；同時，觀光行程的時空輪廓也強化了這種印象，遊程安排上不只參觀文化上具有「中國」相關紀錄的「景點」，更造訪特定的購物地點，以便將「地方名產」納入中國豐富物產的圖像。我們所造訪的旅館、餐廳、景點與商家皆主要以接待中國遊客為導向——室內標示以簡體中文書寫、商家櫃檯可收中國人民幣等等，因此也很容易了解，為何中國旅行團會將台灣視為中國的一部分。

台灣作為中國一部分的展演表述，可說是國民黨、中國共產黨歷史、領土與文化想像的混合體；其中，日本殖民時期或是被抹去不談、或是被批評，而台灣原住民的過去與現在則與中國的少數民族合而為一。同時，中國旅行團所見的台灣，也是台灣透過其自身特有政治工具性與經濟邏輯所呈現的展演。在寶石藝品店與其他店家，與國民黨有關係的資本家販賣的不只是實際的商品，而是從遊客消費建構出政治統一的可能性。同時，法輪功被導遊從一個持不同政見的宗教團體，提升為名副其實的惡巫。

（一）導遊作為敘說領土故事的人

首先筆者將著重在導遊所使用的語言，以及他對台灣歷史文化的介紹。如上所述，張導時常將台灣跟「大陸」或「中國大陸」對比。他較少使用「內地」一詞，但時常將其作為修飾語，如「內地客人」。筆者只有一次，也就是在恆春觀看在地棒球賽時，聽到他將台灣與「中國」相比。而這發生在遊程後期，導遊與遊客已經建立信任關係之後，因此並沒有人對此發表意見。

技巧性的使用領土性用語，如「大陸」與「內地」，在台灣政治論述中相當常見，尤其是中國民族主義者，以及在中國做生意或其他形式交流的台灣人之間。然而，從導遊頻繁使用諸如「我們中國」與「我們前總理溫家寶」等詞彙，可見他的歷史文化表述已經超出解嚴後台灣常見的主流論述。值得一提的是，儘管他頻繁的將台灣與中國說成是地方或社會，卻很少將個別的台灣人與大陸人當成民族或民族國家主體。不管是為了聲稱不可避免的政治統一，或是平常討論食物喜好，他常用「我們中國人」來重述國民黨與中共認為台灣人與中國人是「手足同胞」的立場。

即使強調文化與族裔的共同性，他仍無法避免提到台灣與中國大陸的制度差異；而這樣的討論時常是在肯定中國一黨專政的效率，惋惜台灣多黨政治帶來的無能與爭論。「台灣就是太民主了」這樣的敘述，在這趟旅程中至少重複了五次，通常是為了獲得遊客的贊同，至少在他們注意的時候。然而，當他建議遊客要遠離法輪功示威者時，偶爾也會讚揚台灣相對高度「自由」，是個信仰上比較有人情味的社會。

導遊以塑造共同敵人的方式來重述國民黨與中共民族團結論述，加上自身的軍人背景，他時常批評日本對台灣的影響，不論是過去還是現在。如同前將軍同時也是中華民國行政院長郝柏村，他同樣有效地利用「日本」相關論據，將日本殖民教育、公認的日本族群認同，作為批評李登輝、台灣愛國主義者與台獨人士的籌碼。[19]這個策略使他獲得遊客認同，成為中國同胞的友好伙伴，「迎合」（如同他私下告訴我的）他們的種族偏見，引起對於戰爭暴行重塑共同回憶的感慨，並訴諸他們對於「一個中國」的領土想像。

另一個選擇性與片面性使用歷史敘事的例子，是導遊經常提起「大陸與台灣歷經六十五年的分離」，以此指稱中華民國在台灣與中共在一九四九年之後的分裂。這個說法略去了他經常批評的日本殖民統治時期，若加上該時期，實際上為「六十五年」的領土分離又加上了半個世紀的時間。這裡進一步有問題的推論是台灣完全為「中國統治」的宣稱。目前的歷史研究已經發現清朝對台灣的治理並不完全、充其量是不完整的，且因為清朝滿人文化特性而更加難以認定這一點。[20]

導遊明顯的意識形態，與他私下告訴筆者不喜歡與客人談論政治的說法有所矛盾。導遊的思想認同除了反映在他帶團的行為表現，更展現在他加入了支持統一的新同盟會組織這一點。就筆者觀察，他並沒有向其他遊客提到他的會員身分，也沒有和其他人討論這個組織，但他的確在進行政治對話。儘管張導的意識形態使他在非觀光的台灣社會中有如局外人，但在中國旅行團中如魚得水。他對民進黨、台獨人士、台灣的民主治理，以至於日本殖民統治與現在領導風格的批評，確實是種政治劇場的形式。但他保留未提的部分也同等重要：他避而不談國民黨

19 S. H. Tsai, *Lee Teng-hui and Taiwan's Quest for Identity*. Quest. New York: Palgrave Macmillan, 2005.

20 E. J. Teng, *Taiwan's Imagined Geography: Chinese Colonial Travel Writing and Pictures, 1683-1895*. Cambridge, Mass.: Harvard University Asia Center, 2004.

藐視人權、非法土地徵收、民調顯示多數人反對與中國統一，以及台灣國家認同明確並逐漸增長的趨勢；他的發言不只是種導遊管理策略的實踐，也是個人政治的選擇，而這對旅行團理解台灣歷史與當代大眾意見產生很明顯的影響。

我們不易得知張導在旅行團以外如何表述他的意見與想法——筆者只能推測他不會使用類似「日本鬼子」或「我們的總理溫家寶」這類的語彙，但的確無法得知實際情況。然而，他對於中國愛國主義誇張而半公開的展演，足已表現出其與他私人信念的一致性（至少對筆者來說是如此）；而此處提到的公開／私密的區別，比較是程度上而非類型上的。

（二）瓦解兩岸族群界限

導遊很少使用出現在一九四〇年後，外省人與本省人這類台灣常見的族群分類話語。這並不令人意外，因為導遊通常會試著避免使用這些台灣特定的、為了挑起政治不安與區別的語彙；相反地，他會使用中國遊客較能理解的語彙，比如「老兵」。

導遊也會特別向外省第二代，以及在台灣生活的中國人介紹遊客，例如在墾丁海產店的中國籍太太，以及在東海岸其他觀光景點的銷售員。他私底下告訴筆者，這麼做是為了讓那些遊客能更加感到像是在家鄉。

格外引人注目的是，當介紹台灣原住民時，導遊經常使用只有在中國才會聽到的族群相關語彙，包括以「高山族」泛稱台灣許多原住民族（高山族是中共對所有台灣原住民的用語）以及「少數民族」。他偶爾用混合式的名詞「高山原住民」來描繪他們（原住民是台灣用語），有時則以他們的族群部落稱呼，例如阿美族或太魯閣族。儘管用法不一致，但這些用語顯示出導遊懂得並很有彈性地利用中共族群分類的語言與認同。

這些遊客並未對原住民議題或歷史表達興趣或關切。如同小孫說的，「在中國我們也有少數民族，但我對他們也不太了解。」對小孫或其他人來說，「中華民族」是由多民族組成，而原住民只是的其中一部分。

（三）為了統一購物

大多購物地點都呈現了國民黨意象。從知名品牌商家，例如陸資鳳梨酥店維格餅鋪，到較小的餐廳商店，例如北平餐廳、阿里山午餐停留處與茶行，馬英九總統與郝龍斌市長的照片都懸掛在明顯位置。這些地點沒有一個有以類似方式展示民進黨或其他反中領導者。

最顯著的例子是國民黨黨營的花蓮寶石店，店家不只強調國民黨與中共領導者的顯著地位，也要員工表述：「買我們的花瓶就是幫助和平統一。」之前幾天，導遊有先試圖增加店家銷售的吸引力：宣稱之前民進黨執政時期縮減榮民福利、一再指出路邊榮民醫院與榮民之家，而且一有機會就把我們介紹給大陸榮民認識。在車上，他提到店家有百分之二十五的收益會回饋給不再收到國家資助的榮民，然而該店店員並未提到這個做法。當筆者個別詢問時，他們回說不清楚細節，但強調這家店與國民黨的確「支持我們的軍隊」。不同於張導，他們的銷售手法並未將店家或國民黨說成榮民的福利機構，而是將其作為體現中國與台灣統一的直接方式。「以經促政」是中國自胡錦濤時代以來，利用經濟優惠鼓勵台灣支持統一的策略。[21]然而，這家寶石店卻是個反向的例子——利用政治策略達到經濟目的。在這個例子中，利用統一與民族情感，鼓勵中國遊客進一步充實國民黨財源。筆者的旅行團沒有任何人買任何東西，主要是因為中國境內許多不受歡迎的店家也會使用類似的手法。

其他購物停留點在展示國民黨重要人物肖像時，也會強調中國與台灣的共同點。例如阿里山的茶行會在產品盒子印上馬總統的簽名照；鄧麗君的音樂被當作兩岸人民共同記憶，具有共通的吸引力。儘管這些店家利用想像中的中國遊客喜好來刺激銷售，也僅止於宣稱收入會支持一個較廣大的政治計畫。然而，維格餅鋪作為中國與台灣合資公司，的確讓張導得以肯定宣稱其為「兩岸關係和平發展」的例子。

（四）商業旅遊與休閒觀光的模糊界線

打從旅途開始，小孫就告訴筆者，他與同事的這趟旅行是由台灣的老闆招待，以獎勵他們優良的工作表現，同時也讓他們更加了解公司總部所在的台灣。整趟旅程中，小孫與他的同事除了跟大家一起行動，在高雄就特地抽出時間與公司同事晚宴；隔日，他們的台灣同事還送來幾盒伴手禮，讓他們帶回中國。所以根據他們的時間分配，雖然主要目的是休閒，這批建築工人還是把握機會進行工作上的交流。而從這裡可能得到的另一個結論是，其他中國遊客在進行休閒觀光時，也可能同時兼具工作目的；而這更可能發生在不跟團、不用受到嚴格行程控制的自由行遊客身上。

（五）團員間的互動

包括工作人員，我們的旅行團分成三組人馬：五位蘇北建築工人，上海一家四口，以及導遊與司機。筆者身為很少單獨出現在這類旅行團的西方遊客，成為大家好奇的目標，在這些群體間游移，但很難真正融入其中。在活動範圍較大的地點，團員們會在導遊結束基本介紹後，自動分成兩個團體——上海家庭與建築工人，筆者在沒有與導遊、景點攤販或店員談話的時候，會將時間平均分配參與這兩個團體的活動。至於午餐與晚餐時間，所有的遊客都會同桌用餐，導遊與司機則在確定我們入座並解釋完餐點特色後，就到另一桌，分開用餐。吃飯時討論內容通常是食物、景點，與我們對這趟旅行及台灣的想法；極少的情況則會聊聊自己的個人背景。

遊客間大致上是有禮貌的，而且會確認大家都有足夠的食物可以吃；對於孩童偶爾造成的混亂，或因大聲喧嘩、飲食不守規矩、快速轉動桌上轉盤造成他人用餐不便，建築工人也多半

21 S. L. Kastner, "Does Economic Integration Across the Taiwan Strait Make Military Conflict Less Likely?" *Journal of East Asian Studies*, 6, 2006, pp. 319-346.

保持耐心。

上海家庭與建築工人間並沒有政治議題的公開議論或交流。然而在小群體中，例如在與建築工人吃早餐或看電視時，台灣的政治是個常見的話題。導遊一再提到的「台灣就是太民主」常被提起或重述。作為本次旅程唯一的「外國人」，同時也是本團遊客唯一交談過的外國人，筆者常常被要求以「美國人」的身分對這些議題發表意見。筆者會策略性選擇不激怒主流中國論述的說詞，偶爾則以批評美國政治家來回應。這樣的方式與張導沒有太大差異，也就是說筆者也成為了表演者，說出本人認為遊客想聽的、同時保有自身認同某些程度的一致性，來避免衝突。

五、結語

本文主要闡述上海到台灣旅行團的詳細紀實、民族誌材料與分析。藉由探究導遊敘事隱含的政治立場、遊客與攤販的交際、中國遊客之間的對話，筆者描繪出在旅行團成員的觀光經驗中，台灣是如何被呈現與再現；同時也觀察特定台灣攤販與其他接待者，對於中國團客觀光產生之效應所抱持的態度與反應。

在這趟旅行中，中國遊客的花費主要被導入國民黨經營與支持的企業，導致台灣私部門受益不均，造成非國民黨盟友團體的損失。這與旅遊行業協會經營者的立場一致，其在訪談中明白表示出對國民黨與其政治人物的支持，這意味著中國團客觀光也正影響著台灣內部政黨政治的運作與經濟。

這次旅遊經驗所觀察到的樣貌與情感因素，與筆者在二〇一二到二〇一六年間蒐集到其他旅行團遊客的訪談資料大致一致。[22]因此筆者認為，作為中國輸出遊客到台灣觀光的模式，旅行團的操作結構使得多數遊客會複製與再現身在中國的觀光經驗。儘管旅程中有許多不在文本中及預期之外的時刻，上述效應持續產生作用；換言之，兩岸觀光地點與人潮流動所創造的空間已然是經過有效舞台管理與設計，以避免中國多數遊客親中統一的立場與台灣多數持反對統一立場出現不和諧或衝突的表現。

22 I. Rowen, "Tourism as a Territorial Strategy: The Case of China and Taiwan." *Annals of Tourism Research*, 46, 2014, pp. 62-74; "The Geopolitics of Tourism: Mobilities, Territory and Protest in China, Taiwan, and Hong Kong." *Annals of the American Association of Geographers*, 106(2), 2016, pp. 385-393.

參考書目

劉瑋婷，〈開放陸客來台觀光之影響與探討〉，《臺灣經濟研究月刊》三二（八），二〇〇九，頁五七～六三。

交通部觀光局，「一〇〇年來臺旅客按居住地分」，二〇一二。

Arlt, W. G., *China's Outbound Tourism*. Oxon: Routledge, 2006.

"Cross-strait tourism offices to open in April." *China Times*, 2010 February 26.

Chio, J., "China's Campaign for Civilized Tourism What to Do When Tourists Behave Badly." *Anthropology News*, 2010 November, pp. 14-15.

Crouch, D., & Desforges, L., "The Sensuous in the Tourist Encounter: Introduction: The Power of the Body in Tourist Studies." *Tourist Studies*, 3(1), 2003, pp. 5-22.

Franklin, A., "Tourism as an ordering: Towards a new ontology of tourism." *Tourist Studies*, 4(3), 2004, pp. 277-301.

Gibson, C., "Geographies of tourism: (un)ethical encounters." *Progress in Human Geography*, 34(4), 2009, pp. 521-527.

Guo, Y., Kim, S. S., Timothy, D. J., & Wang, K.-C., "Tourism and reconciliation between Mainland China and Taiwan." *Tourism Management*, 27(5), 2006, pp. 997-1005.

Ho Y.-C., Chuang S.-C., & Huang C.-J., "The Study of Brand Cognition of Sun-Moon-Lake-The Example of Mainland China Tourists." *Journal of Island Tourism Research*, 5(1), 2012, pp. 52-71.

Kastner, S. L., "Does Economic Integration Across the Taiwan Strait Make Military Conflict Less Likely?" *Journal of East Asian Studies*, 6, 2006, pp. 319-346.

Lanfant, M.-F., "International Tourism, Internationalization, and the Challenge to Identity." In M.-F. Lanfant, J. B. Allcock, & E. M. Bruner (Eds.), *International Tourism: Identity and Change*, London: SAGE Publications, 1995, pp. 24-43.

MacCannell, D., *The Tourist: A New Theory of the Leisure Class*. New York: Schocken, 1976.

Nyíri, P., *Scenic Spots: Chinese tourism, the State, and Cultural Authority*. Seattle: University of Washington Press, 2006.

Nyíri, P., *Mobility and Cultural Authority in Contemporary China*. Seattle: University of Washington Press, 2010.

Richter, L. K., "Political implications of Chinese tourism policy." *Annals of Tourism Research*, 10(3), 1983, pp. 395-413.

Rowen, I., "Tourism as a Territorial Strategy: The Case of China and Taiwan." *Annals of Tourism Research*, 46, 2014, pp. 62-74.

Rowen, I., "The Geopolitics of Tourism: Mobilities, Territory and Protest in China, Taiwan, and Hong Kong." *Annals of the American Association of Geographers*, 106(2), 2016, pp. 385-393.

Salter, M. B., "To Make Move and Let Stop: Mobility and the Assemblage of Circulation." *Mobilities*, 8(1), 2013, pp. 7-19. http://doi.org/10.1080/17450101.2012.747779

Sun, W., *Leaving China: Media, Migration, and Transnational Imagination*. Rowman & Littlefield, 2002.

Teng, E. J., *Taiwan's Imagined Geography: Chinese Colonial Travel Writing and Pictures, 1683-1895*. Cambridge,

Mass.: Harvard University Asia Center, 2004.

Tsai, S. H., *Lee Teng-hui and Taiwan's Quest for Identity*. Quest. New York: Palgrave Macmillan, 2005.

Wang, L. R., "How Taiwan's economy benefits from independent Chinese tourists." *China Report*, 6, 2011, pp. 50-51.

Wang, N., "Itineraries and the tourist experience." In C. Minca & T. Oakes (Eds.), *Travels in Paradox: Remapping Tourism*. Rowman & Littlefield, 2006.

Wong, C. H., "Pandas Behaving Badly Remind Chinese Tourists to Mind Their Manners." *Wall Street Journal*, 2014, October 16, Retrieved from http://blogs.wsj.com/chinarealtime/2014/10/16/misbehaving-pandas-remind-chinese-tourists-to-behave/.

Yeh, E. T., *Taming Tibet: Landscape Transformation and the Gift of Chinese Development*. Cornell University Press, 2013.

Yi, S. H., "The impact of Cross Strait tourism cooperation on Cross-straits economics." *Cross-Strait Relations*, 10, 2008, pp.35-36. Retrieved from http://cnki50.csis.com.tw/kns50/detail.aspx?QueryID=19&CurRec=22.

Yu, L., "Travel between politically divided China and Taiwan." *Asia Pacific Journal of Tourism Research*, 2(1), 1997, pp. 19-30.

Zhang, J. J., "Borders on the move: Cross-strait tourists' material moments on 'the other side' in the midst of rapprochement between China and Taiwan." *Geoforum*, (48), 2013, pp. 94-101.

第七章

媽祖信仰的跨海峽利益

古明君｜清華大學社會學研究所副教授
洪瑩發｜中研院台灣史研究所博士後研究

古明君，美國社會研究新學院社會學博士。研究領域為文化研究、旅遊的社會與文化分析、批判遺產研究。

洪瑩發，東華大學民間文學研究所博士。研究領域為民間信仰與地方社會、宗教數位人文與空間資訊技術、台灣民間信仰與民俗等。著有《台灣王爺信仰與傳說》、《解讀大甲媽：戰後大甲媽祖信仰的發展》等書。

一、「做民間宗教」(doing popular religion)的兩岸民間信仰社群頭人

自一九八〇年代末部分台灣媽祖廟宇至大陸進香,到二〇〇〇年提出宗教直航,台灣媽祖信仰社群跨越海峽的宗教交流,再再挑戰甚而突破當時的兩岸關係政策。至於中國大陸的媽祖信仰不僅擺脫過往「封建迷信」的汙名而復甦,更由於兩岸媽祖信仰交流,進一步取得了官方肯認,甚至稱媽祖為「海峽和平女神」。這些現象都顯示了:兩岸媽祖信仰社群的互動不僅是宗教性質的社會實踐,也帶有兩岸政治的意涵。

如同其他漢人民間宗教,媽祖信仰呈現的不僅是人與神祇的關係,亦反映了人群的社會交往與團結的模式。分隔近百年的兩岸媽祖信仰,立基於在地的政治與社會脈絡,形塑了信仰社群的社會交往網絡、儀式活動,與象徵階序。然而,自一九八〇年代起,分立於兩岸的媽祖信仰社群,在因應各自所處的政治與社會變化之際,開始將海峽彼岸的媽祖信仰社群納入其社會交往之中。這個民間宗教發展的過程,由於兩岸媽祖信仰社群共構其中,而產生交互影響;兩岸的媽祖信仰社群各自處於不同的國家社會關係之下,因而此一交互共構的宗教發展過程,也形成了具有政治意涵的效果。

本文分析這個共構的過程,以及其所產生的政治意涵;分析的焦點放在媽祖信仰社群頭人跨海峽「做媽祖信仰」的脈絡、過程,以及結果。這裡談到的媽祖信仰社群頭人,指的是廟宇

組織領袖，例如董事會成員或總幹事。歷史上，媽祖信仰如同其他的漢人民間宗教，有較強的地域性，不僅廟宇是地方社會的信仰中心，信仰社群頭人也往往是地方社會秩序的維繫者。由於在國家基礎行政權力薄弱的帝制中國，民間宗教活動與地方社會公共活動重合，參與民間宗教活動的地方社會菁英，取得信仰社群頭人的地位，透過宗教領域展現其對地方社會的公共參與。帝制權力擴張至地方社會的過程中，收編與正統化特定的民間信仰傳統，試圖以文化教化邊陲社會，讓民間宗教象徵性地與帝國文化秩序保持一致。媽祖信仰從不具有正當性的淫祀，一路受封為天后，正是一個帝國秩序收編並正統化地方信仰傳統的例子。而這並非僅是中央到地方單向的過程，地方菁英參與了這個地方傳統取得國家認可的過程，並以此確認他們在地方社會支配中的權威與地位。[1]

相較於帝制中國媽祖信仰的正統化，現代政治和社會的脈絡下，媽祖信仰與國家的互動劇碼有以下的不同之處：一，媽祖廟宇組織是具有現代組織性質的董事會或管理委員會，能於其中具有領袖地位者，不再是傳統社會中的鄉紳，而是具有應對政治經濟複雜度的地方菁英，包

1　James L. Watson, "Standardizing the gods: the promotion of T'ien Hou ("Empress of Heaven") along the south China coast, 960-1960." In *Popular Culture in Late Imperial China*, edited by David G. Johnson, Andrew J. Nathan and Evelyn S. Rawski, United States: University of Calif. Press, 1985, pp. 292-324。廖迪生，〈地方認同的塑造：香港天后崇拜的文化詮釋〉，收錄於陳慎慶（編），《諸神嘉年華：香港宗教研究》，香港：牛津大學出版社，二〇〇二，頁二二二～二三五。

括地方政治人物或者企業家。二，媽祖信仰社群頭人不再只是取得帝國對地方傳統的認可，他們處於變動的兩岸關係中，與國家的關係更為複雜。我們可以在兩岸媽祖信仰發展的共構過程中，看到信仰頭人意識到對方社群、地方政治、國家政策的共同在場，對彼此政府的試探、借力、衝撞、共謀……，共構出跨海峽的宗教實作。

本文稱這樣的宗教實作為「跨海峽做媽祖信仰」。所謂的「做媽祖信仰」，是借用周越（Adam Yuet Chau）的「做宗教」概念。[2]周越認為：歷史過程中逐漸凝結出不同的「做宗教」形式，使人們透過特定的實踐模式來表達其宗教想像。周越將分析焦點放在人們如何進行宗教實作的理念型，以此分類出五種中國宗教文化中「做宗教」的模式，其中，關係／來往模式強調人與神之間的關係，以及宗教活動中人與人之間的來往：[3]

> 如建廟、……趕廟會慶祝神靈「聖誕」、……進香朝聖、組建宗教團體（如神明會）和形成寺廟與崇拜團體之間的聯盟關係（如通過分香分靈習俗）等。這一模式也強調社會集結性（sociality），用儀式活動和宗教節日提供特別的空間讓人們聚集起來……關係的締結和維護、社會集結性的共創與共享，是關係／來往模式中各種活動的根本特徵。這一模式的關鍵詞是「來往」（社交往來）和「關係」（社會關係、連繫）。[4]

如同大多數的漢人民間宗教，媽祖信仰並無明確的經典與教團組織，大都透過活動來傳播信仰、展現靈驗、團結信徒，因而關係／往來涉及的社會交往互動，與宗教活動相互證成。宗教活動不僅使參與的信眾能表達自己對於媽祖的信仰，也使安排活動的信仰社群頭人展示自己的能力，並與其他廟宇組織或社會組織互動。從「做宗教」角度，本文探討媽祖進香、媽祖聖誕與昇天這類祭典儀式等宗教活動，涉及的關係與社會交往，如何在一九八〇年代跨越台灣海峽。

本文的主要論旨是：兩岸媽祖信仰社群「跨海峽做媽祖信仰」的主要行動者，是信仰社群頭人，也就是廟宇組織——董事會或管理委員會——的成員領袖。信仰社群頭人起初是各自回應其立基的本地政治與社會變遷，而將海峽彼岸信仰社群的聯繫作為本地象徵鬥爭，或取得文化正當性的籌碼，而展開了各類「跨海峽做民間宗教」，包括進香／謁祖，蓋廟，進行香火經濟活動，參訪／交流等。這重組了跨海峽民間宗教生態，也創造出中國政府透過宗教進行對台統戰的可能性。

2 Adam Yuet Chau, *Miraculous Response: Doing Popular Religion in Contemporary China*. Stanford: Stanford University Press, 2006；周越，〈關係／來往的「做宗教」模式：以台灣「媽祖遶境進香」為例〉，《研究新視界：媽祖與華人民間信仰國際研討會論文集》，台北：博陽，二〇一四。

3 周越，〈關係／來往的「做宗教」模式：以台灣「媽祖遶境進香」為例〉，《研究新視界：媽祖與華人民間信仰國際研討會論文集》，頁五八。

4 同前註，頁六三～六四。

二、台灣媽祖信仰頭人跨海峽進香的時代脈絡

如同其他的漢人民間宗教，媽祖信仰是在清代移墾時期隨著移民帶入台灣。從宗教生態的角度來看，當時的媽祖信仰是由具有地域性的宗教社群組成。在日常、週期性的宗教活動和社會互動中，信仰崇拜特定神祇的信眾，其組成的宗教社群有一定的空間區域，形成了神祇的轄境[5]。神祇的轄境呈現了具有地域性的移墾社會團結[6]。作為媽祖信仰社群「做宗教」的主要活動，進香這種信仰儀式活動，則是不同媽祖轄境下的信仰社群之間，週期性的交流互動。宗教性所反映的是這種移民社會性格：地域性社群內部的團結，以及不同社群間的交往互動。

今日台灣的媽祖廟宇中有數間大廟具有全台知名度，且信眾範圍來自全台，這是在台灣社會變遷過程中逐漸出現的現象。台灣在一九六〇年代以來的發展過程中，抑農養工的政策方向以及發展過程帶來的都市化，驅動鄉村人口外流，城鄉移民帶著他們在家鄉的信仰進入都市，一九七〇年代起，媽祖信仰也逐漸有了分散至都市範圍的趨勢。[7]如同許多民間信仰，原來地域性明顯的大甲媽祖信仰社群也開始呈現了去地域化的趨勢：鎮瀾宮舊日丁口的範圍依附在庄頭這樣的地方聚落，但在一九七四年廢除丁口制度之後，鎮瀾宮主要的進香團體便成為不再依附於庄頭的各類神明會。[8]在台灣經濟發展與都市化過程中，人口外移等因素改變了地方聚落的樣貌，也使得許多漢人民間信仰開始出現去地域化的趨勢。大甲媽祖的轄境擴大也許是因素

之一，但並不完全能解釋以下的現象：鎮瀾宮從區域型信仰中心，發展成為全台性質的大廟。鎮瀾宮象徵地位躍升的過程中，有一相當重要的事件，即是鎮瀾宮董事會在一九八〇年代中至湄洲島進香，重新調整了自身在台灣媽祖香火階序上的位置，而已有相當多精彩的學術研究分析此一事件。本節以信仰社群頭人的「跨海峽做媽祖信仰」之宗教實作的角度，簡述這個事件的脈絡與過程，並以此理解本地民間宗教社群象徵爭奪過程中的中國因素。

過往由大甲媽祖轄境下的爐主安排進行的北港進香活動，自一九七〇年代中期爐主頭家制度廢除之後，統由鎮瀾宮的管理委員會負責；[9]至一九七八年，為配合政府的寺廟管理政策，

5　人類學研究中提出各種不同的概念（「祭祀圈」、「信仰圈」）探討台灣漢人民間宗教的地域性。這些概念的意涵以及相關的論辯，由於並非本文主要關懷，也限於篇幅無法進入細部討論。有興趣的讀者可參閱林美容〈由祭祀圈到信仰圈：台灣民間社會的地域構成與發展〉，以及張珣〈祭祀圈研究的反省與後祭祀圈時代的來臨〉。本文因而以「轄境」指稱民間宗教的地域性。

6　林美容，〈由祭祀圈到信仰圈：台灣民間社會的地域構成與發展〉，收錄於張炎憲（編）《中國海洋發展史論文集（第三輯）》，台北：中研院中山人文社會科學研究所，一九八四，頁九五～一二五；張珣，《文化媽祖：台灣媽祖信仰研究論文集》，台北：中研院民族學研究所，二〇〇三。

7　張珣，〈進香儀式與台中大甲地區的發展：兼論媽祖信仰與國家的關係〉，發表於「區域再結構與文化再創造：一個跨學科的整合研究研討會」，二〇〇五；洪瑩發，《戰後大甲媽祖信仰的發展與轉變》，國立台南大學台灣文化研究所碩士論文，二〇〇五，頁八一～八五。

8　張珣，《文化媽祖：台灣媽祖信仰研究論文集》，台北：中研院民族學研究所，二〇〇三，頁一五二。

9　洪瑩發，《戰後大甲媽祖信仰的發展與轉變》，國立台南大學台灣文化研究所碩士論文，二〇〇五，頁

鎮瀾宮管理委員會改制為財團法人制度下的董事會，至此鎮瀾宮董事會成為大甲媽祖信仰社群的頭人，既負責廟內事務的管理，也統籌安排進香。董事會成員包括地方政治派系成員及企業負責人，引入媒體採訪報導、學界研究、企業贊助，也積極運作政治人物前來參與進香相關儀式，使得信仰社群之外的社會力量開始與進香活動產生關聯。[10]規模逐漸擴大的大甲媽祖進香創造出經濟利益，也轉化出潛在的政治利益，成為交雜著金錢、情感、權力的宗教實作，而扮演此種「做宗教」的主要行動者——廟宇董事會——其行動者的性質早已超越地域主義的爐主等頭家制下神聖力量的世俗代理人，相當程度上成為現代社會中的行動者，能動員不同力量（政治、文化象徵、經濟），並在不同層次中（在地、全國、兩岸）同時面對複雜與不確定性。

一九八〇年代，台灣文化政策轉向本土化，大型的民間宗教祭典儀式，包括媽祖進香活動，開始被官方視之為本土文化，並且逐漸發展成為媽祖文化節這樣的大型節慶活動，由媽祖廟宇組織與地方政府合作舉辦。在這個趨勢中，媽祖信仰文化以及廟宇歷史，益發成為信仰社群頭人的文化資本。隨著官方認可而來的象徵地位，以及相應舉辦活動的資源配置，不僅帶動廟宇組織開始關注媽祖信仰文化與廟宇和地方文史，也激起不同媽祖廟宇董事會之間的緊張關係。尤其台灣媽祖廟宇之間的互動過往就存在香火階序關係，因此也發生過不同廟宇間對於香火權威正統象徵的爭議。一九八七年，北港朝天宮以媽祖成道千年的名義，得到省政府輔導舉辦環島遶境活動，引發鹿港天后宮不滿，隨著激起對於「開台媽祖」的象徵爭奪，媽祖廟宇開基與建廟年代、媽祖分靈的香火階序，都成為爭議論點，全台大型的媽祖廟宇遂各自舉辦相關的紀念活動。[11]大甲鎮瀾宮的媽祖信眾過往一直前往北港朝天宮進香，但由於進香規模與範圍不斷擴大，鎮瀾宮已經可算是全台大廟之一，故對於大甲媽祖被稱為北港媽祖的「分靈」、大甲媽祖至北港朝天宮進香刈火被稱為「回娘家」等說法逐漸心生不滿。北港朝天宮承辦省政府的媽祖成道千年活動之際，鎮瀾宮董事會益發關心兩者之間的象徵階序關係。雖然大甲媽祖無法爭取開台媽祖的地位，鎮瀾宮董事會卻決定突破當時兩岸交流的政策限制，組團到湄洲島參與媽祖昇天千年祭，除了進香，並迎回媽祖神像一尊以及相關信物。[12]這樣的象徵性行動，等於直接讓鎮瀾宮連續了湄洲媽祖祖廟的香火，提升了自身在台灣內部各媽祖廟間的香火階序位置。次年，鎮瀾宮就不再至北港朝天宮進香，改至新港奉天宮；且不再有「刈火」儀式，並更名為「遶境進香」。[13]

二八～三三三。

10 同前註，頁三四～三九。

11 洪瑩發，《戰後大甲媽祖信仰的發展與轉變》，國立台南大學台灣文化研究所碩士論文，二〇〇五，頁四四。

12 鎮瀾宮董事會進行許多細緻的政治安排，得以在當時不確定的兩岸關係限制下，成功往湄洲進香並迎回分靈媽祖。可參考洪瑩發的研究（《戰後大甲媽祖信仰的發展與轉變》頁四五）。以此也可理解鎮瀾宮董事會成員，在不同環節（政治、宗教、媒體）交錯中，進行複雜行動安排的能力。

13 張珣，〈進香儀式與台中大甲地區的發展：兼論媽祖信仰與國家的關係〉，發表於「區域再結構與文化再創造：一個跨學科的整合研究研討會」，二〇〇五；洪瑩發，《戰後大甲媽祖信仰的發展與轉變》，國立鎮瀾宮董事會在一九八七年成功至湄洲媽祖祖廟進香之後，除了持續與湄洲媽祖祖廟董事會交往互動，也與福建莆田地區其他的媽祖廟宇交往互動，尤其是賢良港天后祖祠。二〇〇〇年，鎮瀾宮董事會帶領數千信徒前往湄洲進香，並且透過電視轉播。[14]當年正逢台灣的總統大選，「宗教直航」的議題從選前吵到選後。選前，各方政治人物以「宗教直航」為話題炒作新聞，甚至將開放宗教直航列為政策，企圖拉攏鎮瀾宮董事長顏清標；[15]選後，則成為藍綠雙方爭戰的話題之一，尤其是民進黨與親民黨的相互叫陣。該年六月，鎮瀾宮決定於七月十六日（農曆六月十五日）出發進香，更掀起長達一個月的政治討論，支持或反對的一方都搬出媽祖，進行相關政策的攻防。贊成宗教直航的一方，說進香的時間與方式是獲得大甲媽「同意」，而另一方則是說「媽祖會體諒」，並引發「到底是媽祖大？還是蔡英文大？」、「要不要信徒也向蔡英文擲筊？」、「神棍」、「綁架媽祖」等口水戰。[16]除此之外，宗教直航問題也引發民進黨立委不同看法，部分立委指出，媽祖信徒強勢要求陸委會在一週內宣示宗教直航可行性是置國家於險境，要求讓「媽祖歸媽祖，政治歸政治」；而來自台中的民進黨籍立委林豐喜、邱太三，則要求外界不應以「泛政治化」角度看待此事，只要行政單位克服技術性問題，政府就該讓信徒成行，指外界不該把宗教問題做政治性解讀。[17]至於台中出身的兩位立委為何與黨團有不一樣的看法，正因為其必須顧慮到選區內眾多媽祖信徒的反應，尤其邱太三身為大甲子弟，更必須考量選區內選民的反應。

當時由民進黨主政的台中縣政府，其立場也與民進黨中央不同調：民進黨籍縣長廖永來贊成直航，並派出人員協助顏清標。最後，陸委會並沒有同意鎮瀾宮直航，大甲鎮瀾宮另外透過轉機方式前往湄洲進香，而因為先前的事件，讓此次進香備受海峽兩岸重視；但也因為這件事，發生後續搜索鎮瀾宮、羈押顏清標的相關事件。[18]如果比對該事件在海峽兩岸的報導，可以發現「宗教直航」當時成為兩地政府的政策話題，大甲媽祖也成為被兩岸政治拉扯的對象，兩岸都透過這個議題來為自己的立場解釋：中國官方將此事視為民眾對三通有高度的期待，不答應宗教直航是欺騙民眾，以及「妨礙兩岸和平發展」；[19]而當鎮瀾宮到達湄洲之後，也被報導為「突破台灣當局的重重阻礙」、「兩岸民俗文化一脈相連」、「期待兩岸早日通航」的宣傳象徵。[20]鎮瀾宮董事會或許只是想透過宗教直航來提高其在台灣與中國媽祖信仰社群間的影

台南大學台灣文化研究所碩士論文，二〇〇五，頁十八、四一～四八。

14 Mayfair Mei-hui Yang, "Goddess across the Taiwan Strait: Matrifocal Ritual Space, Nation-State, and Satellite Television Footprints." *Public Culture* 16 (2), 2004, pp. 209-238.

15 《聯合報》，二〇〇〇年一月九日。

16 二〇〇〇年六月，蔡英文為當時的陸委會主委。

17 《聯合報》，二〇〇〇年六月八日。

18 洪瑩發，《解讀大甲媽：戰後大甲媽祖信仰的發展》，台北：蘭臺文化，二〇一〇，頁三四三～三七一。

19 《中國新聞社》，二〇〇〇年六月十五日。

20 周文輝、劉永玉，〈神同源、人同根：台灣大甲鎮瀾宮謁祖進香側記〉，《臺聲雜誌》（中國台辦官方發行之雜誌），二〇〇〇年九月號。

響力，卻意外成為兩岸互動關係的宣傳重點。

在二〇〇〇年的大規模進香之後，鎮瀾宮董事會於二〇〇一年組織「台灣媽祖聯誼會」，捐助重建賢良港媽祖故居，[21]並帶隊至福建莆田地區幾個重要的媽祖廟宇進香。會址設在鎮瀾宮的台灣媽祖聯誼會雖然對會員廟宇組織並無任何強制力，但是從鎮瀾宮董事會對台灣媽祖聯誼會的經營，以及其以台灣媽祖聯誼會團體名義從事兩岸宗教交流，可看出鎮瀾宮董事會對台灣的媽祖廟宇組織的影響力；也因為二〇〇〇年大規模的湄洲進香、二〇〇一年組織台灣媽祖聯誼會等幾次大規模的活動，引起澳門、泉州、天津、洛陽等地媽祖廟的注意，進而派人前來大甲參與進香，學習觀摩，讓鎮瀾宮在中國大陸的交往網絡擴延到福建的媽祖信仰社群之外。[22]就連規畫安排一九八七及二〇〇〇年兩次湄洲進香活動的鎮瀾宮董事會成員，也被中國以及澳門的媽祖廟宇邀請擔任顧問。因此，不僅是香火來自湄洲祖廟，更由於董事會成員展現了在兩岸關係下執行大規模宗教交流的能力，確立了鎮瀾宮在台灣媽祖信仰變動生態中的象徵地位。「跨海峽做媽祖信仰」的效果，反饋回台灣，且溢出宗教的領域：二〇〇〇年之後的大甲媽祖進香活動，尤其到了選舉時期，鎮瀾宮董事會邀請全國層級的政治人物參與大甲媽祖進香起駕儀式，[23]媽祖儼然成為超級助選員。

在過往的「祖廟」論述中，台灣內部或台灣與中國廟宇間分香網絡下的進香活動，被框架為「進香謁祖」。一九八七年的湄洲島進香，不僅讓鎮瀾宮提高其在台灣內部的象徵地位，也在媽祖信仰香火／靈力的象徵系統中，強化了所謂「祖廟」的香火權威位置，並固定化為強調祖源的「祖廟」論述。這個過程不僅使得台灣媽祖廟宇間得以透過象徵爭奪以宣稱象徵地位，並且強化了祖廟意識。[24]有意思的是，媽祖信仰是隨著移民信仰傳遞到東南亞地區，因此並非所有海外信仰社群都有這樣的祖廟意識，例如香港的媽祖研究者就指出香港並沒有這樣的現象。[25]這是台灣媽祖信仰社群在台灣爭奪象徵地位時，以祖源為新的象徵資源，且運用此象徵資源，重建這個虛擬系譜以爭奪象徵地位。祖廟論述的效應也溢出媽祖信仰社群，台灣其他民間宗教廟宇也紛紛至大陸尋找祖廟，包括保生大帝、王爺、廣澤尊王、清水祖師、開漳聖王、關聖帝君、觀音佛祖、臨安尊王、法主公、臨水夫人、三山國王、義民廟、呂洞賓、鎮海元帥等，都在大陸有祖廟。台灣各種民間宗教至大陸「祖廟」進香的熱潮，進一步引發了中國民間宗教社群內部的「祖廟之爭」。此外，鎮瀾宮組織媽祖聯誼會的模式，也被其他的民間信仰

21　張珣，〈進香儀式與台中大甲地區的發展：兼論媽祖信仰與國家的關係〉，發表於「區域再結構與文化再創造：一個跨學科的整合研究研討會」，二〇〇五，頁十九。

22　洪瑩發，《戰後大甲媽祖信仰的發展與轉變》，國立台南大學台灣文化研究所碩士論文，二〇〇五，頁三八～三九。

23　同前註，頁一五二～一五三。

24　簡瑛欣，《祖廟：台灣民間信仰的體系》，國立政治大學民族學系博士論文，二〇一四，頁十九～三三、一二〇～一二九。

25　廖迪生，〈地方認同的塑造：香港天后崇拜的文化詮釋〉，收錄於陳慎慶（編），《諸神嘉年華：香港宗教研究》，香港：牛津大學出版社，二〇〇二，頁二二二～二三五。

頭人沿用，透過組織各種聯誼組織與中國的「祖廟」交流，有企圖心的信仰頭人得以展現其實力，確認自身代表台灣的信仰社群，或提高自身在信仰社群中的象徵地位。

三、中國媽祖信仰復振中的台灣因素

經歷了文化大革命時期的壓抑，中國各地的民間宗教在一九七〇年代末相對鬆動的政治氣氛中開始復甦。[26]如同其他復甦中的民間宗教，福建地區的媽祖信仰社群也開始修建廟宇，隨後恢復祭典儀式；[27]已有學者注意到，中國東南沿海民間宗教復振有來自海外信仰社群的支持，其中包括台灣。[28]由於在媽祖信仰復振過程中，交織了台灣信仰社群跨海峽做宗教的實作，因而呈現出國家與台灣信仰社群的共同在場。台灣信仰社群的在場，形式上包括具體參與當地的媽祖信仰社群的宗教實作（捐助修建廟宇、進香），或由於台灣媽祖社群具有的象徵性，有助於當地信仰社群藉以爭取政府政策支持或資源挹注，[29]而使中國的媽祖信仰復振逐漸發展出與政府合作、爭取政策傾斜的「做宗教」模式。[30]

湄洲媽祖祖廟為福建地區最早修復的媽祖廟宇之一。根據《湄洲媽祖志》附錄的大事記記載，一九六九年，湄洲媽祖祖廟正殿及其附屬建築被湄洲人民公社革委會拆毀，[31]直至一九七八年左右，由於政治氣氛較為鬆動，熱心信眾開始自發修廟。[32]一九七〇年代末與一九八〇年代初期，當時民間宗教尚未取得文化正當性而前景未明，官方對民間宗教的態度尚不清晰，民間宗教活動仍會帶來政治風險，中國各地的民間宗教社群遂發展出各類策略，以應付當地政府可能的壓制。以文物或民俗文化之名定位民間宗教實作，是常見的策略之一；[33]湄

---

26 Vincent Goossaert and David A. Palmer, *The Religious Question in Modern China.* Chicago: University of Chicago Press, 2011, pp. 241-269. Richard Madsen, "Religious Revival." In *Reclaiming Chinese Society: the New Social Activism,* edited by You-tien Hsing and Ching-Kwan Lee, London and New York: Routledge, 2010, pp. 140-156. Adam Yuet Chau, *Miraculous Response: Doing Popular Religion in Contemporary China.* Stanford: Stanford University Press, 2006, pp. 2-4.

27 鄭振滿，〈湄洲祖廟與度尾龍井宮：興化民間媽祖崇拜的建構〉，《民俗曲藝》一六七，二〇一〇，頁一二三～一五〇。

28 Kenneth Dean, *Lord of the Three in One: The Spread of a Cult in Southeast China.* Princeton: Princeton University Press, 1998.

29 鄭振滿，〈湄洲祖廟與度尾龍井宮：興化民間媽祖崇拜的建構〉，《民俗曲藝》一六七，二〇一〇，頁一二九～一三〇；Kenneth Dean, *Lord of the Three in One: The Spread of a Cult in Southeast China.* Princeton: Princeton University Press, 1998, pp. 263-266。

30 Ming-Chun Ku, "Local Strategies of Popular Religious Community Engaging the State: The Culturalization and Heritagization of the Mazu Belief." The Conference on 'Interactive Governance And Authoritarian Resilience: Evolving State Society Relations In China', Taipei, 2015.

31 蔣維錟、朱合浦，《湄洲媽祖志》，北京：方志出版社，二〇一一，頁五五五。

32 鄭振滿，〈湄洲祖廟與度尾龍井宮：興化民間媽祖崇拜的建構〉，《民俗曲藝》一六七，二〇一〇，頁一二七～一二九；蔣維錟、朱合浦，《湄洲媽祖志》，北京：方志出版社，二〇一一，頁五五六。

33 高丙中，〈一座博物館：廟宇建築的民族志〉，《社會學研究》一，二〇〇六，頁一五四～一六八；Adam Yuet Chau, "Introduction." In *Religion in Contemporary China: Revitalization and Innovation,* edited by Adam

洲媽祖祖廟也採用類似的策略：以「宗教文化」減低官方疑慮，即將宗教儀式活動設定為宗教文化，並且以此框架進行兩岸交流。[34]由於湄洲媽祖祖廟在軍隊駐防區內，重建中的廟宇曾一度遭軍區下令拆毀，當時信仰社群領袖則動員不同的社會關係，包括向省級領導上訴，以及將祖廟申報並獲准為省級文物保護單位，使重建工程繼續進行。[35]

同樣根據《湄洲媽祖志》附錄的大事記，一九八三年湄洲媽祖祖廟修復後恢復祭祀活動，此舉在福建省黨政機關內部和社會上引起爭議。[36]在這樣的氛圍下，湄州媽祖祖廟自一九八〇年代起開始擴大並強化與台灣、新加坡、印尼等海外媽祖信仰社群與宗親團體的聯繫，不僅是回應海外信眾在廟宇重建中的支持，也是由於官方對民間信仰的態度尚不清晰，媽祖信仰社群頭人在地方國家不同部門中尋找支持。其中，地方的對台辦公室及文化部門，在重建時期對湄洲媽祖祖廟廟宇的頭人展現了較多的同情與支持，遂使信仰社群頭人有意識地強化與台灣廟宇的交流，並在地方文化部門的支持下，將宗教祭典儀式活動框架為宗教文化，以兩岸交流的名義取得官方支持，以增加媽祖信仰實踐復振的正當性，也以此提升了湄洲媽祖祖廟信仰社群頭人在地方政治上的地位。[37]根據《莆田市志》，自一九八五年起，湄洲島每年於五月舉辦大規模的媽祖誕辰紀念活動，而入島人數多達十萬餘人。[38]祭典儀式原就具有濃厚的民間宗教色彩，在這個過程中更逐步被框架為「媽祖信仰文化交流」，來強化其正當性。

來自台灣的廟宇組織捐款襄贊湄洲媽祖祖廟重建，且一直有個別的進香活動，但自一九八〇年代中期，開始成為正式且組織規模龐大的活動；一九八五至一九八七年，前往湄洲媽祖祖廟進香的海外遊客一萬三千人，即多屬台灣、香港信眾。[39] 一九八六年元月，湄州島媽祖祖廟正式舉行開光儀式，邀請上千名台灣人參加。[40] 一九八七年，湄州島媽祖祖廟擬擴大舉辦媽祖升天千年祭，透過莆田市對台辦事處及湄洲媽祖祖廟董事會向港澳台地區發出千份邀請書，邀

Yuet Chau, New York: Routledge, 2011, pp. 6-7; Ming-Chun Ku, "Local Strategies of Popular Religious Community Engaging the State: The Culturalization and Heritagization of the Mazu Belief." The Conference on 'Interactive Governance And Authoritarian Resilience: Evolving State Society Relations In China,' Taipei, 2015.

34 張珣，〈中國大陸民間信仰的變遷與轉型：以媽祖信仰為例〉，《科技部人文與社會科學簡訊》十五（二），二〇一四，頁一四四～一四五；鄭振滿，〈湄洲祖廟與度尾龍井宮：興化民間媽祖崇拜的建構〉，《民俗曲藝》一六七，二〇一〇，頁一二八；Ming-Chun Ku, "Local Strategies of Popular Religious Community Engaging the State: The Culturalization and Heritagization of the Mazu Belief." The Conference on 'Interactive Governance And Authoritarian Resilience: Evolving State Society Relations In China,' Taipei, 2015.

35 鄭振滿，〈湄洲祖廟與度尾龍井宮：興化民間媽祖崇拜的建構〉，《民俗曲藝》一六七，二〇一〇，頁一二七～一二九。

36 蔣維錟、朱合浦，《湄洲媽祖志》，北京：方志出版社，二〇一一，頁五五六。

37 Ming-Chun Ku, "Local Strategies of Popular Religious Community Engaging the State: The Culturalization and Heritagization of the Mazu Belief." The Conference on 'Interactive Governance And Authoritarian Resilience: Evolving State Society Relations In China,' Taipei, 2015.

38 《莆田市志》。

39 《莆田市外經貿志》，第四節湄洲島。

40 同註三八。

請廟宇組織參加。該年十月三十一日，湄洲媽祖祖廟舉辦隆重的媽祖升天千年祭，凡七天，來湄洲島的旅遊人數達十萬人次，其中台灣遊客有一點三四萬人次，[41]其中包括前文所提，突破當時兩岸交流限制的鎮瀾宮董事會。

從千年祭的籌辦過程，不僅可看出宗教信仰社群之活躍與擴大，也重塑了信仰社群領袖的樣貌。建廟過程中，具有卡里斯瑪領袖氣質的當地女性，號召信眾參與建廟，逐漸浮出成為信仰社群頭人，並在建廟之後由她及其追隨者組成湄州媽祖廟管委會，掌握廟宇財務同時管理廟宇活動。[42]自一九八〇年代中期以來，由於湄州島媽祖祖廟涉台事務以及海外聯繫增多，尤其在千年祭籌畫時為了減低官方色彩，原本稱為管委會的廟宇組織，在市級政府領導的協助下，重組為董事會。市級領導提議由市政協主席擔任董事長，主要負責接待海外貴賓、推廣媽祖文化等事務，而自建廟以來經歷管委會時期的信仰社群女性領袖則任常務副董事長，負責廟內管理事務並仍掌握財務。[43]此一組合一任十年，第二屆董事會的改選，地方領導選擇前任女性副董事長的兒子為董事長人選，任命的過程則是由市委常委做出人事決定。[44]第二屆董事長權威的正當性來源綜合了傳統因素（他是建廟時期信仰社群頭人的兒子）、官方認可（市委書記決定他是接班的人選）、政治因素（他是黨的基層幹部）。湄洲島基層幹部（黨委副書記暨管委會副書記）也同時被董事長賦予湄洲媽祖祖廟副董事長的榮譽職，宗教權威開始與地方行政權威交錯，使湄洲媽祖董事會影響力範圍綜合了宗教與廟宇事務、地方行政、文化與旅遊等。

信仰社群領袖的廟宇董事長，基本上是個地方領導信任、又能為信仰社群接受的人選。雖說董事會不是官方組織，且在日常管理及財務上也有相當的自主性，但是董事會同時也大量承辦地方政府相關活動，或協助完成官方性質的任務，民間宗教的信仰社群頭人，在與不同的國家部門互動中摸索如何合作，也形塑了廟宇董事會作為信仰社群的領導樣貌：既代表在地的信仰社群，也作為國家的助手。湄洲媽祖祖廟董事會與湄洲島景區管理處是一套人馬兩塊牌子，[45]董事會成員包括湄洲島的黨委副書記暨景區管委會副書記，及對台辦公室主任，[46]如此一

41 同註三九。

42 張珣，〈中國大陸民間信仰的變遷與轉型：以媽祖信仰為例〉，《科技部人文與社會科學簡訊》十五（二），二〇一四，頁一四四；鄭振滿，〈湄洲祖廟與度尾龍井宮：興化民間媽祖崇拜的建構〉，《民俗曲藝》一六七，二〇一〇，頁一二七～一二八；Kenneth Dean, *Lord of the Three in One: The Spread of a Cult in Southeast China*. Princeton: Princeton University Press, 1998, p. 264; Ming-Chun Ku, "Local Strategies of Popular Religious Community Engaging the State: The Culturalization and Heritagization of the Mazu Belief." The Conference on 'Interactive Governance And Authoritarian Resilience: Evolving State Society Relations In China', Taipei, 2015.

43 「林文豪先生的媽祖緣」，莆田文化網，http://www.ptwhw.com/?post=4911；「難為媽祖傳承人」，莆田文化網，http://www.ptwhw.com/?post=4728。

44 「難為媽祖傳承人」，莆田文化網。

45 周金琰，〈媽祖宮廟管理模式探論〉，《莆田學院學報》十九（四），二〇一二，頁六～十一。

46 「湄洲島祖廟董事會第三屆」，http://big5.news.cn/gate/big5/www.fj.xinhua.org/mazu/2004-10/27/content_4121258.htm。

來，董事會的廟務管理可以與基層行政及對台事務保持行動上的一致。此外，由於宗教旅遊及湄洲媽祖知名度而發展出的各類事業，包括旅館、車隊、旅行社、文化影視園區等，由董事會投資與管理。這使得湄洲媽祖祖廟董事會，自一九九〇年代末以來，逐漸發展成一個宗教、地方政治、旅遊與文化經濟的綜合體。

兩岸的媽祖文化交流，成了湄洲島爭取政府資源的機會。為了順利舉辦千年祭，一九八七年五月，官方投資兩百三十七萬元，興建湄洲跨海輸變電工程，鋪放海底運纜，趕在千年祭之前讓湄洲島首次通電。[47]千年祭之後，湄洲島成為福建省最早對台開放的兩處地點之一：一九八八年，福建省政府批准湄洲島為對外開放旅遊經濟區，[48]被指定為旅遊度假區，由官方投入資源並給予包括渡輪、碼頭建設等相關政策優惠。在媽祖文化的招牌下不僅創造地方發展機會，也使湄洲媽祖祖廟在官方的支持下發展。一九九四年，福建省旅遊局與莆田市政府聯合舉辦媽祖文化旅遊節，湄洲媽祖祖廟的祭典儀式活動為重點活動之一。為此，湄洲媽祖祖廟董事會與一批歷史學家、文物專家、民俗學專家，甚至到山東考查祭孔儀式以作參考，將湄洲媽祖祭典儀式正式化。

雖然在一九八〇年代初期，在建廟的信仰社群頭人及信眾的支持下，媽祖信仰祭典儀式已初步恢復，但仍要等到台灣信仰社群朝香之後，祭典儀式才取得正當性，湄洲媽祖祖廟董事會並爭取到官方支持以及資源，由官方推動成為旅遊節項目，使祭典儀式擴大化與正統化。這樣的行動下發展出的大型祭典儀式，並且依賴文化權威為其背書，形成了一條透過文化策略復振宗教的特殊路徑，此一文化策略的運用，導致日後的發展結果，包括讓媽祖信仰民俗提名為非物質遺產，並且登錄於聯合國教科文組織的人類非物質文化遺產名錄。[49]

湄洲媽祖祖廟以媽祖文化以及兩岸交流為名，爭取到市級和省級政府的政策傾斜（包括畫定為省級最早的兩處對台開放地區、九〇年代中開始舉辦旅遊節）以及財務支持。雖然媽祖文化成為湄洲島發展的文化策略，但一九八〇末以來，福建莆田地區與台灣的媽祖信仰社群交流日益興盛，台灣媽祖信仰社群的大規模進香帶來經濟上資源，或者其象徵上的意涵有利於爭取文化正當性，引發了湄洲島與港里村媽祖信仰社群頭人之間的緊張關係，並且引發權威地位的象徵鬥爭。由於湄洲島為福建省對台開放地區，因此官方安排台灣媽祖進香團的正式行程往往僅去湄洲媽祖祖廟，但當時台灣廟宇組織得知港里村也有林氏祖祠，供奉有媽祖神像，因此經過港里村時要求也要到港里村的媽祖廟（賢良港祖祠）拜拜、捐香油錢。根據本文作者之一的訪談得知，當時賢良港祖祠的管理委員（後成立董事會）因而向當地台辦反應，希望不僅開放湄洲島，也要讓台灣人知道「媽祖的父母（祠堂）在這裡」。後來，賢良港祖祠的管理委員之

---

47 《莆田市外經貿志》，第四節湄洲島。

48 《莆田市志》。

49 Ming-Chun Ku, "Local Strategies of Popular Religious Community Engaging the State: The Culturalization and Heritagization of the Mazu Belief." The Conference on 'Interactive Governance And Authoritarian Resilience: Evolving State Society Relations In China,' Taipei, 2015.

一甚至直接在莆田前往文甲碼頭（至湄洲島的渡船搭乘處）的公路邊上，要轉進港里村子的入口處，蓋了一個「媽祖出生地」的牌坊，吸引路過的外地信眾（當時主要是台灣信眾）。然而，當時占主流位置的地方文化專家依據歷史文獻，認為湄洲島是媽祖的出生地，就此引發了港里村與湄洲島其後在媽祖出生地爭議上的緊張關係。對於媽祖出生於何處，其實與其說是歷史問題，不如說是關於象徵符號的爭奪。兩個廟宇組織信仰頭人之間的緊張關係，除了出自他們肯認此一象徵具有的榮譽與正統地位，更是企圖透過獨占此一正統象徵，進而得以占有並使用將媽祖作為「地方品牌」伴隨而來的地方發展機會與資源。

在莆田地區媽祖信仰頭人「做媽祖信仰」的過程中，國家、信仰頭人，與台灣媽祖信仰社群，一直是共同在場（co-presence），然而三者間的動態至今有一些變化：一九七〇年代末到一九八〇年代初期，台灣媽祖廟宇和東南亞信眾的香火捐獻，是最直接的經濟資源，投注在建廟、修整廟宇附近環境；與台灣媽祖信仰社群的聯繫也有象徵性的意涵，在地方的層次可減低地方政府對民間宗教活動的抑制或打壓的風險。面對重建及信仰復甦可能遭遇的政治風險和文化正當性等問題，媽祖信仰社群頭人在地方政府中尋找可能的支持者，並且在國家既有意義框架中，尋找具有正當性的框架詮釋宗教實作。地方的媽祖信仰社群頭人在與國家不同部門打交道的過程中，逐漸形成了打台灣牌以提高媽祖信仰活動，與信仰社群文化正當性的策略。在變動的兩岸關係下，地方的媽祖信仰社群頭人逐漸將在地的媽祖信仰實踐，轉化為具有正當性的「閩台宗教文化交流」。然而，到了一九九〇年代末期，媽祖信仰作為兩岸交流的象徵意涵此一說法在官方的論述中底定，至此，有企圖心的廟宇頭人透過「媽祖祭典」、「媽祖文化旅遊節」、「媽祖信仰非物質文化遺產保護」、「媽祖文化生態保護區」等文化策略，爭取市級、省級到國家級的經費投入及政策傾斜。且由於當地信眾在改革開放後不乏出外經商有成者，信徒捐款不再大比例仰仗台灣信仰社群的香火捐獻。因此，當地信仰頭人益發傾向於成為國家對台政策、或地方政府經濟發展中的地方協力者，例如湄洲媽祖祖廟董事會在一九九七年倡議邀集海內外媽祖廟宇，組成「世界媽祖聯誼會」，湄洲媽祖祖廟董事會後來依此雛形，推動成立「中華媽祖文化交流協會」，以此半官方性質的民間組織主辦兩岸媽祖信仰文化交流事務，而在目前湄洲媽祖祖廟董事會中，則保有席次給湄洲島對台辦公室，以及中華媽祖文化交流協會人員。

四、跨海峽做媽祖信仰下形成的宗教統戰

對台的統戰一直是中國政府兩岸關係中重要的一環，透過不同的層次的交流與互動，營造對其有利的氣氛。而媽祖在台灣民間信仰的重要地位，使其在此網絡中成為不可或缺的一環。

（一）對台「五緣」統戰策略中的「神緣」

「五緣」是中國在對台策略重要的一環。五緣指的是親緣、地緣、神緣、業緣和物緣，林

其錟教授首先提出「五緣文化」[50]來分析華人與華僑社會，後來衍伸出對該詞彙的不同解釋，形成了以「緣」為紐帶的中共文化統戰策略，[51]尤其以閩台「五緣」紐帶為基礎，形成地方與文化交流的重要架構。[52]其中，「神緣」即是在兩岸民間信仰的廟宇組織及人員的互動中逐漸強化的社會紐帶。「神緣」構成了中國目前對台策略中的宗教管道，包括以「祖廟進香」、「祖廟巡台」、「文化交流」等方式，促進民間信仰交流並作為兩岸互動的重要一環。「祖廟進香」指的是發動台灣各種廟宇進香或參與各式文化節。閩南地區民間信仰中近年大量出現各種神祇的「祖廟」，過往這些祖廟並不一定存在，但近年來成為被發明的傳統，以此聯繫台灣相應的信仰社群促進交流。「祖廟巡台」指的是各類民間信仰神祇「祖廟」來台巡遊，建立與台灣廟宇和信仰社群的關係，來台巡遊具有象徵性——神祇到轄境出巡，也象徵著神祇靈力範圍的儀式性確立。除了象徵性，巡遊也使各類「祖廟」得以至台灣信仰社群中募集資源。「文化交流」指的是以民間宗教文化（例如：媽祖文化、關公文化、三山國王文化）之名，強化寺廟組織之間、村與村之間，或信仰社群之間的兩岸交流聯繫。

以媽祖信仰而言，二〇〇〇年的媽祖宗教直航事件，信仰社群頭人的行動代表了台灣媽祖信徒的需求，並且引發了部分兩岸人士的呼應，使得此事件可稱為民間信仰影響兩岸政治里程碑式的事件。由於媽祖在台灣擁有眾多的信仰人口，並有眾多香火鼎盛的廟宇，且在歷史、政治，與社會變遷等不同因素下，媽祖在台灣人的社會連結及文化中具有一定的地位，而中國在亟欲兩岸統一的情況下，賦予媽祖「海峽和平女神」的象徵。許多官方系統的廟宇董事會、廟宇管理委員會及對台辦公室，都強調媽祖為海峽兩岸的女神，可作為促進統一的橋梁。這位曾在清朝協助施琅「統一」台灣的神祇，似乎會再次如其在帝制中國歷史上受到國家權力之象徵性收編，而能在現代的兩岸政治中，透過宗教交流的方式，促進統一。而台灣媽祖廟宇組織到訪中國，皆受官方高規格接待，媽祖也時常在兩岸關係中被當成宣傳對象，肩負如此的「重責大任」，使得媽祖在中國地位也異於其祂神明。

（二）兩岸媽祖信仰社群的政治經濟叢結

由於媽祖信仰在台灣地方政治上的影響力，以及其在兩岸關係上透過宗教交流的角色，進而影響兩岸互動，中國的廟宇組織、地方政府、對台辦系統與統戰部門，皆透過媽祖信仰與台灣地方社會及政治人物互動，二〇〇〇年之後，這些互動形成了制度化的網絡關係，與政治經濟因素互相糾結。特定的台灣地方政治人物或廟宇董事會成員，在這些網絡中占據著信仰買辦的位置，並從中獲得不同類型的紅利。以下就節點、活動、規模、動力等不同層面，描述媽祖信仰社群網絡的政治經濟叢結。

50 「五緣文化」，百度百科，http://baike.baidu.com/view/2409614.htm。

51 陳昌福，〈二十年來之「五緣文化」論〉，《上海市社會主義學院學報》四，二〇一〇，頁三四～三八。

52 俞建軍，〈淺析閩文化「五緣」要素在構建和諧統戰文化中的定位與功能作用〉，《福建廣播電視大學學報》一，二〇一〇，頁十三～十六。

節點：中華媽祖文化交流協會與台灣媽祖聯誼會

二〇〇四年十一月初，中國官方與湄洲媽祖廟主導成立「中華媽祖文化交流協會」，亞洲地區各媽祖廟應邀前往，但是主要的對象仍是台灣的各媽祖廟，從下列的官方賀詞，可看見中共官方對於該會的期待：

> 媽祖文化是中華優秀傳統文化的重要組成部分，是團結海內外中華兒女、促進海峽兩岸交流與合作的橋梁與紐帶。……中華媽祖媽祖文化交流協會……在弘揚傳統文化、擴大世界影響、團結中華兒女、促進海峽兩岸交流方面，取得新的更大成績。[53]

該協會辦理各式各樣的交流活動，長期由中國半官方或退休人員擔任幹部，扮演兩岸媽祖文化交流的重要角色。中國各地方政府與媽祖廟宇也透過該協會，與台灣不同的媽祖廟宇建立關係；台灣媽祖廟宇董事會成員同時透過該協會，建立其在中國的關係，進一步發展政商網絡。

中華媽祖文化交流協會在台灣的主要對口單位，是前文中提到的，由鎮瀾宮於二〇〇一年組織的「台灣媽祖聯誼會」。雖然並非全台媽祖廟宇都是會員，該聯誼會卻是兩岸媽祖文化交流的重要窗口。國台辦或海協會相關人員，來台行程中如有安排媽祖廟宇拜訪，其中必然包括台灣媽祖聯誼會與大甲鎮瀾宮，台灣媽祖聯誼會儼然成為中國對台灣媽祖信仰社群傳遞訊息或公開活動的重要場域。該聯誼會雖然是宗教聯誼組織，但其政治立場親國民黨，曾為馬英九等國民黨候選人舉辦造勢晚會，且支持相關活動。此外，該聯誼會也與中國政府友好，常組團接受中國政府召見，也常招待中國各級官員。雖然部分成員秉持不同政治立場，但台灣媽祖聯誼會的領導階層以大甲鎮瀾宮為首卻公開釋放上述政治傾向。

活動：進香動員

媽祖進香也是「跨海峽做媽祖信仰」的重要實作，兩岸部分政治人物亦以此作為政治行動。媽祖進香看似屬於民間儀式活動，但部分的進香儀式活動背後卻充滿政治動員的意涵，而成為「進香動員」；即原透過媽祖進香的名義，帶領信眾參與的儀式活動，卻轉化為具有宣傳目的或政治效果的活動。參與這類進香的一般信徒與民眾，可能只抱持著宗教與觀光的目的，但是大型進香動員常被中國宣傳為「心慕祖國」的活動，例如每年六月在福建地區舉辦海峽論壇期間，同時也會安排「媽祖文化活動週」，媽祖進香儀式已經成為該文化活動週最重要的象徵活動，而以此邀請廟宇組織利用進香名義帶團參與，並出席海峽論壇。除了透過大型儀式活

53　參見中國政協主席賈慶林在中華媽祖文化基金會成立大會上所發出的〈賀信〉賀詞，二〇〇四年十月二十九日。

動進香動員，中國也想透過交流，促進了解與「統一宣傳」。過往進香動員依賴具有知名度的媽祖廟宇進行大規模的動員，參與的是大型儀式活動，但目前已出現新的發展趨勢，透過更多小型的交流活動，進行更細緻的動員，並且朝向地方對地方的交流方式發展。因此，進香動員模式的發展與改變，將是值得繼續觀察的議題。

規模：深入地方的宗教／政治網絡

中國官方初期的兩岸交流都以國民黨高層作為主要網絡，但是後期發現此與台灣現實情況脫節，漸漸開始建立不同的交流渠道，尤其開始深入民間地方基層，透過媽祖信仰建立其網絡。中國官方人員，尤其是海協會代表，每次來台必定從南到北拜會各重要媽祖廟，建立基層的交流與意見網絡，二〇一六總統大選即可看出端倪。二〇一五到二〇一六年，台灣總統大選期間，中國政府表面上沒有直接介入選舉，但實際上大陸海協會長陳德銘於投票前一個月來台，一開始先直奔大甲鎮瀾宮，與大甲區廿九個里里長會談，[54]且會談過程不對外開放；後續又走訪宜蘭南方澳進安宮、南天宮等媽祖廟。本次行程不只拜訪媽祖廟宇，本文作者之一訪問參與座談的各廟委員與里長得知，海協會長陳德銘雖未直接提到總統大選支持對象，但希望大家「考量兩岸關係，做出最佳選擇」。

除直接拜訪，在基層傳達訊息，中國相關部門也常透過各種會議、活動，或新聞等方式，傳遞中國官方的態度與訊息，並塑造在台的輿論。尤其在總統大選後，常可看見中國或親中媒體的特別報導，例如「北京會議一帶一路下兩岸宮廟的文化體系：實務規則與治理建設」論壇會議，即特別強調「共同信仰、很難割捨」、「（台南新和順保和宮總幹事）楊宗佑表示，兩岸宮廟交流歷史悠久，雙方在宮廟的歷史連結上有著臍帶關係，許多神明都是自大陸供奉到台灣祭拜，這是不爭的事實。他認為，兩岸間許多事情還是別過度泛政治化，尤其宗教交流屬兩岸人民共同信仰，是很難割捨的」[55]；或是針對近期來台陸客的遊覽車火燒事件，媒體特別訪問顏清標：「大甲鎮瀾宮董事長顏清標接受中評社訪問表示，事故既然是台灣發生，就是要給大陸民眾一個交代，在累積了許多情緒後，大陸政府強硬是免不了的事，蔡政府一定要拿出誠意妥善處理，事情拖越久，家屬會越不滿。但兩岸政府都要思考，不能阻擋兩岸民間交流往來的需求。」[56]這兩則新聞除了表面的文字訊息，背後所代表的意義相當耐人尋味。透過地方廟宇頭人的發言，塑造蔡政府阻擋兩岸民間交流的印象，暗示透過神緣所建立的兩岸交流關係與網絡，是無法剪斷的。不管新聞製播單位的立場為何，或這些報導內容是否如實呈現受訪者的發言，從這類新聞報導的出現可以發現一種新的趨勢，即將地方廟宇組織塑造為代表的「民

54　參見《聯合報》，A十二版，二〇一五年十二月一日。

55　〈兩岸二宮廟文化，面臨斷層隱憂〉，《旺報》，二〇一六年七月十九日，http://www.chinatimes.com/newspapers/20160719000841-260302。

56　〈顏清標：蔡英文須重新思考兩岸未來〉，《中央網路報》，二〇一六年七月二十三日，http://www.cdnews.com.tw/cdnews_site/docDetail.jsp?coluid=111&docid=103769683。

間」的「輿論」，製造某種形象，既可用於中國內部的宣傳，也可運用於台灣內部政黨間的博弈。[57]

動力：台灣媽祖信仰頭人在中國的宗教紅利

兩岸關係的歷史時空脈絡，讓台灣的媽祖廟宇董事會成員，尤其是大型宮廟，得以在「跨海峽做媽祖信仰」中獲得政治經濟紅利。雖然尚無相關研究證實，中國地方政府有對具有媽祖廟宇董事的台商，給予政策性的協助與優待；但就現象觀察判斷，的確有相當一部分的台灣大型媽祖廟宇董事，透過媽祖信仰的各類交流，有機會建立兩岸政商網絡，並對其在中國發展事業有所助益。就以台灣三間重要媽祖廟宇作為案例來加以說明：大甲鎮瀾宮在天津[58]、北港朝天宮在廈門[59]、鹿港天后宮在崑山[60]，都建立有分靈廟。建立分靈廟除了涉及建廟、香火，與信仰活動，也涉及廟宇所在的土地，以及廟宇周邊的商業開發等龐大利益。此外，即便是中國當地的媽祖廟宇，其發展過程涉及的經濟開發也會引入台灣資本。例如湄洲祖廟重建成功之後，董事會開始進行相關的事業投資及湄洲島的經濟開發，當時即是透過祖廟重建和媽祖進香時發展出的祖廟與台灣媽祖廟宇的聯繫管道，來進行對台灣的招商引資。因此，兩岸媽祖信仰信仰交流，除作為宗教與文化的互動往來，也形成了社會與商業資本網絡。這些使得長期往來中國經商的部分台灣媽祖廟宇董事，以此網絡助益他們在中國的事業，或透過此網絡尋找當地生意機會。

本文作者之一在田野研究時，曾觀察到目前有些中國媽祖廟宇董事會中有台灣人的席次，任務是安排或接待台灣廟宇團體或香客的參訪，這些代表同時也成為其在台灣網絡對口。由於媽祖廟宇組織從過去就是地方社會菁英的交往據點，且近年來更由於爭取地方政府經費支持與政策傾斜，董事會有更多的機會接觸地方政府人員，或感知政策傾向，因此成為地方政治經濟的社會關係節點。居於董事席次的台灣人，不僅有機會增加其在當地生意投資的人脈與地方知識，他們返台時也往往以此名義，進行生意相關的人際往來。透過他們的台灣身分，以及在中國廟宇的董事身分，在兩岸分別累積個人的社會資本，所以有台灣人利用捐款等各種方式，企圖取得中國廟宇相關位置，以作為轉換為社會資本。除了上述的單幫客型的信仰買辦，也有些頭人來自較有名氣或有代表性的的台灣媽祖廟宇，他們至中國進行宗教交流發展或商業投資，運用其來自台灣主要廟宇作為地方協商或合作的籌碼，爭取政策優惠，甚或藉此取得土地。

57 可參見其他文章對於媒體的研究，而這樣的新聞的安排，背後網絡亦值得細究。

58 〈鎮瀾宮砸四百億，天津蓋媽祖廟〉，《中時電子報》，二〇〇九年三月十一日；〈鎮瀾宮砸兩百億，天津蓋廟〉，《蘋果日報》，二〇〇九年三月十一日；〈天津濱海媽祖文化園開幕〉，《中時電子報》，二〇一六年九月十一日；〈天津濱海媽祖文化園九月九日揭牌〉，《聯合新聞網》，二〇一六年九月一日。

59 〈廈門朝天宮譜神緣，濃濃北港味〉，《旺報》，二〇一四年三月十日；〈創先例，北港朝天宮，全分靈廈門〉，《中時電子報》，二〇一四年十二月二十七日。

60 〈慧聚天后宮，六億人民幣打造〉，《中時電子報》，二〇一四年三月十一日；〈天后宮媽祖分靈赴昆山慧聚天后宮〉，《鹿港時報》，二〇一〇年九月三十日。

五、結語

在近百年的各自發展之後，自一九八〇年代末，兩岸媽祖信仰社群頭人在變動的兩岸關係中，開始「跨海峽做媽祖信仰」，其結果不僅使得彼岸的信仰社群成為此岸宗教社群發展的重大影響因素，也影響了以宗教交流為名帶來的兩岸關係變化。本文分別在第二小節與第三小節，就台灣媽祖信仰及中國媽祖信仰所處的政治經濟脈絡，分析兩岸的媽祖信仰社群頭人如何認知到彼岸信仰社群的存在，有助於回應身處本地脈絡下自身信仰社群的期待與渴望；因此，他們「做媽祖信仰」的行動開展於兩岸國家，以及彼岸與此岸信仰社群共同在場的情境中。本文指出兩岸媽祖信仰社群相互影響，並共構了媽祖信仰的宗教發展，而在結語處，筆者要強調：此一交互影響與共構下的宗教發展，在兩岸呈現了不同的政治意涵。

由於兩岸政治社會性質的差異，可以看到具有地方層次政治能力的董事會，其權力正當性的來源非常不同。台灣的媽祖廟宇董事會，可以在台灣選舉的脈絡下，將其在地方事務上的影響力轉化為地方選舉的表現；而伴隨著民主化的過程，這樣的政治實力也逐漸突破地方層次，董事會成員邀請全國層級的政治人物前來參與儀式，也讓政治人物透過打「媽祖牌」與信徒搏感情爭取選票，代表廣大信徒的信仰社群頭人，可以在特定的歷史時機對兩岸政策表示態度。相較之下，中國大陸媽祖廟宇董事會的組織樣貌，既可能是信仰社群逐漸自發形成，同時也往往參雜著地方層次的黨幹部與政府的代表。成為國家的協力者，是許多民間信仰得以發展的關鍵因素，因此，中國大陸的媽祖廟宇董事會，也可能與國家部門被動配合或者主動合作。

在本書第一章中，吳介民提出中國因素作用力與反作用力互動的循環迴圈（參見頁三六，圖一－一），在媽祖信仰社群的案例中，我們看到兩岸的在地政治社會／政治體，具有不同的內部動力，也就是其國家與民間信仰的關係；而這樣的內部動力，在兩岸的社會脈絡下，各有其發展軌跡。立基在這樣不同的動力與發展軌跡，兩岸信仰社群之間的交流互動，不僅涉及信仰社群頭人之間的關係／往來，也涉及信仰社群頭人在與彼岸或此岸政府的動態關係。在海峽此岸，可以神明之意與政府協商甚而挑戰政策限制；在海峽彼岸，地方政府對台政策的意圖，與宗教社群交流的渴望被融合在一起。立足於兩岸殊異的國家／社會關係動態，海峽兩岸民間信仰交流，不能單純視為宗教實作跨越國家界線這樣僅具有宗教能動性的現象，更涉及了宗教行動可能具有的政治意涵，就媽祖信仰而言，「跨海峽做媽祖信仰」的過程與後果，都呈現了溢出宗教領域之外的兩岸政治效果。

參考書目

林美容，〈由祭祀圈到信仰圈：台灣民間社會的地域構成與發展〉，收錄於張炎憲（編）《中國海洋發展史論文集（第三輯）》，台北：中研院中山人文社會科學研究所，一九八四，頁九五～一二五。

周金琰，〈媽祖宮廟管理模式探論〉，《莆田學院學報》十九（四），二〇一二，頁六～十一。

周越，〈關係／來往的「做宗教」模式：以台灣「媽祖遶境進香」為例〉，《研究新視界：媽祖與華人民間信仰國際研討會論文集》，台北：博揚，二〇一四。

洪瑩發，《戰後大甲媽祖信仰的發展與轉變》，國立台南大學台灣文化研究所碩士論文，二〇〇五。

洪瑩發，《解讀大甲媽：戰後大甲媽祖信仰的發展》，台北：蘭臺文化，二〇一〇。

俞建軍，〈淺析閩文化「五緣」要素在構建和諧統戰文化中的定位與功能作用〉，《福建廣播電視大學學報》一，二〇一〇，頁十三～十六。

高丙中，〈一座博物館：廟宇建築的民族志〉，《社會學研究》一，二〇〇六，頁一五四～一六八。

陳昌福，〈二十年來之「五緣文化」論〉，《上海市社會主義學院學報》四，二〇一〇，頁三四～三八。

張珣，〈祭祀圈研究的反省與後祭祀圈時代的來臨〉，《考古人類學刊》五八，二〇〇二，頁七八～一一一。

張珣，《文化媽祖：台灣媽祖信仰研究論文集》，台北：中研院民族學研究所，二〇〇三。

張珣，〈進香儀式與臺中大甲地區的發展：兼論媽祖信仰與國家的關係〉，發表於「區域再結構與文化再創造：一個跨學科的整合研究研討會」，二〇〇五。

張珣，〈中國大陸民間信仰的變遷與轉型：以媽祖信仰為例〉，《科技部人文與社會科學簡訊》十五（二），二〇一四，頁一四二～一四九。

廖迪生，〈地方認同的塑造：香港天后崇拜的文化詮釋〉，收錄於陳慎慶（編），《諸神嘉年華：香港宗教研究》，香港：牛津大學出版社，二〇〇二，頁二二二～二三五。

蔣維錟、朱合浦，《湄洲媽祖志》，北京：方志出版社，二〇一一。

簡瑛欣，《祖廟：台灣民間信仰的體系》，國立政治大學民族學系博士論文，二〇一四。

鄭振滿，〈湄洲祖廟與度尾龍井宮：興化民間媽祖崇拜的建構〉，《民俗曲藝》一六七，二〇一〇，頁一二三～一五〇。

Chau, Adam Yuet, *Miraculous Response: Doing Popular Religion in Contemporary China*. Stanford: Stanford University Press, 2006.

Chau, Adam Yuet, "Introduction." In *Religion in Contemporary China: Revitalization and Innovation*, edited by Adam Yuet Chau, New York: Routledge, 2011, pp. 1-31.

Dean, Kenneth, *Lord of the Three in One: The Spread of a Cult in Southeast China*. Princeton: Princeton University Press, 1998.

Goossaert, Vincent, and David A. Palmer, *The Religious Question in Modern China*. Chicago: University of Chicago Press, 2011.

Ku, Ming-Chun, "Local Strategies of Popular Religious Community Engaging the State: The Culturalization and Heritagization of the Mazu Belief." The Conference on 'Interactive Governance And Authoritarian Resilience:

Evolving State Society Relations In China', Taipei, 2015.

Madsen, Richard, "Religious Revival." In *Reclaiming Chinese Society: the New Social Activism*, edited by You-tien Hsing and Ching-Kwan Lee, London and New York: Routledge, 2010, pp. 140-156.

Watson, James L., "Standardizing the gods: the promotion of T'ien Hou ("Empress of Heaven") along the south China coast, 960-1960." In *Popular Culture in Late Imperial China*, edited by David G. Johnson, Andrew J. Nathan and Evelyn S. Rawski, United States: University of Calif. Press, 1985, pp. 292-324.

Yang, Mayfair Mei-hui, "Goddess across the Taiwan Strait: Matrifocal Ritual Space, Nation-State, and Satellite Television Footprints." *Public Culture,* 16 (2), 2004, pp. 209-238.

第八章

中國情感，或佛教市場？

劉怡寧｜台灣大學社會學研究所博士候選人

研究領域為宗教社會學與文化社會學，關注探究台灣人間佛教現象的社會與文化特徵。希望挖掘發生在台灣這塊土地上的信仰活力，思索各類型新興宗教現象背後的社會結構與集體心理因素。

一、前言：中國因素與台灣佛教

近年來，台灣公民社會與學術社群開始重視「中國因素」對台灣社會的作用力，試圖釐清中國於二十一世紀經濟力量快速崛起後，可能如何運用經濟資本與龐大市場的趨力，以經濟上的優勢，直接或間接地行使其潛在的政治目的。[1] 此「中國因素」的命題，由於兩岸長期存在政治上的定位爭議，使得台灣社會將直接受此影響，且對此作用力格外敏感；因此，如何深刻地評估「中國因素」對台灣社會的作用力即顯得相當重要。尤其許多台灣在地的政治、經濟、社會，或是文化群體，皆可能在「中國因素」的高度影響下直接鑲嵌在「中國因素」的效應環節，主動或間接地扮演「在地協力者」的角色，這也連帶造成台灣社會不同的政治與社會團體，不僅對「中國因素」的作用影響抱持多元且歧異的看法，甚至經常產生相互拉扯、背道而馳的作法。對此，實有必要從各類型社會施為者的環節，深刻理解台灣社會為何存在對中國因素的多元回應模式，以期能在此多元性與歧異性中找到對話、溝通、交融、辯證前進的可能。

以台灣的佛教團體而言，佛光山、中台禪寺、慈濟與法鼓山這四個社會影響性較大的佛教道場皆與中國有十分密切的往來，因此這四大佛教團體如何看待並回應「中國因素」的作用力，乃是一個重要的社會學研究課題。本文希望從這四大台灣佛教團體如何定義中國作為一個值得開發的「宗教市場」出發，透過探究組織創辦人的「中國淵源」如何可能延伸建構為「集體性中國情感」，從而產生特定的政治態度來回應「中國因素」作用力，進一步說明「宗教市場」與「中國淵源」這兩大因素對四大佛教團體政治態度的影響，以此論證中國因素在台灣佛教團體的作用力機制。

特別值得注意的是，自一九八七年台灣開放探親交流，台灣佛教團體就開始在兩岸宗教交流的前提上，持續與中國保持密切互動的關係，或是前往中國大陸弘法、參與兩岸學術交流，並且在中國大陸推動慈善、救災項目等，近三十年來，同步在台灣與中國建立起台灣人間佛教的跨海峽宗教象徵資本。對此，筆者認為這是一種把中國當作「宗教市場」的宗教治理邏輯，也是一種擴大組織創辦人的「中國淵源」為「集體性中國情感」的宗教治理模式，而這明確地反映在二〇〇八年七月正式開放大陸地區人民來台觀光以來，許多由官方主導的中國大陸省級經貿、文化參訪團來台的行程規畫中，除了一般的景點觀光與專業參訪，參訪團也經常規畫前往佛光山、中台禪寺、法鼓山和慈濟等台灣四大佛教道場，台灣佛教道場隱然已成為跨海峽的重要文化與宗教交流平台之一，近似台灣民間媽祖信仰所扮演的兩岸交流功能。

然而，在當前「中國因素」的作用效應下，有必要對台灣佛教團體所內涵的宗教交流邏輯進行分析，包括這四個佛教團體各自「選擇」了什麼樣的宗教組織發展路線？該路線內在的宗

1　吳介民，〈中國因素的在地協力機制：一個分析架構〉，《台灣社會研究通訊》八三，二〇一五，頁四～十一。

教治理邏輯為何？目前，在台灣社會面對中國因素的現實情境時，四大佛教道場在過去採行的宗教組織發展路線，可能對台灣社會帶來什麼樣的影響仍待評估，尤其當前台灣公民社會對「中國因素」採取謹慎且保留的態度，四大佛教道場有無可能在過去交流的過程中，間接扮演「在地協力者」的角色，對台灣社會產生「反動修辭」[2]效應？又或，從較樂觀的層面來看，是否有可能從兩岸佛教交流三十年的實質互動中，找到積極應對「中國因素」的潛在作法？

在這四個佛教道場中，以鄰近日月潭的南投中台禪寺最積極運用兩岸交流開放政策的效益，積極接待中國省級參訪團與中國旅行團參訪。近年來，中台禪寺儼然已成為台灣佛教建築與寺院的標的，中國省級參訪團來到台灣多會參訪中台禪寺。這些省級參訪團，團長為各省省委書記、省長或副省長，隨團的也都是該省的高級官員，以及具分量的企業家，故中台禪寺多以相對高規格接待，甚至平日不常出現在信徒場合的惟覺法師，也多在大陸省級團來到寺院時親自接待。除了設有茶會和素宴，讓參訪團體驗台灣佛教寺院的禪茶品味和佛教素食文化，中台禪寺本身的殿堂建築、信仰空間營造，以及佛教典藏文物也成為參訪時的重點，中台世界博物館亦在兩岸佛教文化與文物交流的過程中，於二〇一六年七月開幕。中台禪寺透過中國佛教傳承源流，而欲在台灣演繹中國文化史觀再現，在當前中國因素的作用下是否扮演了宗教界的「在地協力者」角色，尚需要嚴謹思索。

除了中台禪寺，星雲法師所創辦的高雄佛光山寺也自一九八九年開始，長期與中國大陸佛教界保持密切的宗教文化與佛教學術上的交流，甚至對於在台灣頗有爭議的中國官員，亦保持禮遇和高規格的接待。舉例而言，自二〇〇八年以來代表中國來台進行協商談判的海協會會長陳雲林，雖遭受台灣民間質疑，甚至引發野草莓學運，但二〇一一年陳雲林再度以海協會會長身分來台考察，佛光山並未受輿論影響而排拒其參訪，甚至以僧侶列隊搖旗、樂隊表演，以及年輕女性宮廷裝扮等方式迎接，引發台灣社會批評。來自中國大陸的星雲法師一向秉持兩岸文化同源，血濃於水，彼此本是一家人的觀點，對於中國省級參訪團來台與兩岸交流抱持「開大門、迎貴客」的態度，也讓佛光山在二〇〇八年後，吸引到更多的中國省級參訪團前來參訪觀光。在此過程中，關鍵是佛光山如何透過兩岸佛教交流，積極建構跨海峽宗教象徵資本，它決定佛光山選擇與中國維持何種的關係連帶。

花蓮慈濟功德會則與中台禪寺和佛光山在實踐邏輯上不盡相同。慈濟功德會在一九九一年開始進入中國大陸協助華中、華東水災賑災，其後也陸續透過慈善救濟與賑災的方式進入中國大陸各省份進行慈善事業的發展，甚至還在二〇一〇年正式受到中國國務院批准，由境外非營利組織於中國境內成立全國性基金會，但其對中國省級參訪團來台則是抱著不迎不拒的態度。相較於中台禪寺和佛光山皆從佛教文化和兩岸文化同源性來創造其宗教事業體與中國之間的連結，慈濟反而站在中國社會的需求面與中國保持互動。因此，中國海協會會長陳雲林二〇一二

2　赫緒曼（著），吳介民（譯），《反動的修辭》，台北：左岸文化，二〇一三。（Albert O. Hirschman, *The Rhetoric of Reaction*, the Belknap Press of Harvard University Press, 1991.）

年九月帶領「海協會文化創意產業暨書畫藝術交流團」來台交流的行程中，雖然也拜訪了慈濟功德會，但主要的交流是側重在慈濟於中國境內所推動的慈善項目。當慈濟的跨海峽象徵資本展現在其推動慈善的成果上，其實質組織運作模式能否避開政治認同的敏感因素，而走出一條跨國慈善性非營利組織之路，將是台灣社會面對中國因素，深入思考是否可能借鏡慈濟模式的關鍵。

在以上三個佛教道場之外，法鼓山的態度相對來說最為被動，也並未積極藉此機會經營與中國各省份的關係。法鼓山長期以來側重的是兩岸在佛教教育與學術上的交流，建構法鼓山佛教學院在兩岸佛教教育上的口碑，目前從其對待中國省級團的態度中，很難觀察到中國因素透過法鼓山對台灣社會造成什麼影響。相反的，我們看到法鼓山在台灣佛教發展的自主性上，走出與中國佛教不同的創新路線，進而證成了台灣佛教在漢傳佛教上的創新模式。是以，法鼓山可能會是我們思索台灣宗教與社會團體在面對中國因素的作用時，最需要著力的重要案例。

綜合來看，這四個佛教道場皆屬於漢傳佛教傳統，與中國佛教有歷史與文化上的淵源，佛光山星雲法師、中台禪寺惟覺法師與法鼓山聖嚴法師都是一九四九年從中國大陸來到台灣，在台灣這塊土地上傳承並發揚漢傳佛教與中國禪宗法脈的漢傳佛教僧侶，一九八七年兩岸開放探親，他們持續與中國大陸保持交流。此外，在二〇〇八至二〇一六年國民黨執政、中國省級參訪團密集來台期間，中台禪寺與佛光山也都採取積極交流的態度，試圖與中國各省份政治領導者或企業菁英維持友好關係。在中國因素的作用力之下，如何評估四大佛教道場與中國的互動關係，釐清中國淵源的作用力就顯得相當重要。

以下將從這四大道場對宗教組織發展的宗教治理邏輯，來理解其如何「選擇」與中國維持不同的互動關係。整體的討論分為兩個部分，首先，從這幾個佛教道場創辦人的省籍背景、政治認同，以及其與中國佛教之間的佛教傳承淵源，分析這幾位具卡理斯瑪領導權威的佛教道場創辦人之「中國淵源」如何影響其組織發展方向；其次，在佛教道場組織發展的宗教治理層次，探討這四個佛教道場如何把中國當作一個值得經營的「宗教市場」，從而採取不同類型的入世實踐，以經營與中國的交流關係、或到中國進行組織拓展。相關的研究個案包括上述提及的佛光山、中台禪寺和慈濟這三個與中國積極保持互動關係的道場，不管是採取積極爭取中國省級團的認同與支持，或是主動前往中國進行組織拓展、累積其宗教象徵資本的模式，這三個團體試圖與中國保持良好關係，經營開拓中國的宗教市場；除此之外，也把相較之下與中國交流採取保守態度的法鼓山作為對照組，說明另外一種並未積極拓展中國市場的台灣佛教入世發展類型。藉由比較個案的分析，探究這台灣四個佛教道場對「中國」採取什麼樣的情感認同？如何透過其宗教治理的組織發展邏輯開展中國宗教市場？透過經驗資料的分析，我們期待釐清這四大佛教道場在當前中國因素的效應下，是否扮演在地協力者的角色？以此思索在台灣佛教旺盛的信仰力背後，是否同時促進了一個更美好且值得期待的台灣社會與兩岸未來。

二、人間佛教、宗教市場與宗教治理

正如台灣佛教史研究者的觀察，台灣佛教在戰後的發展既快速又顯著，不僅一般民眾在日常生活上有強烈感受，這股佛教發展趨勢，也在一九八七年政府宣布戒嚴之後，更顯突出。[3]政治上的解嚴，連帶促進了蓬勃發展的多元宗教市場，在佛教方面，有慈濟、佛光山與法鼓山等佛教道場以「人間佛教」為共同發展特徵，帶動其在台灣社會的興盛，吸引許多台灣民眾以信徒或志工的形式，參與佛教道場規畫的信仰與組織活動，[4]也連帶影響台灣社會在信仰改宗的比例中，有極大部分的信仰者是從民間信仰轉變到佛教。[5]這股人間佛教的佛教入世化趨勢，不僅牽涉到佛教的教義創新與新型態社會實踐，更促使佛教從原本在台灣社會結構性邊陲性位置，產生邊陲性宗教擴張的現象。[6]許多研究者都關注到人間佛教的入世化現象已成為台灣近二十年來最重要的佛教變遷趨勢，甚至形成了所謂的「人間佛教的復興運動」，值得進行進一步的研究[7]，許多研究亦強調，這些自稱為人間佛教的群體在台灣的成功傳播，諸如慈濟、佛光山等，皆必須被看作是台灣宗教景觀最重要的特徵進行觀察，[8]而其中當然也包括以推廣禪宗為主的法鼓山與中台禪寺。

美國學者史塔克（Rodney Stark）提出宗教市場觀點來回應西方主流的世俗化理論，他在《宗教的未來》一書中提到，當世俗化在社會的某些方面獲得成功，宗教的抵抗就會出現在某些層面；雖然世俗化的步伐可能時快時慢，但社會中的主流宗教卻會逐步變得更具此世性，或變得更世俗化。[9]即便現代性進程帶來世俗化趨勢，但史塔克並不認為世俗化會帶來宗教的終結；相反的，他從宗教市場的供給面觀點出發，主張世俗化過程僅會影響宗教的各種命運發生變化，而對宗教的未來而言，世俗化的過程不僅會自我限制，甚至還會產生宗教的復興和宗教的創新這兩種抵抗性的過程，開創出更適合市場需求的信仰形式。宗教的歷史不僅有朝向衰落

---

3 江燦騰，《台灣當代佛教》，台北：南天，一九九七，頁一。

4 中央研究院社會學研究所歷年來進行的台灣社會變遷基本調查結果發現，強度佛教徒，即自稱皈依制度性佛教團體者，多是在一九八七～一九九六年間開始信仰佛教，且有逐漸增加的趨勢。相對而言，宣稱自己信奉民間信仰者，則在一九九六年起成長緩慢，比例亦逐年下降；而基督宗教信仰者則持續維持固定的比例，未有升高的趨勢。

5 林本炫，《當代台灣民間宗教信仰變遷的分析》，台灣大學社會學研究所博士論文，一九九八，頁一〇九。

6 丁仁傑，〈當代台灣社會中的宗教浮現：社會分化過程與台灣新興宗教現象〉，收錄於《社會分化與宗教制度變遷：當代台灣新興宗教現象的社會學考察》，台北：聯經，二〇〇四，頁一二一～一二三。

7 林端，〈解讀《佛教相關博碩士論文提要彙編（一九六三～二〇〇〇）》所帶來的豐富知識：知識社會學的考察〉，《佛教圖書館館訊》二十七，二〇〇一年九月。

8 杜維明，〈意義的追尋：中華人民共和國的宗教〉，收錄於彼得．伯格（編），李俊康（譯），《世界的非世俗化：復興的宗教與全球政治》，上海：上海古籍，一九九九，頁一一八。

9 Rodney Stark and William Sims Bainbridge, *The Future of Religion: Secularization, Revival, and Cult Formation.* Berkeley: University of California Press, 1985.

的表象，其真實內涵同時亦是成長與新生的寫照。[10]對台灣社會而言，一九八〇年代以來確實因為政治上去管制化的結果，連帶促進了宗教市場的活絡發展，帶動組織化宗教（Organized Religions）的興起，並成為解嚴後的重要現象。相關的研究也談到，台灣若干改革化的佛教組織（reformed Buddhism organizations），如慈濟、佛光山等佛教團體具相當影響性，它們在基督教的競爭壓力中興起，採行普世宗教的特徵與形式，在台灣競爭性的宗教市場中，透過組織化的形式爭取龐大志工與信徒加入其行列，[11]是台灣宗教市場解嚴後獲得競爭優勢的新興佛教組織。

要能夠在競爭性宗教市場中脫穎而出，牽涉到法國社會學者布赫迪厄（Pierre Bourdieu）所談之宗教場域（relogious field）的實踐邏輯。對於身處競爭性宗教市場的宗教團體而言，最重要的是要如何成功地刺激宗教需求、累積「宗教資本」（religious capital）。根據布赫迪厄的概念，所謂的「宗教資本」，就是指在宗教場域中所累積的文化象徵資本；也就是說，這樣的「宗教象徵資本」，無論是屬於宗教菁英也好，屬於不同的宗教組織也好，都是由各個宗教組織或宗教菁英在宗教場域中相互競爭、角力，從而獲得的文化象徵資本。[12]誰能夠在宗教場域中創造並積累更多的宗教象徵資本，誰就能在競爭性的宗教場中取得優勢，累積更具效益的組織合法性基礎，進而在宗教場域發揮影響力。

因此，探討宗教市場中的競爭性，就是分析各個宗教組織或宗教菁英在宗教合法性的競爭過程中，如何在宗教資本分配結構中取得位置差異，一方面持續推動宗教資本積累，一方面也促進信徒的信仰再現和信仰實作。[13]是以，競爭性宗教市場中有關宗教象徵資本的多寡，或對宗教合法性的證成，同時也牽涉到宗教需求與宗教供給間的客觀關係結構。對於競爭性的宗教組織而言，如何在客觀宗教權力結構的位置，持續製造宗教象徵資本、提供宗教象徵資本的相關功能，以便能持續在競爭性場域中保持優勢，將決定其是否可以持續積累並擴大原有宗教象徵資本的效應。

解嚴後的台灣宗教場域已是一個多元化且競爭的宗教市場（religious market），「宗教象徵資本」的創造與積累對宗教組織的發展與存續相當關鍵，而台灣這幾個入世性的佛教道場，之所以能夠在一九八〇年代後期至今創造如此興盛的發展，積極建構起其在台灣多元宗教場域中的「宗教象徵資本」，與其採行現代性的「宗教治理」技術密切相關。針對宗教治理的分析概念，李丁讚、吳介民在探討民間信仰的現代性的研究中，已經運用傅柯有關治理性（governmentality）的概念，初步分析台灣一個地方公廟的治理技術，從供給面（supply side）的角度，探討地方公廟的組織行動者如何透過各種儀式的發明，積極主動地操弄人們的身體與

---

10 同前註。

11 Yunfeng Lu, Johnson, Byron & Stark, Rodney, "Deregulation and the Religious Market in Taiwan: A Research Note: Taiwan's Religious Market." *Sociological Quarterly,* Vol.49(1), 2008, pp. 139-153.

12 Pierre Bourdieu,"Genesis and Structure of the Religious Field," *Comparative Social Research* Vol 13, 1991, pp.1-44.

13 同前註，頁二二。

行為，以增加廟宇的潛在信眾、提昇廟宇的地位和聲望。[14] 這樣的宗教治理模式不僅展現在民間信仰場域，事實上，台灣佛教道場透過其宗教治理技術帶來宗教治理作用與效果，比民間信仰場域來得更為顯著。台灣四大佛教道場皆秉持宗教治理的邏輯，積極運用組織技術擴展信徒人數、提高該佛教道場的社會聲望與宗教象徵資本，其所建構的佛教組織系統包括主寺院、僧團、信徒組織、各地道場與聯絡處，以及各類型社會志業體等，透過積極採行現代性的宗教治理技術，推動道場組織事業體的發展與擴張，形成各自區隔性的佛教教團，持續建構並積累各自在台灣宗教場域的宗教象徵資本。

將上述的討論初步歸納，即可看出台灣四大佛教道場崛起於解嚴後的多元化宗教市場，藉由現代性的宗教治理技術，積極在宗教場域中建構宗教象徵資本，而在台灣的宗教市場取得宗教合法性與競爭上的優勢。對於這四個佛教寺院而言，如何建構有效的宗教治理技術，促進宗教象徵資本的積累，是組織發展的重要邏輯。所謂「治理性」包含許多要素，包括對治理空間的布署、對相關知識的詮釋與論述、對各類型操作技術的運用，或是對認同與實踐的經營等，誠如狄恩（Mitchell Dean）曾論及，當要對「治理性」進行分析時，就是在思考「治理性如何可能」的問題，以便能充分掌握「治理性」所牽涉的相關面向。[15] 因此，當我們試圖分析台灣四大佛教道場與中國的互動模式，必須理解其在宗教市場中，意圖透過各項「宗教治理」技術累積宗教象徵資本的組織發展目標，由此，才能理解台灣四大佛教道場在其宗教治理邏輯的組織發展基礎上，是如何定義「中國」和「中國佛教」與自身目標的關聯性？以及，台灣四大道場在其宗教治理的基礎上，各自「選擇」採取哪種互動模式？後續的討論將著重探討這四個台灣佛教道場如何透過整合宗教治理的三個重要面向：空間布署、知識建構，以及實踐，定位「中國」對其組織發展的意涵，從「空間－知識－實踐」三組元素，分析四大佛教道場如何以宗教治理的組織發展邏輯來經營中國宗教市場。

首先，在宗教治理的空間布署面向：這四大佛教道場如何透過空間的布署與空間的再現，經營在視覺與空間面向的宗教象徵資本？包括設置具有象徵性的宗教建築、宗教園區，或是宗教紀念館與博物館，乃至於提供信眾活動的各地經舍、講堂等，試圖透過跨海峽的空間布署來擴大其組織版圖。

其次，在宗教治理的知識面向：四大佛教道場是否持續透過連結中國佛教之漢傳佛教知識系統，增強其在佛教傳統論述上的正當性？其各自所欲建構的人間佛教論述，以及對漢傳佛教的現代詮釋，是否嘗試連結中國對儒釋道精神代表中華文化的文化同源性精神？

第三，在宗教治理的實踐面向：這四大佛教道場透過什麼樣的信仰實踐或社會實踐推動其在中國境內的組織發展？這些宗教治理的實踐面向是否回應了中國當前的社會與信仰需求，進

14　李丁讚、吳介民，〈現代性、宗教與巫術：一個地方公廟的治理技術〉，《台灣社會研究季刊》五九，二〇〇五，頁一五六。

15　Mitchell Dean, *Governmentality: Power and Rule in Modern Society.* London: Sage, 1999.

而促使這四大佛教寺院更積極地視中國為一個充滿可能性的宗教市場，積極擴展其信徒與志工人數？

「空間-知識-實踐」的分析討論，整體而言預期回答兩個關鍵性的問題：第一，對於這四大台灣佛教道場而言，中國「如何」被定位成一個相對於台灣之外、更大的華人宗教市場？第二，宗教治理的目標為積累並擴大宗教組織在競爭性宗教市場中的「宗教象徵資本」，台灣的四大佛教道場基於開拓宗教市場而進行的組織擴張，是否能夠在台灣社會本土意識與本土認同的趨勢下，在未來充分回應台灣公民社會所認同的本土價值？

三、中國因素與台灣佛教文化認同

從歷史發展軸線來看，中國的作用力機制一直都在，只是以不同的作用形式影響台灣佛教發展。一九四九年許多中國大陸僧侶隨國民黨政府來台，促使台灣佛教原本受日本佛教影響的文化結構，轉而開始受到中國漢傳佛教傳統的影響。首先，一九一一年於北京成立的佛教組織「中國佛教會」（Buddhist Association of the Republic of China，簡稱BAROC）於一九四九年遷台後先行復會，壟斷了台灣的佛教界；其後，中國共產黨於一九五〇年代限制佛教發展，促使中國籍僧人陸續來台，進一步讓源自中國的漢傳佛教傳承在台灣紮根並加以發揚；原籍湖北，青年時代即於安徽九華山祇園寺出家的白聖長老就是一例。白聖長老來台之前在中國大陸的佛教界就相當活躍，不僅曾多次任浙江、上海等佛教分會常務理事，也在佛學院與寺院管理事務上擔任過上海楞嚴佛學院教務主任、杭州西湖鳳林寺住持，與上海靜安寺監院兼佛學院院長等職。來台後，白聖長老先組織中國佛教會在台復會，一九六〇年至一九八六年間亦多次任中國佛教會理事長。國民黨威權統治時期，中國佛教會在黨國體制的支持下對台灣佛教的中國化形成關鍵的影響，具體做法包括壟斷傳戒制度，將所有佛教僧侶的僧籍納歸中國佛教會管理，同時也把寺院與信徒的登記皆納入中國佛教會台灣各縣市支會管轄。

透過將佛教寺院集中管理，中國佛教會一方面壟斷了佛教出家僧侶的受戒儀式，使中國佛教會扮演核發合法僧籍的唯一機構，讓台灣的出家制度開始走向漢傳化；另外一方面，中國佛教會在台灣復會並擁有寺院根據地，也促使許多大陸籍佛教僧侶陸續來台，在國民黨政府威權統治台灣期間，中國佛教會運用其良好的黨政關係，以壟斷性的角色，積極在台灣社會弘化中國佛教的教理、戒律與經典，從僧侶制度到信仰內涵，促使台灣佛教一改過去日本殖民時期日本佛教的影響，轉而以源自中國大陸的漢傳佛教為當時主要的佛教信仰。

然而，中國佛教在台灣的影響並不僅止於戒嚴時期的中國佛教會。一九八〇年代以後，中國佛教會漸漸喪失了其壟斷性的影響力，但慈濟、佛光山、中台禪寺、法鼓山四個傳承漢傳佛教的佛教道場開始在台灣擁有龐大人數的信徒。這四個佛教團體受中國漢傳佛教之影響不同，對中國佛教的承繼與發揚也有著不同程度的想像，但整體而言，相較於台灣其他藏傳、南傳，或其他新興佛教團體，這四個佛教寺院仍屬直接或間接延續中國之漢傳佛教傳承，在台灣發揚漢傳佛教的台灣本土性佛教道場。

創辦佛光山的星雲法師和創辦中台禪寺的惟覺法師，對中國佛教的承繼與發揚都懷有相當深厚的情感，兩岸開放交流後就開始與中國佛教界保持緊密互動。兩位都是在一九四九年來台灣的大陸籍僧人，星雲法師童年即在中國江蘇省棲霞寺出家，剃度後進入棲霞寺律學院學習佛法，傳承中國禪宗臨濟宗的法門，之後創辦佛光山，推動的即是中國漢傳佛教的八宗兼弘理念；換言之，佛光山幾乎可被視為中國漢傳佛教在台灣的現代性復振教派。同樣地，創辦中台禪寺的惟覺法師祖籍在中國四川，來台灣後才在大陸籍僧人靈源長老於基隆興建的十方大覺寺出家，但所依止的佛教傳承也承繼中國佛教。惟覺法師從一九八七年開始對外推廣禪修，強調其師承淵源乃是經由靈源老和尚傳承的中國現代禪宗大師虛雲老和尚的法脈，以繼承中國禪宗臨濟宗法脈為宗，故中台禪寺也可以被看做中國禪宗在台灣現代性復振教派。其於二〇〇一年完工的埔里中台禪寺也是以建設世界與台灣最大、最高的佛教寺廟為目標，力圖在台灣彰顯中國佛教寺院的氣勢威宏。在台灣四大佛教道場中，星雲法師和惟覺法師傾向把台灣視為復振中國佛教的重要基地，在台灣傳承並發揚源自中國的漢傳佛教。

創辦法鼓山的聖嚴法師也是在一九四九年以軍旅身分來台，且來台之前已經歷上海大聖寺的寺院生活，與上海靜安佛學院的佛學教育，之後在台灣受到靈源老和尚啟發，重新依止大陸籍僧人東初老人出家。聖嚴法師雖然也和惟覺法師一樣，承繼中國禪宗曹洞宗與臨濟宗的法脈，但他並未馬上在台灣開始弘法，反而在接受佛教寺院的師承教育與個人的佛法研修之外，選擇先到日本立正大學攻讀博士學位，接受現代化佛教教育。旅日期間，聖嚴法師一方面接受佛教研究的現代訓練，另一方面也與日本佛教團體多所交流，而這段旅日攻讀學位的經驗，以及獲得學位後前往美國弘法講學的歷程，讓他多加思索中國佛教的現代性課題。歷經了與日本、美國等地信徒需求的對話，聖嚴法師模塑出一套新的禪修教學法，而其回到台灣後在農禪寺所推廣的禪修方法，也試圖更貼近台灣朝現代性發展的信徒需要。因此，法鼓山雖然也源自於中國禪宗，但較不似惟覺法師相當強調中台禪寺與中國禪宗的緊密關聯，甚至直接把中台禪寺視為發揚中國禪宗的重要根據地；相對而言，聖嚴法師對中國佛教進行了屬於法鼓山的獨特創新，著重探究如何將源自中國禪修法脈的禪修方法引入其他元素，讓現代人更為受用禪修的好處。法鼓山在台灣的發展並非複製對中國禪宗的鄉愁性想像，而更貼近中國禪宗在台灣社會脈絡下的創新展現。

至於創辦慈濟的證嚴法師則是四大道場中唯一非大陸籍的出家人。證嚴法師是台灣本土的比丘尼，在中國佛教會壟斷台灣傳戒制度時期，皈依大陸籍的印順導師而取得受戒的資格，其創辦的慈濟功德會，強調「做」與「行」。慈濟絕少提到要如何傳承中國佛教或致力中國佛教復興，而是側重各項慈善與社會公益項目推動，並把對慈善性的關懷歸諸印順導師「人間佛教」的具體實踐。證嚴法師所依持的經典也是大乘佛教經典，但其主張的是「行經」，也就是要從「做」中實踐佛教經典的精神；也因此，慈濟與中國佛教僧侶的交流程度較低，僅在一年一度的浴佛節大會中會邀請佛教僧侶齊聚參加浴佛典禮。慈濟雖受到印順導師人間佛教思潮影響，但其實踐已開創出台灣本土佛教教團在慈善事業上的新發展，而非只是中國佛教的延續。

從上述討論可以發現，中國因素的作用力一直都在，只是其作用方式隨著歷史演變與兩岸之間的競合關係而有不同的影響與變化。中國因素在台灣佛教場域的作用力可歸納為三個階段：第一階段的作用力是在一九四九到一九八〇年代，此階段中國大陸籍僧人陸續來到台灣，中國因素對台灣的作用力為佛教文化傳承與佛教文化認同，透過中國大陸籍僧人的代理人機制作用，促使中國之漢傳佛教在台灣以壟斷性的方式進行文化傳承。第二階段為一九八〇年代至二〇〇〇年的二十年間，中國因素對台灣佛教場域的影響力相對較小，反而是台灣四大佛教道場透過在台灣與全球的拓展，奠定其佛教組織的基礎，藉由現代性的宗教治理技術建構起屬於「台灣四大佛教道場」的宗教象徵資本；在這二十年間，中國佛教界因為文化大革命導致必須重建佛教文化，而在重建過程中，紛紛以台灣的四大佛教道場為鏡，換言之，這個階段「台灣因素」反而在兩岸的佛教場域產生較大影響，四大道場在此階段蓄積了到中國拓展的宗教治理能力。

但值得注意的是，在二〇〇〇年至今的第三階段，隨著中國經濟力量崛起以及中國佛教寺院陸續復甦，又回到中國因素對台灣作用力較大的階段，台灣四大佛教道場由於兩岸密集宗教與文化交流，開始以中國為相較於台灣或東亞更大的華人宗教市場，或保持與全國性中國佛教協會（The Buddhist Association of China）、中國佛教寺院之互動關係，或更積極朝中國進行組織拓展。在此中國因素對台灣佛教形成拉力的情況下，促使台灣佛教寺院必須關注中國崛起後的信仰市場。其中，更需要特別關注中國的「中國佛教協會」在政治統戰上所辦演的角色與作用。

台灣的中國佛教會在一九八〇年代之後就因政治解嚴、佛教發展多元化等因素逐漸失去其影響力，相較於此，中國的全國性中國佛教協會近年來對中國佛教界有舉足輕重的影響，也連帶影響了台灣佛教界在兩岸的佛教交流與互動。中國佛教協會位於北京，是中共在一九五三年基於統戰的目的，由虛雲老和尚、喜饒嘉措、圓瑛長老、趙樸初居士等中國境內佛教界人士發起。一九六六年的文化大革命讓所有宗教活動因而停擺，相關佛教活動也暫停，直到一九七八年改革開放後才逐漸在新的宗教政策下帶動佛教的復振；一九九〇年之後隨著中國經濟力量的崛起，中國佛教協會也因中國社會信仰力的復甦，開始在中國境內持續發揮其影響力。近年來，中國共產黨更是積極運用佛教作為統戰工具，例如二〇一五年的中國佛教協會第九次全國代表會議，中國國家宗教事務局王作安就代表中共中央統戰部、國家宗教事務局在開幕式上提及：「中國佛教協會是我國各民族佛教徒的愛國團體和教務組織……自覺接受黨和政府的領導，堅持在法律範圍內開展活動，踐行『人間佛教』思想……為實現中華民族偉大復興的中國夢作出新貢獻。」[16]換言之，當前中國對佛教的定位是「中華文化傳統的重要守護者與傳承

16　「王作安：中國佛教事業迎來大有作為的歷史性機遇」，大公網，二〇一五年四月十九日，http://bodhi.takungpao.com.hk/topnews/2015-04/2976614_print.html，取用時間：二〇一六年十月十五日。

者」，佛教不僅只是一套延續中華文化的文化思想與文化傳統，當今中國佛教更被定位為一個傳承中國的中華思想與文化的積極行動者。在此方向下，近年來中國也在宗教政策的開放與扶植下開始重建境內的佛教寺院，一方面以宗教觀光為各寺院的主要發展模式，另一方面也鼓勵佛教寺院開始發展佛教教育、經營佛教社會事業。兩岸佛教於一九九〇年起展開交流，台灣佛教在中國因素作用下，是否會在交流過程中成為中國意圖以佛教進行統戰的政治代理者或在地協力網絡，乃值得進一步分析。

從台灣四大佛教道場創辦人的省籍背景、與中國佛教的淵源、對傳承中國佛教態度，可歸納出三個屬於台灣佛教寺院佛教治理之知識類型，以此初步區分三類型的中國淵源與中國情感模式：

一、佛光山和中台禪寺模式：對中國佛教懷有高度的文化與信仰認同，傾向以台灣為根據地，傳承並發揚中國佛教。

二、法鼓山模式：雖然也承繼中國佛教的傳承，但傾向因應時代與台灣社會需求，開創出屬於法鼓山的特色，並不直接訴諸對中國佛教的認同。

三、慈濟模式：慈濟與中國佛教的傳承關聯相對較低，反而是透過慈善模式創造出屬於慈濟的特色，把慈善等相關入世實踐行動，定位為對印順導師人間佛教的實踐。

接下來將進一步探討以上秉持這三個宗教治理之知識類型的四大道場如何在兩岸開放交流，以及中國進行改革開放、經濟快速成長、信仰力復甦後，從其所秉持的知識類型來經營中國的宗教市場？

四、佛光山與中台禪寺：從中國淵源建構文化同源的宗教認同

星雲法師和惟覺法師對傳承與復興中國佛教皆懷有高度的認同，傾向以台灣為根據地，建構具有入世特色的人間佛教與中國禪宗的信仰實踐。

從政教關係互動的面向來看，星雲法師對中國始終秉持「海峽兩岸民眾本是同根生」的立場[17]，一直與國民黨保持相當密切的關係，初來台時由於沒有黨籍而入獄，因而加入中國國民黨成為黨員，在宗教與政治場域同步發展其社會影響性。在政黨職務方面，星雲法師曾擔任中國國民黨黨務顧問、中央常務委員與中央評議委員，從不諱言以宗教身分參與政治，甚至更主張宗教參與政治事務代表宗教界有力量。儘管經常被批評為政治和尚，星雲法師並不改初衷，仍經常在報章期刊發表其對台灣政治與政黨事務的看法，並積極地運用其與國民黨的友好關係，建構佛光山在台灣社會的影響性。對星雲法師而言，宗教與政治從來不是壁壘分明，宗教

17　星雲，〈欣聞習馬見面，希望馬英九先生者〉，《人間福報》社論，二〇一五年十一月七日。

反而要以積極的態度影響政治。只不過在政治事務方面，星雲法師最關心的並不是當前台灣公民社會所關心的台灣民主、公平正義等議題，反而是兩岸關係的和諧。國民黨政府二〇〇八年上台後，兩岸關係趨向活絡，星雲法師也在二〇一五年隨同台灣代表團參加博鰲亞洲論壇中的宗教論壇場次，與中國領導人習近平會面合影。

對於至今經歷兩岸關係變化長達六十五年以上的星雲法師來說，兩岸關係是政治對立問題，更是佛教所說，因緣情勢下的現實問題。星雲法師一直希望兩岸可以和諧交流，二〇一六年九月，民進黨政府上台剛滿三個月，兩岸關係日漸緊繃，其就曾在接受《遠見雜誌》訪問時表達「大陸對台灣要慈悲，台灣對大陸要理智」的看法，[18]希望持續從宗教的力量推動兩岸良性的交流。只不過，星雲法師的觀點雖然受到其信徒認同，但這些佛教信徒基本上都是台灣社會政治傾向較為保守的一群，至於台灣公民社會中本土意識認同較強的一群，星雲法師始終無法與其對話；他在參與許多中國活動時曾忘情宣稱「我是中國人」的態度，也遭受許多本土意識較強的台灣人強力批判。對此，他曾經談到，「台灣並未承認我是台灣人，時至今日，我連做個台灣人都不能，所以只有自稱『台灣中國人』。」[19]雖然星雲法師也曾表明，他所談的「中國」是文化意義下的中國：「我們所說的中國，是五千年中華文化孕育的歷史中國、文化中國、全民中國，是民族血肉相連、不能改變的中華民族。在全世界，台灣是保存中華文化最完整的地方，也以中華文化的傳統為榮。」[20]但這樣的論述仍然是站在中國文化認同本位的立場進行詮釋，與台灣其他多元文化認同的立場產生無法溝通的文化認同鴻溝。

星雲法師對兩岸與「中國」的想像圖像是基於兩岸同屬一「中華民族」，應無分彼此，無論是中國人還是台灣人，都不需要因為政權統治而對立，應該以「中華文化」的傳統為榮，相互合作邁向共榮。[21]他長期穿梭兩岸佛教界，與兩岸領導人會面接觸，希冀藉由佛教帶動兩岸和諧互動。在一九八七年台灣開放前往大陸探親前，星雲法師已在台灣建立起佛光山佛教事業的基礎，兩岸開啟互動交流之後，在台灣佛教界已具聲望的星雲法師隨即於一九八九年應中國佛教協會之邀，帶領佛光山僧俗二眾以「弘法探親團」名義赴大陸，一方面回家鄉探望親友，另一方面也因其在台灣佛教界的身分，而與當時的國家主席楊尚昆、政協主席李先念於北京人民大會堂會面，開啟了台灣佛教界與中國政治領導人會面的起始。其後，佛光山透過佛教交流的模式與中國大陸保持互動，二〇〇二年在上海設置第一個佛光山的大陸聯絡處，以此開始與大陸官方及佛教界保持接觸，同年更組成「台灣佛教界恭迎佛指舍利委員會」，迎請西安法門寺的佛指舍利來台供奉；此舉當時吸引眾多台灣佛教徒前往觀看，而佛光山也以「佛指舍利」

18　陳芳毓，〈星雲法師九十歲壽誕，最掛心兩岸未來：大陸對台灣要慈悲，台灣對大陸要理智〉，《遠見雜誌》三六三，二〇一六。

19　星雲，〈我可以稱台灣中國人〉，收錄於趙無任（著），《慈悲思路．兩岸出路：台灣選舉系列評論》，台北：天下文化，二〇一五。

20　同前註。

21　同前註。

的宗教聖物，塑造出中國佛教之於台灣佛教信徒的信仰認同。

從二〇〇〇年至今近十五年間，佛光山持續透過宗教、文化、藝術交流的方式，將其在台灣的佛教事業發展模式，複製到改革開放、經濟發展後，對佛教開始產生興趣的中國。首先，佛光山接手蘇州嘉應會館，在二〇〇七年將這座具有兩百多年歷史的古建築整建為佛光山在大陸第一所美術館；其次於二〇〇八年在揚州建成中國最大的佛教圖書館——鑑真圖書館，同時也在上海成立大覺文化出版社，向中國大陸推廣星雲法師的著作與佛光山文化出版的影音品。除此之外，佛光山也在中國最重要的兩個大城市：北京與上海，於二〇一四年登記成立「星雲文化教育公益基金會」[22]，方便其在中國推動光中文教館和星雲文教館，透過文教館的模式可以巧妙避開中國大陸對宗教活動場所的限制，而運用文化講堂、藝術研討、社教館與展覽廳等功能，發展綜合性的弘法性文教設施。

過去十年來，佛光山透過「文化」包裝「宗教」的宗教治理實踐在中國拓展迅速，在台灣也持續運用中國佛教的概念，發展佛陀教育紀念館的現代性宗教建築與展示空間。二〇一一年於高雄佛光山寺周圍腹地的佛陀教育紀念館落成，進入禮敬大廳的佛館園區即是所謂的「成佛大道」，兩旁羅列八座中國式七層寶塔，塑造出中國傳統佛寺建築的空間格局；其次，佛陀紀念館本館大佛平台整體空間的規畫更以中國四大佛教名山為概念，將浙江普陀山的觀音菩薩道場、山西五台山的文殊菩薩道場、四川峨眉山的普賢菩薩道場，以及安徽九華山的地藏菩薩道場，以四聖塔的形式呈現，分別供奉大悲觀世音菩薩、大智文殊菩薩、大行普賢菩薩、大願地藏菩薩。台灣的佛教信徒只要來佛光山，即可感受其與中國大陸四大名山的連結，塑造出中國佛教在台灣的文化再現。

星雲法師與佛光山所欲塑造的兩岸國族與文化認同，乃深植在星雲法師對中國文化認同的想像上。星雲法師作為一個佛教出家僧侶，一九四九年由於兩岸政治因素來到台灣，他在解嚴前積極運用其良好的黨政關係，把台灣作為中國佛教的復振基地，創辦高雄的佛光山寺以及相關佛光山事業；在享有台灣人間佛教的社會聲望後，再積極運用一九八七年兩岸開放探親與二〇〇八年國民黨政府重視兩岸關係等政治環境，將佛光山創建的宗教文化事業模式，率續在中國進行複製拓展。當然，中國並不是佛光山唯一向外拓展的國家。佛光山在海外共有外兩百多所道場，一九九〇年代兩岸互動尚未如此緊密，當時佛光山就已積極在美國、加拿大拓點，國際佛光會的組織正是在一九九一年於美國洛杉磯成立。換言之，佛光山在世界各地皆以融合文化、教育、慈善、弘法功能，推動其在中國佛教的現代性人間佛教實踐。但是自二〇〇〇年以來，隨著中國經濟崛起的機遇，我們確實可以看到佛光山將中國視為一個因文化與民族同源而更適合拓展的國家地域，無論在信徒經營與佛教文化事業上，對中國這個新興崛起的現代性國

22　星雲文化教育公益基金會是二〇一四年三月二十八日獲中華人民共和國文化部、民政部、國務院宗教事務管理局等主管單位批准設立，是由星雲法師捐贈兩千萬人民幣在中華人民共和國民政部登記註冊的全國性非公募類公益基金會。

家，儘可能推動其佛教事業。對於目前仍積極向中國喊話的星雲法師而言，中國始終是一個希望回去但早已回不去「如家般的異鄉」。如今，已正式落成的宜興大覺寺扮演佛光山的祖庭，在中國持續接引中國的佛教信徒，在某個程度上，展現了星雲法師心靈最深處的中國情感。

同樣也秉持兩岸文化同源主張的惟覺法師，做法與星雲法師極為近似。二〇〇一年，惟覺法師到四川成都參訪其出生的故鄉，提出「兩岸未通，宗教先通；宗教未通，佛教先通；佛教未通，中台先通」；自此，中台禪寺開始積極經營與中國之間的關係。二〇一一年底，中台禪寺住持見燈法師也受中國佛教協會之邀，前往中國參訪北京、西安、杭州等地，並拜訪大陸國家宗教局局長王作安，進一步連結中台禪寺與中國佛教，以及中國宗教管理政府部門間的社會網絡關係。[23]

中台禪寺在宗教治理的實踐面向上，強調的是對大乘佛教與中國禪宗的傳承。長期在台灣各地推廣禪修教學的中台禪寺，從一九九〇年代起，在中國禪宗尚處於盤整祖庭的階段，即已逐步在台灣建構傳承中國禪宗法脈的跨海峽宗教象徵資本，以傳承中國禪宗法脈為其寺院的主要發展特徵。其在寺院宗教空間的治理上，也意圖再現中國漢傳佛教的氣度恢弘，例如二〇〇一年落成的中台禪寺，一踏入寺院大廳就是四尊從地面到天花板一體成形的威武四大天王，與中國漢傳寺廟兩旁護法天王立像的寺院格局相當一致；而中台禪寺四大天王的立像是利用山西花崗岩材雕刻而成，每逢遊客前來，導覽員總是自豪地介紹材質的來源，自然連結起中台禪寺與中國之間的紐帶。除此之外，在佛教文物的典藏上，中台禪寺也長期直接與中國佛教界保持密切的交流合作，二〇一六年七月甫開館的中台世界博物館，更是直接呈現其中國大乘佛教文物典藏成果，不僅展示的文物多以中國漢傳佛教的文物為主，意圖再現中國佛教造像的壯麗藝術性與美學質感，同時也在博物館內部還原呈現中國古代禪堂的空間，帶領遊客神入中國禪宗的歷史文化場景。整個中台世界博物館幾乎就是以漢傳佛教為主軸，呈現中華文化的歷史恢弘感，甚至還有「古人的生命歷程」區，展示各朝代不同類型的古人墓誌銘，意圖將中國再現於歷史文化的演進過程中；還有特展區，展示與復興中華文化相關之各類型儒釋道書法作品。中台禪寺與中台世界博物館雖然位於台灣，但如果不多加注意，甚至會有來到中國某個省份的佛教寺廟或文化博物館的錯覺。在這個層面上，中台禪寺積極善用佛教元素，創造其對中國文化的連結與認同。

以上的宗教治理模式也展現在中台禪寺的政教關係方面。惟覺法師向來的政治立場都相當明顯，甚至在過去幾次總統大選中，積極表態支持國民黨籍候選人，試圖想從佛教僧侶角色積極連結兩岸關係。由北京中國佛教協會舉辦的「世界佛教論壇」，自二〇〇六年至今起已歷經四屆，從第一屆開始就邀請星雲法師與惟覺法師出席；中台禪寺也在二〇〇七年底舉辦「兩岸佛教文化論壇」，主動邀請當時中國佛教協會會長一誠法師、副會長學誠法師，以及中華宗教文化交流協會會長葉小文與大陸各省市佛教協會代表前來台灣參加論壇，積極與中國佛教協

23　《中台月刊》一四四。

會、中國各地的佛教協會連結。惟覺法師已於二〇一六年圓寂，回歸其心所想望佛國世界，中台禪寺透過宗教治理再現的中國佛教元素未來要如何持續開演？尤其在台灣社會面對中國因素更加謹慎的此時，中台禪寺的中國佛教元素是否能夠在未來以佛教信仰突破台灣認同，持續吸引台灣社會的目光，仍有待進一步的觀察。

我們或許可以理解佛光山和中台禪寺欲在台灣重新建構中國佛教文化傳統的歷史背景與發展過程，然而，在當前台灣社會對中國因素作用的高度反思情境下，星雲法師和惟覺法師秉持個人國族與文化認同，以及佛教弘法關懷的出發點，很容易被目前強調台灣主體的主流意識歸類為中國因素的在地協力者。只不過，此種歸類要注意的是，星雲法師與惟覺法師所主導的佛教寺院仍是非營利的宗教組織，即便透過跨海峽宗教象徵資本的操作，其經濟或政治利益仍是回歸整體寺院組織的宗教治理結構，並非單一個人的利益。因此，唯一需要謹慎的反而是佛光山或中台禪寺是否在中國借用佛教進行統戰的過程中，成了被統戰的環節，而未能維持宗教超然於政治之外的定位。

五、法鼓山：以信仰創新連結當代兩岸佛教認同

相對而言，同樣是大陸籍的聖嚴法師則對兩岸關係與政治認同的立場保守低調許多；在世期間，絕少看到其對政治立場表態，面對不同黨籍的政治人物，多還是以佛教僧侶的立場，採

取不迎不拒的客觀回應。聖嚴法師也在兩岸開放後安排過幾次中國大陸參訪行程，但都以探親與參觀當地佛教寺院之觀光旅遊，未帶有政治目的或特定的傳教意圖；其與中國佛教界的關係也多以佛教的學術或教育交流為主，並未積極經營與中國佛教協會的社會網絡關係。

在台灣，法鼓山對佛教所做的努力，包括推動中華佛教研究所及法鼓佛教學院、創立法鼓山世界園區，以及持續在法鼓山農禪寺與各地分支寺院推廣適合現代人身心需求的禪修與修行方法。雖然聖嚴法師也對復興漢傳佛教具有極大的企圖，但是法鼓山的做法並非是在台灣再現傳統中國佛教文化的特徵，相反的，如何在中國漢傳佛教的傳統中走出一條適應當代需求的佛教創新之路，才是聖嚴法師真正關懷的方向。

這樣的作法也為法鼓山累積出與佛光山和中台禪寺截然不同類型的宗教象徵資本。同樣是漢傳佛教道場，但法鼓山試圖彰顯漢傳佛教對現代社會的適應，進而把「佛教」的修行方法，視為回應現代人心靈需求的重要方式，而展現在空間治理的面向無論是法鼓山世界佛教園區，或是由農禪寺所改建的水月道場，其空間意象都並非是要再現傳統中國佛教的建築型態，反而以現代性的建築美學語彙，呈現現代禪宗道場的空間氛圍。這種對漢傳佛教的創新實踐，吸引了許多中國佛教界、文化界的知名人士注意。這些對中國佛教懷有情感的中國佛教徒或非佛教徒，透過禪修與寺院建築語彙開始認同法鼓山現代性的人間佛教實踐模式，甚至以此思索中國佛教未來發展的多元可能。許多大陸官員、省級代表團，或是中國各省份佛教人士組團來台時，會因上述的原因選擇前往法鼓山世界佛教園區或農禪寺水月道場參訪，而法鼓山通常也會從其推動的佛教教育與禪修教育理念進行導覽。法鼓山的宗教交流經驗相對顯得平和、低調，回歸其理念，在現代性的佛教創新中，思考兩岸佛教在教育與學術研究上的發展。

政教關係方面，相對於星雲法師積極經營兩岸關係，聖嚴法師極少涉入兩岸政治議題，也未針對國族政治認同的立場進行表態。相反的，聖嚴法師帶領法鼓山以台灣與美國為重心持續推動心靈環保，對於進入中國發展法鼓山所欲推動的佛教理念與活動皆特別謹慎，僅在二〇〇八年四川強震時，由法鼓山慈善基金會以國際災難救助的專案模式，號召具有社工、志工，或九二一賑災經驗者，以及曾參加法鼓山禪修活動、對佛法有理解的義工前往四川進行災區賑災關懷；其未帶有過多的組織發展企圖，也並非把中國當作重點發展對象，僅從法鼓山慈善基金會角度，對當前各地所發生的災難進行幫助。震災之後，法鼓山也透過青年團的志工服務活動，持續在四川推動法鼓山心靈環保，以延續震災時所建立起來的社會網絡。整體來說，法鼓山對中國保持友善的態度，但並未在中國經濟崛起與信仰力復甦後，就積極地將其視為重要的發展根據地；相反地，法鼓山仍然秉持其對漢傳佛教的創新理念，持續在台灣的法鼓山世界佛教園區建構現代性的都市佛教教育實踐典範，間接以此作為兩岸佛教交流的平台。

從法鼓山的案例，可看到兩岸佛教較為理性且務實交流的可能性。聖嚴法師並未回中國重建屬於法鼓山的祖庭，台灣的世界佛教園區，就是聖嚴法師創新漢傳佛教的示範基地。而從中國大陸籍僧人東初老人傳承下來的農禪寺，也在聖嚴法師長期經營禪修與佛法教學的過程中，成為回應其現代性的重要現代都市道場，直接象徵法鼓山開山的起源地；法鼓山的信徒不需要回到中國尋找信仰上的根源，位在台灣的農禪寺就是他們心靈的故鄉。在文化認同上，聖嚴法師在推動法鼓山的過程中，從組織領導人層次即轉化了源自中國之漢傳佛教，發展出創新性的「中華禪法鼓宗」特色，同時在其創新特色的基礎上，與中國佛教界展開對等的交流，讓佛教回歸佛教，不涉入中國試圖透過佛教連結的國族認同與國族想像。

六、慈濟：以慈善大愛跨越國族認同的疆界

慈濟的發展模式則是完全不同的故事。承繼印順導師人間佛教思想的關懷，慈濟傳承的包袱最輕，證嚴法師本身也並未想發展過多的漢傳佛教論述，僅持續推動以慈善走出國界。

在中國因素被台灣公民社會廣泛重視之前，慈濟的慈善與災難救助活動已在一九九一年以NGO模式進入中國大陸。一九九一年慈濟首次進入中國大陸，此一決策最初並非抱有組織發展意圖的理性選擇，而是從同年支援孟加拉水患的經驗開始思考：作為一個本土慈善組織，慈濟可以如何救助其他國家的災難？進而決定針對同年發生在中國華東、華中地區洪災事件，發起同樣的國際賑災活動。然而，這種出於價值理性的慈善關懷，也不免由於兩岸特殊的政治情勢，受到台灣本土社會諸多批評。持反對意見的輿論多從台灣之國家認同與本土認同的立場出發，認為慈濟作為深耕台灣且因此發展壯大的慈善團體，不應該把來自台灣的募款資源，用在協助對台灣存有政治統戰意圖的中國大陸。但在慈濟擁有卡理斯瑪權威的領導人證嚴法師試圖

把兩岸的政治現實放入括弧，從佛教關懷眾生的價值理性出發，力排眾議，超越國家認同與政治意識形態的藩籬，從關懷生命的態度看待中國這場因自然災難而產生的生存苦難，從而在兩岸關係還處於觀望隔絕大於交流合作的一九九〇年代初期，開啟慈濟以救災模式進入中國發展慈善活動的第一步。

儘管一九九一年慈濟進入中國救災有其歷史機遇因素，並直接受到證嚴法師佛教關懷影響，但慈濟基金會確實也積極運用此救災經驗，建立起後續國際賑災的流程與運作模式，甚至還進一步運用當時華東水災剩餘善款成立「國際急難救助基金」，在慈濟原有慈善、醫療、教育、人文的四大志業基礎上，發展出「國際賑災」的組織推動項目。是以，慈濟在一九九一年進入中國發展救災雖是歷史偶然，但並非單一組織事件，甚至對慈濟後續的發展產生組織擴張與組織專業化之路徑依賴影響。

首先，在組織擴張方面，一九九一年後，中國大陸成為慈濟在台灣以外相當重要的發展據點；透過深耕這塊土地，動員在地志工、發展海外據點，積累並擴大慈濟基金會在慈善救助上的符號資本，逐步建立在中國的影響力。對慈濟基金會而言，發展慈善工作為其主要目標，中國，這個與台灣同語言、同文化的國家，從政治角度的確與台灣存在國家主權認同的矛盾，但慈濟將自己定位為從台灣本土社會發展起來的慈善ＮＧＯ組織，反而利用文化與種族的淵源，將中國視為發展地，透過跨國界的慈善工作擴大其組織影響力，兩岸政治問題並非其所考慮的重點。

其次，在組織的專業化方面，中國賑災的模式也促進了慈濟在國際救災工作上的專業性。賑災需要透過實際經驗，累積應變災難的具體方法。一九九一年進入中國大陸賑災前，慈濟只有支援過孟加拉，尚無完整的賑災經驗；一九九一年進入中國時，因為語言與文化相通，台灣的慈濟人得以快速從中國賑災經驗摸索出一套在地協力的賑災方法，也據此建立起海外賑災的標準運作模式。從研判災情與發放物資開始，先積極與其他國際慈善團體以及當地的救援團體建立合作關係，累積救災的專業能力；同時儘快建立據點，結合當地金錢、物資，與人力資源進行救災，並發展出「取之於當地、用之於當地」國際賑災運作原則。在中國賑災的經驗，促使慈濟發展出後續在國際賑災的專業化NGO組織模式。

對慈濟而言，一九九一年因國際賑災而進入中國，之後基金會就開始把「中國」當作拓展慈善工作的重要據點，至今已耕耘中國二十五年。根據二〇一五年《慈濟年鑑》的統計資料，慈濟目前在中國大陸固定維持六千位慈濟志工，分布各地參與其在中國的慈善工作；而在全球五十六個國家，六百一十四個聯絡點當中，中國占了三十六個聯絡點，僅次於馬來西亞（一百五十六個）、台灣（一百四十九個）與美國（一百零七個），而與印尼（三十六個）相同。與其他國家相較，中國在中國無論是志工人數還是聯絡點，成長都相當快速，且後續還有很大擴展性；因此，在NGO組織發展考量上，中國勢必成為慈濟發展的重點。

同時，慈濟在一九九〇年正式開始推動環保工作，並發展出制式、可操作的環保站模式，近年來也十分積極在中國大陸推動環保，目前在中國已設有十五個環保站，兩百三十六個社區環保點，並累積一千五百位環保志工；慈濟在中國的環保志工人數，僅次於台灣（八六、五九四人）、馬來西亞（一二、五六六人）和加拿大（二、九八六人）；而設在社區進行定點、定時收集資源回收物資的社區環保點，也僅次於台灣（八、六二六個）、馬來西亞（九〇八個）與菲律賓（三〇七個）。環保站是慈濟社區道場的類型之一，不僅是各社區資源回收集的中繼站，也是慈濟開放給大眾了解慈濟與慈濟為什麼做環保的場所，相對於其他國家，中國的環保志工已有相當人數，但以志工的人數比例來看，慈濟在中國的環保站還是相對較少。對於重視組織形象，並以年度數據持續統計志工成長人數的慈濟基金會而言，未來仍可能站在NGO組織拓展的角度，持續深耕中國這塊土地，目前可以觀察到的是慈濟已建立「無錫環保教育基地」，以濕地公園的腹地來呈現慈濟環保教育的理念。對慈濟而言，環保、國際賑災、慈善的持續推動是其考量的重點，如何擴大組織、走出台灣，是其在中國崛起後，對中國之於慈濟發展的定位。

整體來看，慈濟在宗教治理空間布署的面向上，正持續透過靜思書軒、慈濟環保站、慈濟聯絡處，擴大其在中國的影響性，也利用與中國各地的政治、經濟、社會關係等社會網絡，推廣其慈善理念與環境工作；而中國志工人數的持續增加，可預期帶動慈濟宗教治理實踐的面向。近年來因為其實踐面的成果，慈濟逐漸開始參與兩岸的佛教論壇，但仍與中國佛教協會保持較為平行互動且合作的關係。慈濟秉持對慈善與入世實踐的關懷，較難被納入中國利用文化認同建構的統戰框架；相對而言，慈濟反而扮演了社會趨力的角色，帶動中國民間社會走向對慈善性NGO的重視。

七、結語：理性看待開拓中國宗教市場的界線

從宗教組織的宗教治理邏輯來看，組織發展通常涵蓋兩個層次，一個是價值理性，另一個則是工具理性。價值理性層次的宗教治理邏輯通常會訴諸宗教性的情感認同，以台灣四大佛教道場為例，就是其所推動的現代化佛教教義內涵，包括人間佛教的觀念、佛教修行對人生的助益等；此外也牽涉到較高價值的組織目標，諸如推動慈善公益、實踐心靈環保、傳承並振興中國佛教，或是為兩岸和平而努力等。確實，四位台灣主要佛教道場的創辦人都努力堅持上述的信仰價值，確保他們所秉持的是基於「為佛教、為眾生」的價值理性，但值得思考的是，發展宗教組織，只要牽涉到組合人力與各項實質資源的過程，就得進入宗教組織的工具理性層次，甚至關係到一般宗教團體經常隱晦避談的宗教組織運作之政治經濟邏輯。這種實務面的運作邏輯可能與宗教組織的價值理性牴觸，但卻是發展宗教組織避免不了的工具理性層次課題。

作為一個快速崛起的經濟強國，中國與台灣確實存在文化上的淵源，尤其在信仰內涵方面，中國佛教也確實與台灣四大佛教道場有其連結；同時，或許我們也應該理解到，台灣四大佛教道場在進行組織擴張的宗教治理過程中，不免把中國視為極大的宗教市場，因其無論人力或物力的集結，的確可能對這四個佛教團體的持續擴展有所助益。因此，我們還是必須回到一

個比較本質的課題，那就是：在中國因素作用下，台灣四大佛教道場的宗教治理邏輯究竟在哪些面向需要重新思考？中國對台灣確實存在政治統戰的現實，甚至期許佛教扮演發揚中華文化的角色，此時「願力有多大，佛行事業就有多大」的佛教組織發展目標，是否仍屬必要？

誠然，每個宗教團體依其創辦人的願力與宗教治理邏輯，有各自不同的選擇，上述討論即是三種不同類型的實踐模式。

佛光山與中台禪寺善用兩岸一度密切交流的形勢，以振興中國漢傳佛教為號召，分別在台灣推動佛光山寺與佛陀教育紀念館，以及中台禪寺與中台世界博物館。這兩個極具中國佛教特色的佛教建築成為台灣向中國展示其振興中國佛教的建築象徵，自二〇〇八年以來成為中國省級參訪團來台參訪的重要宗教景點，佛光山及中台禪寺可謂收結了兩岸緊密交流對台灣佛教發展的正面影響，無論在香油錢或其他道場捐助項目上，都可能因為中國省級參訪團的參訪獲得相關的經濟利得，而這兩個佛教道場也積極把中國視為持續擴展其組織的宗教場域。二〇〇〇年以來，佛光山和中台禪寺一方面希望積累其復興中國佛教的宗教聲望與跨海峽宗教象徵資本；另一方面，也持續將屬於「佛光山」與「中台禪寺」的佛教聲望與宗教象徵資本，複製到中國大陸拓展宗教市場，同時用佛教的宗教治理布署，展現其對中華文化的文化認同與國族想像。

慈濟也想拓展中國宗教市場，但並非透過國族認同的建構，而是基於ＮＧＯ的組織擴張邏輯。ＮＧＯ的核心價值是非政府的組織，因此必須超越國界，協助世界各地的問題。慈濟在過去五十年間，從慈善、醫療、教育、人文，到現在的環保與國際賑災，持續開發新的組織項目，藉此擴大慈濟作為NGO的國際影響力。然而，要發展NGO計畫，除了有宗教關懷與人道救援的意涵，更重要的是相關物資與資金是否能夠成功地募集。雖然慈濟強調其海外各項工作項目都是採行專款專用的形式，但從四川震災的專案工作報告來看，台灣募集款項的比例仍高達百分之六十七點九五。在中國經濟力量崛起，台灣面臨中國因素挑戰的情勢下，慈濟是否能夠持續動員台灣的經濟與社會資源進行海外救災？或需要調整工作目標，將更多的資源分配到對台灣本土社會有助益的慈善救助？在當前中國因素的作用下，如果僅是抱持組織擴張的邏輯，站在NGO發展的角度建構其跨國際的宗教聲望，可能會讓慈濟越來越難與台灣公民社會需求溝通對話。相對而言，法鼓山作為同樣發揚漢傳佛教的台灣佛教道場，經營中國宗教市場始終保持不迎不拒的態度，將宗教治理邏輯放在貫徹價值理性與工具理性的前提下。

台灣四個佛教道場傳承了源自中國漢傳佛教的佛教法脈，過去以人間佛教路線，創造出佛教在台灣的興盛發展；但對其而言，當前更重要的命題是：人間佛教是否有可能轉型為公民宗教（civil religion），能夠充分且適切地回應公民社會的主流價值，為公民社會提供社會貢獻？在當今社會趨勢的潮流下，偏離社會主流價值的宗教勢必缺少生存的空間，而這是台灣四大道場未來將面對的現實。

參考書目

丁仁傑，《社會脈絡中的助人行為：台灣佛教慈濟功德會的個案研究》，台北：聯經，一九九九。

丁仁傑，〈當代台灣社會中的宗教浮現：社會分化過程與台灣新興宗教現象〉，收錄於《社會分化與宗教制度變遷：當代台灣新興宗教現象的社會學考察》，台北：聯經，二〇〇四，頁六一～一二八。

丁仁傑，〈市民社會的浮現或是傳統民間社會的再生產〉，《台灣社會學刊》三八，二〇〇七，頁一～五五。

李丁讚、吳介民，〈現代性、宗教與巫術：一個地方公廟的治理技術〉，《台灣社會研究季刊》五九，二〇〇五，頁一四三～一八四。

江奕辰，《宗教類非營利組織事件行銷探討：以法鼓山基金會為例》，國立政治大學科技管理研究所碩士論文，二〇〇四。

江燦騰，《台灣當代佛教》，台北：南天，一九九七。

林本炫，《當代台灣民間宗教信仰變遷的分析》，台灣大學社會學研究所博士論文，一九九八。

林端，〈解讀《佛教相關博碩士論文提要彙編（一九六三～二〇〇〇）》所帶來的豐富知識：知識社會學的考察〉，《佛教圖書館館訊》二十七，二〇〇一年九月。

杜維明，〈意義的追尋：中華人民共和國的宗教〉，收錄於彼得．伯格（編），李俊康（譯），《世界的非世俗化：復興的宗教與全球政治》，上海：上海古籍，一九九九。

吳介民，《第三種中國想像》，台北：左岸文化，二〇一二。

吳介民，〈中國因素的在地協力機制：一個分析架構〉，《台灣社會研究通訊》八三，二〇一五，頁四～十一。

星雲，〈欣聞習馬見面，希望馬英九先生者〉，《人間福報》社論，二〇一五年十一月七日。

星雲，〈我可以稱台灣中國人〉，收錄於趙無任（著），《慈悲思路・兩岸出路：台灣選舉系列評論》，台北：天下文化，二〇一五。

陳芳毓，〈星雲法師九十歲壽誕，最掛心兩岸未來：大陸對台灣要慈悲，台灣對大陸要理智〉，《遠見雜誌》三六三，二〇一六。

杜憲昌，〈佛光山開山五十週年紀念專題報導二十：文化、教育，搭建兩岸橋梁，人間佛教在大陸二〉，《人間福報》，二〇一六年六月十六日。

齊偉先，〈現代社會中宗教發展的風險意涵：台灣宗教活動規劃所體現的「選擇的親近性」〉，《台灣社會學》十九，二〇一〇，頁一～五四。

齊偉先，〈台灣民間宗教廟宇的「公共性」變遷：台南府城的廟際場域研究〉，《台灣社會學刊》四六，二〇一一，頁五七～一一四。

鄭丹琳，《戰後台灣佛教的振興：以佛光山教團為研究個案》，佛光人文社會學院社會學研究所碩士論文，二〇〇四。

鄭志明，〈從大陸佛教現狀談未來發展〉，發表於中華佛學研究所「鑑往知來：兩岸佛學教育研究現況與發展研討會」，二〇〇二。

赫緒曼（著），吳介民（譯），《反動的修辭》，台北：左岸文化，二〇一三。（Albert O. Hirschman, *The Rhetoric of Reaction*, the Belknap Press of Harvard University Press, 1991.）

Berger, Peter, *The Desecularization of the World: Resurgent Religion and World Politics*. United States: Ethics & Pub Pol Ctr, 1999.

Bourdieu, Pierre, "Genesis and Structure of the Religious Field," *Comparative Social Research* 13, 1991, pp. 1-44.

Dean, Mitchell, *Governmentality: Power and Rule in Modern Society*. London: Sage, 1999.

Finke, Roger, "The Consequence of religious Competition: Supply-Side Explanations for Religious Change." In *Rational Choice Theory and Religion: Summary and Assessment*. edited by Lawrence A. Young, New York: Routledge, 1997.

Foucault, Michael, "Governmentality," in *The Foucault Effect*, edited by G. Burchellet. al. Chicago: University of Chicago Press, 1991.

Huang, Chien-yu Julia, *Recapturing Charisma: Emotion and Rationalization in a Globalizing Buddhist Movement from Taiwan*. University of Boston, USA, 2001.

Huang, Chien-yu Julia, "The Buddhist Tzu-Chi Foundation of Taiwan." In *Action Dharma: New Studies in Engaged Buddhism*, edited by Christopher Queen, Charles Prebish, and Damien Keown. London: RoutledgeCurzon, 2003, pp. 136-153.

Huang, Chien-yu Julia, "Weeping in a Taiwanese Buddhist Charismatic Movement." *Ethnology*, vol. 42, no. 1 (Winter), 2003, pp. 73-86.

Iannaccone, Laurence R., "Religious Markets and the Economics of Religion." *Social Compass,* 39(1), 1992, pp. 123-131.

Iannaccone, Laurence R., "The Churching of America, 1776-1990: Winners and Losers in Our Religious Economy."

Contemporary Sociology 22(5), 1993, pp. 653-654.

Iannaccone, Laurence R.,"Rational Choice: Framework for the Scientific Study of Religion." In *Rational Choice Theory and Religion: Summary and Assessment*, edited by Lawrence, A. Young. New York: Routledge, 1997, pp. 25-44.

Johnson, Paul, "From religious markets to religious communities: contrasting implications for applied research." *Review of Religious Research*, 44:4, 2003, pp. 325-340.

Laliberté, André, *The politics of Buddhist organizations in Taiwan, 1989-2003: Safeguarding the Faith, Building a Pure Land, Helping the Poor.* London; New York : RoutledgeCurzon, 2004.

Lu, Yunfeng, Johnson, Byron and Stark, Rodney, "Deregulation and the Religious Market in Taiwan: A Research Note: Taiwan's Religious Market." *Sociological Quarterly*, Vol.49(1), 2008, pp. 139-153.

Madsen, Richard, *Democracy's Dharma: Religious Renaissance and Political Development in Taiwan*, Berkeley, Calif.: University of California Press, 2007.

Stark, Rondey, *A Theory of Religion*. New York: Peter Lang, 1987.

Stark, Rondey, *Acts of Faith: Explaining the Human Side of Religion*, edited by Rodney Stark and Roger Finke. Berkeley: University of California Press, 2000.

Stark, Rodney and Laurence R. Iannaccone, "Supply-Side Reinterpretation of the 'Secularization' of Europe." *Journal for the Scientific Study of Religion*. 33(3), 1994, pp. 230-252.

Stark, Rodney and William Sims Bainbridge, *The Future of Religion: Secularization, Revival, and Cult Formation*. Berkeley: University of California Press, 1985.

第九章

基督教的跨海峽互動及其轉變

黃克先｜台灣大學社會學系助理教授

曾於國內外學術期刊發表關於中國及台灣基督教現況及發展之論文數篇，譯有《真實烏托邦》、《自由之夏》、《泰利的街角》等社會學專著。

本文初稿於二〇一六年九月十日中研院社會所「中國因素前沿研究」研討會發表，感謝與會者的各項建議及評論。

一、前言

近十年來，不少媒體都曾報導過中國的「基督教熱」現象（Christianity fever）。[1] 雖然大家對中國究竟有多少基督徒這個問題的回答差距頗大，但鮮少有人會否認，這股宗教復興的熱潮在中國自一九八〇年以來如野火燎原般燒了起來。在這股熱潮中，台灣人扮演了舉足輕重的角色，不只挹注人力、物力等資源協助中國基督徒建立教會，更把在海外發展成熟的組織體制帶入，改造原本教會的面貌。這個中國基督教發展的台灣因素，將是本文首先討論的議題；接下來則將試圖論證，隨著時空環境的變化，兩岸基督教交流出現了某種轉變，逐漸浮現出影響台灣基督教發展的中國因素，值得我們注意。同時，筆者希望更進一步指出這種出現在基督教場域的中國因素——相較於本書其他經濟領域或文化領域（如佛教、媽祖信仰）的案例——本身的脆弱性，藉此彰顯中國因素在具體運作時，將因其影響的對象而有所侷限及張力；同時，我們也可以看到兩岸宗教交流的趨勢如何鑲嵌在彼此的社會環境及政教關係中。

從信仰人數比例與政教關係的特殊性來看，基督教其實算不上討論兩岸宗教交流時的典型案例；然而，作為一獨特的延伸案例（extended case），基督教有助我們細緻化中國因素研究的架構，突顯討論中國因素如何可能作用時不應忽略的面向：一、即，雖然跨海峽的菁英聯盟與在地協力者積極實現中國因素，但這不能等同於草根群眾被動地附和及追隨；相反地，後者因宗教理念、集體記憶或其他因素，對於中共政權的既定觀感及態度，反倒可能掣肘菁英向政治權力靠攏的作為，甚至讓菁英喪失在地領導的正當性。二、因此，中共並非一味選擇各樣議題來操作中國因素以統戰各團體；相反地，它可能考量操作帶來的後座力（包括對自己黨內的傷害及讓外部群眾更加背離）將造就「反中國因素」，而寧願選擇不操作。考量這些因素後會發現，未來成為中共在台灣基督教界代理人者，有可能面臨中國基督教界代理人的處境，即喪失在宗教場域的領導正當性，反倒促使中共企求的協力機制失效，甚至可能更加激化反中共的基督教團體增長，導致中共內部也將面臨被分化的危險。本文分析的資料來源有二，第一是二〇一〇至二〇一四年，筆者在中國進行超過九個月、橫跨十七個省市、一百多所教會的田野調查，過程中與赴中國協助教會工作的台灣傳道人積極互動，也針對兩百位以上的中國基督教領袖及信徒進行訪談。第二是台灣基督教報紙及刊物上的次級資料，輔以在二〇〇五年前後於台灣積極開拓中國福音工作教會進行的田野觀察。

1　例如《天下雜誌》曾在二〇一一年九月底以「轉型中國」為專題，報導「中國有一億一千萬名基督徒，每天還新增一萬人皈依」的驚人現象，宣稱「未來二十年，中國可能成為全球最大的基督教國家」。

二、中國基督教的台灣因素

（一）當代中國宗教治理的轉變

中國結束文化大革命後進入改革開放時期，國家政策方針以經濟發展為優先考量，原先意識形態上的堅持變為次要。因此，宗教管制逐步回歸一九五八年以前的狀態，允許「正常的宗教活動」進行，並由宗教事務局管理。一九七九年，中央統戰部會議上宣示，黨將協助宗教及其愛國組織重新運作，不少在一九五八年後被打為反革命分子而入獄的宗教領袖，如今得以「撥亂反正」、恢復名譽；各地被不當沒收的部分教產，也陸續歸還。不過，中央政府雖已開放宗教政策，但在幅員遼闊且國家官僚體系龐雜的中國，上情下達的速度十分緩慢，而且各地不一。許多地方宗教事務仍由公安管理，主管官員對新的宗教政策不甚了解；許多地方仍將宗教活動視為「封建迷信」而取締、打壓。在田野中，筆者便聽到不少宗教領袖報導人（尤其在地處偏遠的農村或山區）回憶，一直到一九八〇年代，教會仍會不時被騷擾、聚會得躲躲藏藏，傳道人被帶回看守所關個幾天是經常發生的事。也有陝西、山西的熱心老信徒說出他們在當時為抗議地方公安對宗教活動的不當打壓，帶了麵粉及鍋具就前往北京上訪數月，餐餐以烙餅果腹；而這樣的說法也得到了部分地方老公安的證實。這都突顯了中央、地方在宗教政策實踐上的不同步，即使宗教事務局已恢復運作，但多半僅具象徵作用，實際起到的效果不大。[2]

而八〇年代同時是中國基督教於廣大農村快速發展的黃金時期。[3]改革開放後，不少地方政府因需自籌財政資源而陷入經濟困難，過往相對完善的醫療、社保體制瓦解，而當這層社會安全網遭到移除，農村人民生活上出現更多的危機及不確定性。此時，宣稱能夠藉著上帝之能來醫病（解決身體上的困難）、趕鬼（安定心靈上的困擾）、預言（確認未來方向）的基督教會進入村民們的日常生活，吸引了大批的歸信者。[4]這種農村基督教往往由宣稱具有恩賜、但未曾受過神學訓練的領袖獨裁領導，缺乏清楚的組織架構，也因此，這樣的信仰深具個人崇拜色彩，傳布的宗教信息易脫離正統經典詮釋而淪為「異端」，宗教生活上強調的也是與主流社會的斷然區隔。[5]因此，許多農村基督教團體最終往往被地方政府指為「邪教」而加以取締。

2 Ke-hsien Huang, "Governing Undesirable Religion: Shifting Christian Church-State Interaction and the Policy Bottom-line in Post-Mao China." Paper presented at the conference of Interactive Governance and Authoritarian Resilience: Evolving State Society Relations in China, Institute of Political Science, Academia Sinica, Taipei, Taiwan, November 13-14, 2015.

3 Daniel H. Bays, *A New History of Christianity in China*. Melden, MA: Wiley-Blackwell, 2012, 193-199.

4 Gotthard Oblau, "Pentecostal by Default? Contemporary Christianity in China." In *Asian and Pentecostal: The Charismatic Face of Christianity in Asia*, edited by Allan Anderson and Edmond Tang. Oxford: Regnum Books International, 2005, pp. 411-436.

5 Ryan Dunch, "Protestant Christianity in China Today: Fragile, Fragmented, Flourishing." In *China and Christianity:*

只是這些團體本身架構鬆散，成員多半是在地個人網絡的延伸組合，[6]有關當局不易確切掌握進而一次擊破，生命力十分強韌，常讓官員們感到十分頭痛。

直到一九八〇年代末，中共因為兩件分別於國內外發生、對該政權造成警戒的大事，才認識到宗教管理的重要性，決心挹注資源以制度化這項工作。首先，中國國內於一九八九年發生天安門事件，澆熄了進步人士對民主改革的期待，其中有不少人因在此世政治理想破滅，而轉向基督教尋求他世的願景，[7]這令共產黨對這個宗教更加警惕。另一更關鍵的事件是同年東歐共黨政權垮台，而在波蘭，天主教會扮演了過程中的關鍵角色，這使中共更加清楚認識到宗教管理的重要。因此，江澤民接下權力棒子之初即宣示「宗教無小事」，並在任期中大幅提高宗教事務局的層次、擴大其編制，同時強化宗教愛國運動組織的職能，希望涵納更多的宗教團體進入體制。在這個階段，中央也抬出許多宗教管理相關的法條或行政命令，針對境外勢力在中國的宗教活動、宗教場所與宗教專業人士等重要管理議題做出明確規範。這一系列動作，都是為了更有效地控制宗教，但中共又不希望回到直接壓制宗教活動的極左老路，因此採取這種儘可能制度化宗教管理的架構，並涵納最多宗教團體的方式。

（二）作為「文明」象徵的台灣因素

在這樣的大背景下，台灣基督教在一九九〇至二〇一〇年這二十年間，對中國基督教的發展起了關鍵的作用。首先，由於與中國基督教之間的歷史關聯，台灣基督教的宣教力量與領袖很早就進入中國，協助教會發展。[8]一九四九年中共上台後將所有外國傳教士趕出中國，許多教徒也因畏於此無神論政權而逃離中國大陸，有不少基督教宗派都是因為這個原因才初至台灣發展。這些身在台灣的基督徒與神職人員，或因渴望儘早返回中國大陸完成使命，或因好奇大陸基督徒在經歷各種政治磨難後，現下情況如何，多在開放兩岸探親後不久即重返大陸，其中有不少後來就以中國大陸作為發展重心。至於像真耶穌教會或召會，這類中國本土基督教派本來就崛起於中國，其台灣信徒及宗教專家自然也傾向重新打造超越政治藩籬的跨國界宗教社群。筆者曾以真耶穌教會為例指出，這些境外的宗教專家進入中國後，之所以能推動當地基督教的改革，主要透過三大方式，第一是提供物質上的資源（包括經濟上的援助以及宗教物資）：在物資貧乏的時代，許多聖經及聖詩歌本都是由台灣的傳道人帶入大陸。第二是移植組織制度，例如帶入團契、宗教教育的制度，讓大陸的聚會走向分齡分眾，也能更有效率針對不同特質的觀眾講道。第三，同時

Burdened Past, Hopeful Future, edited by Stephen Uhalley, Jr. and Xiaoxin Wu. Armonk, N.Y.: M.E. Sharpe, 2001, pp. 195-216.

6 Carsten Vala and Kevin O'Brien, "Attraction without Networks: Recruiting Strangers to Unregistered Protestantism in China." *Mobilization: An International Quarterly* 12(1), 2007, pp. 79-94.

7 Fenggang Yang, "What about China? Religious Vitality in the Most Secular and Rapidly Modernizing Society." *Sociology of Religion* 75(4), 2014, pp. 564-578.

8 台灣基督長老教會當然是獨特的例外，其總會對於赴中國從事宗教活動有許多保留，至今仍未以總會名義赴中宗教交流。

也是最重要的，是提供象徵資本的背書，讓守舊勢力認可「改變有可能是好的」，這在全球化時代、中國各行各業都渴望「與世界接軌」的氛圍中特別明顯，而包括台灣在內的海外，則理所當然被視為先進及文明的象徵。[9]筆者在河南曾到過一間農村教會，該教會擁有當地唯一的沖水系統廁所，我好奇地問那裡的長老，為何有這東西，他告訴我，幾年前曾有一位來自台灣的執事造訪，身為音樂系教授的他除了教授西方基本樂理知識及聖樂歷史，同時也針對教堂的設計與環境做了許多評點，其中有一項就是廁所問題。當時無法適應茅坑的他抱怨：「你們教會想與世界接軌，怎麼可以沒有一座現代化的廁所?!」或許這位執事只是在開玩笑，但當地長老的確認真看待這樣的提議，後來利用教會的積蓄，花了十萬元人民幣在會堂一樓蓋了座有沖水及蹲式馬桶的廁所（當時當地人民的平均月薪不到一千元人民幣）。類似這樣的故事，在中國基督教於文革後二十年發展的過程中時常發生，台灣基督教人士被當地人當成傳遞、輸送來自西方進步文明的橋梁，而藉著這樣的象徵光環，帶動了改革的動力，突破傳統守舊的窒礙心障。

當時許多老一輩的教會領袖或根植於文革時不好的回憶，或緣於領袖們的小農避世心態，畏於與政府官員打交道。然而，年輕一輩的領袖們因為曾在一九五〇至六〇、集體化的年代擔任過人民公社小隊長、國營單位主管、村幹部等，深諳需與政治打交道才能發展的道理，遂以實用主義心態看待政教關係的處理。[10]這批年輕人想加入三自教會以換取政府保障，但又怕被老一輩指為「背叛教會」，此時海外菁英的背書，正好為改革取得正當性。另一方面，福建當地的基督教有識之士，也看到農村基督教會人口老化的問題，年輕人不願進入講道乏味、信徒多是老人家、崇拜活動呆板的教堂，因此主張引進台灣的青年團契制度，讓年輕人在同齡人的團體中育教於樂，除了讀經禱告，也能從事詩歌練習、戶外團康等較活潑的活動。當地教會的長老十分反對這種團契制度的引入，認為「這讓血氣方剛的男男女女，有容易犯罪的機會」、「聖經裡也沒有這樣的制度」，但後來因有來自海外及台灣人士的背書，才讓這種基本教義派的道德疑慮消失，順利成立了青年團契。包括政教關係改善、團契及小組組織的引進、宗教教育的設立，這些關鍵性的制度改變都與台灣脫不了關係，[11]改變原本農村基督教特色：老人多、女人多、文盲多、病人多，成就了今日基督教成員在性別、年齡、教育程度、經濟收入方面較為均衡的組成，成為中國基督教轉型關鍵。

（三）地方政權認可台灣因素的發酵

值得一提的是，在中國任何領域想透過外來刺激以促成改革，都必須得到政治權威的認

9 Ke-hsien Huang, *Cultural Intermediaries and Globalization: Transforming Pentecostalism in Post-Mao China*. Unpublished doctoral dissertation, Department of Sociology, University of Northwestern Evanston, IL, 2013, pp. 163-171.

10 Ke-hsien Huang, "Dyadic Nexus Fighting Two-Front Battles: A Study of the Micro-Level Process of Religion-State Relations in Contemporary China." *Journal for the Scientific Study of Religion* 53(4), 2014, pp. 706-721.

11 Ke-hsien Huang, "Sect-to-Church Movement in Globalization: Transforming Pentecostalism and Coastal Intermediaries in Contemporary China." *Journal for the Scientific Study of Religion* 55(2), 2016, pp. 407-416.

可，否則將窒礙難行，宗教由於涉及境外勢力及意識形態更是如此。因此，上述中國基督教的台灣因素要能成立，有賴於地方官員的認同。事實上，根據宗教事務條例規定，境外人士不得在中國從事傳教活動，這當中當然有模糊地帶，但執法官員若要依此規定阻絕台灣宗教菁英在中國各地發揮影響力，是完全可行的。然而，在田野中，筆者更常看到的是當地宗教官員或統戰部人士樂見台灣牧師、弟兄姊妹協助大陸基督教聖工推展及組織革新。最主要的原因在於，透過台灣引進的各種組織、制度模式，讓原本人治傾向嚴重、組織鬆散且有彈性的基督教，變成有清楚的教眾組織及領導權力轉換的機制。例如，筆者在江蘇省及湖南省都看到地級市的宗教局領導，主動歡迎沿海地區的基督教菁英造訪以協助當地的教會組織再造，特別是建立換屆選舉的制度（這些制度當初也是由台灣基督教人士引進到沿海地區），讓年輕一輩能取代掌握教會權力數十年的老一輩「教霸」。這些「教霸」最初是因具有醫病趕鬼的靈力，而興起成為具卡理斯瑪的宗教領袖，許多因為他們的靈力而改善生活的信眾都成為其恩庇下的死忠追隨者。自恃擁有群眾基礎的「教霸」們在當地教會生活中時不時傳出醜聞（例如暴力攻擊、派系鬥爭及私吞公款等爭議），或有獨斷專權，或有因爭取宗教自由而抗爭的情事，令政府單位十分頭痛。因此，當地官員透過海外及沿海宗教勢力的引進，平衡「教霸」的影響力，利用制度引介使權力更迭成為常態；如此對政府而言，其實更容易分而治之。更加制度化的教會團體在國家眼中「變透明可見」，[12]不但有清楚的名冊及組織架構可掌握人事，也成為更易治理的對象。

同時，政治權威之所以認可台灣因素的發酵，也是冀望此舉能使原本充斥靈恩的宗教活動除魅化、去靈恩化，朝向以理性詮釋、向主流社會價值靠攏、以聖經文本為基礎的方向變革。這也讓宗教團體「變質」為邪教的可能性大大降低。如今，基督徒被推崇的特質不再是具有莫測高深的靈力可以醫病、趕鬼、預言，而是能熟讀聖經、可以將聖經的倫理道德教訓應用於日常生活，形成以文化資本為基底的「信仰素質」。[13]對於崇尚維持穩定的中共官員而言，十分歡迎這樣相對理性的信仰表現方式。他們在不少宗教管理的場合中，都要求三自愛國運動會的基督教領袖們，要少講，甚至不要講「怪力亂神」或「擾亂和諧社會」的宗教信息，例如「不理性、不切實際」的天國地獄，或是「分化群眾」的因信稱義道理；他們寧可基督教的牧師傳道，多談談用愛包容差異，以及奉獻利他的倫理道德教導。

另外，引進台灣人士到當地的宗教地景中，也有助於統戰部實現對台統戰此一更大的戰略目標。因此，身負對台統戰前哨站重責的福建省，其某縣的國保大隊隊長才會鼓勵當地教會長老多接待台灣來的教會同胞，邀請他們成團參訪，甚至還要大陸弟兄姊妹們組團去寶島回訪；

12　James Scott, *Seeing like a State: How Certain Schemes to Improve the Human Condition Have Failed*. New Haven: Yale University Press, 1999.

13　Nanlai Cao, "Raising the Quality of Belief: Suzhi and the Production of an Elite Protestantism." *China Perspectives* 4, 2009, pp. 54-65.；黃克先，〈區隔但交纏互賴的信仰復振：中國城市教會中農村移民的宗教生活〉，《台灣社會學》三十，二〇一五，頁五三～九六。

顯然，在國家統一的戰略考量之下，宗教法制管理是可以讓步的。因為有了這些政治因素搭配，台灣因素更擴大其影響，形塑了當代中國基督教的面貌，不論是在組織制度、信仰實質內容或宗教活動模式。由於中國基督教缺乏資源及與西方教會之制度性連繫，加上中國政府對宗教治理的需求及面臨的困難，以及台灣與中國基督教的歷史淵源及各種親近性，讓台灣因素得以充分在中國基督教發展過程中發酵，影響其今日呈現的面貌。在可預見的未來，中國基督教的台灣因素仍將持續作用，但中共中央對於宗教政策及這類宗教交流的態度，將是決定此因素作用程度的關鍵。

三、台灣基督教正在浮現的中國因素

本節把討論的鏡頭轉移到台灣，從解嚴後本地的政教關係變化，談到近五年來兩岸政教關係的轉變，試圖勾勒出今日台灣基督教中正在浮現的中國因素。該因素之所以浮現，很重要的原因在於台灣基督教在地發展的侷限，以及上一節談到的，其於中國廣大禾場的成功開拓。

（一）台灣基督教於本地社會的邊緣化

台灣的基督教會——特別是一九四九年以後跟著國民黨政府來台後成立的所謂國語教會——長期以來與政府保持友好的關係。由於國民黨與基督教在歷史、意識形態與冷戰位置上的親近性，[14]台灣威權時期的宗教管理，賦予了基督教高於其他宗教的某些特權。[15]儘管只有少數黨國基督徒以及台灣基督長老教會的例外，[16]大部分的教會領袖與教徒仍專心於私領域傳福音，並未涉足政治場域的運作，但總體而言，基督教多附從於政權的意識形態，與政治保持友善但有距離的位置；對許多基督徒而言，政府是捍衛基本倫理道德的守護者，教會在世上「做鹽、做光」也促進社會、家庭制度的穩定發展。

自一九八〇年代末期，這種政教和諧共存的情況隨著台灣國際地位的變化而有所改變。當全世界似乎都在期待一個更加開放國內市場、更積極參與國際社會的中國崛起，台灣的國際地位變得十分尷尬；在國內，隨著民主政治的發展，國民黨也面臨了強調本土認同的民進黨日益強勁的挑戰。如此局勢之下，台灣政府為了強化其統治的正當性並重塑認同，開始大力擁抱諸如民主、法治及人權這類進步觀念，藉此突顯與一黨專政、缺乏個人權利保障、國際人權紀錄奇差的中國的差異。[17]在追求這些進步價值的過程中，政府逐步棄守過往守護傳統道德的

14 Murray A. Rubinstein, *The Protestant Community on Modern Taiwan: Mission, Seminary, and Church.* Armonk, New York: M.E. Sharpe, 1990.

15 Cheng-tian Kuo, *Religion and Democracy in Taiwan.* Albany, NY: SUNY Press, 2009.

16 曾慶豹，《約瑟和他的兄弟們：護教反共、黨國基督徒與台灣基要派的形成》，台南：台灣教會公報社，二〇一六。

17 Patton, Cindy（著）、莊瑞琳（譯），〈慾望隱形轟炸機：新興國家中「異己」全球化之現象〉，《性／別

角色，轉向更重視個人權利的保障，並推崇文化及社會多樣性的發展，而這樣的發展使得因中產階級化而更加重視倫理道德的台灣基督徒備受威脅。這可從二〇一〇年以後台灣基督教走向公共領域發聲所挑選的議題上，窺見一二。特別是在得到公部門挹注而多有進展的同性戀議題上，台灣被西方進步圈人士及媒體稱呼為亞洲同志平權運動的燈塔，[18]但在保守基督徒眼中，這反倒意味著人心的墮落及毀壞，更有少數激進的牧師或教會人士，把降臨在台灣的天災人禍歸因於這方面的倫常道德之崩壞。台灣社會如此的發展，十分不利於基督教教勢的推展，以至若與周遭如南韓、新加坡、香港等地相比，台灣長期以來基督徒的人口並沒有顯著的提升。對許多基督教神職人員及傳教士而言，台灣似乎並不是一塊「福音的沃土」，而是難以耕耘的硬土。

(二)西進與跨界的宗教倡議行動

相較於台灣社會在傳教上的困境，中國的教勢卻是蒸蒸日上，近三十年來平均每年都以驚人的數字向上成長，更有學者大膽預估到了二〇三〇年，中國基督徒人數將超越美國，成為世界基督教人數最多的國家。[19]因此，台灣不少著名的傳道人或牧師，便逐步將傳教事業或活動重心放在中國大陸，時常往來各省進行大型布道或巡牧工作；且在回到台灣的聚會中以中國大陸基督教發展的見聞及見證為題，鼓勵台灣信徒投入對岸的宣教事業。甚至還有講者勾勒出中國是世界末日前大宣教運動的重要一環，指出上帝要藉由中國人把福音傳給西北地區的穆斯林，再透過絲路，最終傳回耶路撒冷，實現聖經的預言。[20]對於不少宗教菁英、神職人員，乃至於信徒而言，中國乃是宣教的沃土，全球基督教發展的下一個重心，將資源、時間、精力投注在神州大陸似乎再合理不過。

然而不可諱言的是，有如此想法或做法的，國語教派較台語教派普遍許多，這當中自然有省籍、社會網絡及政治意識形態的親近性等因素在起作用。但是，以筆者所研究的台語教會為例，該教會即使是以本省人為主，神職人員本土意識強烈，言談中也對中共政權多有批評，但仍在繁忙的台灣教會事務工作以外，儘可能撥出時間至中國大江南北的窮鄉僻壤協助宣教或牧養工作。這顯示「赴中國傳教」已不是省籍等族群特質，或個人物質利益、名譽、權力等理由即可解釋，仍有跨國族、帶普遍主義色彩的宗教使命感在其中發揮作用。在田野中，有台灣傳道人抱怨自己因為赴中國協助教會工作，在台灣連手機電話都被監控，讓他十分困擾；也有敏

研究》三&四，一九九八，頁三〇一。

18 請參見Andre Jacobs, "For Asia's Gays, Taiwan Stands Out as Beacon." *International New York Times*, October 31, 2014, http://cn.nytimes.com/china/20141031/c31taiwan/en-us/ ,accessed: July 8, 2015。

19 參見美國宗教社會學家楊鳳崗二〇一四年在英國《每日電訊報》上做的預測及評論：〈中國基督徒增長辨析〉，《FT中文網》，二〇一四年五月四日，http://www.ftchinese.com/story/001056046?full=y，取用時間：二〇一六年八月二十六日。

20 筆者也曾於二〇〇五年前後在國語教派做田野時聽到數次這樣的訊息。關於「傳回耶路撒冷運動」，請參見以下介紹：http://www.missionpathway.org/mpData/topic2.cgi?imgdate=081212。

感者只要一踏入中國，就隨時注意身旁行為舉止像特務的陌生人，深怕被政府官員帶回偵訊。即使如此，這群台語教會的傳道人仍願意與中國政府主管宗教事務的各級官員持續打交道。

台灣基督教領袖之所以與中共政權交往，除了上述想在傳福音的活動上得到政治庇護，消極面也是為了替中國基督徒謀求更大程度的宗教自由。筆者所研究的基督教派目前在中國的特定省份，仍被少數政府官員認定為邪教，應該禁止，即使當地信徒提交各種證據證明它是基督教的一支、教義及宗教活動與其他基督教會並無二致，但這種來自本地的民情反映往往徒勞無功，政府考量主要仍放在自身管理的方便及習慣，認為這些信徒大可就近加入政府能高度掌控的主流三自教會即可，沒必要私下搞小團體，堅持「奇奇怪怪的小教派傳統」。針對這樣的困境，當地教會領袖認為「走海外路線」是讓政府態度轉變最有效的方法，他們在不少私下交流的場合要求台灣教會領袖應代為向中國官方陳情，說明「我們這個教派是全球性的，在台灣也有，因此不是邪教」，藉此讓官員不再為難該教派在中國的發展。因此，該教派的台灣神職人員才在近幾年，或藉由其他機會，或自行組成國際聯合總會參訪團，至北京、上海、福州等地拜會宗教局官員；或在二〇一三年與其他台灣基督教團體組團赴中國訪問中央的國家宗教局高層。同樣的情況，也發生在台灣數一數二的大教派——召會身上，他們曾多次在各種場合，與台灣其他基督教領袖一同澄清，「召會對於大陸的依法管理宗教事務，以及依法打擊取締邪教，包括呼喊派，均採取支持並肯定的立場。但是召會絕對不是呼喊派。」[21]希望能藉由海外的背書，為大陸同屬相同教派傳統的基督教徒謀取更多的宗教自由或福祉。

在這樣的大環境下，可看到台灣基督教界有特定群體，近年來十分積極想促進與中國官方的交往；例如二〇一三年八月在台北舉行的「兩岸基督教論壇」，[22]中國方面有官方認可的三自教會八十七名代表參與，但在會議安排及進行上似乎刻意忽視中國內部未被官方承認的家庭教會存在。[23]二〇一四年，這批積極與中國官方接觸並進行兩岸交往的台灣基督教界人士，正式成立了「中華基督教兩岸交流協會」，以「推動兩岸基督教界的教會、神學院及培訓班、慈善機構及團體的交流互訪」，該協會並於二〇一五年組成台灣基督教教牧參訪團，至北京拜會國家宗教局，該局副局長蔣堅永直言「兩岸基督教交流……後來居上」，在「中華基督教兩岸交流協會」等台灣基督教領袖的大力推動下，如今「呈現大交流的趨勢」。[24]（說到底，兩岸基督教交流之所以落後於佛、道、民間信仰這些被認定為中國本土的宗教，主要原因是在中

21　〈「召會」絕對不是「呼喊派」〉，《基督教論壇報》，二〇一四年六月四日，http://www.ct.org.tw/1242401，取用時間：二〇一六年八月二十六日。

22　參見傅筱琁，〈二〇一三兩岸基督教論壇，論壇交流，以真理抵抗異端〉，《國度復興報》，二〇一三年九月三日，http://krtnews.tw/chinese-church/local/article/5304.html，取用時間：二〇一六年八月二十六日。

23　參見林佳靜，「『二〇一三兩岸基督教論壇』活動，ＰＣＴ發牧函籲教會勿急燥躍進」，台灣基督長老教會，二〇一三年八月二十七日，http://www.pct.org.tw/news_pct.aspx?strBlockID=B00006&strContentID=C201307100003&strDesc=Y，取用時間：二〇一六年八月二十六日。

24　參見蔡宜倩，〈兩岸基督教交流後來居上！國家宗教局：積極支持，盼更上層樓〉，《基督教今日報》，二〇一五年四月二十七日，原網址現已移除。

共官方的態度，這一點將在下一節討論。）但也有批評者認為，這些台灣牧者一廂情願地積極推動與中國當局及官方教會的交流，不過是附從對方統戰的企圖。[25]二〇一五年年底，中華基督教兩岸交流協會偕同從事公益慈善事工的十五個台灣基督教社會福利機構代表，與大陸從事公益慈善的標竿機構——「愛德基金會」，共同舉辦首屆「兩岸宗教公益論壇」。有趣的是，該會的參與者雖然皆為基督教人士，但論壇名稱上卻刻意避開「基督教」的字眼，而改以宗教公益為名，這種作法十分呼應中共近年來針對基督教在中國社會能見度上打壓的趨勢，以及官方積極突顯「宗教在和諧社會中扮演的公益角色」的做法。[26]二〇一六年二月，中華基督教兩岸交流協會於台南大地震後，結合中國宗教公益團體力量積極投入救災工作，該會理事長在對媒體發言時強調「看到習近平先生表示『兩岸同胞是血濃於水的一家人，願意提供各方面的援助』，非常感動」。這些舉動都與中共官方期待宗教在社會上扮演之慈善角色不謀而合，即是以宗教豐厚的財源及人力，減輕政府在援助社會弱勢及救災上的負擔。但這些宗教交流似乎並不討論許多海內外基督徒更關切、與宗教發展更直接相關的內容，如神學教育、組織管理，乃至於近期在浙江遭遇的「拆十字架」運動。

由上可見，台灣的基督教界已然浮現中國因素，中國政府的態度及做法將透過某些積極來往兩岸的基督教領袖（或可稱之為「跨海峽政教集團」），及某些在地宗教協力者的配合，影響台灣社會。[27]然而，下一節將進一步討論，台灣基督教的中國因素，相較於本書其他作者討論的領域，將是極其脆弱，也將同時解釋這種脆弱性從何而來。

四、中國因素的脆弱性

質言之，這種中國因素的脆弱性，來自於中共政權本身對基督教的敵視，以及基督教徒

---

25 參見林宜瑩，〈以信仰為根基，小心統戰矇騙〉，《台灣教會公報》，二〇一三年九月十一日，http://www.tcnn.org.tw/news-detail.php?nid=5193，取用時間：二〇一六年八月二十六日。

26 Ryan Dunch, "Christianity and 'Adaptaion to Socialism'." In *Chinese Religiosities: Afflictions of Modernity and State Formation,* edited by Mayfair Mei-hui Yang. Berkeley, CA: University of California Press, 2008, pp. 155-178.

27 討論基督教的跨海峽政教集團及在地協力者時，尚有另一條值得研究的線索，即是曾在二〇一二年大選前公開表示支持「九二共識」且以虔誠基督信仰為人所知的宏達電董事長王雪紅女士。王女士夫妻自一九九六年起即成立神學院基金、中國大陸傳教基金及教堂建築發展基金，同時創設「信望愛基金會」，支持各地的基督教組織；參見魏麗萍，〈撒錢救贖宏達電，王雪紅慘淪教友提款機〉，《周刊王》，二〇一六年三月一日，參考網址：http://magazine.chinatimes.com/wantweekly/20160301005622-300109，取用時間：二〇一七年一月二十五日。近來和王女士信仰關係密切的靈糧堂，也積極投身反對同性婚姻的公領域戰場；參見J Michael Cole，〈「下一代幸福聯盟」背後的藏鏡人是誰？〉，《關鍵評論網》，二〇一三年十二月十七日，https://www.thenewslens.com/article/1385，取用時間：二〇一七年一月二十五日。另一個同樣積極投身反同運動的教會新店行道會，也曾接受王女士的大筆捐贈；參見〈王雪紅購美河市，六點八四億元當教會用〉，《自由時報》，二〇一四年一月十六日，http://news.ltn.com.tw/news/business/breakingnews/937312，取用時間：二〇一七年一月二十五日。然而，筆者至今仍找不到直接證據能有力說明，這位王女士在台灣基督教之中國因素運作過程是否及如何扮演角色，因此只能將這樣的線索條列於註腳，有待未來的研究者進一步探索。

對於無神論政權的擔憂及反感。即使存在著希望統戰發酵或藉交往有利可圖的「跨海峽政教集團」，以及在地呼應的協力者，都無法扭轉雙方這種潛藏於所有層面、根植於歷史及認同上的不信任。改革開放後，中共政權雖在地方政策實務對宗教管理鬆綁，允許教徒擁有有限的宗教自由，但在中央層級仍堅守無神論意識形態的立場，追求世俗主義的社會願景，避免宗教力量擴張。尤其在面對與西方帝國主義淵源深厚的基督教時更加忌諱，而這一點在習近平政權訴諸中國民族主義以正當化政權統治基礎的時代更為清楚。中共官方始終認為基督教不夠「中國化」，試圖透過教會內的「愛國」宗教領袖來推動改革；但這種「中國化」的改革內容卻涉及修改基督教核心教義及歷史傳統，令許多基督教草根信徒深感不滿，認為此舉是更改核心教義，而認為支持這種「中國化」政策者無異於叛教。另外，基督教不同於著重個人信仰的佛、道、民間宗教，它始終非常強調形成一教眾團體，強調要連結相同信仰者互相照顧、關心，不但擁有極高的組織及動員的能力，同時具有改變俗世體制的批判性格，[28]因而在當權者眼中更增添了威脅政權的危險性。

即使地方上與政府關係友好的基督教領袖，也不敢冒然推動黨希冀的政策方針，以免遭神職同僚唾棄，或逼離教會內的虔敬信眾。這些基督教領袖也感受得到自己身處的宗教傳統，先天上就居於劣勢，因此總得不到政府官員在財政補助或審批土地上的關愛眼神，只能看著地方上的佛寺、道觀或民間信仰廟宇，在「文化搭台、經濟唱戲」的政策方針下得到官方強力支持，而香火鼎盛或慶典不斷。許多基督徒由於文革時的歷史記憶，以及「不信神，缺乏道德操守」的觀念影響，對中共政權始終又懼又惡，在教會生活的言談中把「貪汙、腐敗、做樣子」

等同於黨國政府，也始終頗有危機意識，為重回「政府迫害」的時代做準備。二〇一四年起延燒至今的浙江拆十字架事件，[29]更印證了這樣的預言，一方面加深草根信徒對中共政權、親政府教會人士以及政教合作的疑慮；另一方面反倒為非官方或家庭教會的存在提供更強、更正當的理由，擴大了政教之間既存的嫌隙。

這種政教間脆弱的互信關係，大大降低了未來中國因素在台灣基督教能夠發揮作用的程度。從中共官方的角度，真要利用宗教進行統戰，或藉此影響台灣的民主、經濟，首選絕對是佛教、道教及民間信仰，而非基督教。因為拉抬這些「中國本土宗教」不但符合當前中國夢的主旋律，而且由於台灣民眾信仰這些宗教的比例甚高，也更能達到拉攏民心的效果。姑且先不考慮這些因素，假使中共當局仍堅持運用基督教作為統戰工具、或可供操作的中國因素，還必須面臨因上述的低互信可能造成的反效果：即製造更多基督教內的敵人，以及中共內部的猜忌疑慮。以中國境內透過三自愛國運動會等組織，推動政府與基督教維持良好關係為例，我們可

28 G. Wielander, "Protestant and Online: The Case of Aiyan." *The China Quarterly* 197, 2009, pp. 165-182; "Bridging the Gap? An Investigation of Beijing Intellectual House Church Activities and Their Implications for China's Democratization." *Journal of Contemporary China* 18(62), 2009, pp. 849-864.

29 關於浙江拆十字架事件，中文相關資訊可參見江雁南，〈一千兩百座十字架被拆，亞洲最大教堂陷危機〉，《端傳媒》，二〇一五年八月二十日，https://theinitium.com/article/20150820-china-church-cross/，取用時間：二〇一六年八月二十六日。

以看到這種雙方內部鴿派的友善交往關係往往十分脆弱，亦會引發雙方內部鷹派的質疑而前功盡棄；即使可以持續維持良好關係，也可能導致基督教內家庭教會的勢力擴大或其宗教正當性的提高，或共黨自己遭基督教信仰「滲透」的疑慮，近來共黨在十八大召開後，頻頻重申「黨員不可信教」、「堅持無神論信仰」，即可視為雙方自一九九〇年以來務實友好交往，而造成的內部團結弱化及鷹派反撲。[30]就此來看，若中共政府試圖以基督教操作中國因素，很有可能最終倒成「反中國因素」，一方面激起中國內部及台灣基督徒對於這些檯面上的跨海峽政教聯盟與在地協力者的不信任，二方面也傷害了共產黨本身內部的團結及信念鞏固。

筆者認為，如今台灣真正具本地影響力及動員能力的基督教領袖也看見了這種與中國政府交往的微妙、弔詭之處，是以雖試圖與中國當局維持關係，以擴大中國基督教的宗教自由及本身傳教版圖，但也努力維持與這個始終敵視基督教的無神論政權之距離，有時甚至必須對中國境內迫害基督徒的事件表態反對。對這些領袖而言，與中國政府交往，始終必須在擴大中國基督徒宗教自由的前提之下，倘若跨越這條界線，他們將喪失在兩岸基督徒中的領導正當性及本身的信仰認同。但恰恰是這樣的前提，也是中共無法持續、全面保證，有時甚至需透過拆十字架這樣的象徵行動，來宣示黨內抵禦西方帝國主義勢力及鞏固黨信念的決心。而在顧全中國這塊牧場的同時，這些基督教領袖也積極與美國、韓國、香港等基督教發展火熱的地方交流，[31]維持全球基督教社群頻繁的跨國界互動，而這種連結是中共所不樂見，但卻是基督教徒習以為常且期待他們的領袖進行的交往。基於以上關於台灣基督教之中國因素的脆弱性討論，筆者認為未來中國政府確實有可能再度走向放鬆鎮壓基督教，或允許更多的信仰自由，屆時基督教自然也更有可能被中共拿來當作統戰台灣的中國因素。但即便如此，誠如上述的考量可知，這種操作風險極高、要付出的代價不低，而且成效可能有限。

五、結語：在中國因素與反中國因素之間

操作中國因素，需仰賴跨海峽政商（教）結盟，以及在地協力者之助。這方面討論關注的大都是中共如何運用這些菁英階層的利益結構及策略布局，驅使他們在台灣執行有利於中共的行動。這些分析中缺少討論的是，一般民眾的觀感如何影響這種中國因素的發酵，以及操作這種中國因素本身對中共的後座力。本文以獨特的基督教為例，試圖彰顯中國因素在不同例證產生迥異效果之可能性及脆弱性，以論證操作不當反倒造成反中國因素的潛力，以至中共寧可選擇不操作。中共二十世紀前半的新生階段，曾是個組織靈活、成員年輕有熱忱、透過崇高的道

30 關於近日來中共一再重申黨員不得信教的評論，可參見田心銘，〈嚴明「黨員不得信仰宗教」的政治紀律〉，《紅旗文稿》十四，二〇一六年七月二十二日，http://www.qstheory.cn/dukan/hqwg/2016-07/22/c_1119264172.htm，取用時間：二〇一六年八月二十六日。

31 Ke-hsien Huang, “Culture Wars’ in a Globalized East: How Taiwanese Conservative Christianity Turns Public in Same-Sex-Marriage Controversy and Secularist Backlashes.” *Review of Religion and Chinese Society* 4(1), 2017.

德使命吸引人才的團體，這些特質助它以矮小大衛之姿，最終在內戰中打垮了如歌利亞般擁有眾多資源的龐大國民黨。曾幾何時，共產黨開始被批判喪失了建黨時「為人民服務」的素樸靈魂，黨員被指責為只向錢看的貪汙分子；相對於此，基督教雖飽受政治的限制及壓制，卻仍維持令人驚豔的活力，並普遍給人有為有守的健康形象，不少中國青年在其中找到了實現生命的願景。[32]中共並非無視這些警訊，因此對於「統戰」基督徒勢必格外謹慎，深怕反而遭到宗教勢力滲透，導致內部的分化或瓦解。[33]最終政治風流人物不再，但宗教卻隨之迎來發展的巔峰。

在安德森的鉅著《想像的共同體》中，曾描寫宗教作為一種古典巨型的想像共同體，自中世紀後期的逐步衰退，經歷了被相對化、領土化的過程，最終融入民族國家建構的議程，成為打造國族文化的元素之一。[34]然而，在當代中國的例證中，我們看到的恰恰是一個既相似又相反的過程。由於某些歷史事件的發生、集體記憶、社會氛圍，中國基督教走向基要傾向，[35]許多信徒絕對化其宗教認同，認為高過其他的世俗認同（包括國家），同時渴望他們的信仰實踐能在全球化過程中重新融入全球基督教社群，「與世界接軌」，[36]同時在信念傳統上連結回歐美的宗派傳統。[37]而中國政府也在改革開放幾十年後，再次走向訴諸民族主義理想大旗的階段，希望相對化、領土化基督教信仰。這一場曾在世界各地上演數百年的民族國家與宗教競合的劇情，將在中國這偌大的舞台上演，而在這場大戲之中，台灣一直扮演了關鍵角色；相信未來仍是如此。究竟，兩岸連繫起的宗教連帶內孕育且發酵的，是台灣因素或中國因素，抑或是本文嘗試申論的潛在反中因素？筆者認為不能不考慮兩岸各自的政教關係發展趨勢、宗教內部的分歧（包括宗教群體內菁英相對於草根信眾的區分、台灣基督教內傳統的國語教會與台語教會的分別，以及中國基督教內親政府的三自教會相對於家庭教會的不同），以及社會脈絡。本文僅提供初步的嘗試，有待來者做更進一步的討論及觀察。

---

32 David Aikman, *Jesus in Beijing: How Christianity is Transforming China and Changing the Global Balance of Power.* Washington: Regnery Publishing, 2003. Tony Lambert, *China's Christian Millions.* London & Grand Rapids: Monarch Books, 1999.

33 民間或學界都有人以羅馬帝國當初的經驗來比擬今天中國的處境，認為本來迫害基督教的龐大帝國，有可能因越來越多內部菁英改宗信仰該教，以至歷史演進至帝國接納了基督教。參見：楊鳳崗，〈中國基督徒增長辨析〉，《FT中文網》，二〇一四年五月四日，http://www.ftchinese.com/story/001056046，取用時間：二〇一六年八月二十六日。

34 安德森（著）、吳叡人（譯），《想像的共同體》，台北：時報文化，一九九九，頁十九～二四。（Anderson, Benedict, *Imagined Communities: Reflections on the Origin and Spread of Nationalism.* London: Verso, 1983.）

35 Kevin Xiyi Yao, "Chinese Evangelicals and Social Concerns: A Historical and Comparative Review." In *After Imperialism: Christian Identity in China and the Global Evangelical Movement,* edited by Richard R. Cook and David W. Pao. Oregon: Pickwick Publications, 2012, pp. 46-82.

36 Ke-hsien Huang, 2016, Sect-to-Church Movement in Globalization: Transforming Pentecostalism and Coastal Intermediaries in Contemporary China. *Journal for the Scientific Study of Religion* 55(2), 2016, pp. 407-416.

37 高晨揚，〈轉型中的基督教家庭教會與中國公民社會的建構〉，《東亞研究》四四（一），二〇一三，頁一一七～一五四。

參考書目

高晨揚，〈轉型中的基督教家庭教會與中國公民社會的建構〉，《東亞研究》四四（一），二〇一三，頁一一七～一五四。

黃克先，〈區隔但交纏互賴的信仰復振：中國城市教會中農村移民的宗教生活〉，《台灣社會學》三十，二〇一五，頁五三～九六。

曾慶豹，《約瑟和他的兄弟們：護教反共、黨國基督徒與台灣基要派的形成》，台南：台灣教會公報社，二〇一六。

安德森（著）、吳叡人（譯），《想像的共同體》，台北：時報文化，一九九九。（Anderson, Benedict, *Imagined Communities: Reflections on the Origin and Spread of Nationalism*. London: Verso, 1983.）

Patton, Cindy（著）、莊瑞琳（譯），〈慾望隱形轟炸機：新興國家中「異己」全球化之現象〉，《性／別研究》三&四，一九九八，頁三〇一～三二三。

Aikman, David, *Jesus in Beijing: How Christianity is Transforming China and Changing the Global Balance of Power*. Washington: Regnery Publishing, 2003.

Bays, Daniel H., *A New History of Christianity in China*. Melden, MA: Wiley-Blackwell, 2012.

Cao, Nanlai, "Raising the Quality of Belief: Suzhi and the Production of an Elite Protestantism." *China Perspectives* 4, 2009, pp. 54-65.

Vala, Carsten and Kevin O'Brien, "Attraction without Networks: Recruiting Strangers to Unregistered Protestantism in China." *Mobilization: An International Quarterly* 12(1), 2007, pp. 79-94.

Dunch, Ryan, "Protestant Christianity in China Today: Fragile, Fragmented, Flourishing." In *China and Christianity: Burdened Past, Hopeful Future*, edited by Stephen Uhalley, Jr. and Xiaoxin Wu. Armonk, N.Y.: M.E. Sharpe, 2001, pp. 195-216.

Dunch, Ryan, "Christianity and 'Adaptaion to Socialism'." In *Chinese Religiosities: Afflictions of Modernity and State Formation*, edited by Mayfair Mei-hui Yang. Berkeley, CA: University of California Press, 2008, pp. 155-178.

Huang, Ke-hsien, *Cultural Intermediaries and Globalization: Transforming Pentecostalism in Post-Mao China.* Unpublished doctoral dissertation, Department of Sociology, University of Northwestern Evanston, IL, 2013.

Huang, Ke-hsien, "Dyadic Nexus Fighting Two-Front Battles: A Study of the Micro-Level Process of Religion-State Relations in Contemporary China." *Journal for the Scientific Study of Religion* 53(4), 2014, pp. 706-721.

Huang, Ke-hsien, "Governing Undesirable Religion: Shifting Christian Church-State Interaction and the Policy Bottom-line in Post-Mao China." Paper presented at the conference of Interactive Governance and Authoritarian Resilience: Evolving State Society Relations in China, Institute of Political Science, Academia Sinica, Taipei, Taiwan, November 13-14, 2015.

Huang, Ke-hsien, "Sect-to-Church Movement in Globalization: Transforming Pentecostalism and Coastal Intermediaries in Contemporary China." *Journal for the Scientific Study of Religion* 55(2), 2016, pp. 407-416.

Huang, Ke-hsien, "'Culture Wars' in a Globalized East: How Taiwanese Conservative Christianity Turns Public in Same-Sex-Marriage Controversy and Secularist Backlashes." *Review of Religion and Chinese Society* 4(1), 2017.

Kuo, Cheng-tian, *Religion and Democracy in Taiwan.* Albany, NY: SUNY Press, 2009.

Lambert, Tony, *China's Christian Millions*. London & Grand Rapids: Monarch Books, 1999.

Oblau, Gotthard, "Pentecostal by Default? Contemporary Christianity in China." In *Asian and Pentecostal: The Charismatic Face of Christianity in Asia*, edited by Allan Anderson and Edmond Tang. Oxford: Regnum Books International, 2005, pp. 411-436.

Rubinstein, Murray A., *The Protestant Community on Modern Taiwan: Mission, Seminary, and Church*. Armonk, New York: M.E. Sharpe, 1990.

Scott, James, *Seeing like a State: How Certain Schemes to Improve the Human Condition Have Failed*. New Haven: Yale University Press, 1999.

Wielander, G., "Protestant and Online: The Case of Aiyan." *The China Quarterly* 197, 2009, pp. 165-182.

Wielander, G., "Bridging the Gap? An Investigation of Beijing Intellectual House Church Activities and Their Implications for China's Democratization." *Journal of Contemporary China* 18(62), 2009, pp. 849-864.

Yang, Fenggang, "What about China? Religious Vitality in the Most Secular and Rapidly Modernizing Society." *Sociology of Religion* 75(4), 2014, pp. 564-578.

Yao, Kevin Xiyi, "Chinese Evangelicals and Social Concerns: A Historical and Comparative Review." In *After Imperialism: Christian Identity in China and the Global Evangelical Movement*, edited by Richard R. Cook and David W. Pao. Oregon: Pickwick Publications, 2012, pp. 46-82.

第十章

新聞自由中的美國因素與中國因素

黃兆年｜哈佛大學費正清中心博士後研究

台灣花蓮人，台灣大學政治系學士、碩士，加州大學河濱分校政治學博士。關心台灣的自由、民主。研究興趣包括政治經濟、國際關係、中國效應、人權、媒體政治。

一、前言

作為「第三波民主化」（third-wave democratization）的成功典範之一，台灣的新聞自由隨著一九八〇年代末政治自由化、民主化的潮流而得到了長足的進步，[1]但為何過去八年來卻弔詭地在象徵民主鞏固的二次政黨輪替[2]之後出現倒退的趨勢？國際指標顯示，台灣的新聞自由自二〇〇八年起呈現逐年下滑的趨勢（參見下頁圖十一一）。社會與學界普遍懷疑這是受到威權中國崛起的影響。許多研究開始關注中國崛起對其周邊國家乃至全世界人權、民主的潛在威脅；[3]部分研究則發現中國威權體制可能為香港、亞、非、拉美，甚至歐美國家的媒體自由帶來負面影響；[4]更有研究進一步指出，中國已對台灣的媒體環境和新聞自由造成負面衝擊。[5]

本文呼應台灣新聞自由在二〇〇八年之後受到「中國因素」影響此一合理假設，同時試圖進一步回溯歷史發展，探究在二〇〇八年之前，台灣新聞自由是否也曾受到國際因素的影響。簡而言之，本文研究目的在於從縱時性（longitudinal）、外導型（external-oriented）的視角，為一九四九年迄今，台灣新聞自由的演變歷程，提供一個系統性的解釋。本文發現，台灣的新聞自由固然從二〇〇八年起受到中國因素的衝擊，但其實早在二〇〇八年之前即已受到「美國因素」的制約。此外，隨著國際及社會結構的轉變，美國因素對台灣新聞自由的影響，在一九八八年之前與之後也不相同。這是各階段國際霸權在台灣的「在地協力機制」作用不同所致。

1　儘管經濟自由化、政治民主化為媒體本身帶來許多前所未有的自由，但媒體市場化也令公眾獲取多元資訊、近用媒體的權利難有大幅改善。（參見洪貞玲，〈誰的媒體？誰的言論自由？解嚴後近用媒介權的發展〉；羅世宏，〈自由報業誰買單？新聞與民主的再思考〉）然而整體而言，相較於前一時期，台灣的新聞自由自一九八〇年代末起已有長足進步。

2　杭廷頓於《第三波：二十世紀後期的民主化浪潮》指出，一個新興民主國家若能經由選舉完成兩次和平的政權輪替，其民主制度即可被視為已經鞏固，即所謂「雙翻轉理論」（two-turnover test）。（參見頁二六六～二六七）

3　Azar Gat, "The Return of Authoritarian Great Powers." *Foreign Affairs*, no. 86, 2007, pp. 59-69; Larry Diamond, "The Shape of Global Democracy." *Brown Journal of World Affairs* 15 (2), 2009, pp. 77-86; Joshua Kurlantzick and Perry Link, "China: Resilient, Sophisticated Authoritarianism." In *Undermining Democracy: 21st Century Authoritarians*, edited by Christopher Walker, Washington, D.C.: Freedom House, 2009, pp. 13-28; Thomas Ambrosio, "Constructing a Framework of Authoritarian Diffusion: Concepts, Dynamics, and Future Research." *International Studies Perspectives* 11 (4), 2010, pp. 375–92; Joshua Kurlantzick, *Democracy in Retreat: The Revolt of the Middle Class and the Worldwide Decline of Representative Government*. New Haven, Conn.; London: Yale University Press, 2013; Michael Pillsbury, *The Hundred-Year Marathon: China's Secret Strategy to Replace America as the Global Superpower*. New York: Henry Holt and Co, 2015; Andrew J. Nathan, "China's Challenge." *Journal of Democracy* 26 (1), 2015, pp. 156-170；張茂桂，〈倡議中國效應研究的觀點〉，《台灣社會學會通訊》七二，二〇一一，頁二五～三〇；吳介民，《第三種中國想像》，台北：左岸文化，二〇一二。

4　James E. Sciutto, "China's Muffling of the Hong Kong Media." *Annals of the American Academy of Political and Social Science* 547 (September), 1996, pp. 131-143; Perry Link, "The Anaconda in the Chandelier: Chinese Censorship Today." *The New York Review of Books*, 2002 April 11; Ngok Ma, "State-Press Relationship in Post-1997 Hong Kong: Constant Negotiation Amidst Self-Restraint." *The China Quarterly*, no. 192(December), 2007, pp. 949-970; Sarah

圖十－一　台灣新聞自由評分

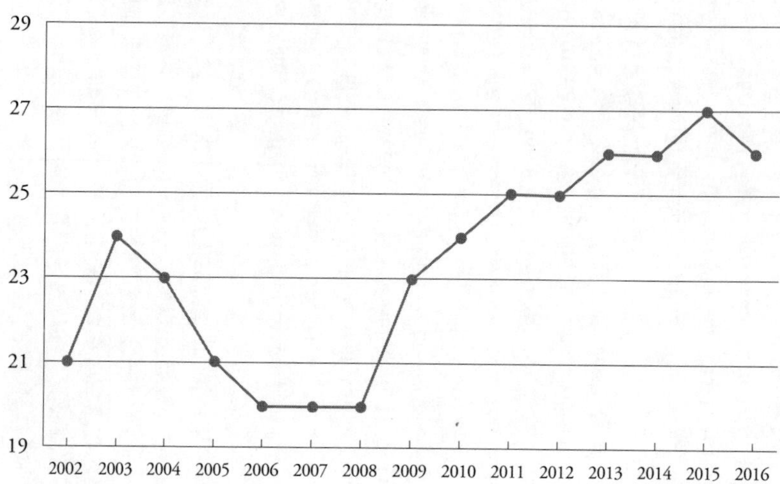

資料來源：Freedom House（2016）。

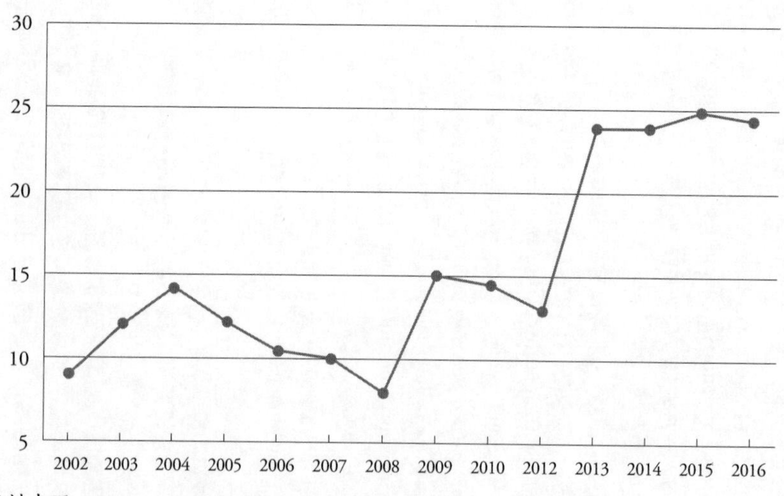

資料來源：Reporters Without Borders（2016）。

「新聞自由」在本文中包含消極的與積極的雙重意義。「消極新聞自由」（negative press freedom）指的是媒體免於政府干預的自由，其概念源於古典自由主義傳統；[6]「積極新聞自由」（positive press freedom）指的則是民眾獲取多元新聞資訊、運用大眾媒體以參與民主溝通的權利，此概念是基於一九四七年芝加哥大學校長哈金斯（Robert M. Hutchins）領導的「新聞自由委員會」（Commission on Freedom of the Press）所提倡的「媒體社會責任論」（the social responsibility model of the press），強調媒體不僅應享有免於政府干預的自由，還應負起為公眾提供多元資訊、公正報導，乃至公共溝通平台的責任。[7]因此，消極新聞自由的程度取決於政

Cook, *The Long Shadow of Chinese Censorship: How the Communist Party's Media Restrictions Affect News Outlets Around the World.* Washington, D.C.: The Center for International Media Assistance, National Endowment for Democracy, 2013.

5 Chien-Jung Hsu, "China's Influence on Taiwan's Media." *Asian Survey* 54 (3), 2014, pp. 515-539；川上桃子，〈市場機制下的政治滲透：台灣媒體產業中的中國影響力機制〉，《台灣社會學會通訊》八三，二〇一五，頁十七～二〇。

6 Fred S. Siebert, "The Libertarian Theory." In *Four Theories of the Press: The Authoritarian, Libertarian, Social Responsibility and Soviet Communist Concepts of What the Press Should Be and Do*, edited by Fred S. Siebert, Theodore Peterson, and Wilbur Schramm, University of Illinois Press, 1979, pp. 39-72.

7 The Commission on Freedom of the Press, *A Free And Responsible Press.* Chicago, Illinois: The University Of Chicago Press, 1947; Theodore Peterson, "The Social Responsibility Theory." In *Four Theories of the Press: The Authoritarian, Libertarian, Social Responsibility and Soviet Communist Concepts of What the Press Should Be and Do*, pp. 73-104.

府制度，如國有媒體比例、政府管制程度、新聞檢查與否等。至於積極新聞自由的程度，則不僅受到政府制度的影響，還可能受到市場結構、企業結構的影響，如媒體集中化、市場導向的自我審查、新聞偏差等。[8]

為了解釋台灣新聞自由的發展，本文提出以下理論：假如台灣在經濟上依賴一個採行自由政體的世界或區域霸權（如美國），則台灣的新聞自由度將會提高；假如台灣在經濟上依賴一個採行壓迫政體的世界或區域霸權（如中國），則台灣的新聞自由度將會變低。本文把吳介民基於「中國因素」框架所提出的「政治代理人模式」，[9]以及筆者博士研究所提出的「經濟依賴」導向的「自利」理論[10]做一整合，作為主要的理論架構。如下頁圖十－二所示，其作用機制大致如下：當台灣在經濟上依賴某霸權時，霸權政府便有機會運用其政治、經濟資源，透過兩國政府之間或政商之間的關係網絡，在台灣收編政府菁英或媒體企業作為其「在地協力者」，促使在地協力者調整其大眾傳播政策、媒體經營策略，乃至新聞編輯方針，以迎合霸權的政策或意識形態，最終對台灣的媒體制度及新聞自由造成影響。

為了驗證上述理論，本文採用歷史制度論（historical institutionalism）作為分析途徑，以釐清在地協力者在動態的權力關係結構中如何促進媒體制度的延續或變遷。在本文理論架構中，行為者被界定為「自利」且「結構化」的個人或集體；亦即，行為者傾向藉由資源的增加（政治理性）或有效利用（經濟理性），以極大化有助於自己生存、發展的利益，然而行為者與其他行為者間存在資源的對比和競爭，因此其自利行為同時也受到所處的權力關係結構的限制。[11]在地協力者是直接塑造媒體制度的行為者，包括被霸權收編的政府菁英（界定為掌控國家機關的當權者集體）和媒體企業。前者的利益主要是維持統治的正當性（包括排除內外異議、以及獲取內外支持），後者則是企業利益（例如有助其生存發展的商業利潤、政治影響力等）的極大化；但兩者對利益的追求，同樣受到彼此之間，以及與霸權之間的權力關係結構的制約。根據歷史制度論的特性，制度可被視為行為者間權力鬥爭的產物，既反映強者的利益，也賦予強者更多資源。[12]因此，制度的延續或重大變遷，不僅取決於關鍵行為者的自利傾向，也取決於其所處權力關係結構的維持或消長。[13]

---

8 Denis McQuail, *McQuail's Mass Communication Theory*. 4th ed. London: Sage Publications Ltd, 2000.

9 吳介民，〈中國因素的在地協力機制：一個分析架構〉，《台灣社會學會通訊》八三，二〇一五，頁四～十一。

10 Jaw-Nian Huang, "Liberalization, Economic Dependence, and the Paradox of Taiwan's Press Freedom." Ph.D. Dissertation, Department of Political Science, University of California, Riverside, 2016.

11 蕭全政，《政治與經濟的整合》，台北：桂冠，一九八八，頁四一～五〇。

12 Peter Hall and Rosemary Taylor, "Political Science and the Three New Institutionalisms." *Political Studies* 44 (4), 1996, pp. 938, 940-941.

13 James Mahoney and Kathleen Thelen, "A Theory of Gradual Institutional Change." In *Explaining Institutional Change: Ambiguity, Agency, and Power*, edited by James Mahoney and Kathleen Thelen, Cambridge ; New York: Cambridge University Press, 2010, pp. 8-9.

圖十－二　國際霸權依賴影響新聞自由的作用機制

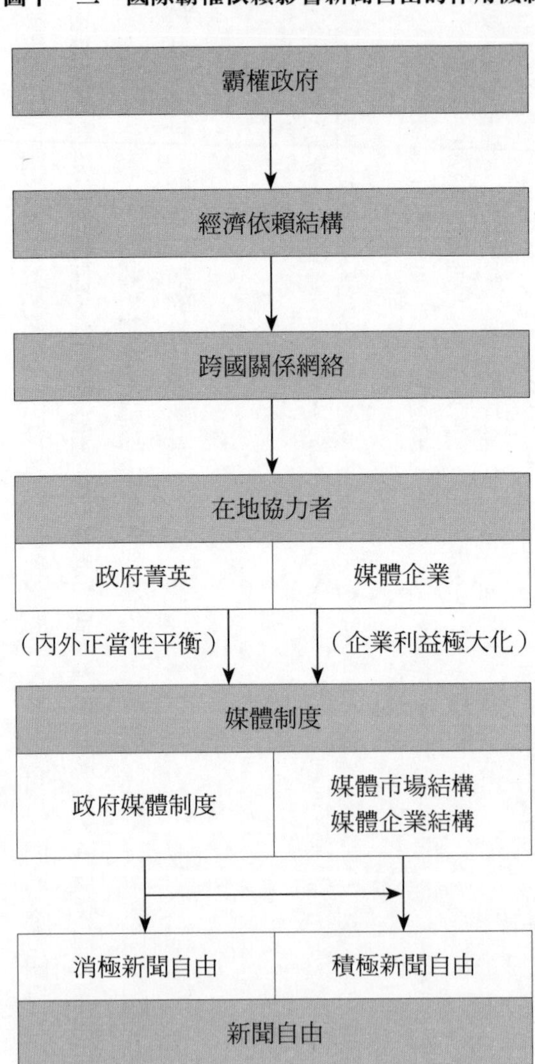

除了歷史制度途徑，本文亦採取「個案內多重比較」（multiple within-case comparisons）以及「過程追蹤」（process tracing）的方法，以釐清經濟依賴、新聞自由之間的因果鏈結，並以官方檔案、現有文獻，以及筆者於二〇一四上半年所完成的深度訪談，作為主要的經驗資料。訪談對象包括三十三位媒體企業主管、新聞工作者、非營利行動者，以及政府官員。基於研究需要，本文將台灣新聞自由的演變區分為三個歷史階段，依序探討如下，最後並將個案研究結果，彙整成表。

二、對美依賴、在地協力政權，與新聞自由的低度發展，一九四九～一九八八

國民黨威權統治時期，台灣的新聞自由不僅受到被「延續」的國共內戰結構制約，也受到國際冷戰結構制約。但在美國因素對台灣發生影響之前，台灣的媒體制度和新聞自由已有其既定基礎和狀態。

一九四九年十二月，國民黨自中國大陸撤退到台灣，即對台灣的政治、經濟、社會、文化層面各實施進一步的威權控制，[14]其中包括了對媒體的管制。國民黨之所以要掌控大眾傳播體

14 蕭全政，〈台灣威權體制轉型中的國家機關與民間社會〉，收錄於中研院台灣研究推動委員會（編），《威權體制的變遷：解嚴後的台灣》，台北：中研院台灣史研究所，二〇〇一，頁六三～八八。

系，主要是期待媒體扮演宣揚國策、指導輿論的角色，[15]目的則是建構自身在國共內戰脈絡中持續代表中國政權的法理基礎，進而鞏固其作為一個外來政權對台灣本土社會遂行威權統治的正當性。起初國民黨用以控制台灣媒體的制度體系，事實上沿襲自大陸時期因應二次大戰、國共內戰而制定的法制體系，包括《國家總動員法》、《動員戡亂時期臨時條款》、《戒嚴令》、《懲治叛亂條例》，以及《出版法》。[16]其中《出版法》對報章雜誌實施各項管制，被視為「報禁」最直接的法律依據。基於以上制度體系，國民黨對媒體實施各項強制性的管制措施，主要可分成三方面。首先是管制報紙能否進入媒體市場的「限證」政策：政府自一九五一年起縮減報證發放，一九六〇年後即未再許可任何新的報證，報紙總家數維持在三十一間。[17]其次是管制新聞的「量」或報紙篇幅的「限紙」、「限張」政策：政府限制新聞紙進口，統籌其生產和分配，並限制每份報紙的印刷張數。[18]第三則是管制新聞的「質」或報紙內容的新聞檢查制度：凡是疑似洩漏軍事／政治機密、破壞社會秩序、危害國家安全的報章雜誌或新聞工作者，特別是涉及共產主義或台獨思想等挑戰基本國策者，政府都予以嚴厲懲罰。[19]報章雜誌通常被處以警告、罰款、沒收、限期停刊，乃至取消報證等行政處罰，新聞工作者則可能被處以徒刑或死刑。[20]

然而，國民黨的媒體政策並非一成不變，且因為台灣在經濟、軍事、外交上都對美國十分依賴，而在某種程度上受到國際冷戰結構及其變遷的影響。一九五〇年六月韓戰爆發，台灣在東西對抗的冷戰格局中逐漸被納入西方資本主義陣營、成為美國在西太平洋的反共堡壘之一，遂從美國獲取了大量的軍經支持，被視為美國的半邊陲國家之一。[21]在資本依賴方面，台灣自一九五一至一九六八年間從美國獲得十四點八億美元的經濟援助，[22]幾乎等同台灣自

---

15 馬星野，〈中國國民黨與大眾傳播現代化〉，《報學》六（八），一九八二，頁五。

16 薛化元等，《戰後台灣人權史》，台北：國家人權紀念館籌備處，二〇〇三，頁九三～一一〇、一九三～一九四。

17 陳國祥、祝萍，《台灣報業演進四十年》，台北：自立晚報，一九八七，頁五三、五五。

18 程宗明，〈對台灣戰後初期報業的原料控制（一九四五～一九六七）：新聞紙的壟斷生產與計畫性供應〉，「中華傳播學會年會」論文，一九九七；郭良文、陶芳芳，〈台灣報禁政策對發行與送報之影響：一個時空辯證觀點的思考〉，《新聞學研究》六五，二〇〇〇，頁五七～九四。

19 侯坤宏，〈戰後台灣白色恐怖論析〉，《國史館學術集刊》十二，二〇〇七，頁一四三、一四五、一六五～一六七。

20 陳國祥、祝萍，《台灣報業演進四十年》，頁四九～五〇、五三～五六；薛化元等，《戰後台灣人權史》，頁九三～一五一。

21 Thomas B. Gold, *Dependent Development in Taiwan*. Harvard University, 1981, pp. 146, 148; Bruce Cumings, "The Origins and Development of the Northeast Asian Political Economy: Industrial Sectors, Product Cycles, and Political Consequences." In *The Political Economy of the New Asian Industrialism*, edited by Frederic C. Deyo, Cornell University Press, 1987, pp. 44-83.

22 The Taiwan Council for Economic Planning and Development, *Taiwan Statistical Data Book, 2011*. Taiwan, Taipei: Council for Economic Planning and Development, Executive Yuan, R.O.C. (Taiwan), 2011, p.255.

一九五三至一九六八年間的貿易赤字總額（十四點五億美元）。[23]此外，台灣自一九五三至一九八八年間從美國獲得的直接投資，占同期外來直接投資總額的近五分之二（百分之三十八點二一）。[24]在貿易依賴方面，台灣在一九五〇年代亟需原料和資本財的進口，以發展進口替代工業化；一九五三至一九六〇年間，美國占了台灣進口總額的百分之三十七點九四。台灣自一九六〇年代起開始仰賴美國作為穩定的出口市場，以發展出口導向工業化；台灣不僅逐年擴張對美出口比例，一九六八年更首度達到對美貿易順差，比一九七一年首度達到整體、穩定的貿易順差提早了三年。[25]除了經濟之外，台灣在外交和軍事上也格外仰賴美國支持，例如一九四九年後聯合國中國席位的維繫、一九五四年《中美共同防禦條約》的簽訂、一九五一至一九七四年間二十五點七億美元的軍事援助等。由於台灣對美國的軍經依賴，兩國間建立了許多政府之間的關係網絡，美國方面有駐台使館、經援使團、軍援顧問團、懷特工程公司（J. G. White Engineering Corporation）等，台灣方面則有美援會、經安會、農復會等內建美方代表、或經常與美方會商的機構。

經由軍經依賴結構以及跨政府網絡，台灣統治菁英的決策很容易直接或間接受到美國政府的影響，媒體政策也不例外。關於台美關係在威權時期如何影響國民黨的媒體決策，林麗雲的研究已有細緻的考究，[26]本文將以在地協力架構、歷史制度觀點加以回顧並補充。借用若林正丈的說法，美國在冷戰時期對反共前哨並無直接支配的意圖，於是經常在當地扶植「協力者政權」以反映美國的冷戰策略，「蔣介石政權是一個極為成功的協力者政權」。[27]在冷戰結構下，美國主觀上期待在台灣打造一個「自由中國」（free China），以彰顯民主資本主義優於中國大陸的極權共產主義。[28]根據美國國安會檔案，美國一九五〇年代初期對台政策之一即是鼓勵「中國國民政府」（Chinese National Government）演進為「負責任的代議政府（responsible representative government）……有能力吸引越來越多中國大陸和台灣人民的支持和擁戴」。[29]

---

23 參見〈歷年進出口貿易值〉，經濟資訊推廣中心，AREMOS 經濟統計資料庫：http://net.aremos.org.tw/。

24 參見〈一〇五年七月統計月報〉，二〇一六，經濟部投審會網站：http://www.moeaic.gov.tw/system_external/ctlr?PRO=PublicationLoad&id=275。

25 參見〈進出口貿易值：按主要貿易國家分〉，經濟資訊推廣中心，AREMOS 經濟統計資料庫：http://net.aremos.org.tw/。

26 林麗雲，〈台灣威權政體下「侍從報業」的矛盾與轉型：一九四九～一九九九〉，收錄於張笠雲（編），《文化產業：文化生產的結構分析》，台北：遠流，二〇〇〇，頁八九～一四八。

27 若林正丈，《戰後臺灣政治史：中華民國臺灣化的歷程》，台北：國立臺灣大學出版中心，二〇一四，頁八七。

28 事實上，美國於冷戰時期在世界各地扶持的協力者政權，幾乎都是威權國家，除了台灣之外，其他顯著的例子還包括南韓、菲律賓、印尼、伊朗，乃至拉丁美洲的某些軍人政權。可見美國雖然主觀上對外提倡自由民主，但在冷戰結構下，對台灣等協力者政權的戰略價值的重視，仍高於對其自由化、民主化的堅持，參見Nancy Tucker Bernkopf, *Taiwan, Hong Kong, and the United States, 1945-1992: Uncertain Friendships*. Twayne's International History Series, no. 14. New York：Toronto：New York: Twayne Publishers；Maxwell Macmillan Canada；Maxwell Macmillan International, 1994, p. 77。

29 The US National Security Council, "146/2: Formosa and Chinese National Government." The US National Security

面對美國的要求，台灣統治菁英該如何回應，方能維繫自身的統治正當性？根據若林正丈的見解，協力者政權經常面臨內外角色的兩難，亦即一方面希望與美國合作，以取得外部的支持，避免因美方不滿而遭到替換；另方面又擔心與美國過度合作（例如引進美國的自由民主價值），會因此失去內部的支持，進而被反對勢力所取代。[30]協力者政權必須權衡內外權力結構，設法在「外部正當性」與「內部正當性」之間找到平衡。這個協力者政權的兩難，充分體現在冷戰時期台美關係的轉變對台灣媒體制度調整的影響上。

作為協力者政權，國民黨一方面為了對外回應霸權意志、確保美國支持，有時會對媒體採取一些寬容措施、塑造「自由報業」（free press）；但另方面又為了對內維繫威權統治的權威，乃利用相對於民間社會的權力優勢，延續威權本質的媒體制度。此時期台灣的媒體制度大致依循既有的路徑行進或微調。具體來說，美國對台灣始終保有權力優勢，但此權力優勢一旦出現增減，即可能造成台灣媒體制度的微幅調整。一九五〇年代初期，美國對台灣當局的支持態度尚未明朗，於是國民黨傾向採取較以往寬容的媒體政策（例如一九五二年《出版法》的制定），並積極培育「自由報業」作為「民主櫥窗」（democratic window dressing），以爭取美國的軍經援助。[31]爾後民營的《聯合報》逐漸成長為台灣最大報之一，美國國務院曾在一九六三年邀請王惕吾赴美參訪，[32]可見美方當年對「自由報業」的重視，以及對「自由中國」的期待。然而一九五〇年代中期起，隨著《中美共同防禦條約》的簽訂，台美關係漸趨穩定，國民黨對外部支持有恃無恐，因而開始拆除「民主櫥窗」，對媒體改採較為嚴格的管制（例如一九五八年《出版法》的修訂），以維繫對內的統治權威。[33] 然而一九六〇年代末之後，美國轉向「聯中制蘇」的冷戰策略，使其重新評估台灣的地緣政治地位，其後迫使台灣退出聯合國、撤回駐台美軍，甚至與台斷交。在此情勢下，國民黨開始實施有限度的政治改革，希望以內部正當性的提升，彌補其外部正當性的受損，[34] 並對媒體採取優惠措施（例如開放新聞紙進口、降低其進口關稅、報紙增張等），期待換取民營報業的協助，挽回美國和國際社會的支持。[35]

儘管統治菁英曾為了爭取外部支持，微調媒體政策，但國民黨憑藉著相對於民間社會的自主性，依舊延續其對媒體和輿論的制度性控制，避免美國價值過度侵蝕內部的威權統治基礎。

Council, 1953.

30 若林正丈，《戰後臺灣政治史：中華民國臺灣化的歷程》，頁八六～八七。

31 林麗雲，〈台灣威權政體下「侍從報業」的矛盾與轉型：一九四九～一九九九〉，《文化產業：文化生產的結構分析》，頁一〇一～一〇五。

32 王麗美，《報人王惕吾：聯合報的故事》，台北：天下文化，一九九四，頁一〇八。

33 林麗雲，〈台灣威權政體下「侍從報業」的矛盾與轉型：一九四九～一九九九〉，《文化產業：文化生產的結構分析》，頁一〇六。

34 若林正丈，《戰後臺灣政治史：中華民國臺灣化的歷程》，頁一三七～一四三、一五八～一六九。

35 林麗雲，〈台灣威權政體下「侍從報業」的矛盾與轉型：一九四九～一九九九〉，《文化產業：文化生產的結構分析》，頁一〇九～一一三。

除了制度面的限證、限紙、限張、限印，以及內容檢查，統治菁英還透過組織及財務等管道收編媒體，影響媒體的企業結構及市場結構，進而塑造有利於黨國體制的新聞內容和輿論氛圍。在組織收編方面，政府首先親自掌握黨、公營媒體的所有權；例如台灣省政府、國民黨、國防部，分別實質握有台視、中視、華視三家當時僅有的無線電視台。[36] 其次，政府把民營媒體老闆吸納進黨國體制之中；例如兩大民營報《聯合報》與《中國時報》的老闆王惕吾和余紀忠，自一九六九年起雙雙受邀擔任國民黨中央委員，一九七九年起則擔任國民黨中常委。[37] 第三，國民黨在各媒體內部建立了組織網絡以滲透媒體；例如國民黨在一九六五年五月於文工會下成立「新聞黨部」，進而在各媒體內設立分部，[38] 行政院也自一九七五年七月起以改進電視為由設置「研究小組」，定期集合三台主管召開「電視節目聯繫會報」，以審查電視節目的進出口及劇本內容。[39] 在財務收編方面，政府則經常提供各式各樣的補貼、融資、廣告等經濟利益給願意合作的媒體。[40] 在市場結構方面，被政府收編的「侍從報業」（林麗雲語）逐漸形成一個穩定的寡占體系；《聯合報》和《中國時報》自一九五〇年代末開始發行量已經趕上黨、公營報紙，[41] 並在一九七〇年代發展成穩定的寡占體系，一九八〇年代甚至分食三分之二的發行市場，[42] 以及將近一半（百分之四十五）的廣告市場。[43]

在此情況下，台灣的新聞輿論環境普遍有利於國民黨威權體制，而不利於訴求政治改革的反對勢力。儘管民營報紙傾向比黨、公營報紙刊載更多批判黨國體制的新聞或評論，[44] 但在一九八〇年代中期以前，民營報紙通常不會太過嚴厲批判國民黨威權統治。[45] 即使到了威權統治後期、「美麗島事件」發生之際，絕大部分媒體對於這個日後被視為民主化里程碑的群眾運動，並未投以相應的同情乃至平衡報導，反而配合執政者「獵殺美麗島群巫」，嚴厲譴責政治異議分子及其行動。[46]

---

36 王振寰，〈廣播電視媒體的控制權〉，《解構廣電媒體：建立廣電新秩序》，台北：澄社，一九九三，頁八三～一〇三。

37 王麗美，《報人王惕吾：聯合報的故事》，頁一七三～一七四。

38 林麗雲，〈台灣威權政體下「侍從報業」的矛盾與轉型：一九四九～一九九九〉，《文化產業：文化生產的結構分析》，頁一〇九、一一一、一一四～一一五；管中祥，〈「國民黨國機器」操控媒介形式的轉變（一九二四～一九九九）〉，「中華傳播學會年會」論文，二〇〇〇，頁十～十三。

39 薛化元等，《戰後台灣人權史》，頁一三六～一三七、一四七～一四八。

40 林麗雲，〈台灣威權政體下「侍從報業」的矛盾與轉型：一九四九～一九九九〉，《文化產業：文化生產的結構分析》，頁一〇四、一〇七；賴祥蔚，〈國共政權控制報紙的政治經濟比較〉，《新聞學研究》七三，二〇〇二，頁一五一～一五三。

41 陳國祥、祝萍，《台灣報業演進四十年》，頁七八。

42 林麗雲，〈變遷與挑戰：解禁後的台灣報業〉，《新聞學研究》九五，二〇〇八，頁五～六。

43 陳國祥、祝萍，《台灣報業演進四十年》，頁一九一、二〇六～二〇七。

44 吳豐山，《台北市公營報紙與民營報紙言論比較》，國立政治大學新聞研究所碩士論文，一九七一。

45 林麗雲，〈台灣威權政體下「侍從報業」的矛盾與轉型：一九四九～一九九九〉，《文化產業：文化生產的結構分析》，頁一一二～一一三。

46 陳佳宏，〈「美麗島大逮捕」前後國內輿論情勢之發展：以主流平面媒體為主的分析〉，《台灣史研究》

綜合來看，此時期台灣的新聞自由呈現低度發展的狀態。消極新聞自由相當低落，因為儘管統治菁英曾為爭取美國政經支持，間或對媒體採取一些寬容政策，但整體而言，國民黨政權仍致力於避免美國價值危及媒體制度的威權本質，在根本上維持著諸如媒體黨、公營、媒體管制、新聞內容檢查等干預性措施。另一方面，積極新聞自由也十分有限，因為在威權政府支持下，寡占的市場結構、政府導向的新聞偏差，都對民眾取得公正資訊、近用媒體的機會構成阻礙。

三、對美持續依賴、在地協力政權，與新聞自由的提升，一九八八～二〇〇八

一九七〇年代以來，台美之間正式的軍事合作與邦交關係日益弱化，但美國仍是唯一願意持續提供台灣政經支持、協助台灣跟中國維持權力平衡的世界強權，因此國民黨政權在經濟、安全、外交上皆持續對美保持依賴。在資本依賴方面，儘管美援已然終止，但美國仍對台挹注許多直接投資。一九八八至二〇〇八年間台灣的外來投資中，美國占了總額的五分之一（百分之二十點七二）。[47]在貿易依賴方面，二〇〇〇年之前美國一直是台灣最大的出口市場，直到二〇〇一年之前也一直是台灣最大的貿易夥伴。一九八八至二〇〇八年間，對美貿易盈餘即占台灣貿易盈餘總額的百分之六十七點七四。[48]除了經濟依賴之外，台灣在外交及安全上也十分仰賴美國協助。一九七一年退出聯合國之後，台灣在許多國際組織（如亞洲開發銀行、

APEC、WTO）的席次與名義問題，都需仰賴美國支持，或協助與中國協商。一九七九年台美斷交之際，美國以《台灣關係法》取代《中美共同防禦條約》，作為雙邊關係的全新定位。該法明訂美國對台政策包括「提供防禦性武器給台灣人民」，但附有「維護及促進所有台灣人民的人權」的條款，[49]基於此法，台灣持續在安全上依賴美國，而美國則取得對台灣人權政策施壓的施力點。[50]在此政經依賴結構下，台美之間經常透過非正式的跨政府網絡，針對貿易、軍售、技術轉移等議題進行實質的協商及談判，而這都成為美國對台溝通，甚至施壓的管道。

藉由政經依賴結構，美國運用其霸權優勢持續要求台灣實施政經改革，另一方面，台灣內部的社會運動、政治反對勢力、私人資本日益壯大，並訴求威權政府取消對各領域的壓迫，使統治菁英難以維持其相對於民間社會的自主性；上述權力關係結構的變化，讓自由化、民主化

十四（一），二〇〇七，頁一九一～二三〇。

47 參見〈一〇五年七月統計月報〉，二〇一六，經濟部投審會網站：http://www.moeaic.gov.tw/system_external/ctlr?PRO=PublicationLoad&id=275。

48 參見〈進出口貿易值：按主要貿易國家分〉，經濟資訊推廣中心，AREMOS 經濟統計資料庫：http://net.aremos.org.tw/。

49 The US Congress, "Taiwan Relations Act." 1979 January 1, http://www.ait.org.tw/en/taiwan-relations-act.html.

50 若林正丈，《台灣：分裂國家與民主化》，台北：月旦，一九九五，頁一九三～一九五。

成為國民黨維繫內外正當性的有效途徑，最終促成媒體制度大幅解禁，突破了威權統治以來的既有路徑。具體而言，美國經由跨政府外交網絡，持續關切諸如一九七九年的美麗島事件等重大政治案件，要求國民黨解除戒嚴、保障人權；[51]美國國會更為了一九八一年陳文成事件修訂《援外法》（Foreign Assistance Act），授權總統停止輸出武器給迫害美國公民的國家；[52]眾議院相關委員會甚至於一九八六年具體訴求台灣開放黨禁、廢除新聞檢查、保障言論／集會／結社自由、實施議會民主制度。[53]與外部壓力呼應，台灣民間社會自一九八〇年代初開始出現日益蓬勃的政治反對勢力，以及倡議各類議題（包括消費者、農民、勞工、婦女、環境等）的社會運動，對威權體制的存續構成巨大的壓力。[54]作為協力者政權的國民黨，不再像上個時期面臨內外角色的兩難，於是實施政治改革，以維繫其政權正當性。一九八七年七月，蔣經國宣布解除長達三十八年的戒嚴，一九八八年一月一日，正式解除報禁，開啟了其後一連串的媒體改革。

除了外交網絡，美國也透過政府間的經貿網絡，要求台灣採取新自由主義改革。[55]例如美國曾以經濟制裁、停止科技轉移等措施，要求日本、南韓、台灣等國開放金融及貿易市場；[56]也以取消對台關稅優惠作為威脅，要求台灣降低關稅或非關稅障礙、升值新台幣，[57]以紓解自一九六八年起逐年擴張的對台貿易赤字；並以公平貿易為由，以美國一九七四年《貿易法》（Trade Act）三〇一條款所授權的經濟制裁作為威脅，要求台灣改善對智慧財產權的保護。與外部壓力呼應，台灣的私人資本也自一九八〇年代起要求國民黨放鬆對各項特許資源，乃至對外貿易／投資的管制，以紓解因社會運動、新自由主義而惡化的生產條件、國際競爭環境。作為對內外壓力的回應，政府於一九八四年宣布推動「經濟自由化、國際化與制度化」，不僅維持自一九七六年起的對美特別採購，並陸續降低關稅及非關稅障礙、令新台幣升值、積極採取智財權保護措施，[58]甚至開放美國農產品進口；[59]在金融方面，則大幅放鬆對外匯、對外投資、國內金融事業的管制；其他許多國營或特許事業（包括金融、電信、運輸、傳播）也

51 李潔明，《李潔明回憶錄》，台北：時報文化，二〇〇三，頁二四六。
52 若林正丈，《台灣：分裂國家與民主化》，頁二〇五～二〇六。
53 同前註，頁二二〇。
54 張茂桂，《社會運動與政治轉化》，台北：國策中心，一九八九；Hsin Huang Michael Hsiao, "The Rise of Social Movements and Civil Protests." In *Political Change in Taiwan*, edited by Tun-jen Cheng and Stephan Haggard, London: Lynne Rienner Publishers, 1992, pp. 57-74。
55 新自由主義改革包含一系列由華府、世界貨幣基金（IMF）、世界銀行（World Bank）官員設計的市場導向經濟政策，例如緊縮型貨幣／財政政策、民營化、貿易自由化、開放外來投資等，被稱為「華盛頓共識」（Washington Consensus）。（參見John Williamson, "What Washington Means by Policy Reform." In *Latin American Adjustment: How Much Has Happened?*）
56 瞿宛文，〈民主化與經濟發展〉，《台灣社會研究季刊》八四，二〇一一，頁二六三。
57 李潔明，《李潔明回憶錄》，頁二四〇～二四一。
58 蕭全政，〈經濟發展與台灣政治的民主化〉，《台灣民主季刊》一（一），二〇〇四，頁十～十一。
59 薛心鎔，《變局中的躍進：俞國華的政院五年》，台北：正中書局，一九九六，頁五五～五八、一一九～一二二。

陸續民營化或自由化。[60]以有線電視為例，美國政府在「美國影片出口協會」（Motion Picture Association of America）的遊說下，自一九九一年三月起將有線電視的合法化、非法第四台的取締並列為台美著作權保護諮商的重要議題，[61]以減輕台灣「第四台」播放盜版電影所造成的經濟損失。其後，台灣於一九九三年八月通過《有線電視法》，使第四台全面就地合法，有助著作權問題的管理，也導致有線電視產業的自由化。由此可見，新自由主義可視為促成台灣媒體制度自由化的力量之一。[62]

此階段台灣內外權力關係的基本形勢是：美國霸權對台灣持續施加新自由主義壓力，內部市場力量相對於政府權力而言又日益壯大。為了維繫內外正當性，台灣政府於是傾向進一步強化以自由市場為核心的媒體制度改革路徑。此路徑體現於報紙、各電視產業陸續自由化，公營媒體開始民營化或公共化，而民營媒體則進一步去管制化。例如一九九九及二〇〇一年《有線電視法》的修訂，取消了一九九三年原法對媒體集中化、跨媒體整合的限制，並放寬外資持股比例的上限。[63]一九九九年制定的《衛星廣播電視法》，對跨媒體壟斷、外來投資的規範也相對寬容。[64]此外，諸多廣電／數位匯流相關議程，都不免受到新自由主義理念的影響，[65]使媒體制度進一步往自由市場邏輯靠攏。

自一九八〇年代末起，政府推動並延續了以自由市場為核心的媒體制度，但新的媒體制度卻反過來弱化了政府控制媒體的能力，相對增強了私人資本影響甚或收編媒體的能力，此趨勢改變了媒體的企業結構及市場結構，導致市場導向的自我審查及新聞偏差問題。在自由市場中，私人資本通常經由發行、廣告、資本等管道對媒體發揮影響力，因此掌握媒體上架／流通渠道的業者（例如擁有7-11的統一集團、各大有線電視系統業者）、重要的廣告供應商（例如自二〇〇六年起連續多年蟬聯全台最大廣告主的遠雄集團），以及媒體老闆或投資者本身，都是特別有能力影響媒體財務結構、組織結構，乃至新聞報導內容的行為者。以廣告的影響為例，此時期廣告收入大致占電視台年總收入的百分之八十到九十，[66]其中大約百分之十到十五來自政府、百分之八十五到九十來自私人企業。[67]儘管政府不再像從前一樣容易透過制度

60　瞿宛文，〈民主化與經濟發展〉，《台灣社會研究季刊》，頁二六三～二六四。

61　翁秀琪，〈台灣的地下媒體〉，《解構廣電媒體：建立廣電新秩序》，台北：澄社，一九九三，頁四六三、四六七。

62　管中祥、張時健，〈新自由主義下的台灣媒體改革運動〉，《台灣史料研究》二四，二〇〇五，頁一九六～二三六。

63　陳炳宏，〈電視服務產業的流變：政經勢力的消與長〉，收錄於卓越新聞獎基金會（編），《台灣傳媒再解構》，台北：巨流，二〇〇九，頁六一～六二、六四～七〇。

64　林麗雲，《台灣傳播研究史》，台北：巨流，二〇〇四，頁一八七～一八八。

65　田野訪談，邱家宜，二〇一四年七月一日，台北；田野訪談，鍾起惠，二〇一四年七月十五日，台北。

66　陳炳宏，〈探討廣告商介入電視新聞產製之新聞廣告化現象：兼論置入性行銷與新聞專業自主〉，《中華傳播學刊》八，二〇〇五，頁二一〇。田野訪談，蔡滄波，二〇一四年七月十日，台北。

67　田野訪談，鍾起惠，二〇一四年七月十五日，台北。

和組織影響媒體，但政府仍可如私人企業一般，經由經濟市場和財務管道對媒體發揮作用。[68]二〇〇三至二〇〇五年間，行政院就曾統籌原本由各部會自行處理的文宣預算，向媒體統一發包，購買政令宣導廣告或置入性行銷，[69]總預算金額將近二十億元。[70]既然媒體在財務結構上對廣告主相當依賴，其組織結構也相應地受到影響；通常廣告主說話比媒體大聲，企業影響力比政府大一些，而業務部則比編輯部更占優勢，部分媒體甚至要求記者拉廣告，把業務績效跟升遷綁在一起。在新聞產製過程中，新聞部傾向犧牲一些編輯自主性，以配合業務部的廣告需求，使新聞內容變得對廣告主有利，甚或把廣告資訊直接融入新聞或節目內容。[71]如同資深記者黃哲斌所描繪：「記者變成廣告業務員，公關公司與廣告主變成新聞撰稿人，政府與大企業的手，直接伸進編輯台指定內容，這是一場狂歡敗德的假面舞會；花錢買報紙的讀者，卻不知道自己買了一份超商DM與政府文宣。」[72]

除了財務及組織結構，媒體的市場結構也反映大企業的利益，持續呈現所有權集中化的現象，以及跨媒體整合的趨勢，進一步加深新聞內容偏差的疑慮。以報紙為例，一九八八年報禁解除之後，三年內傳統兩大報《聯合報》和《中國時報》即利用自身在自由市場的優勢，迅速擊退規模較小的報紙以及新興報紙，[73]進一步寡占了百分之七十到八十的廣告及讀者市場。[74]之後，《自由時報》與《蘋果日報》分別於一九九七及二〇〇三年加入寡占體系，形成如今報紙市場四分天下的局面。寡占也出現在電視產業，例如有線電視系統台即長期掌握在五大集團手中。二〇〇六年底，東森、中嘉、台灣寬頻、富洋、台基網擁有全台總計六十三家有線電視系統當中的四十一家，前三大集團市占率達到百分之五十八點一六。[75]經過不斷的水平、垂直，乃至跨媒體整合，各集團經營權幾度更迭，截至二〇一六年六月，凱擘、中嘉、台灣寬頻、台

---

68 田野訪談，何榮幸，二〇一四年七月十四日，台北。田野訪談，胡元輝，二〇一四年七月二十五日，台北。田野訪談，洪建隆，二〇一四年八月二十四日，台北。

69 田野訪談，呂東熹，二〇一四年六月二十四日，台北。田野訪談，蘇正平，二〇一四年七月二十八日，台北。

70 台灣新聞記者協會等，「媒體人推動『總統候選人簽署反對置入式行銷』運動連署書」，二〇〇八，台灣連署資源運籌平台：http://campaign.tw-npo.org/sign.php?id=200803622372700。

71 陳炳宏，〈探討廣告商介入電視新聞產製之新聞廣告化現象：兼論置入性行銷與新聞專業自主〉，《中華傳播學刊》八；林照真，〈誰在收買媒體？〉，《天下雜誌》三一六，二〇〇五。田野訪談，黃哲斌，二〇一四年六月十六日，台北。田野訪談，何榮幸，二〇一四年七月十四日，台北。田野訪談，王健壯，二〇一四年七月二十四日，台北。田野訪談，三立電視台新聞部資深編輯（匿名），二〇一四年七月三十日，台北。田野訪談，陳家帶，二〇一四年八月二十六日，台北。

72 黃哲斌，「乘著噴射機，我離開《中國時報》」，圖解第一次買新聞就上手，http://puppydad.blogspot.com/2010/12/blog-post_13.html。

73 洪貞玲，〈誰的媒體？誰的言論自由？解嚴後近用媒介權的發展〉，《台灣民主季刊》三（四），二〇〇六，頁十～十二；林麗雲，〈變遷與挑戰：解禁後的台灣報業〉，《新聞學研究》九五，二〇〇八，頁十九。

74 蘇蘅，《競爭時代的報紙：理論與實務》，台北：時英，二〇〇二，頁七五。

75 參見〈九六年通訊傳播績效報告〉，二〇〇七，國家通訊傳播委員會網站：http://www.ncc.gov.tw/chinese/files/09022/950_090224_1.pdf。

固、台灣數位光訊仍掌握全部六十五家系統中的三十六家，前三大集團市占率仍高達百分之五十七點二九。[76]根據陳炳宏的研究，不論媒體集團化或跨媒體整合，都會對媒體內容的多樣性造成顯著的衝擊。[77]顯然，媒體自由市場化之後，經濟力量已逐漸取代政治力量，成為新聞自由的最大威脅。[78]

綜合而言，此時期台灣的新聞自由呈現顯著提升的狀態，尤其是消極新聞自由大幅改進，這是政府菁英在美國政經壓力下，推動媒體制度自由化，使媒體脫離政府干預的結果。但另方面，積極新聞自由的進展卻有限，因為媒體在自由市場中受到各種市場勢力收編，導致媒體集中化的持續，以及市場導向的自我審查及新聞偏差等問題，侷限了民眾獲取多元資訊、近用大眾媒體的能力。

四、對中擴大依賴、在地協力資本，與新聞自由的倒退，二〇〇八～二〇一五

邁入二十一世紀之後，中國挾其在全球經濟、國際政治、區域安全等各方面實力的增長，經常被視為一個崛起中的世界強權，甚至有在東亞和美國爭奪區域霸權地位的態勢。儘管台灣在外交和安全上仍十分仰賴美國，但在經濟上卻自二〇〇〇年代起呈現對中國越來越依賴的趨勢。其部分原因是，中國共產黨長久以來即把「以經促統」納入對台統戰策略之一，儘管其從未放棄以武力統一台灣。在整個二〇〇〇年代，中國政府「不同意」台灣與其重要經濟夥伴簽

訂自由貿易協定，使台灣在國際經濟整合中被邊緣化；但到了二〇一〇年，北京當局卻以在早收清單「讓利」的方式，與台灣簽署《海峽兩岸經濟合作架構協議》，使台灣對中國的經濟依賴日益加深。[79]在貿易依賴方面，中國自二〇〇四和二〇〇五年起超越了美國，相繼成為台灣最大的出口市場和貿易夥伴。[80]二〇一五年，中國占台灣出口總額的百分之二十五點四，同時占對外貿易總額的百分之二十二點六七。[81]在資本依賴方面，自從一九九一年台灣開放台商赴中國投資，台商對中國的投資即穩定成長，二〇〇二年起甚至超過台灣對其他國家／地區投資的總和。另一方面，自從二〇〇九年台灣逐步開放中國資本來台投資特定產業，越來越多中國

76 參見〈一〇五年第二季有線廣播電視訂戶數〉，二〇一六，國家通訊傳播委員會網站：http://www.ncc.gov.tw/chinese/news.aspx?site_content_sn=2989&is_history=0。

77 陳炳宏，〈媒體集團綜效偏差之研究〉，《中華傳播學刊》十六，二〇〇九，頁一七七～二一三；〈媒體集團化與其內容多元之關聯性研究〉，《新聞學研究》一〇四，二〇一〇，頁一～三〇。

78 羅世宏，〈自由報業誰買單？新聞與民主的再思考〉，《新聞學研究》九五，二〇〇八，頁二一三～二三八。

79 童振源，〈ECFA的爭議與成效〉，《國家發展研究》十一（一），二〇一一，頁一〇九、一一二。

80 參見〈歷年貿易國家（地區）名次值表－FSC3040F〉，二〇一六，經濟部國貿局網站「中華民國進出口貿易統計」：http://cus93.trade.gov.tw/FSCI/。

81 參見〈進出口貿易值：按主要貿易國家分〉，經濟資訊推廣中心，AREMOS經濟統計資料庫：http://net.aremos.org.tw/；「洲別／國別貿易值」，財政部網站「貿易統計資料查詢」：http://web02.mof.gov.tw/njswww/WebProxy.aspx?sys=100&funid=defjsptgl。

資金開始注入台灣。[82]隨著兩岸經濟互動的深化，二〇〇〇年代陸陸續續出現越來越多「跨海峽政商關係網絡」，例如博鰲亞洲論壇、國共論壇、海峽論壇、兩岸企業家峰會，以及中國各地的台商協會等。經由這些網絡，台灣企業家有機會向中國官方爭取商業利益，以促進其事業在中國市場的發展；而中國政府也得以有機會藉由提供特許權利或特殊優惠，收買台灣企業家。[83]

媒體產業也不例外，自二〇〇〇年代起，台灣媒體企業逐漸加深與中國市場的商業聯結。根據陳炳宏二〇〇〇年代中期所做的調查研究，在有效受訪的八十六家電視業者中，共計百分之三十八點四曾向海外擴展業務，其中超過百分之九十曾與中國有業務往來。平均而言，海外業務量占了媒體企業總業務量的百分之三十四；而涉及中國的業務量則占了海外業務總額的百分之四十。中國已成為最重要的海外市場。至於尚未進入中國市場的業者，則有百分之三十表示已有赴中拓展業務的計畫。[84]隨著頻繁的經濟互動，跨海峽政商網絡也在媒體領域蓬勃發展。北京一方面致力於限縮台灣媒體參與國際組織和國際場合的空間，另方面則積極建立與台灣媒體之間的溝通網絡。[85]例如中國當局經常舉辦兩岸媒體論壇，邀請台灣媒體老闆和新聞工作者赴中國參加。台灣海基會則曾在二〇〇九年十月二十七日首度組織「媒體高層參訪團」赴中國訪問，團員包括中央通訊社總編輯，以及諸多主流報紙／電視台的董事、總編輯、總經理、新聞部經理等，訪問期間拜會了國台辦主任王毅及海協會長陳雲林。除此之外，中國政府甚至曾邀請台灣某些媒體主管至北京出席「閉門座談會」，以「傳達中央言論方針」。[86]

經由密集的經濟互動和政商網絡，中國政府有越來越多機會透過發行、廣告、資本等市場管道，收編台灣的媒體企業（無論被視為統派或獨派），作為其在台灣的政治代理人，以遂行對台灣的統戰宣傳策略。中國政府經常透過發行市場收編台灣媒體。有鑑於中國是一個擁有十三億人口的廣大發行市場，許多台灣媒體有意爭取到中國設點、發行報紙、賣電視節目，以及網站曝光的機會，以賺取更多訂閱費、版權費，乃至相應而來的廣告機會。[87]不過，北京當局通常要求台灣媒體，不管在中國或台灣都要遵守其媒體審查的遊戲規則，才能兌換進入中國

---

82 參見〈二〇一五年七月統計月報〉，二〇一六，經濟部投審會網站：http://www.moeaic.gov.tw/system_external/ctlr?PRO=PublicationLoad&id=275。

83 吳介民，〈中國因素的在地協力機制：一個分析架構〉，《台灣社會學會通訊》八三，二〇一五，頁五～八；Jieh-min Wu, "The China Factor in Taiwan: Impact and Response." In *Handbook of Modern Taiwan Politics and Society*, edited by Gunter Schubert, New York, N.Y: Routledge, 2016, pp. 425-445。

84 陳炳宏，〈台灣媒體企業之中國大陸市場進入模式及其決策影響因素研究〉，《新聞學研究》八九，二〇〇六，頁五七～五八、六十、六八。

85 Sarah Cook, *The Long Shadow of Chinese Censorship: How the Communist Party's Media Restrictions Affect News Outlets Around the World.* Washington, D.C.: The Center for International Media Assistance, National Endowment for Democracy, 2013, pp. 30, 32.

86 李志德，《無岸的旅途》，台北：八旗文化，二〇一四，頁一三二、一三五。

87 李志德，《無岸的旅途》，頁一三三～一三四。田野訪談，呂東熹，二〇一四年六月二十四日，台北。田野訪談，陳曉宜，二〇一四年六月二十七日，台北。田野訪談，何榮幸，二〇一四年七月十四日，台北。田野訪談，胡元輝，二〇一四年七月二十五日，台北。田野訪談，蘇正平，二〇一四年七月二十八日，台北。田野訪談，李志德，二〇一四年八月十九日，台北。

市場的門票。這個情況不論在平面、電子，或網路媒體都可觀察得到。例如《聯合報》和《中國時報》等老牌報紙，早在一九九〇年代就爭取把報紙賣到中國市場；《聯合報》甚至爭取到自二〇〇六年四月一日起，獲得在東莞直接印刷、發行報紙的特權。[88]但為了讓國台辦放行，兩大報都必須避免其新聞報導和評論觸怒中國當局；《聯合報》甚至經常在其大陸版為中國地方政府刊登置入性行銷。儘管享有特殊待遇，但台灣報紙在中國的訂閱和發行，仍被侷限於特定的地區、機構和人員，例如台商企業、外資公司、五星級飯店、從事台灣研究的學術機構等。[89]

電視媒體的案例更加鮮明。根據前台視總經理胡元輝的說法，二〇〇一年台視曾有至北京及其他中國城市增設據點的計畫，但當時中國當局透過台視記者傳達了一項明確的訊息給台視高層：除非台視停播某個正在播出的法輪功節目，否則其新設據點的申請案將不會被核准。結果是，當法輪功節目持續播出時，該申請案遭到拖延，但當法輪功節目依原訂時程下檔時，所申請的據點才被核可，[90]此事件最終導致許多有意拓展中國市場的台灣媒體盡可能不去碰觸法輪功議題。[91]

即使是被視為獨派的電視台（如民視和三立），也曾為了將電視節目和戲劇版權賣到中國市場，而對北京敏感議題自我設限。[92]例如民視曾爭取與中國央視合作，希望把台語連續劇配上中文字幕在中國播放，為了合作順利，民視曾刻意避免播放某些可能惹惱北京當局的新聞報導或電視節目，[93]而身為民視創辦人且時任民進黨中常委的蔡同榮，曾在二〇〇九年中的某次民進黨中常會上，拒絕由民視採購、播放一部關於新疆獨立運動精神領袖熱比婭的紀錄片《愛的十個條件》。[94]同樣地，三立也在二〇〇八年之後努力把電視劇推銷到中國市場，總經理張榮華甚至為此在二〇一一年十二月自創「華劇」一詞，取代較為政治敏感的「台劇」。儘管如此，中國國家廣電總局仍暗示三立高層：假如希望電視劇在中國的播出被順利核可，三立必須在台灣停播經常鼓吹台灣意識、批評中國的人氣政論節目「大話新聞」。在北京當局的壓力下，「大話新聞」終於在二〇一二年五月面臨停播的命運。[95]

---

88 〈聯合報享特權，大陸特批代印〉，《中國時報》，二〇一二年十一月十七日。

89 田野訪談，蘇正平，二〇一四年七月二十八日，台北。

90 田野訪談，胡元輝，二〇一四年七月二十五日，台北。

91 田野訪談，旺中集團資深主管（匿名），二〇一四年六月十三日，台北。

92 Sarah Cook, *The Long Shadow of Chinese Censorship: How the Communist Party's Media Restrictions Affect News Outlets Around the World*. Washington, D.C.: The Center for International Media Assistance, National Endowment for Democracy, 2013, pp. 32-33; Chien-Jung Hsu, "China's Influence on Taiwan's Media." *Asian Survey* 54 (3), 2014, pp. 526-528；川上桃子，〈市場機制下的政治滲透：台灣媒體產業中的中國影響力機制〉，《台灣社會學會通訊》八三，二〇一五，頁十八。

93 田野訪談，民視節目部前資深主管（匿名），二〇一四年七月十一日，台北。

94 Chien-Jung Hsu, "China's Influence on Taiwan's Media." *Asian Survey* 54 (3), 2014, pp. 525-526.

95 紀淑芳，〈鄭弘儀被迫辭職內幕大公開〉，《財訊》四〇一，二〇一二；孫曉姿，〈鄭弘儀跟《大話新聞》說拜拜！〉，《新新聞》一三一六，二〇一二；鍾年晃，《我的大話人生：「大話新聞」停播始末 &

類似現象不只發生在傳統媒體，也發生在網路媒體。台灣媒體網站在中國被封鎖的程度，基本上反映了該媒體對中國政府的友善或敵意程度。根據聯合報系新媒體部自二〇一五年一月十二日至四月一日的測試結果，被視為獨派的《自由時報》和反共的《蘋果日報》，其網站在中國被封鎖的比例分別是百分之九十五和百分之九十二；而被視為統派的《聯合報》和《中國時報》被封鎖的比例則分別是百分之六十七和零。[96]顯然，即使在網路世界，台灣媒體仍要盡可能避免涉及北京敏感關鍵字，才有機會維持來自中國的網路高流量，以及相應而來的廣告收益。[97]

除了發行市場，中國政府也透過廣告市場收編台灣媒體。二〇〇〇年代晚期，國台辦與中國各省市政府就經常購買台灣媒體版面，進行有關招商及觀光的置入性行銷。[98]儘管這些廣告不為台灣法律所允許，但根據監察院的調查報告，《中國時報》和《聯合報》最晚自二〇一〇年起，即收受中國各省市政府的資金，非法刊登許多為中國各地觀光旅遊做宣傳的置入性行銷。[99]旺旺集團甚至在北京成立了一家名為「旺旺中時文化傳媒」的廣告代理商，專門承接中國當局提供的廣告案，再轉包給台灣其他媒體。如同「新頭殼」調查報導所揭露：二〇一二年三月，旺中集團即經由旺旺中時文化傳媒，收受福建省政府和廈門市政府的經費，配合福建省長訪台期間的宣傳計畫，在《中國時報》及其他集團報紙大篇幅刊載相關的置入性行銷新聞。[100]

除了發行和廣告市場，中國政府也透過資本市場收編台灣媒體。北京當局曾試圖以官方資金購買台灣媒體的所有權。根據中國「博訊新聞」二〇一〇年底的調查報導，國台辦曾準備至少三億美元預算，明確指出用以購買台灣的媒體企業，包括ＴＶＢＳ電視台以及聯合報系的分支機構。然而，這筆鉅款最後疑似遭到盜用，並在二〇〇七年前流向台灣、香港，以及其他地區。[101] 此外，北京當局也曾鼓勵某些台商購買台灣媒體的所有權。以旺旺集團為例，該集團最早是在台灣做米果生意，一九九二年起把食品事業拓展至中國市場，成為全中國最大的米果和乳酸飲料製造商，之後也在中國投資飯店、醫院、保險、房地產等事業。[102] 令人驚訝的是，旺

我所認識的鄭弘儀》，台北：前衛，二〇一二，頁二七、三三～三四、三九、五二、七八。

96 聯合報系新媒體部，二〇一五。

97 田野訪談，李志德，二〇一四年八月十九日，台北。

98 田野訪談，陳曉宜，二〇一四年六月二十七日，台北。田野訪談，倪炎元，二〇一四年七月十六日，台北。田野訪談，何榮幸，二〇一四年七月十四日，台北。田野訪談，蘇正平，二〇一四年七月二十八日，台北。田野訪談，李志德，二〇一四年八月十九日，台北。

99 參見〈糾正案文〇〇九教正〇〇二二〉，《監察院糾正案文》，二〇一〇年十一月十一日；〈聯合報聘大陸記者，寫置入新聞〉，《中國時報》，二〇一二年十一月十七日。洪耀南等，〈中國效應如何影響台灣媒體〉，國家發展研究所「通訊傳播實務研究」報告，二〇一四，十三～十九。

100 林朝億，「福建置入中時，陸官員：發票來了，錢就匯過去」，新頭殼，二〇一二，http://newtalk.tw/news/view/2012-03-30/23697；李志德，《無岸的旅途》，頁一一八～一二七。

101 「北京市公安局長搶先中紀委插手對台辦，三億美元鉅資去向不明」，博訊新聞網，二〇一〇，https://www.boxun.com/news/gb/china/2010/12/201012191327.shtml。

102 〈中時的江山如何淪陷？〉，《動腦雜誌》三九二，二〇〇八，頁五〇～五五；Andrew Higgins, "Tycoon Prods Taiwan Closer to China." *The Washington Post*, 2012 January 21。

旺集團在二〇〇八年突然決定買下《中國時報》，並在二〇〇九年進一步完成了對中視和中天的併購。根據蔡衍明的說法，他否認自己是北京指派前去購買中時的代理人，但他承認他知道國台辦曾試圖找人買下中時。[103]然而，根據某位台灣政府資深官員的說法，國台辦事實上曾在中共中央宣傳部的指示下，與某位國民黨資深領導階層合作，說服蔡衍明買下中時集團，以免中時落入傾向反共的壹傳媒手中。[104]蔡衍明在二〇〇八年十一月買下中時之後，旋即在同年十二月與國台辦主任王毅會面，會中蔡衍明向王毅表達：「此次收購的目的之一，是希望藉助媒體的力量，來推進兩岸關係的進一步發展。」而王毅則承諾將全力支持旺旺集團食品本業及媒體事業的發展。[105]

從台商的角度來看，買下台灣媒體或許可當作某種策略性手段，用以提高自身在兩岸間的政治影響力，進而向中國當局換取投資補貼或其他商業利益。[106]例如旺旺集團買下中時集團之後，不僅收到許多北京提供的置入性行銷資金，其子公司「中國旺旺」還收到中國政府提供的補貼，二〇一一年總計獲得四千七百多萬美元，占其淨利總額的百分之十一點三。[107]除此之外，旺中集團也曾運用媒體影響力，向中國當局爭取特殊待遇；例如中國國務院曾在二〇一四年十一月發布《六十二號文》，目的是取消並收回所有在未經中央政府事先核准情況下，地方政府給予外資的租稅優惠。旺中集團隨後即與台灣六大工商團體、中國各地的台商協會，以及海基會合作，要求北京當局保留或至少補償那些地方政府過去已經同意給予台商的租稅優惠。具體來說，旺中集團在二〇一五年四月間舉辦台商論壇，並在其所屬平面及電子媒體上大幅刊登相關報導；而中國官方的回應是：國務院於二〇一五年五月決議回復所有地方政府已經給予、或已經同意給予台商的優惠。

在對中國經濟依賴的結構下，北京當局以各類市場利益收編台灣媒體，導致其相對於台灣媒體的權力優勢不斷提高。相較之下，受到二〇〇八年全球金融危機的衝擊，也由於二〇一一年台灣立法禁止政府從事置入性行銷的影響，台灣企業和政府所能挹注在台灣媒體的廣告收益大幅縮水，[108]導致兩者對台灣媒體的影響力日益低落。上述權力關係結構的轉變，使得台灣媒體（不分統獨）為了極大化企業利益，開始調整自身企業結構、影響媒體市場結構，營造有利於北京政策或意識形態的制度性改變。在財務結構方面，金融危機、政府置入性行銷廢止之後，台灣媒體越來越依賴來自中國的財務收入。有些媒體（如民視和三立）致力於把電視節

103　田習如，〈「台灣人民變中國人民，沒有降級」，蔡衍明：國台辦有找人買中時，但不是我〉，《財訊》三二五。

104　Chien-Jung Hsu, "China's Influence on Taiwan's Media." *Asian Survey* 54 (3), 2014, p. 520.

105　林倖妃，〈報告主任，我們買了《中時》〉，《天下雜誌》四一六，二〇〇九。

106　田野訪談，陳曉宜，二〇一四年六月二十七日，台北。田野訪談，蘇正平，二〇一四年七月二十八日，台北。

107　Fathom China. "In Profile Subsidies: Public Funds for Private Firms." In *GK Dragnomics Corporate Analysis*, 2013; The Economist, "Perverse Advantage." *The Economist*, 2013 April 27.

108　鍾年晃，《我的大話人生：「大話新聞」停播始末&我所認識的鄭弘儀》，頁六七～七〇。

目的版權賣到中國市場，有些（如旺中集團和《聯合報》）則積極向中國當局爭取發行機會、廣告費，乃至其他特殊利益。旺旺集團更曾收取來自中國官方的補貼。基於財務考量，組織結構也做出相應的調整。例如旺中集團就在併購中時後兩年內，把關於兩岸事務的人員和業務編制，從原本的「政治組」轉移到「大陸新聞中心」，以便媒體老闆和高層直接控制相關新聞報導。[109]此外，旺中還在二〇〇九年八月成立了一個名為《旺報》的新報紙，以專門提供有關中國和兩岸的資訊，並促進台灣和中國的相互理解。在新聞編製的過程中，編輯部傾向和媒體老闆、業務部，或節目部合作，抑制部分的編輯自主性，對中國官方敏感議題採取自我審查，以確保符合北京設下的「潛規則」。[110]這種自我審查起初通常是由媒體老闆經由正式會議或非正式的溝通管道，向總編輯、總主筆及高層主管下達新聞編輯方針，但經過編輯室日常化的演練和社會化的過程，慢慢演變成一種記者、編輯們揣摩上意、[111]習以為常，甚至視為理所當然的一種組織文化。[112]

隨著企業結構的調整，許多台灣媒體產出的內容，在某種程度上隱含著有利於中國政府的偏差。大致而言，北京不希望台灣媒體觸及中國官方敏感議題（如天安門事件、台獨、藏獨、疆獨、法輪功等）；相反地，它樂見台灣媒體宣傳中國當局提倡的價值觀（如社會和諧、兩岸交流、相互理解、和平發展等）。[113]根據張錦華的研究，收受中國政府置入性行銷的《中國時報》和《聯合報》，比起未收受的《蘋果日報》和《自由時報》，傾向刊載更多中國採購團來台的相關報導，而且傾向以相對正面的方式加以詮釋。[114]同樣地，在報導新疆衝突事件時，相對於其他兩大報，中時與聯合明顯傾向採取與中國黨媒一致的「官方維穩框架」。具體來說，中時和聯合的相關報導中，分別有百分之百和百分之七十七點七八，完全採用中國官方的新聞來源，百分之百和百分之八十三點三三，將衝突責任歸因於抗議民眾而非官方；此外，兩報皆

109 田野訪談，黃哲斌，二〇一四年六月十六日，台北。田野訪談，中國時報前資深編輯（匿名），二〇一四年七月十四日，台北。

110 田野訪談，呂東熹，二〇一四年六月二十四日，台北。田野訪談，倪炎元，二〇一四年七月十六日，台北。田野訪談，民視節目部前資深主管（匿名），二〇一四年七月十一日，台北。田野訪談，三立電視台新聞部資深編輯（匿名），二〇一四年七月三十日，台北。田野訪談，馮賢賢，二〇一四年八月十三日，台北。

111 田野訪談，游婉琪，二〇一四年五月二十二日，台北。田野訪談，中國時報前資深編輯（匿名），二〇一四年七月十四日，台北。田野訪談，倪炎元，二〇一四年七月十六日，台北。

112 川上桃子，〈市場機制下的政治滲透：台灣媒體產業中的中國影響力機制〉，《台灣社會學會通訊》八三，頁十九。

113 Sarah Cook, *The Long Shadow of Chinese Censorship: How the Communist Party's Media Restrictions Affect News Outlets Around the World*. Washington, D.C.: The Center for International Media Assistance, National Endowment for Democracy, 2013, pp. 25-26。田野訪談，呂東熹，二〇一四年六月二十四日，台北。田野訪談，何榮幸，二〇一四年七月十四日，台北。田野訪談，胡元輝，二〇一四年七月二十五日，台北。

114 張錦華，〈從van Dijk 操控論述觀點分析中國大陸省市採購團的新聞置入及報導框架：以台灣四家報紙為例〉，《中華傳播學刊》二〇，二〇一一，頁六五～九三。

傾向忽略某些重要的人權面向，例如自由權、法律保障權，以及民族自決權。[115]

而中時言論版面的情況又比新聞版面更為嚴重。「時論廣場」長久以來原本被視為台灣公共討論的自由園地，但蔡家接手後，高層曾傳話建議專欄作者「少寫中國敏感議題」，或「避免強烈批判字眼」，[116]到後來幾乎淪為「中國政府的傳聲筒」，其立場越來越合乎中國官方觀點，不僅經常維護北京政權的形象，甚至還回過頭來駁斥台灣主流社會的觀點。[117]類似情況也發生在被歸類為獨派的媒體。根據三立資深編輯的說法，管理高層為了方便將戲劇節目賣到中國，自二〇〇八年起暗中指示新聞部盡可能減少有關天安門、藏獨、法輪功的新聞報導。[118]學術調查報告指出，最晚從二〇一〇年開始，三立對天安門的報導則數的確逐年遞減。[119]

在市場結構方面，部分台商在媒體所有權市場的擴張，強化了台灣媒體集團化和跨媒體整合的趨勢。舉例而言，旺旺集團自二〇〇八年起併購中時、中視、中天，二〇一一年進一步提出併購中嘉的計畫。儘管該計畫最後到了二〇一三年未獲NCC核准，但旺中本身仍已構成一個巨大的跨媒體集團，被許多人認為對台灣公共資訊多樣性具有潛在威脅，[120]例如在二〇一二年七月三十一日激起了規模不小的「反媒體壟斷運動」。但由於中嘉在當時五大有線電視系統業者中市占率最高，許多有線電視台不敢得罪如此龐大的跨媒體集團，因而未能呈現與運動規模相當的新聞報導。[121]不過，有鑑於公眾對媒體集中化和新聞偏差的疑慮，反媒體壟斷立法自二〇一三年一月起開始受到更多關注，該議程迄今仍在進展中。朝北京傾斜的媒體制度結構是否持續或自我強化，將取決於相關立法能否有效提升政府的相對權力，以制衡市場力量的不當干預，或培育獨立媒體。

綜合來說，此階段台灣的新聞自由呈現倒退的趨勢。消極新聞自由變化不大，因為政府對媒體管制的相關制度尚未出現重大改變。不過積極新聞自由卻在逐漸下滑，因為許多台灣媒體被中國政府以發行、廣告、資本等各種市場利益收編，於是在台灣擴張媒體事業、加強媒體集中化、實施外導型的自我審查、產出有利於北京的新聞偏差，以上種種皆減損民眾親近多元資訊和大眾媒體的能力。

115 張錦華、陳莞欣，〈從人權報導觀點分析五地十報新疆衝突報導框架〉，《新聞學研究》一二五，二〇一五，頁一～四七。

116 田野訪談，張鐵志，二〇一四年六月二十八日，台北。

117 田野訪談，蔡其達，二〇一四年六月十七日，台北。田野訪談，王健壯，二〇一四年七月二十四日，台北。

118 田野訪談，三立電視台新聞部資深編輯（匿名），二〇一四年七月三十日，台北。

119 洪耀南等，〈中國效應如何影響台灣媒體〉，國家發展研究所「通訊傳播實務研究」報告，二〇一四，頁十九～二三。

120 林惠玲等，〈拒絕媒體酷斯拉！WHY?十二個Q&A〉，國立台灣大學公共政策與法律研究中心，二〇一二，頁四～六。

121 鍾年晃，《我的大話人生：「大話新聞」停播始末&我所認識的鄭弘儀》，頁八一～八四。

五、結語

本文從縱時性、外導型的視角，探討台灣的新聞自由如何擺盪在「美國因素」與「中國因素」之間。台灣的個案充分展現了一個在政治經濟上相對弱小的國家，其自由、民主如何受到地緣政治結構的制約，乃至於受到世界及區域強權的支配。本文以歷史制度途徑，採取「個案內多重比較」、「過程追蹤」的研究方法，基於官方檔案、既有文獻，以及訪談結果，對一九四九年迄今台灣新聞自由的演變進行了個案分析。研究結果基本上支持本文的主張：當台灣在經濟上依賴的是採用自由政體的美國霸權時，台灣的新聞自由的確逐漸改善，但當台灣的經濟依賴對象逐漸變成採行壓迫政體的中國霸權時，台灣的新聞自由也的確出現了倒退的現象。

茲將各歷史階段個案研究結果整理如下頁表十－一。一九四九至一九八八年，不論消極面或積極面的新聞自由都非常低落。在冷戰時期、對美軍經依賴結構下，國民黨作為美國霸權的協力者，曾在台美關係不穩定時，對媒體採取較為寬容的政策，以迎合美國期待、爭取外部支持。但另方面，國民黨仍保有相對於民間社會的自主性，故基本上仍有能力延續威權本質的媒體制度（如媒體國有、報業管制、新聞檢查、政府導向的報業寡占及自我審查等），以免美國價值過度侵蝕內部的統治權威。

一九八八至二〇〇八年，消極新聞自由大幅提升，但積極新聞自由則進步有限。由於台灣持續對美依賴，國民黨持續擔任美國霸權的協力者，但隨著社會力量、私人資本的壯大，統治菁英相對於民間社會而言自主性下降。為了呼應內外訴求、維繫統治正當性，政府於是實施政經改革，推動媒體制度的自由化，並加以強化。然而自由市場化的媒體制度，傾向反映大企業的利益，導致媒體集中化、市場導向的自我審查、新聞多樣性下降，持續限縮人民接近真相、運用媒體的權利。

二〇〇八至二〇一五年，積極新聞自由呈現倒退趨勢。在中國經濟崛起、台灣擴大對中依賴的情況下，北京透過發行、廣告、資本等市場利益收編了部分台灣媒體。與此同時，受到二〇〇八金融風暴、二〇一一台灣立法禁止政府置入性行銷的影響，台灣企業及政府對媒體的影響力下滑。於是許多台灣媒體為了極大化企業利益，傾向塑造有利於北京的企業結構及市場結構，造成外導型自我審查、媒體集中的惡化，進而增加了台灣民眾獲取公共資訊、參與民主溝通的障礙。

本文隱含幾項理論及經驗意涵。首先，有鑑於台灣探討新聞自由的文獻，多聚焦消極面向、相對忽略積極面向，[122] 本文呼應並提倡應將新聞自由的研究視野從消極面向擴及積極面

122　陳鴻嘉、蔡蕙如，〈新聞自由文獻在台灣：書目分析，一九八七～二〇一四〉，《新聞學研究》一二三，二〇一五，頁一九三～二三六。

表十－一　美、中因素與台灣新聞自由的演變（一九四九～二〇一五）

	1949-1988	1988-2008	2008-2015
經濟依賴	美國	美國	中國
霸權政體	自由	自由	壓迫
跨國網絡	跨政府網絡 （正式）	跨政府網絡 （非正式）	跨海峽政商網絡
在地 協力者	政府菁英	政府菁英	媒體資本
權力結構	美國＞台灣 政府＞市場	美國＞台灣 市場＞政府	中國＞台灣 外部市場＞內部市場 ＞政府
協力者 自利	內外正當性邏輯矛盾	內外正當性邏輯相容	企業利益極大化
制度演變	延續	變遷並自我強化	變遷
政府制度	媒體管制 新聞審查	去管制化 取消新聞審查	反媒體壟斷立法 （進行中）
市場結構 / 企業結構	黨政軍營媒體比例高 民營媒體所有權集中 編業分離 政府導向自我審查	媒體民營化／公共化 民營媒體所有權集中 編業合作 市場導向自我審查	親中資本經營媒體 民營媒體所有權集中 編業合作 外導型自我審查
消極 新聞自由	低	高	高
積極 新聞自由	低	改善	倒退

向，理由在於，民主化之後，政府權力已受到制度節制，但企業力量卻在相對自由的市場中膨脹，故積極新聞自由往往比消極新聞自由更脆弱。此外，在經濟全球化的世界，外來政經勢力更有機會跨越國界、繞過政府的監理、介入國內媒體的運作，進而威脅公眾接近真相、運用媒體、參與民主溝通的權利，因此積極新聞自由的品質值得更多關注。

其次，本文對幾個理論觀點做出理論建構和經驗應用上的擴充。本文把吳介民基於「中國因素」框架所提出的「政治代理人模式」，與筆者博士研究所提出的「經濟依賴」導向的「自利」理論做了整合。整合後的架構，不僅應用到現階段中國因素對媒體的影響，也應用到過去階段美國因素的影響；本文也把若林正丈提出的「協力者政權」兩難的觀點，應用到美國因素影響的分析上。

第三，本文所承載的經驗意義有機會應用到台灣以外的個案。有鑑於中國崛起方興未艾，學界開始關注中國是否將對其他國家的人權、民主帶來威脅。[123] 假如上述擔憂為真，那麼台灣

123 Azar Gat, “The Return of Authoritarian Great Powers.” *Foreign Affairs*, no. 86, 2007, pp. 59-69; Larry Diamond, “The Shape of Global Democracy.” *Brown Journal of World Affairs* 15 (2), 2009, pp. 77-86; Joshua Kurlantzick, and Perry Link, “China: Resilient, Sophisticated Authoritarianism.” In *Undermining Democracy: 21st Century Authoritarians*, edited by Christopher Walker, Washington, D.C.: Freedom House, 2009, pp. 13-28; Thomas Ambrosio, “Constructing a Framework of Authoritarian Diffusion: Concepts, Dynamics, and Future Research.” *International Studies Perspectives* 11 (4), 2010, pp. 375–92; Joshua Kurlantzick, Democracy in Retreat: The Revolt of the Middle Class and the

作為中國格外感興趣的國家，很可能首先受到衝擊。因此台灣經驗或可提供其他可能蒙受中國威權擴散影響的國家作為借鏡。

最後，本文對受中國因素衝擊的台灣新聞自由提出一些原則性的政策思考。在國家整體層次，現階段新聞自由倒退的根源在於台灣對中國經濟依賴的結構，因此為了避免台灣的自由、民主繼續受到侵蝕，政府應致力於整體產業結構的調整，引導對外貿易和投資走向更為多元及平衡的狀態，重要的是培養更具主體性的經濟基礎和體質。在媒體產業層次，由於北京主要透過市場管道對台灣媒體進行收編，因此為了降低台灣媒體被收編為在地協力者的誘因，政府應該積極介入媒體市場，提供有助於媒體自主、多元發展的基礎建設，例如公廣集團的強化、公民獨立媒體的培育，乃至商業媒體的適當管制（尤其是媒體集中化、跨媒體整合、外資比例、中資來台投資廣告業的規範），以協助台灣媒體擺脫國內外市場勢力（包括外國政府）的不當干預。

Worldwide Decline of Representative Government. New Haven, Conn.; London: Yale University Press, 2013; Michael Pillsbury, *The Hundred-Year Marathon: China's Secret Strategy to Replace America as the Global Superpower.* New York: Henry Holt and Co, 2015; Andrew J. Nathan, "China's Challenge." *Journal of Democracy* 26 (1), 2015, pp. 156-170；張茂桂，〈倡議中國效應研究的觀點〉，《台灣社會學會通訊》七二，二〇一一，頁二五～三〇；吳介民，《第三種中國想像》，台北：左岸文化，二〇一二。

參考書目

〈九六年通訊傳播績效報告〉，二〇〇七，國家通訊傳播委員會網站：http://www.ncc.gov.tw/chinese/files/09022/950_090224_1.pdf。

〈一〇五年第二季有線廣播電視訂戶數〉，二〇一六，國家通訊傳播委員會網站：http://www.ncc.gov.tw/chinese/news.aspx?site_content_sn=2989&is_history=0。

〈一〇五年七月統計月報〉，二〇一六，經濟部投審會網站：http://www.moeaic.gov.tw/system_external/ctlr?PRO=PublicationLoad&id=275。

「洲別／國別貿易值」，財政部網站「貿易統計資料查詢」：http://web02.mof.gov.tw/njswww/WebProxy.aspx?sys=100&funid=defjsptgl。

〈歷年貿易國家（地區）名次值表－FSC3040F〉，二〇一六，經濟部國貿局網站「中華民國進出口貿易統計」：http://cus93.trade.gov.tw/FSCI/。

〈歷年進出口貿易值〉，經濟資訊推廣中心，AREMOS 經濟統計資料庫：http://net.aremos.org.tw/。

〈進出口貿易值：按主要貿易國家分〉，經濟資訊推廣中心，AREMOS 經濟統計資料庫：http://net.aremos.org.tw/。

〈糾正案文〇〇九教正〇〇二二〉，《監察院糾正案文》，二〇一〇年十一月十一日。

〈中時的江山如何淪陷？〉，《動腦雜誌》三九二，二〇〇八，頁五〇～五五。

〈中國防火長城下的台灣媒體〉，《聯合新聞網》，二〇一五，http://p.udn.com.tw/upf/newmedia/2015_

data/20150327_udnfirewall/udnfirewall/。

「北京市公安局長搶先中紀委插手對台辦，三億美元鉅資去向不明」，博訊新聞網，二〇一〇，https://www.boxun.com/news/gb/china/2010/12/201012191327.shtml。

〈聯合報享特權，大陸特批代印〉，《中國時報》，二〇一二年十一月十七日。

〈聯合報聘大陸記者，寫置入新聞〉，《中國時報》，二〇一二年十一月十七日。

川上桃子，〈市場機制下的政治滲透：台灣媒體產業中的中國影響力機制〉，《台灣社會學會通訊》八三，二〇一五，頁十七～二〇。

王振寰，〈廣播電視媒體的控制權〉，《解構廣電媒體：建立廣電新秩序》，台北：澄社，一九九三，頁七五～一二八。

王麗美，《報人王惕吾：聯合報的故事》，台北：天下文化，一九九四。

田習如，〈「台灣人民變中國人民，沒有降級」，蔡衍明：國台辦有找人買中時，但不是我〉，《財訊》三三五，二〇〇九，頁七〇～七一。

吳介民，《第三種中國想像》，台北：左岸文化，二〇一二。

吳介民，〈中國因素的在地協力機制：一個分析架構〉，《台灣社會學會通訊》八三，二〇一五，頁四～十一。

吳豐山，《台北市公營報紙與民營報紙言論比較》，國立政治大學新聞研究所碩士論文，一九七一。

李志德，《無岸的旅途》，台北：八旗文化，二〇一四。

李潔明，《李潔明回憶錄》，台北：時報文化，二〇〇三。

林倖妃，〈報告主任，我們買了《中時》〉，《天下雜誌》四一六，二〇〇九。

林惠玲、林麗雲、洪貞玲、張錦華、黃國昌、鄭秀玲，〈拒絕媒體酷斯拉！WHY？十二個Q＆A〉，國立台灣大學公共政策與法律研究中心，二〇一二。
林朝億，「福建置入中時，陸官員：發票來了，錢就匯過去」，新頭殼，二〇一二，http://newtalk.tw/news/view/2012-03-30/23697。
林照真，〈誰在收買媒體？〉，《天下雜誌》三一六，二〇〇五。
林麗雲，〈台灣威權政體下「侍從報業」的矛盾與轉型：一九四九～一九九九〉，收錄於張笠雲（編），《文化產業：文化生產的結構分析》，台北：遠流，二〇〇〇，頁八九～一四八。
林麗雲，《台灣傳播研究史》，台北：巨流，二〇〇四。
林麗雲，〈變遷與挑戰：解禁後的台灣報業〉，《新聞學研究》九五，二〇〇八，頁一～三〇。
侯坤宏，〈戰後台灣白色恐怖論析〉，《國史館學術集刊》十二，二〇〇七，頁一四〇～二〇三。
洪貞玲，〈誰的媒體？誰的言論自由？解嚴後近用媒介權的發展〉，《台灣民主季刊》三（四），二〇〇六，頁一～三六。
洪耀南、楊琇晶、陳俊瑋，〈中國效應如何影響台灣媒體〉，國家發展研究所「通訊傳播實務研究」報告，二〇一四。
紀淑芳，〈鄭弘儀被迫辭職內幕大公開〉，《財訊》四〇一，二〇一二。
若林正丈，《台灣：分裂國家與民主化》，台北：月旦，一九九五。
若林正丈，《戰後臺灣政治史：中華民國臺灣化的歷程》，台北：國立臺灣大學出版中心，二〇一四。
孫曉姿，〈鄭弘儀跟《大話新聞》說拜拜！〉，《新新聞》一三一六，二〇一二。
翁秀琪，〈台灣的地下媒體〉，《解構廣電媒體：建立廣電新秩序》，台北：澄社，一九九三，頁四四一～五一八。
馬星野，〈中國國民黨與大眾傳播現代化〉，《報學》六（八），一九八二，頁三～六。
張茂桂，《社會運動與政治轉化》，台北：國策中心，一九八九。
張茂桂，〈倡議中國效應研究的觀點〉，《台灣社會學會通訊》七二，二〇一一，頁二五～三〇。
張錦華，〈從van Dijk操控論述觀點分析中國大陸省市採購團的新聞置入及報導框架：以台灣四家報紙為例〉，《中華傳播學刊》二〇，二〇一一，頁六五～九三。
張錦華、陳莞欣，〈從人權報導觀點分析五地十報新疆衝突報導框架〉，《新聞學研究》一二五，二〇一五，頁一～四七。
郭良文、陶芳芳，〈台灣報禁政策對發行與送報之影響：一個時空辯證觀點的思考〉，《新聞學研究》六五，二〇〇〇，頁五七～九四。
陳佳宏，〈「美麗島大逮捕」前後國內輿論情勢之發展：以主流平面媒體為主的分析〉，《台灣史研究》十四（一），二〇〇七，頁一九一～二三〇。
陳炳宏，〈探討廣告商介入電視新聞產製之新聞廣告化現象：兼論置入性行銷與新聞專業自主〉，《中華傳播學刊》八，二〇〇五，頁二〇九～二四六。
陳炳宏，〈台灣媒體企業之中國大陸市場進入模式及其決策影響因素研究〉，《新聞學研究》八九，二〇〇六，頁三七～八〇。
陳炳宏，〈電視服務產業的流變：政經勢力的消與長〉，收錄於卓越新聞獎基金會（編），《台灣傳媒再解構》，台北：巨流，二〇〇九，頁四三～七六。
陳炳宏，〈媒體集團綜效偏差之研究〉，《中華傳播學刊》十六，二〇〇九，頁一七七～二一三。

陳炳宏，〈媒體集團化與其內容多元之關聯性研究〉，《新聞學研究》一〇四，二〇一〇，頁一～三〇。

陳國祥、祝萍，《台灣報業演進四十年》，台北：自立晚報，一九八七。

陳鴻嘉、蔡蕙如，〈新聞自由文獻在台灣：書目分析，一九八七～二〇一四〉，《新聞學研究》一二三，二〇一五，頁一九三～二三六。

程宗明，〈對台灣戰後初期報業的原料控制（一九四五～一九六七）：新聞紙的壟斷生產與計畫性供應〉，「中華傳播學會年會」論文，一九九七。

童振源，〈ＥＣＦＡ的爭議與成效〉，《國家發展研究》十一（一），二〇一一，頁九七～一三〇。

黃哲斌，「乘著噴射機，我離開《中國時報》」，圖解第一次買新聞就上手，http://puppydad.blogspot.com/2010/12/blog-post_13.html。

管中祥，〈「國民黨國機器」操控媒介形式的轉變（一九二四～一九九九）〉，「中華傳播學會年會」論文，二〇〇〇。

管中祥、張時健，〈新自由主義下的台灣媒體改革運動〉，《台灣史料研究》二四，二〇〇五，頁一九六～二三六。

台灣新聞記者協會、台灣媒體觀察教育基金會、媒體改造學社、傳播學生鬥陣，「媒體人推動『總統候選人簽署反對置入式行銷』運動連署書」，二〇〇八，台灣連署資源運籌平台：http://campaign.tw-npo.org/sign.php?id=200803622372700。

蕭全政，《政治與經濟的整合》，台北：桂冠，一九八八。

蕭全政，〈台灣威權體制轉型中的國家機關與民間社會〉，收錄於中央研究院台灣研究推動委員會

（編），《威權體制的變遷：解嚴後的台灣》，台北：中研院台灣史研究所，二〇〇一，頁六三～八八。

蕭全政，〈經濟發展與台灣政治的民主化〉，《台灣民主季刊》一（一），二〇〇四，頁一～二五。

賴祥蔚，〈國共政權控制報紙的政治經濟比較〉，《新聞學研究》七三，二〇〇二，頁一三三～一六五。

薛化元、陳翠蓮、吳鯤魯、李福鐘、楊秀菁，《戰後台灣人權史》，台北：國家人權紀念館籌備處，二〇〇三。

薛心鎔，《變局中的躍進：俞國華的政院五年》，台北：正中書局，一九九六。

鍾年晃，《我的大話人生：「大話新聞」停播始末&我所認識的鄭弘儀》，台北：前衛，二〇一二。

瞿宛文，〈民主化與經濟發展〉，《台灣社會研究季刊》八四，二〇一一，頁二四三～二八八。

羅世宏，〈自由報業誰買單？新聞與民主的再思考〉，《新聞學研究》九五，二〇〇八，頁二一三～二三八。

蘇蘅，《競爭時代的報紙：理論與實務》，台北：時英，二〇〇二。

Ambrosio, Thomas, "Constructing a Framework of Authoritarian Diffusion: Concepts, Dynamics, and Future Research." *International Studies Perspectives* 11 (4), 2010, pp. 375-392. doi:10.1111/j.1528-3585.2010.00411.x.

Cook, Sarah, *The Long Shadow of Chinese Censorship: How the Communist Party's Media Restrictions Affect News Outlets Around the World*. Washington, D.C.: The Center for International Media Assistance, National Endowment for Democracy, 2013, http://www.cima.ned.org/resource/the-long-shadow-of-chinese-censorship-how-the-communist-partys-media-restrictions-affect-news-outlets-around-the-world/.

Cumings, Bruce, "The Origins and Development of the Northeast Asian Political Economy: Industrial Sectors, Product Cycles, and Political Consequences." In *The Political Economy of the New Asian Industrialism*, edited by Frederic C. Deyo, Cornell University Press, 1987, pp. 44-83.

Diamond, Larry, "The Shape of Global Democracy." *Brown Journal of World Affairs* 15 (2), 2009, pp. 77-86.

Fathom China. "In Profile Subsidies: Public Funds for Private Firms." In *GK Dragnomics Corporate Analysis*, 2013.

Freedom House. "Detailed Data and Sub-Scores 1980-2016." https://freedomhouse.org/report-types/freedom-press, 2016.

Gat, Azar, "The Return of Authoritarian Great Powers." *Foreign Affairs*, no. 86, 2007, pp. 59-69.

Gold, Thomas B., *Dependent Development in Taiwan*. Harvard University, 1981.

Hall, Peter, and Rosemary Taylor, "Political Science and the Three New Institutionalisms." *Political Studies* 44 (4), 1996, pp. 936-957.

Higgins, Andrew, "Tycoon Prods Taiwan Closer to China." *The Washington Post*, 2012 January 21. https://www.washingtonpost.com/world/asia_pacific/tycoon-prods-taiwan-closer-to-china/2012/01/20/gIQAhswmFQ_story.html.

Hsiao, Hsin Huang Michael, "The Rise of Social Movements and Civil Protests." In *Political Change in Taiwan*, edited by Tun-jen Cheng and Stephan Haggard, London: Lynne Rienner Publishers, 1992, pp. 57-74.

Hsu, Chien-Jung, "China's Influence on Taiwan's Media." *Asian Survey* 54 (3), 2014, pp. 515-539. doi:10.1525/as.2014.54.3.515.

Huang, Jaw-Nian, "Liberalization, Economic Dependence, and the Paradox of Taiwan's Press Freedom." Ph.D.

Dissertation, Department of Political Science, University of California, Riverside, 2016.

Huntington, Samuel P., *The Third Wave: Democratization in the Late Twentieth Century*. The Julian J. Rothbaum Distinguished Lecture Series, v. 4. Norman: University of Oklahoma Press, 1991.

Kurlantzick, Joshua, *Democracy in Retreat: The Revolt of the Middle Class and the Worldwide Decline of Representative Government*. New Haven, Conn.; London: Yale University Press, 2013.

Kurlantzick, Joshua, and Perry Link, "China: Resilient, Sophisticated Authoritarianism." In *Undermining Democracy: 21st Century Authoritarians*, edited by Christopher Walker, Washington, D.C.: Freedom House, 2009, pp. 13-28. https://freedomhouse.org/sites/default/files/UnderminingDemocracy_Full.pdf.

Link, Perry, "The Anaconda in the Chandelier: Chinese Censorship Today." *The New York Review of Books*, 2002 April 11. http://www.nybooks.com/articles/archives/2002/apr/11/china-the-anaconda-in-the-chandelier/.

Ma, Ngok, "State-Press Relationship in Post-1997 Hong Kong: Constant Negotiation Amidst Self-Restraint." *The China Quarterly*, no. 192(December), 2007, pp. 949-970. doi:10.2307/20192856.

Mahoney, James, and Kathleen Thelen, "A Theory of Gradual Institutional Change." In *Explaining Institutional Change: Ambiguity, Agency, and Power*, edited by James Mahoney and Kathleen Thelen, Cambridge; New York: Cambridge University Press, 2010, pp. 1-37.

McQuail, Denis, *McQuail's Mass Communication Theory*. 4th ed. London: Sage Publications Ltd, 2000.

Nathan, Andrew J., "China's Challenge." *Journal of Democracy* 26 (1), 2015, pp. 156-170.

Peterson, Theodore, "The Social Responsibility Theory." In *Four Theories of the Press: The Authoritarian, Libertarian, Social Responsibility and Soviet Communist Concepts of What the Press Should Be and Do*, edited by Fred S.

Siebert, Theodore Peterson, and Wilbur Schramm, University of Illinois Press, 1979, pp. 73-104.

Pillsbury, Michael, *The Hundred-Year Marathon: China's Secret Strategy to Replace America as the Global Superpower*. New York: Henry Holt and Co, 2015.

Reporters Without Borders, "World Press Freedom Index 2016." 2016, https://rsf.org/en/ranking.

Sciutto, James E., "China's Muffling of the Hong Kong Media." *Annals of the American Academy of Political and Social Science* 547 (September), 1996, pp. 131-143. doi:10.2307/1048369.

Siebert, Fred S., "The Libertarian Theory." In *Four Theories of the Press: The Authoritarian, Libertarian, Social Responsibility and Soviet Communist Concepts of What the Press Should Be and Do*, edited by Fred S. Siebert, Theodore Peterson, and Wilbur Schramm, University of Illinois Press, 1979, pp. 39-72.

The Commission on Freedom of the Press, *A Free And Responsible Press*. Chicago, Illinois: The University Of Chicago Press, 1947, http://archive.org/details/freeandresponsib029216mbp.

The Economist, "Perverse Advantage." *The Economist*, 2013 April 27. http://www.economist.com/news/finance-and-economics/21576680-new-book-lays-out-scale-chinas-industrial-subsidies-perverse-advantage.

The Taiwan Council for Economic Planning and Development, *Taiwan Statistical Data Book, 2011*. Taiwan, Taipei: Council for Economic Planning and Development, Executive Yuan, R.O.C. (Taiwan), 2011.

The US Congress, "Taiwan Relations Act." 1979 January 1, http://www.ait.org.tw/en/taiwan-relations-act.html.

The US National Security Council, "146/2: Formosa and Chinese National Government." The US National Security Council, 1953.

Tucker, Nancy Bernkopf., *Taiwan, Hong Kong, and the United States, 1945-1992: Uncertain Friendships*. Twayne's

International History Series, no. 14. New York : Toronto : New York: Twayne Publishers ; Maxwell Macmillan Canada ; Maxwell Macmillan International, 1994.

Williamson, John, “What Washington Means by Policy Reform.” In *Latin American Adjustment: How Much Has Happened?*, edited by John Williamson. Washington, D.C.: Institute for International Economics, 1989.

Wu, Jieh-min, “The China Factor in Taiwan: Impact and Response.” In *Handbook of Modern Taiwan Politics and Society*, edited by Gunter Schubert, New York, N.Y: Routledge, 2016, pp. 425-445.

第十一章

中國影響力對台灣媒體的作用機制

Political Economy of "China Factors" in the Taiwanese Media Industry

川上桃子｜日本亞洲經濟研究所（IDE-JETRO）研究員

譯者

陳威志｜一橋大學社會學研究科博士候選人

呂美親｜一橋大學言語社會科博士

東京大學經濟學博士。曾任中研院社會所訪問學者（二〇一二～一三年），中華經濟研究院訪問學人（一九九五～九七年）。著有《圧縮された産業発展（日文）》，合編《The Dynamics of Local Learning in Global Value Chains: Experiences from East Asia》等。

本論文為筆者於二〇一五年發表的〈台湾マスメディアにおける中国の影響力の浸透メカニズム〉一文之增修中文版。

一、前言

近代國家中，統合國民的紐帶原理為「我群」意識；而媒體，即是生成「我群」意識的一種媒介。透過媒體而達到的資訊共享，以及成員們對共同議程的討論過程，無時無刻都在發揮畫定民族國家這個政治共同體界線與範圍的功能。在台灣，大約二〇〇八年之後，中國以兩岸統一作為國家目標的政治性影響[1]，已滲透到媒體的言論及報導之中[2]。具體而言，就是報紙或電視新聞中有越來越多「極力讚揚中國的報導」[3]；反之，被中國政府視為禁忌的新聞，則有刻意縮小報導篇幅，或不報導的傾向。甚至還發生台灣的電視台在與中國洽談連續劇版權銷售時，在中方的暗示下，關掉了對中國持批判性立場的談話性節目之事件[4]。

但另一方面，近年的台灣社會與媒體也出現一些可能阻斷中國影響力滲透的新動向。首先，二〇〇〇年代以降，台灣的報社或電視台因受到廣告市場縮小與網路盛行的影響，感受到極大的市場競爭壓力，而這個變化促使各媒體對民意的變動比以往更為敏感。再者，台灣民眾對國家認同的態度呈現出越來越遠離中國「兩岸統一」目標的趨勢。先行研究指出，台灣民眾關於國家認同的分布屬於「倒U字型」，分屬兩端的「台灣選項」（台灣應該獨立、台灣民族主義者等）與「中國選項」（應該中國統一、中國民族主義者等）所占比例都不多；大多數民眾的認同集中在中間地帶，傾向維持現狀之選項[5]；同時，在結構上也可看出，傾向維持現狀的部分有逐漸位移到「台灣選項」的趨勢[6]。

照理說，上述兩個動向應該具有阻擋中國影響台灣報導與言論的效果。市場競爭壓力的增加，媒體對變動的民意更加敏感，很有可能促使媒體調整言論調性，往「台灣選項」靠攏。然而，現實卻不是如此，二〇〇八年之後，中國的影響力在部分台灣媒體內部急速攀升。背後到底是怎樣的機制在運作？

---

1 本文在論及「中國的影響力」時，「中國」主要是指涉揭示「台灣統一」的目標、對台灣行使其影響力的主體——中國共產黨，以及其掌有的國家與行政機構。依本文脈絡，中國電視台有時也包含在行使影響力的主體之內。

2 Chien-Jung Hsu, "China's Influence on Taiwan's Media," *Asian Survey*, 54:3, 2014, pp.515-539.

3 山田賢一，〈中国との関係に揺らぐ台湾メディア——経済緊密化を背景に進む『親中化』——〉（搖擺在對中關係的台灣媒體：經濟緊密化下的「親中化」），《新聞研究》七四三，二〇一三，頁六〇～六四。

4 鍾年晃，《我的大話人生：「大話新聞」停播始末&我所認識的鄭弘儀》，台北：前衛，二〇一二；《自由時報》電子版，二〇一二年十二月十四日。

5 吳乃德，〈狂飆的年代？一般民眾的認同趨勢，一九九二～二〇〇五〉，收錄於張茂桂、羅文輝、徐火炎（編），《台灣的社會變遷一九八五～二〇〇五：傳播與政治行為》，台北：中研院社會學研究所，二〇一三，頁九三～一二八；張茂桂、陳俐靜，〈民眾政治「兩極化」現象初探：「中間」的變動與啟示〉，《台灣的社會變遷一九八五～二〇〇五：傳播與政治行為》，頁一七五～二四〇。

6 同前註；另參考若林正丈，《台湾の政治——中華民国台湾化の戦後史——》（台灣的政治：中國民國台灣化的戰後史），東京：東京大学出版会，二〇〇八，頁二九四、三五八～三六四。

本文將透過「產業層次」和「組織層次」來釐清這個問題。「產業層次」聚焦於各媒體組織的外部環境結構的分析，「組織層次」則為報社或電視台這類媒體組織內部結構過程的分析；透過此分析來論證：中國在台灣媒體中越來越強的影響力，不僅是政治現象，也是源自媒體組織本身具有私人企業屬性而產生的經濟現象。另外，本文也將論及，中國影響力被嵌入台灣企業家或電視台的利益結構之中，透過台灣的經濟行為者滲透進（penetrate）台灣的媒體報導現場；而正因為如此，其影響力也具備了自我實現的特質。

本文分成六節，前言之後，第二節說明分析視角，第三節整理台灣媒體的歷史背景。接下來的兩節，筆者將以二十一位媒體相關人士的訪問與各種相關資料為本，論析中國影響力的作用機制；第四節以產業層次的分析視點為基礎，考察中國影響力之於台灣媒體的滲透路徑，第五節則以組織層次的分析視點為基礎，考察中國的政治經濟影響力之於各個媒體新聞生產現場的滲透路徑。最後的「結語」則統整分析結果。

二、分析視角

（一）媒體組織與外部環境的分析視角

所謂大眾傳播，乃「作為一種專業組織體的傳遞者，運用大量複製資訊的技術，針對多數而不特定的接收者所進行的，具有公開之性質的傳播」。[7]而所謂的大眾傳媒，即是在專業分工下製作並傳播資訊的一種組織體。[8]本文將作為「訊息提供者」的媒體組織視為「處於經濟及政治影響力網絡下，擔負著產出與傳播具公共意義資訊、服務的私人企業」。[9]

媒體的特殊性在於其生產出的資訊與服務具有公共性。[10]報社或電視台每天生產並且傳播的資訊，維繫了民眾「知的權利」，以及自由多元的言論空間。而媒體在將「社會上正在發生的事」與社會共享的同時，也具有作為公共議題溝通平台之功能。[11]在這個意義下，媒體組織具有高度的公共性。另一方面，媒體組織的外部環境又是如何呢？各個媒體組織其實是被嵌入各種政治行為者影響關係，以及經濟行為者等，所編織的制度性壓力網絡當中。[12]首先，大

---

7 竹下俊郎，〈マス・コミュニケーション〉、〈マス・メディア〉（〈傳媒〉、〈大眾媒體〉），中島義明等（編），《心理学辞典》（《心理學辭典》），東京：有斐閣，一九九九，頁八〇九。

8 同前註，頁八〇九～八一〇。

9 雖然為數不多，但也有一些媒體受到國家或政黨直接操控，比如官方經營的電視與廣播，或政黨機關報。這些媒體不僅直接受到政治權力的干預與介入，同時也承受如何穩固觀眾或讀者群的競爭壓力。

10 關於「播送的公共性（公共價值）」之概念，請參考花田達朗《公共圏という名の社会空間——公共圏、メディア、市民社会——》（所謂公共圈的社會空間：公共圈、媒體、市民社會）、李光鎬〈韓国の放送制度にみる公共性の変化〉（從韓國的播送制度看公共性的變化）等作。

11 顧爾德，〈當媒體走出黨國巨靈的爪掌〉，收錄於王金壽等著，《秩序繽紛的年代》，台北：左岸文化，二〇一〇，頁三三六。

12 竹下俊郎，〈マス・コミュニケーション〉、〈マス・メディア〉（〈傳媒〉、〈大眾媒體〉），中島義明等（編），《心理学辞典》，頁八一〇。

部分報社和電視台是必須面臨經營壓力的私人企業。報社或電視台仰賴讀者或觀眾等服務對象繳交的費用，以及廣告商的廣告收入維生。即便每個國家或業種有所不同，但基本上大多數媒體企業的所有權，是可作為買賣對象的。甚且，報社或電視台作為非特定大眾的資訊「發送者」，具有極大的社會影響力，因此往往成為政治行為者意圖影響的對象。因此才說，媒體組織身處於各種主體發揮其影響力的網絡之中。

循此脈絡，本論文將媒體視為「身處於各種政治及經濟行為者影響力交錯的空間，並且為一生產與傳播公共財的營利事業」。

(二)「中國影響力機制」的分析視角

本文以兩個階段分析中國影響力滲透台灣媒體產業的機制，首先著眼的是環繞於各個媒體企業的影響力網絡。媒體並無法超然且獨立地存在，它每天都必須承受經營上的壓力，也是政治行為者想要影響的組織體。本文首先關注產業層次的環境結構，藉此考察中國影響力滲入台灣的媒體報導之途徑（「產業層次的考察」）。其次則是將媒體組織視為一個由擁有各種利害關係的成員所構成的階層式組織，進而考察其內部狀況。報導或言論是經由媒體企業組織性的過程所產出；以報紙為例，一個事件要變成報紙上的新聞，必須經由組織性的過程，即事件目擊者、採訪記者、決定是否刊登的主編、下標並決定版面位置的整理記者等許多人的參與才得以成立。[13] 因此，分析媒體企業生產及傳播資訊過程時，有必要關注這個組織性的流程，以及在其中工作人員之間的權力關係。本文將聚焦各個媒體的內部組織，來論析中國影響力滲入報紙或電視節目的製作過程之機制（「組織層次的考察」）。

除了產業及企業層次的分析，台灣媒體的歷史背景也是本文關注的重點。一般認為，台灣媒體中的中國影響力是在二〇〇八年的馬英九政府上台之後才浮上檯面，但其成因其實可追溯到戒嚴時期。下一節就將先整理這段歷史經緯。

三、「中國影響力機制」的歷史背景

一九八七年解除戒嚴，台灣的媒體環境因而有了戲劇性的變化。本節聚焦市場機制的作用與政治行為者的影響力，以此論析解嚴前後的台灣媒體產業史。

（一）一九八七年之前：威權體制下的國家控管

一九四九至一九八七年間，台灣實施了戒嚴令。這段期間，國民黨一黨獨大的威權體制從未間斷，媒體也受到政府的嚴格箝制。

13 竹下俊郎，《増補版　メディアの議題設定機能——マスコミ効果研究における理論と実証——》（增補版　媒體的議題設定機能：媒體效果研究中的理論與實證），東京：学文社，二〇〇八，頁二八。

政府藉由各種法令對報紙的報導與言論內容進行嚴厲的管制。[14] 在「限證」（政府以「節省紙張」為由，停發報紙登記證）、「限張」（現有報紙每份發行張數限三大張以內）、「限印」（印刷廠只能在一地）等三項限制下，報社受到國民黨黨國體制（party-state regime）的直接控管。同時，國民黨政府也運用這些控管，與少數大報建立了互相交換庇護與忠誠的恩庇侍從關係。[15] 政府容許聯合報及《中國時報》兩大報收購其他報社，也放寬其張數與發行地的限制，[16] 如此態度不但促成，也默許了兩報的市場壟斷。其結果就是，兩大報在一九八〇年代的市場占有率，合計高達七成。[17] 另外，《聯合報》創辦人王惕吾與《中國時報》創辦人余紀忠，也都擔任了國民黨的中央常務委員。

電視台方面，則受到國家更直接的控管。一九七〇年代初期之前，隸屬台灣省政府的台視（一九六二年成立）、國民黨系統的中視（一九六九年成立），以及由國防部及教育部等出資的華視（一九七一年成立），三家電視台開播，「無線三台體制」自此成立。國民黨政府以直接擁有或間接控制的股東身分掌控電視台的人事權，也透過電視節目的事先審查制度（一九八三年更改為審查節目大綱）等，奠定電視播放的「官控商營」體制。[18]

威權體制時期，國家就是以此方式對於媒體進行強力的管控；之於民營報紙，乃透過恩庇侍從的關係之形成；之於電視台，則是透過經營權的直接掌控。而大型媒體的老闆或幹部，多為與國民黨有關的外省人，[19] 他們的意志，透過媒體內部的金字塔型組織結構，大幅限制了報導與言論的方向。而藉由這樣的媒體操縱系統，此時期媒體的言論空間幾乎完全被「官方的中國民族主義」[20]所壟斷。兩大報與無線三台在此種透過政策而建構的壟斷結構下，獲得相當大的利潤。[21]

14 基於出版法及其他相關法令，以及《台灣省戒嚴時期新聞紙雜誌圖書管制辦法》（一九五〇年）、《台灣地區戒嚴時期出版物管制辦法》（一九五三年）等相關法律，對報紙、雜誌等刊物施行嚴格的言論管制。參見王天濱，《臺灣報業史》，台北：亞太圖書，二〇〇三，頁一五三～一五七。

15 林麗雲，〈變遷與挑戰：解禁後的台灣報業〉，《新聞學研究》九五，二〇〇八，頁一八三～二一二。

16 同前註，頁一八七～一八八。

17 同前註，頁一八五。

18 林怡蓉，《台湾社会における放送制度──デリベラティヴ・デモクラシーとマスメディアの規範理論の新たな地平──》（台灣社會中的播放制度：審議式民主與媒體的規範理論之新視野），京都：晃洋書房，二〇一三，頁二六～三〇。

19 各報社外省人幹部比例為：《聯合報》百分之八十二、《中國時報》百分之六十六、《自由時報》百分之二十五；而各報的政治路線與幹部的個人背景，以及國家認同之間，大致可以對應判斷。參見田習如〈台灣三大報「深層結構」大探索〉。

20 關於官方中國民族主義詳細內容，請參考若林正丈，《台湾の政治──中華民国台湾化の戦後史──》（台灣的政治：中國民國台灣化的戰後史），頁二〇～二一、二六七～二七六。

21 田野訪談，A早報前記者，二〇一三年三月二十八日；山田賢一，〈揺らぐ公共放送の『政治的中立』～台湾公共テレビの事例から～〉（搖擺的公共播送之「政治中立」：以台灣公共電視為例）《放送研究と調査》，二〇一一年六月號，頁一〇四。

(二)一九八八年以降:自由化、媒體成為政治行為的主體並走向商業化

一九八七年,戒嚴解除,之後快速的民主化與社會自由化,讓前述台灣媒體的情況起了戲劇性的變化。

報紙方面,「三限」制度於一九八八年解除,之後出現一波新報紙創刊的風潮。[22]只不過,國家管制的解除雖為業界注入新的能量,但引領一九九〇年代報業發展的,則是從威權體制時期就在銷售通路上占優勢的《聯合報》與《中國時報》,以及自一九八〇年代後半竄起的《自由時報》三大報的競爭。[23]

隨著報社成為政治行為的主體,以及商業主義的強化,這三家報社的競爭也越趨激烈。林麗雲與顧爾德指出,報社成為政治行為主體的契機,乃源於一九九〇年國民黨因總統候選人提名而引爆的內部對立;後來國民黨黨內分裂成主流派(李登輝派)與非主流派(反李登輝派),在鬥爭的過程中,各家報社從原本被動地從屬於黨國體制的行為者,進而轉為與特定政治勢力或派系合作,具有能動性的政治行為者。[24]經過一九九〇年代,三大報各自占據了不同的政治光譜,即走「國民黨非主流派、反本土化、傾向統一」路線的《聯合報》、成為「本土派」代表的《自由時報》,以及政治立場居於兩報之間、採取較關注社會問題自由立場的《中國時報》。[25]三大報政治面向之區分,除了直接反映老闆的政治立場,也具有確保忠實讀者群的市場戰略特質。

二〇〇三年，香港壹傳媒在台灣發行《蘋果日報》，開啟了台灣新聞界競爭新局。該報走大眾報紙路線，報導驚悚的社會事件、挖掘名人隱私八卦，並且打出反權力的姿態，或報導政治人物、財經人士醜聞，或對政治加以批判，這兩種路線形成了獨特的風格，讓它很快成為台灣銷售量最大的日刊報紙。下頁表十一－一即是二〇〇〇年代閱報閱讀行為之變化，以及主要報紙閱讀率之統計，由此可明顯看出《蘋果日報》的崛起。《蘋果日報》徹底的「市場取向」，被認為是其商業上成功的關鍵，而也因為如此，帶動了其他報紙更加腥羶色的報導風氣。[26]

電視界方面，在一九八〇年代後半以降，由於有線電視快速普及，完全顛覆了以往「無線

22 報社數量從一九八七年的二十八家增加至一九九〇年的兩百零六家。但其中實際有發行報紙的大概只有五十到六十家。參見王天濱，《臺灣報業史》，頁三三九、三五〇。

23 三大報在一九九〇年代為了售價，同時也為了確保讀者與廣告主，展開激烈的競爭。其中，較晚加入戰局的《自由時報》，以「台灣優先」為宗旨，並採取訂閱報紙就送贈品的戰略，成功地將銷路擴大。參見（滝澤重和，〈『報禁』解除後の台湾マスメディアの動向（上）——活字メディアの場合——〉（「報禁」解除後的台灣媒體動向（上）：以報章雜誌為例），頁二五～二七。

24 林麗雲，〈變遷與挑戰：解禁後的台灣報業〉，《新聞學研究》九五，二〇〇八，頁一八三～二一二；顧爾德，〈當媒體走出黨國巨靈的爪掌〉，《秩序繽紛的年代》，頁三三三～三五二。

25 顧爾德，〈當媒體走出黨國巨靈的爪掌〉，《秩序繽紛的年代》，頁三三九～三四〇。

26 田野訪談，A早報前記者，二〇一三年三月十五日。

表十一－一　閱報行為與各報閱讀率的變化（二〇〇〇～二〇一四）

	閱讀率		各報閱讀率			
	昨日閱讀率	每百戶報紙份數*	自由時報	蘋果日報	聯合報	中國時報
2000	59.0	46.9	23.2	—	17.9	17.6
2001	55.0	41.4	21.6	—	15.2	15.5
2002	50.8	40.4	19.1	—	13.7	15.2
2003	50.2	37.9	19.4	—	12.1	13.9
2004	49.0	35.4	17.6	11.9	12.6	11.3
2005	50.0	33.7	16.5	16.5	11.9	10.6
2006	45.8	29.5	15.6	14.9	10.5	8.8
2007	45.1	27.9	16.0	15.7	9.8	8.3
2008	43.9	24.5	16.0	16.3	8.5	7.1
2009	42.2	22.5	16.1	17.0	7.8	5.1
2010	43.0	22.0	16.9	18.1	7.4	5.8
2011	40.6	20.0	16.4	17.3	6.6	5.0
2012	39.6	18.6	15.4	16.8	6.4	5.5
2013	35.4	—	14.0	15.2	5.7	4.3
2014	33.1	—	14.1	13.5	5.5	3.8

單位：%，份

資料來源：《中華民國廣告年鑑》；數據原出處為Nielsen Media Research。

說明：「每百戶報紙份數」之數據，部分引自行政院主計總處，〈社會指標統計年報〉。

三台」的壟斷結構。第四台原為非法，但它提供了各式各樣的節目，從反國民黨色彩濃厚到娛樂性質應有盡有，很快就在厭倦無線三台的觀眾之間普及開來。一九九三年，立法院通過「有線電視法」，第四台自此獲得合法的地位。[27]

而從一九九七年左右開始，有線電視業者上下游垂直整合與壟斷現象更加顯著，少數大集團的影響力越來越大。有線電視業者包括供應節目的頻道業者，以及鋪設電纜的系統業者；其中，前者以相對較少的資金即可設立，而從目前仍有的近三百個電視頻道存在即可得知，業者間的競爭相當激烈；而後者則需要大量投資硬體，很容易被較優勢的企業加以吸收整合。自一九九七年開始，兼營節目供應的系統業者在許多地區壟斷了有線電視的市場。系統業者曾經有一度高達兩千家，但在二〇〇〇年被整合成七十三台，而其中的三分之二，都被合併到和信與力霸東森兩大集團之下。[28]

就這樣，獨占市場的有線電視業者因為握有通路優勢，對數百間的頻道業者所製作的報導或節目內容有了強大的影響力。[29]而同時，頻道業者方面也採取了在主要的新聞台頻道明確

27 對於無線電視台的限制也階段性地放寬。除了節目的事先審查制度階段性的放寬，尚有第四個無線頻道「民視」，以及「公視」，相繼於一九九七、一九九八年開播。

28 鄭陸霖，〈是誰惹毛了沉睡的貓？台灣有線電視市場場域中的權力競爭〉，《台灣產業研究》三，二〇〇〇，頁二三一～二三二。

29 山田賢一，〈中国との関係に揺らぐ台湾メディア――経済緊密化を背景に進む『親中化』――〉（搖擺

表態政治色彩的戰略，以鞏固忠實觀眾。於是，在高度的競爭下起跑的有線電視台世界，也開始發生了政治立場的分眾化以及少數業者壟斷的情況。

（三）嵌入新的影響網絡

誠如上述，一九八七年之後，台灣的媒體因為國家管制的解除以及有線電視等新媒體的出現，快速地走向自由化與多樣化，業者數也逐步增加。大眾媒體的言論空間，從長年被官方中國民族主義獨占的情況，轉變為相異的國家認同、多樣的歷史及價值觀相互激盪，充滿活力的言論空間。在此一政治民主化與本土化浪潮興起的時期，台灣的大眾傳媒其實有絕佳的機會生產與傳播作為民主社會基礎的公共財，挑起這個它本應具有的公共性使命。

圖十一－一　主要媒體廣告收入變遷趨勢（一九九六～二〇一四）

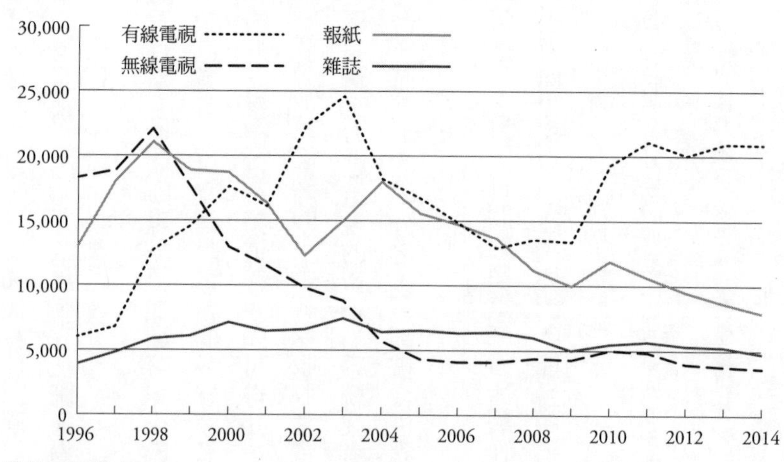

單位：百萬元

資料來源：《中華民國廣告年鑑》；數據原出處為Nielsen Media Research。

但這個時期的環境卻變成台灣媒體確保公共性極大的阻力。最根本的問題在於，由於廣告市場縮小、同業間激烈的競爭，媒體企業的經營環境因而惡化。圖十一－一揭示了各主要媒體的廣告收入變遷趨勢。即便各媒體間略有差異，但仍能看到一九九八年（報紙與無線電視）、二〇〇三年（有線電視）的高點之後，就整體趨勢而言，廣告市場漸趨縮小。尤其報紙的廣告收入，更從一九九八年兩百一十一億元的巔峰，掉到二〇一一年的一百零六億元，幾乎減少了一半。其主要原因在於一九九〇年代後期台灣經濟成長率衰退，以及網路取代了傳統媒體之故。而且從表十一－一即可知，報業在二〇〇〇年代的趨勢變化，反映了在網路發達帶動新聞免費化，讀者急遽減少的狀況。

前述的經營環境惡化，為媒體企業的專業性與自律性帶來負面的影響；對「置入性行銷」依賴度的提高就是其表徵之一。「置入性行銷」偽裝成客觀的報導，並收取等價報酬，替廣告主或其商品打廣告，這其實是一種欺騙讀者與觀眾的行為。[30]「置入性行銷」利用人們對媒體的信賴打廣告，因為有很高的宣傳效果，所以媒體企業常用一般廣告加「置入性行銷」的方

在對中關係的台灣媒體：經濟緊密化下的「親中化」），《新聞研究》七四三，二〇一三，頁六二。

30　陳炳宏，〈置入行銷下的報紙消費新聞編輯分際〉，出版年鑑編輯委員會（編），《二〇〇八出版年鑑》，二〇〇八，頁三四～三八；山田賢一，〈台湾メディアを揺るがす『ニュースを装った広告』＝『置入』～読者・視聴者を『騙す』悪弊～〉（撼動台灣媒體的「偽新聞廣告」＝「置入行銷」：「欺騙」讀者及觀眾的弊病），《放送研究と調査》，二〇一一年七月號，頁五六～六二。

式，吸引廣告主出錢買廣告。[31]從二〇〇〇年代開始，民間企業在廣告投資的比重減少，且發生付不出廣告費的問題，各媒體公司開始依賴政府委託、「包裝成報導」的政令宣導；[32]而縣市政府媒體宣傳預算的增加，也助長了這個趨勢。

於是，一九八〇年代後期才從國家管制的桎梏中解放出來的媒體，就在市場競爭的壓力下被重新嵌入由政府、廣告商編織而成的影響關係網絡中。下一節要分析的「中國影響力機制」之對台滲透，即發生於這樣的媒體歷史背景。

四、中國影響力在產業層級的滲透機制

中國對台灣媒體的影響力在二〇〇八年前後開始浮上檯面。這一年馬英九就職總統，國民黨重返執政，此後，中台關係急速改善。「兩會」重啟協商之門，短短兩年間，完成了開放中國觀光客、放寬中國資本對台投資限制、中國學生到台灣留學的解禁，與兩岸直航定期航班的啟動。中台關係就此邁入新頁，中國對台灣媒體的影響力也隨之表面化。

本節聚焦媒體企業外部的產業環境，以考察二〇〇八年以降，中國影響力滲透台灣媒體言論空間的機制。主要的分析材料是先行研究、相關文獻資料，以及筆者在二〇一三至二〇一四年間，採訪二十一位台灣媒體關係人士（包含研究者與政黨關係人士）所得的資訊。

（一）四種滲透路徑

透過相關資料與訪談，可以得知中國影響力主要透過以下四種路徑滲透進入台灣媒體產業。

第一種路徑，是透過在中國開展事業，或計畫開展事業之台灣企業家的媒體收購，進行報導與言論內容的介入。這批企業家為了在中國開展大型事業，很大程度受中國各級政府裁量權的影響；尤其對那些以中國國內市場為主要市場的企業而言，能否得到中國政府的庇護或支持，有時是攸關生死的問題。對這些企業而言，藉由收購媒體獲得在台灣社會的影響力，並握有引導媒體做出對中國友善——至少不反中——的報導或言論內容的影響力，是討中國政府歡心並贏得其對本業支援的有效戰略。[33]

31　黃國師，〈「置入性行銷」是電視媒體的甜點還是雞肋？〉，《中華傳播學刊》八，二〇〇五，頁十七～二五；林照真，〈置入性行銷．踐踏新聞公信力．誰在收買媒體？〉，《天下雜誌》三一六，頁一二七。

32　關於政府「包裝成新聞的政令宣導」，林照真的〈置入性行銷．踐踏新聞公信力．誰在收買媒體？〉及田習如的〈你看的是新聞？還是廣告？〉有詳細論析。雖然政府的置入性行銷占廣告收入的比例依媒體或組織不同而有差異，但的確有某電視台約兩成的廣告收入是來自政府單位出資的「包裝成新聞的廣告」。（田野訪談，精通台灣政治及媒體關係的政黨相關人士，二〇一三年三月二十日。）

33　因此，也有人指出，這樣的手法與其說是積極地追求利益，其實是「僱用保鑣」、「買保險」的自我保護手段。（田野訪談，A早報前記者，二〇一三年三月二十八日。）

旺旺中時的老闆蔡衍明，即因為採取了以媒體企業作為食品本業互補性資產（complementary assets）的戰略，而獲得很大的成功。一九六二年以製造罐頭起家的旺中集團，在蔡衍明的領導下，於一九八〇年代末開始仙貝、零食的生產販賣，並因此快速成長；一九九〇年代進軍中國，獲得很大的成功。該集團的總公司設在上海，二〇一二年在中國全國即已擁有一百間以上的工廠，與三百五十間左右的營業據點。[34]該集團製造米果的原料依賴中國國家糧食局管轄下的國營企業提供，[35]九成以上的銷售量也仰賴中國市場，是一個對中國依賴度相當高的企業。此外，據估計，二〇一一年旺旺集團的中國子公司接受了中國政府的補助金，其金額相當於營業利潤的百分之十一。[36]對旺旺集團而言，與中國政府維持良好關係極為重要。

蔡衍明在二〇〇八年收購了經營不善的跨媒體集團——中時集團，旗下包括《中國時報》、《工商時報》、中天電視公司、中國電視公司等。台灣的媒體研究者與相關的NGO團體指出，《中國時報》被蔡買走後，「讚揚中國的報導」遽增。[37]蔡曾在二〇〇八年十二月，與時任國台辦主任王毅會面。當時，他們之間有以下的互動。

> 會談中，首先由董事長向王毅主任簡要介紹了前不久集團收購台灣中國時報媒體集團的有關情況。董事長稱，此次收購的目的之一，是希望借助媒體的力量，來推進兩岸關係的進一步發展。
>
> （中略）

> 王毅主任認真聽取了介紹，對集團在事業上的成就甚為嘉許，並稱如果集團將來有需要，國台辦定會全力支持，不但繼續支持食品本業的壯大，對於未來兩岸電視節目的互動交流，國台辦亦願意居中協助。[38]

從這一段互動可以看出，蔡以取得台灣老字號媒體的「功勞」和對中國的忠誠，來交換中國政府對其食品本業或未來新事業的庇護與支持。蔡衍明這種「用報紙賣米果」[39]的生意手法，也有其他的企業家模仿。二〇一二年，計畫在中國進行大型投資的台塑王家、中信辜家

---

34 《日経産業新聞》，二〇一二年八月十日。

35 張殿文，《口中之心：蔡衍明兩岸旺旺崛起》，台北：遠流出版，二〇一一，頁一一三～一一四。

36 *The Economist*，April 27，2013.

37 關於蔡衍明收購《中國時報》後的狀況，請參考李嘉艾《台灣媒體生產政治中的中國因素與獨裁者邏輯：以C集團為例》。山田賢一，〈中国との関係に揺らぐ台湾メディア——経済緊密化を背景に進む『親中化』——〉（搖擺在對中關係的台灣媒體：經濟緊密化下的「親中化」），《新聞研究》七四三，二〇一三，頁六〇～六四；Chien-Jung Hsu, "China's Influence on Taiwan's Media," *Asian Survey*, 54:3, 2014, pp.515-539。

38 《旺旺月刊》八七，二〇〇八年十二月。

39 林倖妃，〈用報紙賣米果 報告主任、我們買了《中時》〉，《天下雜誌》四一六，二〇〇九年二月號，頁三五～三八。

等，企圖與旺中集團合作，向壹傳媒購買《蘋果日報》、《壹周刊》，不過最終沒有成功。[40]同樣的，有線電視台方面，也有不少媒體企業的老闆在中國開展新事業。[41]

第二種路徑，即中國各級政府在台灣進行的「置入性行銷」。如前所述，台灣之前即已相當廣泛地進行佯裝為中立報導，實際上卻是宣傳商品或政令宣導的「置入性行銷」。依據二〇一一年修訂的預算法，台灣政府已不得再進行「置入性行銷」；然而二〇一二年左右，中國的地方政府卻開始運用此手法，購買台灣報紙的新聞報導或電視新聞。

二〇一一年監察委員吳豐山在他所提出的行政改革糾正案中即指出，台灣媒體違法接受中國各級政府「收購」報紙版面的實際狀況。具體而言，就是「〇〇省特別報導」、「〇〇市特別報導」等，宣傳中國各地風土民情與文化，或觀光資訊的新聞報導；此外，包裝成採訪來台中國省長或市長的形式，特別強調地方首長的為人，或中台之間的連結等新聞報導，也有很多是中國的置入性行銷。網路新聞媒體新頭殼就曾揭露，二〇一二年三月福建省省長訪台，福建省政府與廈門市政府疑似以金錢向《中國時報》「購買新聞」的內幕。[42]張錦華、呂伊萱、邱偉淳分析了四大報對二〇一二年二月至十一月，十五個來台訪問中國省市級訪問團的報導方式。[43]其分析指出，《中國時報》和《聯合報》對中國的報導採取較友善的態度，他們的報導會強調經濟面的利益，也會宣傳首長的人格特質（謙虛、清廉、親民），或著重情感面的描述（愛台灣、鄉情親情等）。

第三種路徑，則是電視台特有的管道。近年來，台灣的電視台因為節目的買賣或共同製作，與中國省或市轄下的電視局建立了緊密的關係，在這個過程中，中國的政治意圖也漸漸滲透入台灣電視台的報導與節目。

中國因素對報紙的滲透，僅限於本來就在意識形態上接近官方中國民族主義的《中國時報》與聯合報系，《自由時報》或《蘋果日報》並不是他們鎖定的對象。但在電視業界，中國因素的影響範圍就很廣，就連親民進黨或本土派的電視台也不例外。[44]因為電視台和報紙不同，電視台可以透過外銷電視劇或和中國電視台共同製作節目的方式，打開中國市場的商機大

40 關於此收購計畫，參見Chien-Jung Hsu, "China's Influence on Taiwan's Media," *Asian Survey*；川上桃子，〈影響力の争奪戦としての『りんご日報』買収劇〉（作為影響力爭奪戰的《蘋果日報》收購案）等論文。

41 例如年代集團董事長練台生，也是正在中國展店「錢櫃ＫＴＶ」的董事長。而ＴＶＢＳ母公司（ＴＶＢ）的出資者王雪紅則是ＨＴＣ董事長，長期投入中國市場的開發。

42 據「新頭殼」的報導，一些省長訪台時，《中國時報》所刊出的系列報導，與新頭殼在事前即掌握到的資料「福建省長訪台宣傳計畫」中所指定的報導篇幅以及報導重點一致，證明中時的系列報導是拿中國的錢所進行之「包裝成新聞的廣告」。而新頭殼記者後來假裝是《中國時報》相關人士進行採訪，廈門市新聞處長的回答，也證實該新聞是《中國時報》收取中國的地方政府的錢而做出的報導。參見林朝億，「福建置入中時，陸官員：發票來了，錢就匯過去」，新頭殼，二〇一二年三月三十日，http://newtalk.tw/news/view/2012-03-30/23697，取用時間：二〇一四年十二月十日。

43 張錦華、呂伊萱、邱偉淳，〈二〇一二年「台灣四報刊載中國參訪團新聞分析」：新聞素質、操控框架以及意識形態分析〉，二〇一二年媒體觀察基金會委託研究，二〇一三。

44 Chien-Jung Hsu, "China's Influence on Taiwan's Media," *Asian Survey*, 54:3, 2014, pp.524-530.

門——至少他們是這麼認知的。此外，電視台採取「頻道家族」的經營模式，即一個事業體底下有新聞台、娛樂台、體育台等，也是很重要的原因。[45]在這種「頻道家族」的形態下，事業體常會利用新聞台宣傳自家的娛樂節目或活動；[46]簡言之，一直以來，新聞或政論節目就會因為利潤的關係而從屬於主要收入來源的戲劇和娛樂節目。這就是為什麼出售娛樂節目給中國的意圖，往往會干擾政論節目的獨立性之背景因素。

親民進黨、本土派色彩濃厚的三立電視台，關掉人氣政論節目「大話新聞」事件，即為象徵此業界狀況的實例。鍾年晃曾在書中說明整起事件的來龍去脈，提到三立電視台的招牌節目「大話新聞」，除了談論台灣的政治、社會問題，也批判性地討論中國人權與少數民族的問題。[47]另一方面，二〇〇三至二〇〇四年，三立電視台所製作的電視劇開始在中國播放且相當賣座，這使電視台開始對外銷電視劇到中國抱持高度興趣。但三立申請相關許可時，卻遲遲得不到中國有關當局的回應，在這樣的情況下，中國「暗示」三立要適當地處理一下「大話新聞」。[48]電視台向主持人提出大幅度改組計畫，主持人無法接受，於是節目就停播了。[49]值得注意的是，中國只是暗示三立電視台「大話新聞」的立場將妨礙他們進軍中國市場，就達到其目的；換言之，當中國的政治目的已嵌入台灣電視台的利害結構當中，它也就自動獲得了實現的契機。

第四種路徑，即中國政府與媒體企業直接溝通之日常化。據說中國官員與部分台灣媒體的幹部每天都會頻繁互動，內容包括敏感議題的處理方法等意見交換、對個別的台灣報紙或電視的報導「表示關心與憂心」。[50]這種人際關係的強化，也是中國影響力滲入媒體新聞處理過程之重要原因。[51]

（二）滲透機制的自我實現性

誠如以上的分析，中國的影響力主要是以媒體的私人企業特性為主要路徑，滲透台灣的報導與言論空間。

中國雖然透過買新聞或與台灣媒體接觸等直接的方式試圖影響台灣媒體，但其實很少採取

45 田野訪談，無線電視台Y新聞部幹部，二〇一三年五月二十一日；田野訪談，有線電視台X新聞台幹部，二〇一三年九月十日。
46 林照真，〈置入性行銷．踐踏新聞公信力．誰在收買媒體？〉，《天下雜誌》三一六，頁一二三～一二四，訪談第二十一號。
47 鍾年晃，《我的大話人生：「大話新聞」停播始末&我所認識的鄭弘儀》，台北：前衛，二〇一二。
48 同前註，頁七八。
49 同前註，頁三三～三六、四四～四七。
50 田野訪談，A早報及C早報前記者，二〇一三年四月六日；田野訪談，有線電視台X新聞台前記者，二〇一三年八月二十四日。
51 擔心無法至中國採訪，也是記者們自我審查的重要原因。（田野訪談，A早報前記者，二〇一三年七月十六日。）

強烈要求這類露骨的手段。事實上，對中國影響力機制而言，藉由在中國開展事業的台灣人企業家，介入其旗下的媒體報導與言論方向，或者讓那些想要把節目賣到中國的電視台自發性地去「顧慮（揣測）中國的想法」，毋寧是更有效的滲透路徑。中國和進軍中國的大企業家、電視台老闆之間的利益交換關係，使得中國的政治企圖嵌入了企業家本身的誘因結構；他們並非配合中國，而是自己成為行為主體，採取相關行動。如此一來，中國的政治企圖得以更有效率地滲透至台灣媒體的報導與言論空間。

中國各級政府透過操控進軍國內市場，挑動台灣企業的期待與不安，使其意志能更有效地滲透台灣的媒體。這些企業主被迫得顧慮中國政府的想法，換言之，當中國的政治目的被鑲嵌在企業主的利益結構，它就已經成功地影響該媒體的中國報導，在這個意義下，它便具有了自我實現的特質。而台灣媒體之所以對中國的滲透沒什麼抵抗能力，背後又涉及了上一節所描述的媒體企業本身經營基礎弱化，以及電視台經營模式特質等產業環境的因素。

五、中國影響力在組織層次的滲透機制

前一節透過產業層次的分析來論述中國影響力對台灣媒體的滲透路徑。而要理解中國影響力具體影響新聞報導或電視節目內容的過程，則必須關注各媒體組織的內部狀況。本小節從媒體組織的金字塔結構與新聞的生產過程切入，來思考中國影響力滲進台灣媒體新聞生產現場的

過程；在此，筆者關注的是台灣媒體的報導與言論現場的組織內部過程，因此，以下將把焦點置於，「對中國的顧慮」在組織內部自動擴散的經過。

（一）掌握「守門人」

綜合筆者至今進行過的訪談可以得知，在中國影響力滲透台灣每天的報紙版面或電視新聞的過程中，負有報導現場最終責任的報社總編、新聞台「經理」或「總監」等，扮演了關鍵的角色。他（她）們是篩選各記者的發稿、決定報導方向，並將資訊送到讀者與觀眾面前的「守門人」。[52]

從某大報的版面配置程序，即能理解總編如何執行「守門」的任務。早報版面製作每天需要開兩次會，第一次會議是中午過後的「採報會議」，政治、社會、經濟、國際各組會在會議裡報告當日有哪些主要新聞及其內容，總編和副總編都會出席，篩選出當日的重點新聞，並決定頭版到最後一版的內容。總編也常會指揮記者對重要新聞進行更進一步的採訪。會議結束後，記者與編輯會在各組主任／副主任（或組長／副組長）的統整下，開始製作各自負責的版

52　討論文化生產過程中「守門人」的功能的研究不少，筆者暫且先列出考察學術出版社與編輯的「守門人」功能的文獻，佐藤郁哉、芳賀学、山田真茂留合著的《本を生みだす力——学術出版の組織アイデンティティ——》（生產書本的力量：學術出版的組織認同）（東京：新曜社，二〇一一）。

面。第二次會議是在傍晚的「編前會議」，主要是追蹤「採報會議」的執行狀況，並進行必要的確認。之後一直到送印前，則是進行寫稿、選照片、版面製作等工作的協調。

從這個過程中可以發現，總編在版面製作上扮演了相當吃重的角色。他會在「採報會議」上發揮其主導性，透過與各組負責人的互動，決定每則新聞的比重、篇幅，以及報導方式。頭版標題怎麼下，即決定了該報的言論走向。在這個過程中，為了不違反老闆的利益，總編得對報導與言論進行「把關」（gatekeeping）。總編也會干涉社論的內容，雖然每一家報社召開「主筆會議」的頻率，以及總編和該會議的互動模式各有不同，但在引導社論言論走向上卻是一致的。

電視新聞的生產程序也大致相同。經理或新聞總監之下有幾個製作人，各自負責一天兩至三檔黃金時段的新聞。政治、社會、生活、地方等各組提供的新聞，哪些要重點處理、哪些帶過就好，以及報導方向的拿捏等，由各製作人決定。經理、總監每天都和黃金時段的製作人保持緊密的溝通與聯繫，他們會在新聞處理的判斷基準上取得一定共識。透過這個過程，組織內會形成共識，大家都會知道「什麼不能報」及「要用什麼角度報導」。

媒體老闆審核社論、參加主筆會議，以及在這些會議上的發言，透過這些直接管道，控制旗下媒體的言論走向。[53]然而，在每天例行的報紙版面製作中，重要的是一種更制度化的間接性控制，即老闆握有「守門人」的人事任免權，他可以藉由和他們密切的聯繫與溝通，行使其對報導及言論內容的影響力。[54]報紙的總編及新聞台的經理／總監，在每天的新聞處理中，依著老闆在事業上的利益，或與中國有生意往來的電視台之利益，來實踐他們對中國的「顧慮」。而應該顧慮到什麼程度，則會透過組織內的階層，從總編到各組的主任（組長），再從各組主任傳遞到每一位記者。

> 老闆會出席主筆會議，在會議上陳述他對一些（與中國有關的）議題的看法，聽了之後，幹部們就會知道「應該怎麼做」，聽不懂的，就只有被換掉的份。[55]
>
> 我們要當場推測老闆討厭那一種報導，並順著他的意思，只要在這個框架中進行，老闆就不會對總編定的方向說三道四，但總編正是最受老闆意志影響的人。[56]

（二）顧慮與自我審查的機制

「守門人」表現出其對中國顧慮的姿態，將沿著金字塔型組織，傳到最末梢的工作現場。各組的主管和總編每天都會有接觸，各組的記者也頻繁地與直屬上司互動，他們於是從中學習，什麼新聞對組織或老闆而言會是禁忌、某些特定的新聞應用怎樣的觀點處理等，而後再加

53 田野訪談，D早報前幹部，二〇一三年五月十日。
54 李嘉艾的論文對蔡衍明之於《中國時報》報導內容直接與間接介入之手法，有詳細的分析。
55 田野訪談，A早報及C早報前記者，二〇一三年四月六日。
56 田野訪談，A早報前記者，二〇一三年四月二十六日。

以落實於每天的新聞處理行為之中。

在以報社和電視台記者為對象的訪談中，筆者一再聽到以下的說法：記者必須快速理解哪些報導容易被退稿、哪些報導容易被要求重寫、讓自己的筆調符合公司的立場、不碰觸對中國來說是禁忌的話題，這樣的「自我審查」普遍存在我們的工作環境中。[57]公司對記者的要求是：「揣測上意，不用人家開口就知道要怎麼做的機敏」、「理解公司希望我做什麼，並具有配合公司期望撰寫報導的能力。」[58]

不按照公司的立場寫報導，交出的稿就不會被採用。常被退稿，不但會影響績效評比，也會影響升遷。所以，記者還是順應公司的立場比較好。[59]

甚且，受訪的記者們都一致指出，如果無法確知「做了什麼會違反老闆（所屬組織）的利益」，那麼為了避開可能的風險而慎重行事，就是很合理的作法。每個組織成員都揣測擁有人事任免權與審核權的上司之意，想辦法以符合組織或老闆利益的角度來寫稿，避免引起麻煩而小心翼翼行事，在這種情況下，也會加大他們對中國顧慮的向量與程度。

顧慮或自我審查的機制在媒體報導現場產生作用，以及金字塔型組織有擴大自我審查機制的趨勢，當然都不是台灣特有的問題。但台灣幾個特殊的背景因素，的確影響了編輯現場的自主性，也傷害了新聞從業人員應有的敬業精神（professionalism）。第一，企業主得以支配媒體企業的傳統從威權時期延續至今，使得新聞現場發生服從老闆意志的狀況。第二，自由化後，特別是二〇〇〇年代之後，媒體職場環境與勞動環境的惡化，造成媒體從業人員士氣低落，也侵蝕了他們的敬業精神。[60]劉昌德以一九九四和二〇〇四年的問卷調查結果，探討媒體從業人員對工作滿意度的變化。[61]其指出，這十年來「滿意現在的工作」的比例從七成降到一成，認為「可以自主地執行工作」的人也從九成降到一成。在筆者的訪談中，也有不少受訪者提到媒體企業待遇與工作環境惡化的情形。由此可知，這種外在環境的變化，的確加強了服從上司指令的程度，以及對工作的消極態度。

而台灣媒體對中國的報導，就在上述金字塔型組織的內部權力關係下，順著中國利益，變

57 田野訪談，A早報前記者，二〇一三年四月二十六日；田野訪談，台灣媒體史研究者，二〇一三年五月十八日；田野訪談，A早報前記者，二〇一三年七月十六日。

58 田野訪談，B早報前記者，二〇一三年三月二十二日；田野訪談，A早報及C早報前記者，二〇一三年四月六日。

59 田野訪談，B早報前記者，二〇一三年三月二十二日。

60 川上桃子，〈台湾メディア産業における『中国の影響力メカニズム』の背景〉（台灣媒體產業中的「中國影響力機制」背景），《アジア経済研究所海外研究員報告》，二〇一三年三月，http://www.ide.go.jp/Japanese/Publish/Download/Overseas_report/1303_kawakami.html。

61 劉昌德，〈大媒體、小記者：報禁解除後的新聞媒體勞動條件與工作者組織〉，《新聞學研究》九五，二〇〇八，頁二三九～二六八。

化至今。

六、結語

台灣是由數個擁有不同歷史認同，在對中關係上意見分歧甚至對立的集團所組成的社會，人們的國家認同不但複雜，也是流動的。一九八〇年代末，國民黨一黨獨大的威權體制急速崩解，社會邁向民主化，而之前受國家嚴厲控管的媒體也漸漸自由化。於是，台灣的媒體成為台灣內部各種不同價值觀激烈碰撞的討論空間。然而，從二〇〇八年左右開始，中國對台灣媒體的影響力快速增強。吳介民將中國崛起及跨海政商聯盟的形成，帶來侵蝕台灣民主的效應，稱為負面的「中國因素」，[62]而媒體正是最凸顯中國因素的領域之一。

本文分別從產業層次與組織層次，考察中國影響力滲透台灣媒體的過程，以及其背後的運作機制。分析結果主要可歸納為以下兩點。第一，中國對台灣媒體日益增加的影響力，這個政治現象同時也是經濟現象，是以從企業經營的角度即可理解。中國影響力經由在中國開展事業的台灣企業家收購媒體、中國各級政府向台灣媒體「購買新聞」，以及利用媒體企業想要擴大跟中國的商業往來等路徑——換言之，主要是透過媒體企業所具有的私人企業屬性——滲透報導或言論空間。

第二，本論文釐清了「中國影響力機制」所具有的自我實現性。綜合筆者針對媒體關係者與研究者的訪談，中方透過直接向媒體老闆、有生意往來的電視台提出要求這類露骨的方式，彰顯其影響力的時刻其實並不多。事實上，中國的政治目的是通過台灣方面的經濟行為者，即想討中國歡心的台灣企業家，或者不想刺激中國各級政府／電視台的台灣電視台，其「自主行為」而獲得實現。在這個具有自我發展特質的機制裡，中國政府透過進軍巨大國內市場的許可權，來行使它對台灣媒體的影響力。同理，在每個企業內部，組織成員們不想惹上司不高興、不想惹麻煩等心理，有時也會造成過度的自我審查與顧慮，讓中國新聞的報導更加偏頗。而產業層次與組織層次兩個作用機制的結合，讓中國的影響力得以滲透至台灣媒體。

針對這樣的狀態，台灣社會當然不是沒有抵抗。事實上台灣民眾不但揭露媒體中的「中國因素」，並且予以杯葛，甚至還創造出另一種共享資訊與討論的方式，這一連串的演變過程頗令人驚訝。二〇一二年以降，反媒體壟斷運動造成一股風潮，就是源於擔憂媒體所有權若過度集中在特定的大型媒體集團，傳媒公器就會變成媒體大亨的私有財產，且媒體企業與中國的利害關係也將會影響報導，而訴諸社會大眾的行動。雖然此運動的擴展有限，但卻成為促成二〇一四年「太陽花學生運動」的一個重要源流。此外，近年網路新聞媒體的興盛，也可視為人們對於既有媒體失望的表現。正如表十一－一呈現的，二〇〇〇年代以降，《聯合報》與《中國時報》的訂閱率急速下降，而這或許也是一種對兩報新聞立場的反彈。

62 詳細的討論請參見吳介民《第三種中國想像》，頁八四～八五，以及其在本書撰寫的章節。

台灣社會並非片面地被收編至中國的影響力之下，反而對這種趨勢的抵抗有越來越顯著的趨勢。隨著台灣社會對中國影響力的機制有所警覺，中國試圖經由媒體影響或引導台灣民意走向的效果將逐漸降低。

然而即便如此，中國的影響力仍持續滲透媒體報導與言論這種具高度公共性的領域的重要事實，是不可忽視的。中國的影響力機制宛如播在台灣經濟行為者利益結構中的種子一般，自然地吐出新芽、長出綠葉，自動地發揮作用。而台灣社會，或許勢必得和這個能夠自我驅動的中國影響力機制，長期地對峙下去吧。

參考書目：

川上桃子，〈反『旺中グループ』運動が問いかけるもの〉（反「旺中集團」運動所提出的問題），《アジア経済研究所海外研究員報告》，二〇一二年九月，http://www.ide.go.jp/Japanese/Publish/Download/Overseas_report/1209_kawakami.html

川上桃子，〈影響力の争奪戦としての『りんご日報』買収劇〉（作為影響力爭奪戰的《蘋果日報》收購案），《アジア経済研究所海外研究員報告》，二〇一二年十二月，http://www.ide.go.jp/Japanese/Publish/Download/Overseas_report/1212_kawakami.html

川上桃子，〈台湾メディア産業における『中国の影響力メカニズム』の背景〉（台灣媒體產業中的「中國影響力機制」背景），《アジア経済研究所海外研究員報告》，二〇一三年三月，http://www.ide.go.jp/Japanese/Publish/Download/Overseas_report/1303_kawakami.html

川上桃子，〈台湾マスメディアにおける中国の影響力の浸透メカニズム〉（中國影響力在台灣媒體的滲透機制），《日本台湾学会報》十七，二〇一五，頁九一～一〇九。

佐藤郁哉、芳賀学、山田真茂留，《本を生みだす力——学術出版の組織アイデンティティ——》（生產書本的力量：學術出版的組織認同）東京：新曜社，二〇一一。

澁澤重和，〈『報禁』解除後の台湾マスメディアの動向（上）——活字メディアの場合——〉（「報禁」解除後的台灣媒體動向（上）：以報章雜誌為例），《学苑》六九三，一九九七，頁十九～三十。

竹下俊郎，〈マス・コミュニケーション〉、〈マス・メディア〉（〈傳媒〉、〈大眾媒體〉），中島義明等（編），《心理学辞典》（心理學辭典），東京：有斐閣，一九九九，頁八〇九～八一〇。

竹下俊郎，《増補版　メディアの議題設定機能——マスコミ効果研究における理論と実証——》（增補版　媒體的議題設定機能：媒體效果研究中的理論與實證），東京：学文社，二〇〇八。

花田達朗，《公共圏という名の社会空間——公共圏、メディア、市民社会——》（所謂公共圈的社會空間：公共圈、媒體、市民社會），東京：木鐸社，一九九六。

山田賢一，〈『言論の多様性』と『公正な報道』には何が必要か～台湾旺旺集団のメディア進出をめぐって～〉（「言論的多樣性」與「公正的報導」需要什麼？以台灣旺旺集團進軍媒體為例），《放送研究と調査》，二〇〇九年九月號，頁七八～八五。

山田賢一，〈揺らぐ公共放送の『政治的中立』～台湾公共テレビの事例から～〉（搖擺的公共播送之「政治中立」：以台灣公共電視為例）《放送研究と調查》，二〇一一年六月號，頁一〇二～一一三。
山田賢一，〈台湾メディアを揺るがす『ニュースを装った広告』＝『置入』～読者．視聴者を『騙す』悪弊～〉（撼動台灣媒體的「偽新聞廣告」＝「置入行銷」：「欺騙」讀者及觀眾的弊病），《放送研究と調査》，二〇一一年七月號，頁五六～六二。
山田賢一，〈中国との関係に揺らぐ台湾メディア——経済緊密化を背景に進む『親中化』——〉（搖擺在對中關係的台灣媒體：經濟緊密化下的「親中化」），《新聞研究》七四三，二〇一三，頁六〇～六四。
李光鎬，〈韓国の放送制度にみる公共性の変化〉（從韓國的播送制度看公共性的變化），藤田弘夫（編著），《東アジアにおける公共性の変容》，東京：慶應義塾大学出版会，二〇一〇，頁一九九～二一二。
林怡蓉，《台湾社会における放送制度——デリベラティィヴ．デモクラシーとマスメディアの規範理論の新たな地平——》（台灣社會中的播放制度：審議式民主與媒體的規範理論之新視野），京都：晃洋書房，二〇一三。
若林正丈，《台湾の政治——中華民国台湾化の戦後史——》（台灣的政治：中國民國台灣化的戰後史），東京：東京大学出版会，二〇〇八。
王天濱，《臺灣報業史》，台北：亞太圖書，二〇〇三。
田習如，〈台灣三大報「深層結構」大探索〉，《財訊》二二四，二〇〇〇年十一月號，頁二三一～

二三五。
田習如，〈你看的是新聞？還是廣告？〉，《財訊》三六〇，二〇一〇十一月二十五日，頁六二～六六。
李嘉艾，《台灣媒體生產政治中的中國因素與獨裁者邏輯：以C集團為例》，國立清華大學社會學研究所碩士論文，二〇一五。
林倖妃，〈用報紙賣米果 報告主任、我們買了《中時》〉，《天下雜誌》四一六，二〇〇九年二月號，頁三五～三八。
林朝億，「福建置入中時．陸官員：發票來了，錢就匯過去」，新頭殼，二〇一二年三月三十日，http://newtalk.tw/news/view/2012-03-30/23697，取用時間：二〇一四年十二月十日。
林照真，〈置入性行銷．踐踏新聞公信力．誰在收買媒體？〉，《天下雜誌》三一六，二〇〇五年二月一日，頁一二〇～一三二。
林麗雲，〈變遷與挑戰：解禁後的台灣報業〉，《新聞學研究》九五，二〇〇八，頁一八三～二一二。
吳介民，《第三種中國想像》，台北：左岸文化，二〇一二。
吳乃德，〈狂飆的年代？一般民眾的認同趨勢，一九九二～二〇〇五〉，收錄於張茂桂、羅文輝、徐火炎（編），《台灣的社會變遷一九八五～二〇〇五：傳播與政治行為》，台北：中研院社會學研究所，二〇一三，頁九三～一二八。
陳炳宏，〈置入行銷下的報紙消費新聞編輯分際〉，出版年鑑編輯委員會（編），《二〇〇八出版年鑑》，二〇〇八，頁三四～三八。
張殿文，《口中之心：蔡衍明兩岸旺旺崛起》，台北：遠流出版，二〇一二。

張錦華（主持人）、呂伊萱、邱偉淳（研究助理），〈二〇一二年「臺灣四報刊載中國參訪團新聞分析」：新聞素質、操控框架以及意識形態分析〉，二〇一二年媒體觀察基金會委託研究，二〇一三。

張茂桂、陳俐靜，〈民眾政治「兩極化」現象初探：「中間」的變動與啟示〉，收錄於張茂桂、羅文輝、徐火炎（編），《台灣的社會變遷一九八五～二〇〇五：傳播與政治行為》，頁一七五～二四〇。

黃國師，〈「置入性行銷」是電視媒體的甜點還是雞肋？〉，《中華傳播學刊》八，二〇〇五，頁十七～二五。

劉昌德，〈大媒體、小記者：報禁解除後的新聞媒體勞動條件與工作者組織〉，《新聞學研究》九五，二〇〇八，頁二三九～二六八。

鄭陸霖，〈是誰惹毛了沉睡的貓？台灣有線電視市場場域中的權力競爭〉，《台灣產業研究》三，二〇〇〇，頁二二五～二六一。

鍾年晃，《我的大話人生：「大話新聞」停播始末&我所認識的鄭弘儀》，台北：前衛，二〇一二。

顧爾德，〈當媒體走出黨國巨靈的爪掌〉，收錄於王金壽等著，《秩序繽紛的年代》，台北：左岸文化，二〇一〇，頁三三三～三五二。

"China's Economy: Perverse Advantage." *The Economist*, April 27th, 2013. http://www.economist.com/news/finance-and-economics/21576680-new-book-lays-out-scale-chinas-industrial-subsidies-perverse-advantage，取用時間：二〇一五年一月十二日。

Hsu, Chien-Jung, "China's Influence on Taiwan's Media," *Asian Survey*, 54:3, 2014, pp.515-539.

第十二章

新聞傳播領域中的反作用力

張錦華｜台灣大學新聞學研究所教授

美國愛荷華大學傳播學博士。近年來主要研究媒改領域：反媒體壟斷運動、中國新聞置入和兩岸新聞報導研究；台灣媒體自律研究等；近五年著作有：《傳播批判理論》、《多元文化與族群傳播權》等。

一、前言：問題意識

「中國因素」表面上是一個簡明的泛稱，自國民政府遷台以來，就有各種影響台灣的形式及內涵。不過從二〇〇八年開始，這個名詞明顯浮出社會，成為一個影響台灣社會關鍵性的詞彙，其內涵也遠遠超過台海兩岸從敵對到冷戰的意義。這一年，國民黨馬英九重回執政，兩岸政商關係自前任民進黨政府的僵局中破冰且快速升溫。同時間，中國簽訂WTO成為世界市場成員，十數億人的市場對全世界都充滿著磁吸力；北京更因舉辦二〇〇八年奧運而進入國際視野焦點。而在國內外各種政治經濟條件變遷之下，兩岸關係也進入了多層次的互動。然而，與其他國際關係不同之處在於，兩岸政治上存在明顯的較量和敵對關係；另一方面，同源的語言文化及民族血脈，卻又具有強烈的召喚力。因此，就現實面來看，中國龐大的市場經濟似乎商機無限，同文同種的相似性也提供了方便性；然而中國獨裁統治和台灣自由民主社會的價值衝突、生活方式的實際差異，又夾雜著中共對台灣特有的政治意圖，交織成各種複雜和密切聯繫的多重網絡。

吳介民在二〇一二年衡量當時社會情勢，提出「中國因素」的具體定義，同時在《第三種中國想像》一書中特別強調，這是一種對台灣民主不利的作用力機制。他認為「中國因素」放在兩岸政經關係的脈絡中，是指中國政府以其龐大財政能力，給予某些台商特殊優惠（或「特別照顧」），使之成為中共代言人；或運用中資、親中台商或其他白手套組織，在台灣進行企業的收購、入股、併購，並進而影響台灣的政府決策、媒體輿論或政治秩序。[1]簡言之，這是一種具有統戰企圖的政商權貴影響力。[2]其中，傳媒場域是這個網絡內形構輿論控制的主要機制，因此「中國因素」在台灣的媒體場域中啟動了那些作用力？其內涵為何？這是本文的第一部分的討論重點。

當然，作用力不會是單方面的，如同當代後現代主義重鎮傅柯曾指出，那裡有權力，那裡就有反抗；權力與抗爭總是同時並存。很明顯的，台灣社會從二〇〇八年以來，在媒體場域方面，從反中資介入、反媒體壟斷、反中共置入新聞，反中時不再忠實，到反服貿的太陽花運動（其中與傳播有直接關聯的是開放廣告和印刷業）。一波又一波的社運，顯示台灣社會在中國因素強力的攪動下，出現更鮮明的本土自主意識和公民意識實踐。值得注意的是，這些運動的面貌和實質都已經結合著當前網路和行動媒體的科技，在傳輸互動的速度和廣納民間資訊、擴

---

1 吳介民，《第三種中國想像》，台北：左岸文化，二〇一二，頁八五～八七。Haley & Haley的新書《Subsidies to Chinese Industry: State Capitalism, Business Strategy and Trade Policy.》中就指出，中國的旺旺集團二〇一一年獲得相當於淨利百分之十一點三金額的補助，高達四千七百萬美元。可參見The Economist, 2013.04.27 Perverse advantage: a new book lays out the scale of China’s industrial subsidies, April 30, 2013 received from: http://www.economist.com/news/finance-and-economics/21576680-new-book-lays-out-scale-chinas-industrial-subsidies-perverse-advantage/print。

2 張錦華，〈從van Dijk操控論述觀點分析中國大陸省市採購團的新聞置入及報導框架：以台灣四家報紙為例〉，《中華傳播學刊》二〇，二〇一一，頁六五～九三。

散到國內外的幅度上，不但儼然和傳統大眾媒體分庭抗禮，甚至有過之而無不及。而其中更重要之處在於，新媒體的科技特質不僅表現在速度、巨量和無遠弗屆的鄰近感，更在資訊開放、成員參與、即時互動、社群分享和個人責任等溝通倫理上，表現出具培力效能的自主和民主特質。社運結束後，仍有多個網路媒體持續或新設。是何種動力促使台灣因素中的行動者發揮此種實踐力，是本文的第二部分的重點，也希望藉此提出一個觀察「中國因素」的辯證角度。

二、中國因素在台灣媒體場域——政治經濟學及統戰觀點

二〇〇〇年以來，「中國因素」對台灣媒體場域的影響，一方面須從中國的政治經濟體制，包括其大外宣戰略（其中也包含對台灣的輿論戰）來理解；也須從近年來的台灣媒體場域中的實際案例觀察。

（一）中國政經體制與侍從媒體模式

觀察中國當前的政治經濟體制，許多學者基本上同意中國施行的是一種列寧式黨國資本主義制度，而非社會主義制度。在中國強調共產黨唯一執政的威權體制下，其對社會的嚴密控制，在經濟層面則表現為黨官資三位一體，政治經濟雙元邏輯，以及權錢交易的侍從主義。[3]戴瑜慧的研究發現，中共自二〇〇二年即推出「文化走出去政策」，但因中國國營媒體本

身具有意識形態喉舌的任務，導致其海外擴張不順，陷入僵局，而二〇〇八年北京奧運聖火遭西方人權團體抗議、西方媒體攻擊等事件，促使中共積極轉向由中國私營資本家進軍海外市場，和海外資本家共同形成「侍從」結構，也就是以順從中共意識形態操控，換取經濟上的利益。表面上，中國私營資本家並非國企，因此可較為順利地以自由資本的姿態進入海外媒體產業。但是，戴瑜慧發現，這些中國私營資本家其實是在中共黨國體制的授意下，國營銀行提供銀彈支持，結合海外產業，形成「中國國營銀行－中國私營資本家－海外侍從資本家」的三角聯盟關係；透過資本利益的整合，強化自身在國際資本主義市場的地位。而中國的私營企業更可透過國際媒體併購案，迅速躍升為跨國企業，並藉由輿論管道的控制服務中國的政治立場，

3 C. A. McNally, "Capitalism in the dragon's lair." In C. A. McNally (Ed.), *China's emergent political economy: Capitalism in the dragon's lair.* New York: Routledge, 2008, pp. 228-244; S. A. Halper, *The Beijing consensus: How China's authoritarian model will dominate the twenty- First century.* New York: Basic Books, 2010; A. Y. So, "Rethinking the Chinese developmental miracle." In H. F. Hung (Ed.), *China and the transformation of global capitalism.* Baltimore, MD: Johns Hopkins University Press, 2009, pp. 50-64; M. Pei, *China's trapped transition: The limits of developmental autocracy.* Cambridge, MA: Harvard University Press, 2006; B. J. Dickson, *Wealth into power: The communist party's embrace of China's private sector.* Cambridge, UK: Cambridge University Press, 2008；引自戴瑜慧，〈中共「文化走出去」政策的新推手：中國私營資本家與海外媒體收購〉，《中華傳播學刊》二四，二〇一三，頁三～四一；吳介民，〈以商業模式做統戰：跨海峽政商關係中的政治代理機制〉，收錄於李宗榮、林宗弘（編），《翻轉經濟：新世紀台灣的經濟社會學》，審查中，二〇一七。

再藉此尋租，獲得各項優惠政策以擴展其在中國的市場利益。[4] 跨國資本家的結盟，也促使本地產業勢力更添政治經濟影響力的籌碼。[5]

上述這個具有黨官資連鎖效應的中國外宣模式，是一個明顯的「恩庇-侍從」結構，[6] 媒體的併購或控制是為了達成中共外宣目的，而不僅是商業的目的，不能單從企業經營理解。以下則將梳理中國對國際「大外宣」的戰略脈絡。

(二)「大外宣」策略

中國對海外媒體的宣傳或滲透始於一九九〇年代中後期，中國政府開始耗費巨大精力介入海外的中文媒體，其主要做法包括：投資控股、安插人員，或給予媒體在中國的商業利益等，不少中文媒體的中國議題報導越來越接近中國媒體的官式語言，與西方主流媒體價值差異越來越大。[7]

自二〇〇〇年開始，北京的策略更成熟複雜，外宣工作逐漸成為中國政府工作的重點。二〇〇八年，中國奧運火炬在傳遞過程中遭遇各國抗議，尤其是來自國際社會對西藏的同情以及對中國人權狀況的指責，讓中國顏面盡失。中國政府於是認為「中國的聲音和文化影響在國際上沒有相應的地位」，應該要大筆投資將外宣工作提升到「一個系統性、戰略性的層面」，以成功「奪取話語權、改善國家形象」[8]。此後，中國對外宣傳開始大幅擴張。

大外宣的作法除了擴大中國原有黨營媒體的海外業務，如建立新媒體、增設辦事處、吸納外語人才等，[9]還可以分為兩類，一類是針對華文媒體，另一類是針對西方媒體。[10]針對華文媒體，中國的做法包括為世界華文媒體從業者提供交流平台、定期舉辦世界華文傳媒論壇與各

---

4 戴文提供諸多案例，如自二〇〇九年起，中國私營企業收購包括英國普羅派樂電視台、美國天下衛視、美國國際衛視、美第二大連鎖電影院集團AMC Theater、美國特效公司數位王國，與印度地產開發業結合並攜手搶進全球的電影放映產業等。參見戴瑜慧，〈中共「文化走出去」政策的新推手：中國私營資本家與海外媒體收購〉，《中華傳播學刊》二四，二〇一三，頁二五。

5 參見戴瑜慧，〈中共「文化走出去」政策的新推手：中國私營資本家與海外媒體收購〉，《中華傳播學刊》二四，頁二〇。例如中國富豪王健林和印度首富Ambani在AMC收購案後結為戰略夥伴。跨國資本家的彼此結盟可使其在本地的勢力更添穩固，對外擴張則如虎添翼。

6 吳介民，〈以商業模式做統戰：跨海峽政商關係中的政治代理機制〉，收錄於李宗榮、林宗弘（編），《翻轉經濟：新世紀台灣的經濟社會學》。

7 何清漣，「世界華文媒體的政治版圖」，二〇一一年二月十七日，http://www.danke4china.net/Article/news_view.asp?newsid=1435。

8 〈中國全面啟動國家公關，改善中國國際形象〉，《國際先驅導報》，二〇〇九年二月三日，參考網址：http://news.qq.com/a/20090203/000783.htm。引自何清漣，「中國「大外宣」的「本土化」戰略」，中國人權，二〇一〇，http://www.hrichina.org/cn/crf/article/3667，取用時間：二〇一一年九月二十四日。

9 熊敏，〈新華社出海「踩油門」〉，《二十一世紀經濟報導》，二〇一〇年八月十七日，參考網址：http://finance.eastmoney.com/news/1355,2010081790350313.html。引自何清漣，「中國「大外宣」的「本土化」戰略」。

10 何清漣，「世界華文媒體的政治版圖」，二〇一一年二月十七日，http://www.danke4china.net/Article/news_view.asp?newsid=1435。

種研修班等，建立其統戰接觸管道和代理人的連結。[11]針對西方媒體方面，由於二〇〇八年美國發生金融危機，加上西方印刷媒體普遍面臨網路競爭及成本上漲而來的生存壓力，部分主流報刊甚至陸續停刊，中共於是決定從二〇〇九年開始，集合財力、物力和人力，把目標瞄準西方主流媒體，隨時以注入資金、收購的方式，滲透西方主流媒體，提升中共政權在國際上的地位。[12]其目的為建立「全方位、寬領域、多層次的」外宣計畫，中南海並決議建設覆蓋全球的國際媒體，投入四百五十億人民幣以提升中央電視台、人民日報和新華社的海外宣傳實力。[13]

於是，中國官方聲音開始大幅輸出，習近平掌權後顯然也繼續深化此一政策，二〇一五年即有報導指出，路透社調查發現，「在全球四大洲十四個國家發現了至少三十三座廣播電台已經落入中共之手，且全部由中共廣電總局旗下的中國國際廣播電台（CRI）控股」，其中包括美國首都華盛頓DC的WCRW電台。[14]

（三）對台輿論戰

胡錦濤於二〇〇二和二〇〇三年分別就任中國共產黨總書記及中國國家主席，除了大力推動大外宣，亦延續江澤民主政時代以來的對台政策，強調政治上要「聽其言，觀其行」，並做好「軟硬兩手」準備；經濟上要力促三通及經濟交流、打破李登輝時代以來的戒急用忍政策，採取「以商圍政」的策略；並且，要求「軟的更軟、硬的更硬」，俾主動因應台灣變局。[15]

而胡上任以來，較重大的兩岸變革，首先是他在二〇〇五年通過《反分裂國家法》，這是第一部針對台灣海峽兩岸關係的法律，主要目的是明確提出了中華人民共和國在三種情況下可使用「非和平」方式達到國家統一；但同時亦鼓勵兩岸繼續交流合作。當時我國外交部即發表新聞稿嚴斥此舉是「藐視台灣主權、片面改變現狀、升高兩岸緊張、引起台海危機」之行為。[16] 由此可見，《反分裂國家法》被視為甚具威脅性的「硬」性法律戰。而與此同時，胡錦濤接著提出《新形勢下兩岸關係的四點意見》（又稱胡四點），公布其「軟硬兼施」的對台政策是：堅持一個中國原則絕不動搖；爭取「和平統一」的努力絕不放棄；貫徹「寄望於台灣人民」的方針絕不改變；反對「台獨」絕不妥協。亦即是在「一個中國」和「反獨促統」的原則

11 吳介民在〈以商業模式做統戰：跨海峽政商關係中的政治代理機制〉中，對中共藉由舉辦「論壇」等方式進行統戰，有詳細分析。

12 博訊網，二〇〇九年一月二十八日。轉引自〈北京計畫砸銀子，滲透西方媒體〉，《自由時報》，二〇〇九年，二月一日，http://www.libertytimes.com.tw/2009/new/feb/1/today-fo5.htm。

13 亓樂義，〈《環時》英文版創刊，計畫在美發行〉，《中國時報》，二〇〇九年四月二十一日。

14 葉子，〈美媒：中共驚天計畫被曝光〉，《大紀元》，二〇一五年十一月四日，http://www.epochtimes.com.tw/n146640/美媒-中共驚天計劃被曝光.html，取用日期：二〇一六年九月十八日。

15 杜聖聰，《兩岸真相密碼：中共對台宣傳的政策、作為與途徑》，台北：秀威資訊，二〇〇八，頁九四。

16 「中華民國（台灣）對中國制定「反分裂國家法」之立場」，中華民國外交部，http://www.mofa.gov.tw/Mobile/News_Content.aspx?s=B902EB2E0B950AFD。

上，強調「寄希望於台灣人民」。[17]

實際的交流也隨即展開，二〇〇五年三月才公布《反分裂國家法》，四月中國大陸便展開所謂「黨對黨」的交流，國民黨前主席連戰受邀訪問大陸，並發表「連胡會」，強調反對台獨、加強進行經濟合作及黨對黨的交流。曾長期任職兩岸新聞工作的學者杜聖聰，在其二〇〇八年的著作《兩岸真相密碼》中指出，這種做法並不僅限於兩黨交流，而是實質上涉及政府權責的活動，包括各地農產品的購買，舉辦「兩岸農業合作論壇」，進行農業團體交流，並透過媒體釋放中國對台農業關注及利多消息，形成「以商逼政」的明顯效應。[18]

值得注意的是，中共採取的是兩面手法，一方面營造兩岸經濟合作大好的宣傳氛圍，另方面也設定「反獨促統」的紅線，不斷施壓。例如，知名台商許文龍在民進黨發動《反分裂法》大遊行前夕，發表文章「退休聲明」指「搞台獨只會把台灣引向戰爭，把人民拖向災難」、在大陸投資就是「不搞台獨」，其全力支持該法的姿態即為顯例。[19]

對中共而言，除了宣傳之外，與台灣經濟交流的主要目的其實也在於招商。前述杜聖聰的書中透露，中國大陸各地台辦為爭取招商效益，已開始採用「置入性行銷」方式購買台灣新聞，其價碼為每則電視新聞十萬元人民幣，每則至少於二十四小時、播出五次為準；其內容不涉政治，只談「招商引資」或「風土民情」，這種「有償新聞」已為數不少。杜聖聰形容兩岸新聞交流在沒有法規限制下，早已是「無政府狀態」。[20]另根據《財訊》的報導，二〇〇八年全球金融海嘯，媒體財務吃緊，中共國台辦就提供數百萬元人民幣，分別向中時和聯合兩報購買「魅力城市」系列報導，宣傳中國的大小城市及各地開發區。[21]

中共對台宣傳在台灣二〇〇八年政黨輪替、國民黨執政後有了更深化的局勢，除了簽訂ECFA外，陸客來台觀光、陸生來台就讀以及中國省市採購團來台大量採購等，均似營造了兩岸交流互惠的「榮景」形勢；尤其是從二〇〇九年六月至二〇一一年初，已有近百個中國省市採購團來台，走訪及連結各級利益相關團體，宣稱簽署了近兩百億美元採購意向書。[22]在媒體宣傳上更是凸顯所謂「寄希望於台灣人民」的「讓利」政策。但前面已指出，監察院調查發現，中國大陸採購團的新聞涉及置入現象，不但直接是一種中共對台宣傳，也對我國新聞專業造成衝擊，並影響我國的民主制度和國家安全。[23]傳播學界也表達嚴重的抗議，[24]在二〇一三年

17　杜聖聰，《兩岸真相密碼：中共對台宣傳的政策、作為與途徑》，台北：秀威資訊，二〇〇八，頁一六〇。

18　同前註，頁一八〇～一八一。詳細過程可參見焦鈞，《水果政治學：兩岸農業交流十年回顧與展望》，高雄：巨流，二〇一五。

19　蘇永耀，二〇〇五年，版二；引自杜聖聰，《兩岸真相密碼：中共對台宣傳的政策、作為與途徑》，頁一八二。

20　杜聖聰，《兩岸真相密碼：中共對台宣傳的政策、作為與途徑》，頁二四三。

21　田習如，〈中國大陸政府置入臺灣媒體，食髓知味〉，《財訊》，二〇一〇年十一月十九日，頁六四。

22　高嘉和，〈中國大陸採購團灌很大／採購變傾銷，我出口反降〉，《自由時報》，A三版，二〇一一年五月十九日。

23　參見監察院糾正函：http://www.cy.gov.tw/sp.asp?xdURL=./di/RSS/detail.asp&ctNode=871&mp=1&no=1893。

反媒體壟斷運動後期，大幅置入採購團新聞現象在表面上終於停止，但其如何以其他較隱晦的方式持續進行，則仍需持續觀察。

二〇一五年民進黨政府在「反中國因素」的強烈氛圍下取得勝選，中國則以「九二共識」底線不斷要求總統蔡英文表態，並陸續放緩或停止部分兩岸交流互動活動，顯然仍是「以商逼政」的政治經濟壓力模式。

（四）「中國因素」與台灣媒體相關研究

近十年來，研究台灣媒體如何報導中國者並不多，僅有如針對《反分裂國家法》[25]、中國大陸的貪腐與維權事件[26]、北京奧運[27]、台灣《旺報》的「盛世中國」報導[28]等少數幾篇。基本上，台灣媒體各有批判或肯定立場，但客觀深入的報導仍嫌不足；深入探究其原因者，如陳愷璜則在《兩岸新聞採訪交流之研究》中，引述香港學者錢鋼說明，中國大陸輿論限制的尺度，對於不利中共中央的形象，多所管制；[29]其研究訪談兩岸駐點記者發現，台灣駐點大陸記者在報導中國議題時，如涉及中國政府負面形象的新聞，則有可能被約談；而中國官方安排的官方活動，如果不去採訪，還「需要請假」。[30]杜聖聰也指出，台灣記者除了顧及中國限制外，也在自由市場機制下，多報導軟性新聞，以「趨吉避凶」、增加收視率。[31]

較系統而整體的討論二〇〇〇年來以來中共對台的宣傳研究，主要有前面提到的杜聖聰，他的博士論文研究出版為《真相密碼：中共對台宣傳的政策、作為與途徑》，其中指出胡錦濤對台宣傳策略靈活且軟硬兼施，一方面公布《反分裂國家法》，「以法遏獨」；在圈定對台政策「紅線」之後，使得「一個中國」原則、「聯美制台」、「反獨促統」、「寄希望於台灣人民」的宣傳策略更加深入犀利。

陳祈廷在二〇一〇完成的碩士論文《中共對台宣傳策略之研究：以兩岸經濟合作架構協議為例》，主要發現與杜聖聰的研究結果大致相若，他認為中共對台宣傳《兩岸經濟合作架構協

---

24 「傳播學界給旺旺中時集團的嚴正呼籲」，苦勞網，二〇〇九年六月十五日，http://www.coolloud.org.tw/node/41758，取用時間：二〇一六年九月十五日。

25 曹宇帆，《中共對台宣傳與台灣媒體報導「反分裂國家法」之傳播研究》，國立台灣藝術大學應用媒體藝術研究所碩士論文，二〇〇五。

26 張錦華，〈萬山不許一溪奔〉，收錄於何清漣，《霧鎖中國：中國大陸控制媒體策略大揭密》推薦序，台北：黎明文化，二〇〇六。

27 張筱涵，《二〇〇八年北京奧運期間兩岸報紙呈現中國國家形象之研究：以自由時報、人民日報為例》，天主教輔仁大學大眾傳播學研究所碩士論文，二〇〇九。

28 羅世宏，〈中國大陸的形象．台灣製造：初探「盛世中國」的媒體建構，以台灣《旺報》為例〉，「中華傳播學會年會」論文，二〇一〇。

29 陳愷璜，《兩岸新聞採訪交流之研究（一九八七～二〇〇九）：從駐點記者角度看兩岸新聞交流》，淡江大學中國大陸研究所碩士論文，二〇一一。

30 同前註，頁一〇九。

31 杜聖聰，《兩岸真相密碼：中共對台宣傳的政策、作為與途徑》，頁二四四。

議》的具體策略即是在體現「一個中國」的原則框架下「以經促統」，並積極運用「寄希望於台灣人民、寄希望於台商」的宣傳作法，掌握議題設定權。認為中共對台宣傳隨著兩岸緊密交流只會不斷深化，我國有必要密切觀察研究，以進一步掌握中共對台的宣傳策略，有所主動因應。

二〇一〇年之後的論文開始探討「中國因素」的影響。楊琇晶在二〇一四年的論文，對比中共對港、台媒體操控方式，指出包括「半公開的新聞置入宣傳、中國節目變相落地與收買名嘴，以及兩岸媒體交流高峰會等。該研究也發現，即使是「以台灣為市場的親綠媒體，言論也開始迴避中共敏感議題，原因是北京刻意以開放市場為誘因，換取去除反共或台獨敏感言論。加上兩岸媒體交流尚有許多制度與法制上漏洞，為了獲取更大利益，台灣媒體也開始頻繁出現尋租行為（rent-seeking）」，這種「以商逼政」的策略，付出的成本就是台灣媒體「第四權監督權責與國家利益」。[32]

李嘉艾的論文《台灣媒體生產政治中的中國因素與獨裁者邏輯：以C集團為例》（二〇一五）更具體探討台灣傳統報紙被來自具中國因素的集團收購後，新聞內容產製如何受到影響。該研究發現被收購的媒體言論已明顯向中國靠攏；新聞專業也遭到報社所有權人的涉己利益介入，新聞淪為置入的對象；從二〇〇八年至二〇一三年，該報的中國人權新聞數量不斷下降。這個過程被稱之為源自威權資本主義中國和台灣資本家組成的「權力／資本聯盟」，剝削台灣新聞的過程。但是身處其中的新聞工作者仍會依據其所在位置和資源，來選擇各種複雜的行動，去競爭、捍衛、抵制、應和或迴避，以協商來自中國因素／資本家控制的直接或間接的壓力，並展現某個限度內的自主權力。該研究認為這種反抗力量雖然仍受限於權力／資本結構的掌控，但其持續累積的動能將會是台灣社會未來的運動力量的基墊。而下一節即將從兩岸脈絡中，討論此論文所分析的C集團案例，並藉此延伸說明台灣社會的反抗因素。

（五）旺中集團併購的中國因素

本節將檢視具中資背景的媒體併購案，其政經脈絡和整體過程。延伸中國的大外宣戰略和對台輿論戰背景，即可理解二〇〇八年以來，台商展開的台灣媒體併購風波。在中國整個大外宣和對台輿論戰的情勢下，權錢交易的侍從主義成為背後支撐的主要因素。吳介民即指出，具有跨中國和台灣兩地資本的企業，源於中國政府對台灣的政治意圖，部分台商成為中國政府的「政治代理人」，在台建構「在地協力機制」，直接或間接地協助中國政府的對台目的。[33]而從前面中共對台輿論戰略的分析中可知，其主要目標為「反獨促統」、「軟硬兼施」，甚至

32 楊琇晶，《台灣媒體的中國因素：香港經驗參照》，台灣大學國家發展研究所碩士論文，二〇一四。

33 吳介民，〈以商業模式做統戰：跨海峽政商關係中的政治代理機制〉，《翻轉經濟：新世紀台灣的經濟社會學》。

「軟的更軟、硬的更硬」，可略窺數度登上兩岸首富、其中百分之九十以上營收均來自大陸市場的旺中集團，近年來回台併購媒體的行動：包括二〇〇八年併購三中集團（中視、中天以及《中國時報》）、二〇一一年擬併購中嘉有線電視集團、二〇一二年擬併購壹傳媒集團等。但也因此，具有中國因素的資本高調進入台灣自由多元媒體場域後，竟激盪出前所未見的「台灣因素」抗拒力量。此處先簡要說明旺中集團的併購過程。

二〇〇八年以中國大陸市場為主的旺旺集團總裁蔡衍明，超乎市場法則的預測，突然以兩百零四億天價買下三中集團，打破原來壹傳媒集團（以反共言論著稱）擬以一半不到的價格企圖併購三中集團的規畫。旺中集團一躍而成台灣最大的媒體集團，各界輿論對於此一併購案因而議論紛紛。緊接著，該集團又在二〇一一年進軍有線電視集團，以蔡衍明之子蔡紹中擔任董事長為名的旺中寬頻公司，聯手東森集團再度祭出併購案，出價七百六十億台幣（實際投資金額恐已達八百億），為亞洲近六年來最高金額的併購案，向NCC申請併購中嘉集團下的十一家有線系統台，由於其多數為台灣北部的系統台，因此幾乎是所有重要的電視頻道上架平台；收視戶涵蓋全台灣近百分之三十，如果併購完成，旺中集團將成為國內最大的媒體集團，平台影響力也將及於絕大多數電視頻道。由於其潛在影響力龐大，以及旺中集團表現的親中言論、缺乏容忍異議的作法、置入新聞破壞專業的行徑等等，引起台灣學界和民間公民團體的高度質疑和抗議行動。[34]

二〇一二年十一月，在民間高漲的反抗聲中，蔡緊接著又結合其他跨海峽財團（台塑集團和中信金集團等），集資高達一百七十五億，另再申請併購「反共」色彩較明顯的「壹傳媒」集團，包括《壹週刊》、壹電視，和當時市占率高達百分之四十的《蘋果日報》，因而激起了更大一波學生和公民團體的強烈反抗，導致這兩個併購案最後均未能成功。由此可見，在「中國因素」步步進逼的作用力下，台灣在地的反作用力值得深入分析。

（六）服貿協議中的中國因素

然而，緊接著是二〇一四年《兩岸服務貿易協議》即將在立法院通過，不料卻遭到太陽花運動的大規模抗議，表面原因是抗議審查過程的黑箱作業、缺乏民主監督機制；但背後的動力實為中國因素可能藉著兩岸服貿協議的實施，對台灣自由民主環境產生重大衝擊。[35]該協議中，我國將開放六十四類服務業、一千多項行業，但絕大多數相關產業在事前未受到諮詢，甚至國會的所有朝野立委均不知情，最後在立法院試圖闖關通過，因而在一夜之間激起學運的千尺浪頭。當時的國策顧問，也是台灣出版界龍頭之一的郝明義先生直指馬政府：「完全把國

34　參見張錦華，〈比較美國二〇〇三年反鬆綁媒改運動和台灣二〇一二年反媒體壟斷運動的異同〉，《傳播研究與實踐》三（二），二〇一三，頁一～三七；李嘉艾，《台灣媒體生產政治中的中國因素與獨裁者邏輯：以C集團為例》，國立清華大學社會學研究所碩士論文，二〇一五。

35　參見程晏鈴，《你甘有聽到咱唱歌：海峽兩岸服貿協議批判政治論述分析》，台灣大學新聞研究所碩士論文，二〇一四。

會矇在鼓裡，從在野黨的立委到執政黨的立委到執政黨的立法院院長都事先不做任何透露和討論，這完全破壞了民主社會的價值和理念，破壞了民選政府的程序正義。」[36]

本文僅簡介服貿協議中與媒體直接相關項目，而以印刷業為例，即可看出其中潛在的「中國因素」影響。協議表面雖然宣稱「對等」開放，但我國體制民主開放，是民間自由競爭的型態，中共採嚴控體制，中國的印刷業、出版業、印刷媒體及廣電媒體，全部同屬於中華人民共和國「新聞出版廣電總局」監管。而目前它所規管的項目，其實不僅報紙、廣電、出版、印刷，還包括互聯網出版和手機等。主要是因為對中共而言，無論是那一種媒介平台，包括印刷出版，只要涉及資訊文化內容及其傳輸，都必須確保意識形態控制。而該局的職責，即明列承辦「黨中央和國務院」的交辦事項，也就是前面指出的中共列寧式黨國體制的控制結構。

因此，兩岸「對等」開放印刷就遭到嚴厲的批評，中國可在台灣自由印刷出版任何書刊媒體，甚至大量提供低價出版品，掌控市場後，即可進而封鎖或排擠異議內容，威脅台灣言論自由和多元的環境。但台商在中國則必須服膺其嚴密的管控機制，不但難以在資本規模上和中國的「國企」競爭，還要申請各種「准印証」，仍然寸步難行。即使中國大陸在協議中「承諾」給予台商「綠色通道」的便利，但在中共現有的獨裁體制下，近年來不斷傳出抓捕異議人士、維權律師、族群宗教人士、法輪功學員，連諾貝爾和平獎得主都還關在大牢裡；其法律程序正義受到嚴重質疑，「綠色通道」之說，難以取信於人。出版界重量級人士郝明義因此大聲疾呼，這份服貿協議若通過，台灣文化出版界首先就要面臨「浩劫」。業界也警告：「台灣的出版品通路很可能被陸資控制，五至十年內大部分出版社都會不見……」[37]

廣告業開放問題與印刷業相似。比較雙方廣告市場，同樣可發現，僅僅中共央視集團二〇一三年的廣告金額即高達七百億台幣以上，大幅超過當年台灣五大媒體全年的廣告量總合（不到四百六十億台幣）。在黨官資三位一體的結構下，台灣媒體即使獲得大量中國大陸的廣告挹注，但藉由廣告控制媒體言論及排除異己的現象恐將愈演愈烈。[38]香港即是顯例，中方藉由介入媒體所有權和中資廣告，影響言論立場和新聞編採，甚至還出現各種暴力及駭客致擊，導致其近年來言論自由不斷下滑，香港《言論自由年報》每年均記載警示，也早已是中外皆知的事實。二〇一六無國界記者組織全球新聞自由度排名，香港再度滑落至歷年新低，僅排在六十九

36　郝明義，「郝明義辭國策顧問公開信：總統不能罔顧國家安全，破壞民主程序，錯亂政府體制」，獨立評論@天下，二〇一三年七月三十一日，http://opinion.cw.com.tw/blog/profile/88/article/511，取用時間：二〇一六年九月四日。

37　「《兩岸服貿協議》對台灣出版及閱讀生態的影響：調查採訪及公聽會綜合報告」二〇一四年二月五日，savetaiwanreading.com，取用時間：二〇一四年二月五日。

38　傳播學界發起的連署，當時獲得近一千兩百位的支持。參見《【連署】傳播界反對服貿協議開放廣告服務業及印刷業以維護我國自由民主及言論多元》，台灣連署資源運籌平台，，http://campaign.tw-npo.org/sign.php?id=20140407214521，取用時間：二〇一六年九月二十八日。

位，其主要原因正是中國企業收購頻傳，其影響令人擔憂。[39]

中國因素對於傳播自由的嚴重威脅，是構成太陽花運動的重要因素之一，該運動在經過數十萬民眾參與，二十四天占領立法院的行動，終於暫停了兩岸服貿協議的簽署，其中台灣因素扮演的角色，也再度成為改變台灣的關鍵。

＊＊＊

以上所討論的中國因素，無論是旺中案的跨兩岸台商併購媒體、編採控制、排除異己、服貿協議中的廣告或印刷出版對媒體生態的衝擊等，均源自中共黨國一體的控制體系，以及中共的大外宣和對台統戰的基本戰略，其內涵可以圖十二-一說明之。

圖十二－一　大外宣及對台輿論戰

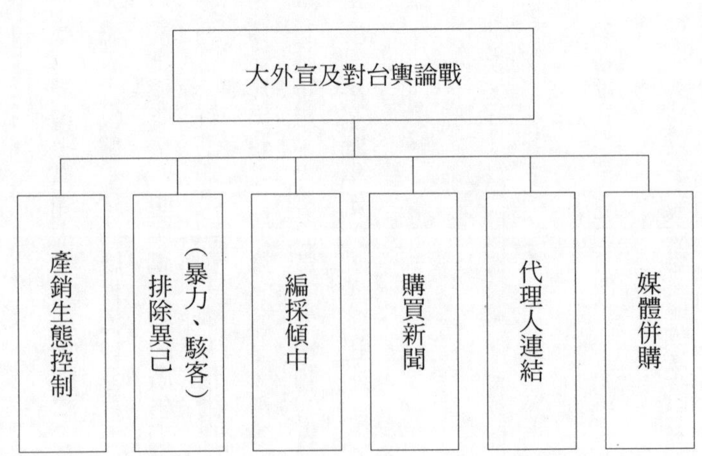

三、台灣因素的協商角力：改變台灣「歷史質」

由上一節的討論可知，自二〇〇八年以降，媒體場域中的「中國因素」明顯可見，也因此催生了風起雲湧的「反作用力」。但如果僅分析「中國因素」，不足以了解台灣近年來面對「中國因素」的整體面貌。從二〇一一年開始的反媒體壟斷運動，到二〇一四年展開的反服貿運動，台灣民間力量的集結確實成功地改變了國民黨政府主導下，中國因素進入台灣媒體原有的快速節奏和旺盛企圖。明顯的例子即是旺中集團併購中嘉有線電視系統破局，旺中結合其他財團企圖併購壹傳媒集團的計畫也已宣告失敗。反服貿運動停止了兩岸原本即將簽訂的上千項的服務行業開放，台灣的印刷出版業與廣告業及相關媒體環境，至今大體上沒有太大變動。二〇一五年底的選舉結果，當時支持反中國因素的民進黨一夕之間取得立法院和縣市首長多數席次，可以說反中國的抗力已從價值觀和制度組織上改變了台灣的特質。不過這並不是說，台灣因素已成功地解構了中國因素，事實上，中國因素仍以各種方式直接或間接地發揮影響力。本

39　鄭秋玲，〈港新聞自由全球排六十九位。無國界記者：內地企業收購港媒感不安〉，香港〇一，二〇一六年四月二十六日，http://www.hk01.com/港聞/18317/港新聞自由全球排69位－無國界記者-內地企業收購港媒感不安，取用時間：二〇一六年十月六日。

文僅是企圖描繪在傳播場域中，台灣因素的表現及意義。

首先，相對於「中國因素」，本文將「台灣因素」界定為：以維護台灣自由及民主環境為目的，民間自發動員的公民意識覺醒和公民運動實踐；其超越政黨及既有政治框架，並透過新媒體傳輸科技，發揮零時差以及無遠弗屆的協力互動。這個定義排除了以政府和政黨為主的作為，主要強調公民團體自主展開，目的在對抗來自政治或經濟場域壓制型權力為主的活動。這個定義和法國知名社會運動學者杜漢（Alain Touraine）所指出，當代的社會性運動和行動者主體特質相同。他認為當代社會的危機是面臨全球化的浪潮、金錢、消費、科技理性和集體主義等強權的利益建構，並威脅到主體的自由選擇、獨特性和社會的民主機制；因此，「主體」是在追尋自主權的抗爭中浮現，它不同於傳統上依據既有政治或社群集體的意識形態界定下的主體，也不是後現代消費社會建構的物化個體。[40]

與全球許多抗爭運動類似，台灣近年來浮現的主體特質，早在二〇〇〇年即隨著新媒體科技的逐步發展，開始在各項公民運動中累積，[41]但在太陽花運動中的能量和幅度則超過當時多數人的預期。例如，就在二〇一四年三月反服貿運動爆發前夕，美國知名雜誌《國家利益》（*National Interest*）發表了名為〈向台灣說再見〉一文，該文指出在中國崛起的強大經濟壓力和美國弱化的國際局勢之下，曾經充滿活力的民主台灣將「無可避免」地遭到中國巨大的「經濟」力量吞噬，即便這不是「武力」攻擊。[42]然而，這篇文章才刊出沒幾天，台灣就爆發了「太陽花學運」[43]：數百名學生和社運人士占領了立法院、數千名公民占領了周邊道路，該月底，五十萬人走上街頭，提出「退回服貿、兩岸協議監督機制法制化」等訴求。網路／社群媒體第一時間將訊息傳遍國內外媒體，占領運動二十一天後，竟然終於成功地阻止（至少延緩）了當時即將生效的兩岸服務貿易協議。

在新媒體上活躍的台灣公民，也展現了在短時間集結數十萬人走上街頭的意志，確實成就了另人驚異的「台灣因素」——超越黨派動員、民間自主自覺、協力有序地完成一項撼動台灣結構的運動。而香港也在同年九月爆發大規模的「公民抗命」，大量抗議者為阻擋警方凶猛的辣椒噴霧，紛紛撐起雨傘，因而被媒體稱為「雨傘革命」。據民調統計，該運動高峰期間，每

40 A. Touraine, *Can we live together?: Equality and difference*. Cambridge: Polity Press, 2000.

41 陳順孝，〈網路公民行動的集體演化：從搶救樂生院、野草莓運動到太陽花運動〉，《我是公民也是媒體：太陽花與新媒體實踐》，頁五八～八一。

42 J.J. Mearsheimer, "Say Goodbye to Taiwan." *The National Interest*. 2014, March-April, Retrieved from http://nationalinterest.org/article/say-goodbye-taiwan-9931.

43 二〇一四年三月十八日至四月十日發生的「太陽花學運」，主要由學生發起，占領立法院及周邊道路二十四天，抗議國會通過兩岸服貿協議的程序不正義以及民主代議體制失靈。該運動雖以學生為核心，但結盟眾多社運團體、學者、律師、醫師等社會各階層力量，提出「退回服貿協議、兩岸協議監督機制法制化、召開公民憲政會議、朝野承諾先立法再審查」等四大訴求，與馬政府隔空喊話，終於在立法院長作出承諾後退場。由於民間送來太陽花分送抗議民眾，且主要發起者為學生，媒體於是稱其為「太陽花」學運，參與者其實包括許多民間社團和各階層人士，稱反服貿社會運動或更與實質意涵接近。

晚「占領」街頭的公民超過二十萬人。雖然在中國強大的影響力下，抗議民眾力撐八十天後終被強勢港警驅散，但其所表現出超乎預期的公民自主力量、要求民主的訴求，以及運動過程中運用新媒體科技達成的資訊傳播和連結協力的效能，國內外評論者均認為是台灣三一八學運的共鳴延伸和實質的平台技術輸出。[44]

這股「台灣因素」力量，似乎也主導了二〇一四年底的台灣九合一大選結果：大量年輕世代主動返鄉投票，竟讓執政的國民黨遭到史無前例、超乎預期的重大挫敗，由選前執政的四都十一縣市，萎縮到一都五縣市，而支持太陽花運動的民進黨則由選前兩都四縣擴張到四都九縣，甚至原本並無席次的小黨（綠黨和樹黨）也各獲得了一至兩席的地方席次。中研院在二〇一五年十一月發布的調查研究顯示：年輕人支持台獨比例已超過一半，二〇一一到二〇一四年間，青年世代（二十～三十四歲）中支持台獨者從百分之四十三上升至百分之五十六。青年世代支持台獨者的比例逐漸升高，並以二〇一三到二〇一四年間最為顯著。台獨不再是需要解釋、遮遮掩掩的理念，且國、共兩黨愈是焦躁急統，愈是增強台獨運動的力道。[45]

由此可見，太陽花學運所展現的「台灣因素」，強力挑戰「中國因素」的政治經濟結構壓力和政商權貴影響力，正在轉變台灣民眾的國族認同；也顯然已然改寫台灣的政治結構和兩岸關係的內涵，這正如同杜漢所指出，真正的社會性運動具有改變「歷史質」的意義，也就是抗議群體提出的價值和目標，將影響整體社會既有的經濟／政治／文化等價值取向和權力群體的關係。[46]

而新媒體正是培力網路新世代的關鍵力量，知名的網路社會學家柯斯特（Manuel Castells）認為，網路科技促成了遍及全球的占領運動，各國的經驗都是肇因於不公不義的政治腐化，民眾的「正義之怒」在網路溝通和連結中擴大，在實際占領運動的聚集過程中團結協力，而終能克服恐懼，並主動和熱誠地追求改變和新希望。[47]因此，在分析「台灣因素」的同時，必須理解「行動者」與「新媒體」特質實密切不可分，而這也正是傳播科技史學者麥克魯漢的名言「媒介是人的延伸」。

目前探討傳播領域中「行動者」的學術研究或較系統性的論述並不多，[48]因此本文將借用

---

44 張錦華，〈從太陽花運動談新媒體、新公民、新民主〉，《我是公民也是媒體：太陽花與新媒體實踐》，頁三八～五七。

45 楊淳卉，「中研院研究：年輕人台獨支持度持續上升」，新頭殼，二〇一五年十一月二日，http://newtalk.tw/news/view/2015-11-02/66264，取用時間：二〇一六年九月十八日。

46 杜漢（著）、蔡宜剛、舒詩偉、許甘霖（譯），《行動者的歸來》，台北：麥田，二〇〇二。（Alain Touraine, *Return of the actor: social theory in postindustrial society*. Minneapolis: University of Minnesota Press, 1988.）

47 M. Castells, *Networks of outrage and hope: social movements in the Internet age*. Malden, MA: Polity, 2012.

48 李映昕，《從Foucault倫理主體理論詮釋三一八運動期間台大新聞E論壇參與者的新聞實踐》，台灣大學新聞研究所碩士論文，二〇一五；林麗雲，〈太陽花運動蝦大新聞所學生在「E論壇」的實踐〉，《傳播研究與實踐》六（一），二〇一六，頁二五一～二六九；張錦華，〈從太陽花運動談新媒體、新公民、新民主〉，《我是公民也是媒體：太陽花與新媒體實踐》，頁三八～五七；陳順孝，〈網路公民行動的集體演化：從搶救樂生院、野草莓運動到太陽花運動〉，《我是公民也是媒體：太陽花與新媒體實踐》，頁五八

杜漢的社運行動者觀點和傅柯的倫理主體概念，並參考相關的研究重點，討論是什麼樣原因，促成具有維護台灣自由和民主意識的行動者？行動者的倫理內涵為何？造成了什麼樣的改變？其意義為何？

實際參與並研究社會運動的法國學者杜漢在《行動者的歸來》一書中，曾指出當代的「行動者」不僅僅是反抗不正義的情境，還有意識地去開創新局；他們會依自身的文化旨向（cultural orientation）和其所置身的社會衝突，來界定自身；[49]也就是，對於「外來支配」不僅採取防衛性的迴避，而且積極引發集體的行動力量。[50]這股集體力量初起時可能採取「攻擊」敵對者的策略，但不能僅停留在抗爭層面，還必須提出一套社會組織和發展的主張，才能爭取實質「轉變」。[51]由於「台灣因素」中的行動者是所謂「網路原住民」，擅長使用新傳播科技，並活躍於社群媒體。因此，接下來將從三個面向分析：行動動機、實踐模式，和行動目的。

（一）行動動機的出現：情境焦慮與主體形成

太陽花運動占領立法院能持續長達二十四天之久，最關鍵的因素之一是g0v社群的行動者迅速提供了能夠溝通內外場，以至國內外的網路傳輸技術。而g0v產生的主要原因之一，是其發起人之一的Ipa早在二〇一二年即因不滿當時的馬政府績效不彰、資訊不明、預算浪費，因而藉著其原有的資訊技術能力，倡導公開資訊和集體協作的觀念，將關心公共議題的意識加以具體落實。[52]

此外，太陽花學運期間，駐守場內外報導達二十四天之久的另類媒體台大新聞所《E論壇》是當時最受矚目的學生媒體。李映昕曾訪談當時的參與者，有一段深入的分析：

「不知道在現場可以幹嘛」，這樣的焦慮，是E論壇成員進入三一八運動現場後，最直接的感受之一。傅柯說，良心不安是把自己打造成倫理主體的基礎；而海德格說，焦慮是「此在」（德語Dasein）獨有的特徵，良心是此在對自身的呼喚，最後才能導出「決心」。個體的焦慮，正是促使後續展開行動的深層動機。

但這個動機當然不是臨時從天而降，新聞史學者林麗雲以生命史訪談方式發現，參與E論壇的台大新聞所學生，一方面是後解嚴世代（九〇年後出生）的台灣新世代，在自由民主的環境下成長，認同自由民主；同時，他們在學校中所受的教育具有新聞專業的認知和技能。另外

～八一；等等。

49 同註四六，頁一四〇。

50 同前註，頁二二五。

51 同前註，頁二二七。

52 鄭婷宇，〈最溫柔的暴民瞿筱葳：科技宅男圈中的人文女孩〉，《我是公民也是媒體：太陽花與新媒體實踐》，頁二〇二～二〇九。

一個情境脈絡則是對主流媒體長期的商業化、瑣碎化、政黨化，深感不滿；本身又是網路原住民，掌握了網路社群媒體的傳輸技術。因此，在三一八發生的當下，對於不民主的黑箱荒謬、主流媒體缺席或扭曲的憤怒，[53]以及維護自由民主的焦慮等等，構成了具備傳播能力行動主體的具體動機。[54]這些都不是傳統社會運動中，需要某些政黨或政治團體長期動員的結果，而是在新媒體環境條件下，能夠更自主自發的反思與集結行動。

事實上，早在太陽花學運之前的反媒體壟斷運動，筆者也同樣發現，傳播學術界教師以及後來集結全台萬人抗議的大遊行，同樣也是源於對旺中媒體集團的過度併購擴大、傾中言論引發質疑、新聞置入破壞新聞專業、排擠異議導致眾怒等，而產生焦慮意識，在學術界密集提出公共論述（各媒體發表篇數高達七百餘篇），運用社群媒體（網路連署和社群轉載等），喚起民眾的危機意識；並發動系列改革行動，如遊說官員和立委，或舉行座談會記者會。[55]事實上，二〇一一年從北非開始的茉莉花革命、美國的占領華爾街運動等，都同樣見證了群眾對於政府腐敗、警察濫權、經濟不平等的憤怒焦慮，以及對自由民主平等正義的渴望，從而在一夕之間運用社群媒體零時差、無遠弗屆的傳輸能力，集結協力走上街頭進行占領行動。[56]

（二）行動實踐模式：兼有自主、責任和協力[57]

源自特定情境下的焦慮或憤怒之後，行動者會採取可行的方式達成其目的；但是，這並不僅是個人孤立的行為，台灣因素中的行動者顯然藉由社群媒體和各種新媒體管道，發揮集體協力的作用，才能聚沙成塔、眾志成城，達到數十萬人參與的社會抗爭規模，這也是以往的社運所不可想像的傳播方式。

新媒體能夠及時發揮資訊傳播和論述散布的功能。程晏鈴研究服貿論述的論文發現，PTT版上確實仍有許多情緒性的謾罵貼文，並遭到版主以刪文或水桶處理，約占相關文章總數百分之十五。但受到大量關注和討論的「推爆」文章（推文數超過九十九次以上），則有許多數千字以上的長篇論述、內容深入、人氣超高的精彩文章。[58]更重要的是，當時政府強力提出服貿協議對台灣經濟將發揮「利大於弊」的各種論述，反服貿運動中的各類新媒體網站，

---

53 羅慧雯，〈媒體。諸神的戰爭〉，《這不是太陽花學運：三一八運動全記錄》，頁二〇〇～二六六。

54 林麗雲，〈太陽花運動蝦大新聞所學生在「E論壇」的實踐〉，《傳播研究與實踐》六（一），二〇一六，頁二五一～二六九。

55 張錦華，〈比較美國二〇〇三年反鬆綁媒改運動和臺灣二〇一二年反媒體壟斷運動的異同〉，《傳播研究與實踐》三（二），二〇一三，頁一～三七。

56 張錦華，〈從太陽花運動談新媒體、新公民、新民主〉，《我是公民也是媒體：太陽花與新媒體實踐》，頁三八～五七。

57 本文將傳科分析倫理主體四面向中的：the mode of subjectivication and the practice of self 結合為一項：行動倫理的實踐模式。

58 程晏鈴，《你甘有聽到咱唱歌：海峽兩岸服貿協議批判政治論述分析》，台灣大學新聞研究所碩士論文，二〇一四。

特別是以「你被服貿了嗎」快速搜尋服務網民的《g0v.toay》，提供「快速、開放、透明、易懂」的各式服貿正反效益資訊，打破強勢的政府論述的單面性。[59]

除了透過網路大量擴散大眾媒體不易刊登的反抗論述，李映昕的研究則發現台灣大學新聞研究所學生在反服貿的焦慮中，決定發揮自已的專長，自行報導新聞，於是運用系所原有的網路論壇《台大新聞E論壇》，在運動期間改名為《新聞E論壇》，建立編採群組。由於新媒體社群溝通技術支援，E論壇群組有高達九十餘人跨校參與、協力，並在網路上編輯、審稿討論。據此證明他們不是主流媒體所稱的「暴民」，而是具有超越主流大眾媒體的新聞專業和獨立性：更即時、更重視現場報導和多元發聲（如「百人大告白」專題），也能更深入報導和反思新聞倫理價值，有所為和有所不為（例如拒絕跟隨傳統大眾媒體大肆報導學運領導人的衣著）；以及，更重要的是，群體協力的互動帶給個人主體更大的責任感和支持感。《新聞E論壇》因而得以每日二十四小時持續二十一天，共發表一千兩百三十四篇報導。[60]

《我是公民也是媒體》（二〇一五）一書以深度採訪的方式，呈現太陽花學運期間各類型主要的新媒體與公民實踐，除了以新聞傳播科系學生為主體的「新聞E論壇」，更有多個關鍵性的平台，包括學運之前就已成立，以監督國會為目的「沃草」，它將國會「半分鐘」企圖闖關事件直播上網，因而引發太陽花學運。以「你被服貿了嗎」知名的快速搜尋服務網民的《g0v.toay》，發揮整合服貿資訊的功能。其實，二〇一二年創立的g0v社群，一開始的目標就是發展「群眾協作文化」，藉由網路開放平台、開源（open source）式的集體智慧、互動協作的社群支持，早已孕育一群能夠自主創作、公開協作的義務實作（doer）者，超克冷眼批評和旁觀的負面態度。[61]

跨國資訊的傳播同樣亮眼，藉由Gmail系統和臉書粉絲專頁，向五百個國際媒體隨時傳送學運訊息的「太陽花國際部」，在服貿期間臨時聚集了一百二十四人，使用了十四國語言。更不用說鄉民長期造訪的PTT平台，在太陽花運動期間人氣最高的看板有高達十萬人同時使用，各種意見並陳論戰，鄉民發動的募資專案短短三小時即有三千六百二十一位公民捐款六百七十萬，成功買下《紐約時報》頭版，以及《蘋果日報》、《自由時報》等大眾媒體廣告，[62]在國內外主流大報刊登了反黑箱服貿的廣告，打破了台灣募資史上的最快記錄。[63]事實上，線上集資的協力捐輸自此源源不絕，例如，新聞E論壇成員不分日夜的現場即時採訪報導過程，也透過網路募資出版成書《街頭守門人》，並到台灣各處舉行新書發表會，傳布分享如

59 邱柏鈞、鄭婷宇，〈不想再當白痴〉，收錄於洪貞玲（編），《我是公民也是媒體：太陽花與新媒體實踐》，台北：大塊文化，二〇一五，頁一九〇～二〇一。

60 新聞E論壇，《街頭守門人：台大新聞E論壇反黑箱服貿運動報導紀實》，台北：衛城，二〇一四。

61 同註五九。

62 〈太陽花退場宣言〉，《蘋果日報》即時新聞，二〇一四年四月十日，http://www.appledaily.com.tw/realtimenews/article/politics/20140410/376884/applesearch/太陽花退場宣言。

63 徐乙喬、林安儒，〈PTT寫下網路世界台灣奇蹟 鄉民婉君站出來〉，《我是公民也是媒體：太陽花與新媒體實踐》，頁二一六～二四九。

何分工合作，完成公民記者的任務，超越傳統大眾媒體既有的立場和商業侷限，留下這場青年世代與新媒體結合的成果。

筆者則在分析中指出，在太陽花學運，新媒體提供平台，培力了更主動、更具知／資訊的公民，在高度的焦慮或憤怒情境下，網民們跨越了「萬人按讚，一人到場」，不再僅做「宅」在家的鍵盤公民。同時，網路不僅扮演動員的角色，也同時發揮了分工組織的高度效能，例如主要的學運組織「黑島青」在攻進立院議場後，立即協力構築工事、分工編組防禦，並透過網路對外傳達訊息。[64] 他們除了經營網路社群，短時間內動員各方資源，學運的後勤管理，包括整理管控物資、分類處理垃圾、糾察維持秩序、拉出防線確保救護通暢，均相當井然有序；外加建立志願服務的醫師、律師、義工排班團隊，使得這場公民運動雖是臨時組成，卻有相當紀律分明的管理與效率，展現了新媒體時代「公民」行動者協力、負責的合作技術和品質。

因此，台灣因素促生的行動者雖然是臨時集結，卻能在新媒體平台中喚起共同的危機意識，在長達二十四天的運動中，展現分工協力的實踐。運動之後，這股「台灣因素」也並未完全消散，他／她們運用新媒體無遠弗屆的即時社群互動，除了專業人組成的媒體（如《報導者》），尚有數個另類新媒體誕生，包括仍積極參與運動並且發聲的《破土》和《菜市場政治學》；以提供專業論述，掌控相關議題之多樣發聲權的《白經濟》；企圖探討多元社會議題的《逆思》等等，這些三一八之後由媒體素人集結成立的網路媒體，以義務分工，甚至多國語言形式運作至今已近兩年。陳順孝曾指出，網路公民行動發展已有二十年，但一般而言，

「網民」不夠穩定、組織不夠扎實、參與不夠徹底，都會造成問題；[65]但是，太陽花運動的參與過程確實已深刻地帶來主體的轉變，而開放和協力社群型態的長效，則有待之後更長期的觀察。[66]

（三）行動目的：在地認同的公民意識和行動實踐

「台灣因素」激起的行動者雖然來自各方，背景互異，但其核心目的顯然都是基於反抗「中國因素」，標舉追求台灣的民主自由和平等正義。太陽花學運主要領導社團「黑島青」在其宣言中有這樣的字句：「我們正活在黑色島國之上，我們過往與現在所珍愛的一切，在失控的發展主義狂飆、政策走向短線操作，以及跨國政商集團的利益勾結下，正一步步走向腐敗。」這份時代的危機感，藉由新媒體的各式平台發抒、凝聚及串連，形塑出與自我行動價值緊密相關的「在地」公民意識，將自我命運與台灣的未來緊密連結，並積極付出努力、集體協

64 張錦華，〈從太陽花運動談新媒體、新公民、新民主〉，《我是公民也是媒體：太陽花與新媒體實踐》，頁三八～五七。

65 陳順孝，〈網路公民行動的集體演化：從搶救樂生院、野草莓運動到太陽花運動〉，《我是公民也是媒體：太陽花與新媒體實踐》，頁五八～八一。

66 筆者目前即正在指導一位台大新聞所學生，訪談研究這幾個學運後出現的素人媒體，其參與者的主體建構和意義。

力，創造改變的可能。

在占領立法院行動長達二十四個日以繼夜的守候中，網路及現場論述交互述說當前的危機和困境感，分析兩岸服貿可能對台灣造成的衝擊，從經濟到政治，從社會到媒體，揭露所謂「兩岸政商集團」主導台灣發展與未來；[67]同時，也開展了公民自覺和集體協力，希望奪回對台灣未來的詮釋和行動力。反抗意識也觸動了更多理性和情感的投入，更加關注台灣社會的各項議題，超克以往對政治社會的冷漠感。雖然，社運團體或個人之間仍存在許多差異、矛盾，甚至衝突交鋒，[68]但在網路社群媒體提供的密切互動下，也提升了合作實踐的可能。從反媒體壟斷、反服貿，到各類新媒體的實踐，均可觀察到透過新媒體傳播特質所賦權的自由自主、群體力量和在地自覺意識，不但隨著太陽花學運發出島嶼天光，以及後續在台灣遍地開花的各類行動和組織，[69]也正如杜漢所說的，一場改變社會的運動不僅是某項具體訴求的達成，而是整體「社會性」和「歷史質」的改變。[70]

四、結語

台灣自二〇〇八年以來所面臨的「中國因素」，正如同吳介民指出的，是中國市場經濟崛起後，結合其威權結構權力和政治代理人，一方面在全球範圍進行大外宣戰略，更透過對台輿論戰略，介入和影響台灣各種傳播場域，從所有權併購到編採專業、人事組織、異議控制等，均已對台灣自由民主的言論環境造成明顯衝擊。而服貿協議中的印刷和廣告條款若通過，很可能更進一步控制台灣媒體整體產銷生態。

但是，「中國因素」也導致反作用力，本文稱其為「台灣因素」，也就是自主的行動者主體投入社會運動，反抗中國因素。本文透過杜漢的社會行動者理念，梳理出台灣近年來社會運動中的行動者動機、實踐模式和行動目的，藉此觀察「台灣因素」的意涵和影響。從本文分析

---

67 程晏鈴，《你甘有聽到咱唱歌：海峽兩岸服貿協議批判政治論述分析》，台灣大學新聞研究所碩士論文，二〇一四。

68 梁秋虹，〈肖像。沒有臉孔的人〉，《這不是太陽花學運：三一八運動全記錄》，台北：允晨文化，二〇一五，頁二六七~三一七。

69 台大歷史所博士生周馥儀說明更多的後續行動：「臉書上不再只有小確幸的生活玩樂，四一一聲援公投盟、四月底的反核行動、松菸護樹、國道收費員抗爭、自經區條例、立法院臨時會、王張會……，有更多青年關注議題，投入一波又一波的抗爭行動。如此的青年自覺、公民自主，也不只在台北發生，也擴散到各地。太陽花運動告一段落後，我回到彰化，才知道彰化的社區媽媽組織起來，自製反服貿傳單、在社區發送；彰化在地高中生與大學生發起組成『喚醒彰化青年聯盟』，定期舉辦論壇，……更以行動抗爭彰濱工業區將被劃定為自由經濟示範區。這些草根力量，開始介入長期由派系把持的彰化政治，試圖扭轉缺乏青年與公民參與的政治生態。」周馥儀，〈覺醒，努力走出光明的路：這場運動在台灣民主歷史經驗的述說中產生跨世代的對話與合作〉，《新使者雜誌》一四三，二〇一四年八月十一日，http://newmsgr.pct.org.tw/Magazine.aspx?strTID=1&strISID=143&strMagID=M2014081103585。

70 杜漢（著）、蔡宜剛、舒詩偉、許甘霖（譯），《行動者的歸來》，台北：麥田，二〇〇二。（Alain Touraine, *Return of the actor: social theory in postindustrial society.* Minneapolis: University of Minnesota Press, 1988.）

可觀察到，在媒體場域中的行動者動機，並不是源於傳統教條或政黨動員，而是行動者基於其既有的、長期涵養的自由民主價值，在面臨特定的社會情境時，產生價值矛盾的深切危機感。在新媒體的網絡連結提供的科技賦權下，才能快速形成各類深具創意的協力策略和實踐行動。

新媒體並非無所不能，公民運動的集結也不是經常發生。但是，中國因素對台灣原有的自由民主環境形成壓力時，顯然，網路提供超克大眾媒體和少數菁英壟斷的傳統發聲管道，讓各種民間論述得以傳散國內外；社群媒體更可以提供平台讓來自各方的志同道合者迅速集結及合作協力。「台灣因素」因此成為必然。其中，行動者的動機意識也絕非源自於長期的教化洗腦，而是時代危機衝擊下，構成個人良心不安的焦慮，然後藉由新媒體平台的自由發抒和自主連結之下，各種實踐參與的條件越發成熟，因此，它凸顯出鮮明的在地主體性，也能夠在網路連結上迅速整合分工，進一步也可能達成杜漢所謂的重建文化旨向和歷史質。

從反媒體壟斷到反服貿，到後續在台灣遍地開花的各類行動和組織，以及各類新媒體的實踐，均可以觀察到透過新媒體傳播特質所培力的自由自主、群體力量和在地自覺意識。曾參與東歐及南美多項社會運動的杜漢早已指出，當代的「新社會運動」對抗的主要是經濟宰制和政治主導，或具有壓抑個人自主意志的集體主義；所追求的是真正自主、平等和民主，它已經成為民主政治生活基本條件。[71]但是，這並不是對網路全然的樂觀主義。在另一本杜漢的重要著作《Can We Live Together?》（二〇〇〇）中，他也探討當主體追求自我獨特性和個人空間的同時，如何能兼顧與他者共同存在？他認為，前提是作為主體的同時，也要願意溝通重建、承認他者的自主性，達成的方式則需落實於教育和法律。他指出要成為具有改變社會文化價值的社會性運動，與威權運動（社會反運動）的根本不同在於，行動者不應將對手視為敵人或背叛者，企圖去之而後快；不應僅追求個別政黨的私人利益，也不應以消滅敵人為目的；否則就會淪為威權動員[72]或反社會運動。具有宏觀影響的社會運動都具有民主的真正特質：要能讓那些沒有聲音者發聲，讓他們能夠參與政治／經濟政策。其實，從新媒體平台在太陽花社運中的表現，固然也必然有各種瑣碎片面、黨同伐異的現象，但值得注意的是，一股顯示「台灣因素」的力量，藉著「開放、開源、自主、協力」的新媒體特質促成了網路時代的行動者文化旨向，能夠在批評反抗的同時，超克「反社會」的對立和封閉，實已具有結合更多的追求自由正義的主體，開創共同生活的可能。

71 同前註，頁三三五。

72 A. Touraine, *Can we live together?: Equality and difference*. Cambridge: Polity Press, 2000, pp. 113-117.

參考書目

田習如，〈中國大陸政府置入台灣媒體，食髓知味〉，《財訊》，二〇一〇年十一月十九日，頁六四。

李嘉艾，《台灣媒體生產政治中的中國因素與獨裁者邏輯：以C集團為例》，國立清華大學社會學研究所碩士論文，二〇一五。

何清漣，「中國「大外宣」的「本土化」戰略」，中國人權，二〇一〇，http://www.hrichina.org/cn/crf/article/3667，取用時間：二〇一一年九月二十四日。

何清漣，「世界華文媒體的政治版圖」，二〇一一年二月十七日，http://www.danke4china.net/Article/news_view.asp?newsid=1435。

杜聖聰，《兩岸真相密碼：中共對台宣傳的政策、作為與途徑》，台北：秀威資訊，二〇〇八。

李映昕，《從Foucault倫理主體理論詮釋三一八運動期間台大新聞E論壇參與者的新聞實踐》，台灣大學新聞研究所碩士論文，二〇一五。

杜漢（著）、蔡宜剛、舒詩偉、許甘霖（譯），《行動者的歸來》，台北：麥田，二〇〇二。（Alain Touraine, *Return of the actor: social theory in postindustrial society*. Minneapolis: University of Minnesota Press, 1988.）

吳介民，《第三種中國想像》，台北：左岸文化，二〇一二。

吳介民，〈以商業模式做統戰：跨海峽政商關係中的政治代理機制〉，收錄於李宗榮、林宗弘（編），《翻轉經濟：新世紀台灣的經濟社會學》，審查中，二〇一七。

林麗雲，〈太陽花運動蝦大新聞所學生在「E論壇」的實踐〉，《傳播研究與實踐》六（一），二〇一六，頁二五一～二六九。
香港記者協會，〈香港兩極化，記者內外受壓〉，《香港言論自由年報》，二〇一五。
邱柏鈞、鄭婷宇，〈不想再當白痴〉，收錄於洪貞玲（編），《我是公民也是媒體：太陽花與新媒體實踐》，台北：大塊文化，二〇一五，頁一九〇～二〇一。
徐乙喬、林安儒，〈PTT寫下網路世界台灣奇蹟鄉民婉君站出來〉，《我是公民也是媒體：太陽花與新媒體實踐》，頁二一六～二四九。
高嘉和，〈中國大陸採購團灌很大／採購變傾銷，我出口反降〉，《自由時報》，A3版，二〇一一年五月十九日。
曹宇帆，《中共對台宣傳與台灣媒體報導「反分裂國家法」之傳播研究》，國立台灣藝術大學應用媒體藝術研究所碩士論文，二〇〇五。
郝明義，「郝明義辭國策顧問公開信：總統不能罔顧國家安全，破壞民主程序，錯亂政府體制」，獨立評論@天下，二〇一三年七月三十一日，http://opinion.cw.com.tw/blog/profile/88/article/511，取用時間：二〇一六年九月四日。
張筱涵，《二〇〇八年北京奧運期間兩岸報紙呈現中國國家形象之研究：以自由時報、人民日報為例》，天主教輔仁大學大眾傳播學研究所碩士論文，二〇〇九。
張錦華，〈萬山不許一溪奔〉，收錄於何清漣，《霧鎖中國：中國大陸控制媒體策略大揭密》推薦序，台北：黎明文化，二〇〇六。
張錦華，〈從van Dijk操控論述觀點分析中國大陸省市採購團的新聞置入及報導框架：以台灣四家報紙為例〉，《中華傳播學刊》二〇，二〇一一，頁六五～九三。
張錦華，〈比較美國二〇〇三年反鬆綁媒改運動和台灣二〇一二年反媒體壟斷運動的異同〉，《傳播研究與實踐》三（二），二〇一三，頁一～三七。
張錦華，〈從「服貿協議」看台灣的言論自由危機〉，《NTD LIFE》，二〇一四年二月。
張錦華，〈從太陽花運動談新媒體、新公民、新民主〉，《我是公民也是媒體：太陽花與新媒體實踐》，頁三八～五七。
張錦華、陳菀欣，〈從人權報導觀點分析五地十報新疆衝突報導框架〉，《新聞學研究》一二五，二〇一五，頁一～四七。
梁秋虹，〈肖像。沒有臉孔的人〉，《這不是太陽花學運：三一八運動全記錄》，台北：允晨文化，二〇一五，頁二六七～三一七。
陳祈廷，《中共對台宣傳策略之研究：以兩岸經濟合作架構協議為例》，淡江大學國際事務與戰略研究所碩士論文，二〇一〇。
陳愷璜，《兩岸新聞採訪交流之研究（一九八七～二〇〇九）：從駐點記者角度看兩岸新聞交流》，淡江大學中國大陸研究所碩士論文，二〇一一。
陳順孝，〈網路公民行動的集體演化：從搶救樂生院、野草莓運動到太陽花運動〉，《我是公民也是媒體：太陽花與新媒體實踐》，頁五八～八一。
程晏鈴，《你甘有聽到咱唱歌：海峽兩岸服貿協議批判政治論述分析》，台灣大學新聞研究所碩士論文，二〇一四。
新聞E論壇，《街頭守門人：台大新聞E論壇反黑箱服貿運動報導紀實》，台北：衛城，二〇一四。

楊琇晶，《台灣媒體的中國因素：香港經驗參照》，台灣大學國家發展研究所碩士論文，二〇一四。

鄭宇君，〈新聞專業中的倫理主體〉，《新聞專業中的真實性：一種倫理主體的探究模式》，國立政治大學新聞研究所博士論文，二〇〇八，頁八五～一一一。

鄭婷宇，〈最溫柔的暴民瞿筱葳：科技宅男圈中的人文女孩〉，《我是公民也是媒體：太陽花與新媒體實踐》，頁二〇二～二〇九。

羅世宏，〈中國大陸的形象．台灣製造：初探「盛世中國」的媒體建構，以台灣《旺報》為例〉，「中華傳播學會年會」論文，二〇一〇。

戴瑜慧，〈中共「文化走出去」政策的新推手：中國私營資本家與海外媒體收購〉，《中華傳播學刊》二四，二〇一三，頁三～四一。

羅慧雯，〈媒體。諸神的戰爭〉，《這不是太陽花學運：三一八運動全記錄》，頁二〇〇～二六六。

Castells, M., *Networks of outrage and hope: social movements in the Internet age*. Malden, MA: Polity, 2012.

Dickson, B. J., *Wealth into power: The communist party's embrace of China's private sector*. Cambridge, UK: Cambridge University Press, 2008.

Haley, U.C. V, and G. T. Haley, *Subsidies to Chinese Industry: State Capitalism, Business Strategy and Trade Policy.* London: Oxford University Press, 2013.

Halper, S. A., *The Beijing consensus: How China's authoritarian model will dominate the twenty- First century*. New York: Basic Books, 2010.

McNally, C. A., "Capitalism in the dragon's lair." In C. A. McNally (Ed.), *China's emergent political economy: Capitalism in the dragon's lair.* New York: Routledge, 2008, pp. 228-244.

Mearsheimer, J.J., "Say Goodbye to Taiwan." *The National Interest*. 2014, March-April, Retrieved from http://nationalinterest.org/article/say-goodbye-taiwan-9931

Pei, M., *China's trapped transition: The limits of developmental autocracy*. Cambridge, MA: Harvard University Press, 2006.

So, A. Y., Rethinking the Chinese developmental miracle. In H. F. Hung (Ed.), *China and the transformation of global capitalism*. Baltimore, MD: Johns Hopkins University Press, 2009, pp. 50-64.

Touraine, A., *Can we live together?: Equality and difference*. Cambridge: Polity Press, 2000.

第十三章

中國網路戰略的「進化」，與台灣的因應

李志德｜二十年的新聞工作者

曾經是《聯合報》編輯、記者；《蘋果日報》、美國自由亞洲電台記者，香港《端傳媒》台灣新聞主編，現在在公共電視工作。在台灣政治、軍事和兩岸關係等領域有點心得。著作有關於台灣海軍歷史的《海風泱泱》，以及講述兩岸關係的《無岸的旅途》。

一、前言

二〇一六年十一月十六日，第三屆「世界互聯網大會」於浙江烏鎮開幕。中國國家主席習近平在預錄的開幕演說中強調中國堅持「網絡主權」[1]理念，「推動全球互聯網治理向更加公正合理方向邁進」。這不是習近平第一次提及「網絡主權」。他第一次提出這個詞是在整整一年前，第二屆「世界互聯網大會」的開幕演說，他當下還呼籲國際社會不應干涉他國內政。當時，同場的俄羅斯總理梅德韋傑夫（Dmitry Medvedev）也回應中國的主張，呼籲建立「網路空間治理的世界性標準」。[2]習近平的談話被認為是有意要建構一套與西方世界倡議的「網路自由」抗衡的理論基礎，從理論建構、法律制定到資本控制，方方面面兼顧，將網際網路打造為可全方位鞏固共產黨執政的工具。截至目前為止，這項努力可說非常成功，特別是在新媒體手法的應用。

網際網路興起於二十世紀九〇年代，是一項創新的資訊傳遞工具。工具儘管創新，但面對這個擁有快速傳播能力的言論載體，中國共產黨在管理上仍延續「緊抓筆桿子」的基本政策思維，同時更在管制策略和技術上不斷「進化」。這其間的演進軌跡為何？中國的管制措施如何影響同屬「華語文化圈」的台灣？而台灣又應該如何對應來自中國的影響？本文將分四節討論這個議題：第二節先探討「網際網路在中國的發展和戰略觀」，首先簡介網路在中國的商業發展歷程。因著「快速傳播」、「無遠弗屆」的特性，網路輿論成為監督中國政府的新機制，這讓中國自由派知識分子一度對網路寄予厚望，但此新象如同曇花一現，中國政府之後也逐漸研發、磨鍊出一套新的管理機制。

第三節「黨媒的進化和資本的運用」將討論中國網際網路發展的另一項趨勢：在ＷＴＯ承諾和言論檢查的雙重保護下，中國政府成功扶植了多家規模巨大的商業網路公司，具代表性的有被合稱為「ＢＡＴ」的「阿里巴巴」、「百度」和「騰訊」，以及如「愛奇藝」等影音內容平台。這些商業網路公司在中國國內市場累積到足夠的資本之後，開始跨足包括台灣在內的海外市場。然而，由於這些網路公司經營和發展的基礎在於中國政府的特許，主要獲利也在中國境內，即使到海外發展，仍然延續中國政府的網路檢查政策，而這種借助資本市場和商業形式傳布中國影響力的策略，受影響最大的就是同屬華語文化圈的台灣、香港和澳門。

第四節則聚焦探討中共政權設計的這一套網路商業規則，不僅在理念上和西方世界崇尚的「網路自由」、「網路無國界」等價值觀直接衝突，實際上更造成了外國網際網路服務商進入中國市場的障礙。本文將以美國知名的谷歌公司在中國的發展為例，探討這個問題。第五節延

1 internet在台灣與中國翻譯不同，中國稱「網絡」、「互聯網」；台灣稱「網路」、「網際網路」，以下除非徵引原文，否則統一使用台灣譯名。

2 陳建瑜，〈烏鎮開講。習近平：不搞網路霸權〉，《中國時報》，二〇一五年十二月十七日，http://www.chinatimes.com/newspapers/20151217001829-260301

續這個問題意識，將焦點放回台灣，以二〇一三年兩岸《服貿協議》草案為例，探討中國網路商如何利用兩岸網路政策的差異，與台灣網路業者進行不公平競爭，從而造成巨大的「網路貿易逆差」。台灣面對中國不斷進化的網路戰略，應該建構什麼樣的政策觀和法律、行政工具，才能避免被圈進中國的「網絡主權」之中。最後則是本文結論。

二、網際網路在中國的發展和戰略觀

中國網際網路的商業使用始於一九九五年一月，中國郵電部電信總局分別在北京、上海開通六十四K專線，開始向公眾提供網際網路接入服務。此後，商業網路公司得以設立，中國商業網路三巨頭，也陸續成立：

- 百度（Baidu）：二〇〇〇年一月一日由李彥宏在北京中關村創立，最初稱為「百度在線網絡技術（北京）有限公司」。[3]
- 阿里巴巴（Alibaba）：一九九九年由馬雲在杭州創立。[4]
- 騰訊（Tencent）：一九九八年十一月由馬化騰創立，總部設在廣東深圳。[5]

另外值得一提的是「新浪公司」，其經營的入口網站「新浪網」除了名列中國主要入口網站，新浪網於二〇〇九年推出的「新浪微博」也成為影響中國最重要的網路產品之一。據二〇一二年的統計，新浪微博擁有三點二四億用戶，同一時期，中國的上網人口為五點三八億。[6]新浪微博在網民社群中穿透、散布的程度之廣，由此可見一斑。

隨著網路進入商業領域，使用人口快速增加，管理「不良信息」的問題隨之而來。這些信息可能是單篇文章、特定影像材料，或者整個網站。[7]中國官方在不同時期，以不同手法對國內網路進行控管，早期以敏感詞刪文進行防堵，清洗意見領袖言論，後期則反過來利用網軍帶風向，操弄集體情緒。國際學術界近年來研究中國威權政體採取新的網路管制手段，以及其成本效益。本文的發現與其一致。[8]

3　參見該公司網頁，http://home.baidu.com/about/about.html。

4　參見該公司網頁，http://www.alibabagroup.com/cn/about/overview。

5　參見該公司網頁，https://www.tencent.com/zh-cn/company.html。

6　「第三十次中國互聯網絡發展狀況統計報告」，中國互聯網絡信息中心，https://www.cnnic.net.cn/hlwfzyj/hlwxzbg/hlwtjbg/201207/t20120723_32497.htm。

7　關於防火牆設置和工作的原理，參見ＶＶ，〈道高一尺，牆高一丈：互聯網封鎖是如何升級的〉，《端傳媒》，二〇一五年九月四日，https://theinitium.com/article/20150904-mainland-greatfirewall/。

8　感謝本書一位匿名審查者對此參考文獻的建議，請參見Gary King, Jennifer Pan, and Margaret E Roberts, "How Censorship in China Allows Government Criticism but Silences Collective Expression." *American Political Science Review*, 107, 2013 May, pp. 1-18; 2014. Gary King, Jennifer Pan, and Margaret E. Roberts, "Reverse-engineering

防堵的部分，中國國內會先設定「敏感詞」，例如「八九六四」、「天安門事件」、「軍隊國家化」等，[9]利用自動或人工檢查，一旦發現就刪除全篇文字，以確保網路上不會出現中共當局不樂見的詞語和文章；如果某個帳號違規情節嚴重，則可能遭到停止貼文，甚至完全銷號的處分。

究竟哪些詞是「敏感詞」？哪些內容會「違規」？其實並沒有固定的邊界。有些是經常性的「敏感詞」，有些在紅線裡外進進出出，視中國一時一刻的政治環境而定。如果整體政治氣氛較為寬鬆，環保運動、食品安全，甚至民眾向地方政府抗爭維權，都可以在網路上討論，還可以藉網路集結串連。例如二〇〇三年三月的「孫志剛案」，[10]其討論有相當部分正是在網路平台上進行。二〇〇七年廈門市民反對在當地新設PX（一種石化產品）工廠的行動，除了在網路上討論，還借助網路串連發起「集體散步」，最後迫使政府退讓，是一場在中國極為罕見的公民抗議行動。

《南方周末》曾在一篇文章中這樣描述網路對於傳播訊息和動員行動的影響：

> 在這場運動中，新技術為民意的組織貢獻了力量。網絡和手機短信將信息廣為傳布，將素不相識的市民凝聚到一起，民意的力量由此不可阻擋。「民意需要組織。」汪民坦承。這正是一個公民社會的起點。[11]

不只民間正面看待網路作為公共論壇的巨大潛力，即使是當時的統治當局，也都在有意無意之間，向民眾傳達自己如何尊重「網絡民意」。

二〇〇三年「嚴重急性呼吸道症候群」（SARS）流行期間，當時的總書記胡錦濤曾在廣州對一位負責救治的醫師說，「你的建議非常好，我在網上已經看到了。」總理溫家寶也在訪視北大時對學生說：「我在網上看到同學們在留言中表達了同全國人民一起抗擊SARS的決心，令人感動。」當時媒體報導引述了一位網友的留言：「胡錦濤同志也經常上網，從一定意義上說，總書記就是我們的網友了，我們和總書記的距離陡然親近了許多」。[12]

---

censorship in China: Randomized experimentation and participant observation." *Science*, 6199, 345, 2014, pp. 1-10; Gary King, Jennifer Pan, and Margaret E. Roberts, "How the Chinese Government Fabricates Social Media Posts for Strategic Distraction, not Engaged Argument." *American Political Science Review*, Fothcoming 2017.

9 新浪微博敏感詞的開源研究成果，可參見「新浪微博搜索敏感詞列表」，中國數字時代，https://docs.google.com/spreadsheets/d/1UTP9MU80r_N5WPhQ5-4AjM0ebW1eMxyDlRe_vaYy9IM/edit?pref=2&pli=1#gid=0。

10 一名原籍湖北的大學生孫志剛，在廣州街頭被警察以「三無」（指無合法證件、無固定住所、無穩定收入的外來人員）為由關進收容所，卻在拘禁期間被收容所員工毆打身亡。這起事件在中國社會引發熱烈討論，最終導致政府宣布廢除關押孫志剛所依據的《收容遣送制度辦法》。

11 蘇永通，〈廈門人：以勇氣和理性燭照未來〉，《南方周末網路版》，二〇〇七年十二月二十七日，http://www.infzm.com/content/trs/raw/33291。

12 閔大洪，〈二〇〇三年的中國網絡媒體與網絡傳播，孫志剛事件掀起「網絡輿論年」〉，《人民網》，二〇一四年四月十五日，http://media.people.com.cn/n/2014/0415/c40606-24898329.html。

類似這樣的言論，在當時極大程度地鼓勵了中國民眾採取同樣的途徑關注公共議題；甚至讓相當一部分評論者相信，循此途徑，的確有可能徹底改變中國。其中最著名的，是評論人笑蜀的「圍觀改變中國」，他說：

> 過去我們最多只能耳語，只能牢騷。但耳語不能改變中國，牢騷不能改變中國。……今天最大的進步，正在於我們可以不止於耳語和牢騷，可以超越耳語和牢騷。
>
> 一個公共輿論場早已經在中國著陸，匯聚著巨量的民間意見，整合著巨量的民間智力資源，實際上是一個可以讓億萬人同時圍觀，讓億萬人同時參與，讓億萬人默默做出判斷和選擇的空間，即一個可以讓良知默默地、和平地、漸進地起作用的空間。每次鼠標點擊都是一個響亮的鼓點，這鼓點正從四面八方傳來，匯成我們時代最壯觀的交響。[13]

這是當時對網際網路的樂觀想像，廣泛流行於一般界定下的中國自由派知識分子之間。只不過後來的發展，遠遠悖離了這樣的期待。

二〇一二年十二月，習近平接下中國共產黨中央委員會總書記，成為中國最高政治領導人。在他上任後，中國網路政策有了明顯的改變：原本的管理方式，例如刪除異見、審查內容，甚至約談意見領袖等手段仍然持續進行。二〇一三年八月八日，新接任「國家互聯網信息辦公室主任」的魯煒在北京召開「網絡名人社會責任論壇」，於會中提出「七條底線」的主張。[14]當時有中共官媒以「由堵到疏」，來形容這場座談釋出的信號。[15]

「由堵到疏」言猶在耳，八月二十三日就傳出了參與責任論壇的「大V」[16]薛蠻子因嫖妓被捕。薛蠻子的本業是創業投資人，微博內容起初因打擊拐賣人口的倡議而受到關注，之後的言論更擴及時事、環保、財經、歷史等。[17]

薛蠻子被捕的罪名是「聚眾淫亂」，但更值得注意的是在薛案的偵辦過程中，警方對外提

13 笑蜀，〈關注就是力量，圍觀改變中國〉，《南方周末》，二〇一〇年一月十四日，參考網址：http://www.aisixiang.com/data/31330.html。

14 二〇一三年八月八日，中國政府在北京召開「網絡名人社會責任論壇」，與網絡名人交流座談。論壇中，中國家互聯網信息辦公室主任魯煒肩負社會責任，傳播正能量，提出了「七條底線」：法律法規底線；社會主義制度底線；國家利益底線；公民合法權益底線；社會公共秩序底線；道德風尚底線和信息真實性底線。參見「共守『七條底線』，鑄造健康網路環境」，人民網，http://opinion.people.com.cn/GB/8213/368023/368024/index.html。

15 蘇垚、周夢清、駱螢雪、潘旭濤，〈微博「大V」與官員探討堅守底線：網管釋放由堵到疏信號〉，《人民日報海外版》，http://paper.people.com.cn/rmrbhwb/html/2013-08/13/content_1282485.htm。

16 「大V」是中國網路的習用語，指的是在網路各種平台論壇上擁有極大影響力的名人。這個習用語源自獲得「新浪微博」後台管理認證，在新浪微博上擁有極大影響力的微博主；經過認證的博主帳號旁會標註一個大寫的「V」字。

17 本段對薛蠻子的描述，綜合自以下資料：黃漢華，〈中國・知名天使投資人／薛蠻子〉，《遠見雜誌》，二〇一三年六月號，http://store.gvm.com.tw/article_content_23446_1.html；王殿學，〈薛蠻子涉嫌聚眾淫亂罪被刑拘〉，《南方都市報》，二〇一三年九月十五日，http://paper.oeeee.com/nis/201309/15/111764.html。

供了一段長達兩個小時的訊問錄影，其中相當一部分聚焦在薛蠻子講述自己如何成為微博「大V」的過程。他說，在使用微博之初，原本只敢對自己熟悉的議題發言，但在粉絲的稱讚下，發言的議題越來越多，也越來越享受網上群眾的追捧，「這種不斷被肯定和讚揚的環境，誰都會飄飄然，誰都會感覺自己從一個普通人變成了一個比影視明星還要受關注的網絡意見領袖。」[18]

接著有一段薛蠻子的「自省」之詞：「這就像現實社會權力失去監督會導致膨脹一樣，網絡社會上缺乏制度和法規監督，一樣也會導致膨脹。」[19]

薛蠻子案啟人疑竇的是官方的操作手法，特別是對外公布的訊問錄影，薛觸犯的明明是風化案件，但他「自省」的內容卻集中在網路上的「發言不當」；同時，官方以明顯不成比例，甚至違反人權的手法，未審先判地對待一個算不上重罪的嫌犯，更使一部分的評論人相信，抓捕薛蠻子只是殺雞儆猴，真正的對象是網路上言論尺度開放的更多「大V」。

也就是在魯煒申明「七條底線」和薛蠻子被捕的前前後後，包括出身台灣的商界人士李開復、學者宋石男、音樂人吳虹飛、媒體工作者石扉客、作家慕容雪村等，也都因為各自的網路言論，受到了「禁止發文」、銷號，甚至刑事拘留的處分。一位不願具名的學者接受《紐約時報》記者採訪時證實：「（二〇一三年）四月底，微博上一些活躍的大V們就被警告，不要隨意發表言論以及散布引起社會輿論不滿的信息。」[20] 除了以行政權力直接打擊網上異議人士，習近平領導的北京政府也開始逐步建立實踐國家網路戰略的高層結構，主要措施包括兩項：

一、組建「中央網絡安全和信息化領導小組」，習近平自任組長。並組建單一的網際網絡管理單位。

二、推動《網絡安全法》立法。

組建「中央（某某業務）領導小組」，並在其中幾個小組裡自任主席，是習近平上任以來廣為人知的權力運用風格。二〇一四年二月，「中央網絡安全和信息化領導小組」成立，它是專門針對網際網路的管理和發展成立的單位，由習近平自任組長。他在第一次會議上說到成立小組的目的在於：「創新改進網上宣傳，運用網絡傳播規律，弘揚主旋律，激發正能量……使網絡空間清朗起來。」[21]

---

18 王殿學，〈薛蠻子涉嫌聚眾淫亂罪被刑拘〉，《南方都市報》，二〇一三年九月十五日。

19 同前註。

20 〈薛蠻子涉嫌嫖娼被抓，當局向大V出手？〉，《紐約時報》北京分社，二〇一三年八月二十六日，http://cn.nytimes.com/china/20130826/cc26weibo/；另可參考，蒙克，〈透視中國：薛蠻子被抓及「沒有硝煙的戰爭」〉，《BBC中文網》，二〇一三年九月四日，http://www.bbc.com/zhongwen/trad/china_watch/2013/09/130904_china_watch_xue_ideological。

21 元缶，〈圖解：共產黨如何玩轉新媒體？〉，《端傳媒》，二〇一五年十月三十日，https://theinitium.com/article/20151030-opinion-new-media-communist-party-manipulation/。

二〇一四年八月「國家互聯網信息辦公室」（網信辦）完成重組升級。在此之前，中國的網路管理權責分屬國務院新聞辦公室、工信部、新聞出版總署、廣電總局、文化部、工商總局、公安部等，超過十個單位。但在網信辦重組升級之後，網路管理的實際權力定於一尊，網信辦就是實質上的「互聯網部」。[22]之所以需要設立專職的網際網路管理機構，有論者認為是因為原本的「國家信息化領導小組」連同辦事機構「國務院信息化工作辦公室」，難以協調黨中央、軍委、人大等權力機構。然而更大的動機，還是中共高層管制網路輿論的急迫感，以及利用信息戰手段，挑戰美國的需要。[23]

改組後的網信辦主任魯煒，因此被稱作中國的「互聯網沙皇」。前文提到的二〇一五年中國「第二屆互聯網大會」，以及習近平「網路主權」的主張，一般相信都是出於魯煒的主意。[24]二〇一五年，魯煒被美國《時代》週刊評為當年「百位最具影響力人物」之一。二〇一五年九月，習近平訪問美國期間，魯煒亦步亦趨，是能見度最高的隨行官員之一。[25]不過魯煒已於二〇一六年六月去職，去職的原因和未來動向目前（二〇一七年一月）仍然眾說紛紜。不過在擘畫、組織「習近平時代」的網際網路管理機制上，魯煒的「歷史定位」倒是十分鞏固的。

而《網絡安全法草案》則已在二〇一六年十一月由中國全國人大常委會通過，預計二〇一七年六月一日生效。

《網安法》全文共有七章七十九條，[26]除了對整體網路安全的監管維護，以及使用者個資保護的規定，針對言論檢查相關的部分，有論者歸結出三大特色：

一、賦予網路監管部門幾乎毫無限制的權力；

二、加重網路營運業者的責任和義務；

三、強化對網路使用者的實名監控。[27]

---

22 同前註。

23 丁丁，〈「十三五」綱要裡，中國要建立怎樣的國家安全體系？〉，《端傳媒》，二〇一六年三月八日，https://theinitium.com/article/20160308-opinion-two-sessions-the-13th-five-year-project-nation-security-committee/。

24 孟寶勒（Ane Perlez），〈互聯網掌門人魯煒去職〉，《紐約時報中文網》，二〇一六年六月三十日，http://cn.nytimes.com/business/20160630/china-internet-lu-wei/zh-hant/；另可參考同一作者，〈魯煒，中國互聯網的守門人〉，《紐約時報中文網》，二〇一四年十二月二日，http://cn.nytimes.com/china/20141202/c02internet/zh-hant/。

25 〈中國審議網絡安全法之際，魯煒卸任「互聯網守門人」〉，《端傳媒》，二〇一六年六月三十日，https://theinitium.com/article/20160630-dailynews-luwei/。

26 全文參見《中華人民共和國網路安全法》，中國人大網：http://www.npc.gov.cn/npc/xinwen/2016-11/07/content_2001605.htm。

27 羅世宏，「大陸網絡安全法（草案）簡析，大陸與兩岸情勢簡報」，二〇一五年九月，行政院陸委會，http://www.mac.gov.tw/public/Attachment/59231424390.pdf。

《網安法》的「劃時代」意義在於，它終結了中國民眾在網路上，原本相對而言較為自由的表達異議，甚至集結抗爭的空間。中國政論家莫之許認為：

（《網安法》）強調網絡主權是國家主權的體現和延伸，是為了阻斷境外信息的流入，消除對於大陸民間抗爭和社會運動的聲援和支持；強化網絡運營者的責任和義務，則是為了全面清除對於體制的根本質疑聲音，消除各種異議表達和抗爭行為的存在，最後，網絡實名制取消了互聯網空間的隱匿特性，有助於將積極分子和根本質疑者識別出來，並徹底清除出互聯網空間。[28]

三、黨媒的進化和資本的運用

從薛蠻子和部分微博大V在二〇一三年前後的遭遇來看，「以疏代堵」的說法並不完整。更精確的描述應該是：中國官方對具有輿論影響力的「大V們」施以「防堵」甚或「打擊」；對網路上的一般群眾更多才是採取「疏」字訣，這也是中國國營媒體近年來「進化」幅度最大的部分。

除了「中央網絡安全和信息化領導小組」，與網路管理相關還有二〇一三年十二月底成立的「中央全面深化改革領導小組」，這個小組在二〇一四年八月的第四次會議時，針對新媒體風潮通過一份文件：《關於推動傳統媒體和新興媒體融合發展的指導意見》，其中有三段內容值得引述：

> 將傳統出版的專業採編優勢、內容資源優勢延伸到新興出版，更好發揮輿論引導、思想傳播和文化傳承作用。
>
> 綜合運用多媒體表現形式，生產滿足用戶多樣化、個性化需求和多終端傳播的出版產品。強化用戶理念和體驗至上的服務意識，既做到按需提供服務、精準推送產品，又做到在互動中服務、在服務中引導，不斷增強用戶的參與度、關注度和滿意度。
>
> 發揮市場機制作用。堅持行政推動和發揮市場作用相結合，探索以資本為紐帶的出版融合發展之路，支持傳統出版單位控股或參股互聯網企業、科技企業，支持出版企業尤其是出版傳媒集團跨地區、跨行業、跨媒體、跨所有制兼併重組。……鼓勵支持符合條件的出版企業上市融資，促進金融資本、社會資本與出版資源有效對接。[29]

28　莫之許，〈中國為何要推網絡安全法〉，《端傳媒》，二〇一五年八月十日，https://theinitium.com/article/20150807-Mainland-internet-security/。

29　全文可參見「中華人民共和國國家新聞出版廣電總局」網頁：http://www.gapp.gov.cn/news/1663/248321.shtml。

第一段引文的關鍵字是「輿論引導」；第二段，關鍵字是「個性化需求」和「服務中引導」；第三段的重點則在於「行政推動和發揮市場作用相結合」以及「促進金融資本、社會資本與出版資源有效對接。」三段引文的觀念，恰好完整說明了中共的黨媒「進化」的理論基礎和路徑。

在中國，一直以來和「黨媒」相對的概念是「市場化媒體」。「市場化媒體」並不表示它可以自外於黨的管理，應該說被稱作「黨媒」的，就是以宣傳中央政策為主要任務，至於是不是能夠在市場上取得成績，一般認為並不重要。只有一個報業集團中的「市場化媒體」，才需要以各色各類的內容吸引讀者眼球，爭取廣告，進而獲取商業利益。在這一套觀念下，《人民日報》可以說是「黨媒」最典型的代表。

但在今日，「黨媒」就等於「沒市場」這個印象已有了極大的改變，最好的指標就是微信公眾號的排名。二〇一五年，微信新聞類公眾號排名的前十名是：

一、人民日報
二、新聞哥（騰訊公司主持的新聞公號）
三、央視新聞
四、馮站長之家（一個提供綜合性「三分鐘新聞」的頻道）
五、新聞早餐（也是一個提供快速、濃縮新聞的頻道）

六、都市快報

七、鳳凰網

八、南方都市報

九、中國新聞周刊

十、澎湃新聞[30]

這個排名是綜合各公號全年的點擊量和下載量所計算，屬於「硬碰硬」的指標。為何以往被認為根本不具備市場競爭力的《人民日報》，能夠在微信公號上名列首位？《人民日報》自己分析的原因是：

一、搞定核心用戶：中年男性消費新聞的群體。

二、學會賣萌。二〇一四年APEC期間，一篇題為〈有一種愛叫習大大和彭麻麻〉的文章在朋友圈流傳甚廣，這是《人民日報》的出品。

三、用產品經理思維做新聞。《人民日報》每隔幾天就要和新媒體團隊召開數據分析會，

30 張文暉、王嘉偉（編），「二〇一五年十大新聞類微信公眾號排名」，人民網，二〇一五年十二月二十五日，http://history.people.com.cn/peoplevision/n1/2015/1224/c371452-27971406.html。

梳理運營數據最新的變化。

當然，資金的支持並不可少。二〇一五年，《人民日報》客戶端、全媒體平台、數據中心三個項目拿到了國家媒體融合重點項目的資助，三個項目一共兩億元。[31]

第二名「新聞哥」的主辦公司騰訊雖然不是黨媒，但對它的分析也很值得參考：

新聞哥為什麼火，大概是因為他以一種「不正經」的態度傳遞了「正經」新聞。玩內涵、玩腹黑（按：指小小使壞，耍點手段）、玩與眾不同，集錦每天的新聞，用新媒體方式的解讀將新聞推送給大家。

……不僅如此，新聞哥還有一位有內涵且胸大的——新聞妹，新聞妹主要主持每週三的午夜陪聊。[32]

排名第三的央視，則是以多語種、全面性的國際新聞，和影音新聞取勝。[33]

解讀這份排名，首先可以在第五和第六名之間畫一條線：第一到第五名，除了《人民日報》和央視兩家「黨媒」外，另外三家都不是傳統新聞機構。後頭五名才是一般所稱的「市場化媒體」，而除了新創網媒「澎湃」，其他四家在過去很長一段時間，都是中國市場上質、量表現俱佳的新聞媒體。在二〇〇〇年前後，要說《南方都市報》或者《中國新聞周刊》的閱讀人口少於《人民日報》，完全是不可想像的事情。

因此，如果從這紙排名回看前文從〈關於推動傳統媒體和新興媒體融合發展的指導意見〉提出的關鍵字：「輿論引導」、「個性化需求」、「行政和市場相結合」，以及「促進金融資本、社會資本與出版資源有效對接」，就可發現中共中央在落實網際網路戰略上絕非徒託空言。除了以各種新媒體的操作法，吸引讀者進入「主旋律媒體」；更會利用新的宣傳策略來形塑個人崇拜，「學『習』小組」就是一個最典型的例子：[34]

「這十年，我們好好學習。與習一起進步，一起擔當。錯過習的前六十年，不再錯過現在。」這是「學習小組」微博首頁上的一句話，配上一張習近平十七歲的照片，提綱挈領地點出了這是一個發布習近平個人信息的媒體。微博名稱是雙關語，既是「學習」，也是「學『習』」。

31 同註三十。
32 同註三十。
33 同註三十。
34 本段對「學習小組」的描述，綜合自以下資料：劉少華，〈人民日報發力移動互聯網「俠客島」、「學習小組」逆襲〉，《人民日報海外版》，二〇一四年十二月二十六日，http://media.people.com.cn/BIG5/n/2014/1226/c40606-26278658.html；〈學「習」不間斷，陸五央級新媒體現身〉，《中央社》，二〇一六年七月二十一日，http://www.cna.com.tw/news/acn/201607210459-1.aspx；以及「學習小組」微博主頁：http://www.weibo.com/xuexixiaozu。

只消隨意看幾條「學習小組」的發文，立刻就可以發現它和傳統「黨媒」的不同之處。《人民日報》自己形容，這是在「（《人民日報》）海外版編委會給予很大空間的前提下，幾個年輕人的自發行為。這種類似於創業的方式，成為解放新聞生產力的一種嘗試」。

例如二〇一六年八月二十四日，一張習近平在雨中撐著傘視察一處工地行程的照片，小編給出了這樣的批註：「同志，總書記的雨傘擋雨效果好不？」

七月五日，一張習近平和夫人彭麗媛會見剛果總統夫婦的照片，「學習小組」的小編人事時地都沒交待，只批註六個字：「來張圖，看氣質~」還是追捧彭麗媛。

「學習小組」在二〇一四年底的「中國企業新媒體年會」上，獲得「最受中國企業關注的自媒體帳號」。這當然主要是得力於這個「自媒體」報導的主角是習近平，但《人民日報》自己也總結了「學習小組」成功的三點經驗：

一、變換風格。要用讀者愛聽且熟悉的語言，替讀者找到事情的獨特角度。

二、強調及時。移動端的傳播速度快，如果能早於其他競爭對手推出解讀文章，就會在輿論場占據先機，形成良好影響。

三、突出權威。儘管我們很多時候是以調侃式的語言拆解時局，但在輿論場上，是將「俠客島」和「學習小組」作為黨媒發出的聲音來看待的。[35]

然而不管用什麼樣的形式包裝，獲得多高的點擊數，「進化的黨媒」內核永遠是「黨媒」，傳達領導人的意志，拱衛中共中央的統治權，始終是最重要的任務。

除了讓黨媒快速地且成功地「自我進化」，中國共產黨在「網際網路戰略的設計上」，進一步嘗試駕馭商業資本，借助商業機制鞏固權力。其策略非常清楚：

第一階段，依托對WTO的承諾，以「管理」為名，行言論檢查之實，削弱外商的言論空間——這通常是外商在中國市場的最大利基。第二階段，利用海量規模的國內市場扶植少數幾家大型網路公司，使其快速累積資本，之後再讓這些巨頭進入國際市場，憑藉雄厚的資本和對中國市場的寡占優勢，收購國外企業。

這其中最具代表性的玩家，莫過於馬雲創辦的阿里巴巴。二〇一二年是阿里巴巴發展的關鍵年，這年九月它進行了一次重大的體質調整：以增資方式，購回了半數雅虎在阿里巴巴的持股，涉及金額約七十六億美元。雅虎過去擁有百分之四十的阿里巴巴股份，未來將分階段減少其持股。而這次認購阿里巴巴普通股的主要投資機構包括「中國投資有限公司」，和「博裕資本」、「中信資本」兩家中國私募股權投資公司；另外還包括中國國家開發銀行旗下負責股權投資的子公司「國開金融」。[36]

35　劉少華，同前註。

36　阿里巴巴回購雅虎股權的相關新聞及爭議，可參見：「阿里巴巴集團完成七十六億美金的股份回購計畫，

《紐約時報》在這項消息公布之後兩年，發表了調查報導〈阿里巴巴上市背後的「紅二代」贏家〉，文中質疑阿里巴巴並沒有詳細說明上述機構「深厚的政治背景」。根據《紐約時報》的分析，上述企業的高級管理層中，「不乏執政的共產黨中最有權勢的成員的子孫」，例如前國家主席江澤民的孫子，哈佛畢業生江志成（Alvin Jiang）就是博裕資本的合夥人之一。[37]《紐約時報》並根據自身審閱過的文件指出，當時還有另一家公司也購買了阿里巴巴的股份：新天域資本。而當時的國家總理溫家寶的兒子，就是這家私募股權公司的聯合創始人。[38]

儘管阿里巴巴在《紐約時報》的報導刊出後，發表了措辭強烈的聲明，強調「市場是阿里巴巴唯一的背景」。但西方世界對阿里巴巴資本結構的拆解和質疑，展示了中國裙帶資本主義（crony capitalism）在網際網路產業領域的無往不利：執政集團的成員，既制定法律，又手握監管權力，同時還可以是投資者和獲利者。當他們開始熟悉資本市場的遊戲規則，這些網路公司的投資就開始跨出網際網路領域，攻占電影、戲劇、媒體等內容生產領域。

另一方面，阿里巴巴在國際間投資的信息始終不斷：[39]

在它的本業電商方面，阿里巴巴在二〇一〇年收購了eBay的商品發布工具Auctiva和Vendio，而這讓它掌握了超過二十五萬戶eBay商家，估計這些商家發布的商品占eBay所有商品的百分之五到十。

在二〇一三年年中到二〇一四年年中約一年左右的時間，阿里巴巴針對美國科技業進行了

六、七筆投資，包括即時通訊應用Tango和Snapchat，體育紀念品網路零售商Fanatics和電子遊戲初創公司Kabam等。

BAT中的騰訊也不斷傳出對外投資的信息。二〇一六年，它出資八十六億美元（約合五百六十五億元人民幣），從芬蘭開發商Supercell手中買到線上遊戲「部落衝突」的股權。《紐約時報》報導指出，對Supercell的收購是騰訊迄今為止最大的一筆交易。從二〇一〇年之後的五年內，這家市值兩千一百億美元的中國公司在全球遊戲領域進行了多筆戰略投資

買回雅虎半數持股」，INSIDE，二〇一二年九月十九日，http://www.inside.com.tw/2012/09/19/alibaba-group-closed-the-deal-w-yahoo；傅才德，〈阿里巴巴上市背後的「紅二代」贏家〉，《紐約時報中文網》，二〇一四年七月二十一日，http://cn.nytimes.com/business/20140721/c21alibaba/zh-hant/；「『市場是阿里巴巴的唯一背景！』——中國電商巨人嚴詞回應紐約時報〈阿里巴巴上市背後的「紅二代」贏家〉報導」，INSIDE，二〇一四年七月二十二日，http://www.inside.com.tw/2014/07/22/the-market-is-our-only-one-patron-alibaba-s-response-to-ny-times-report。

37 傅才德，同前註。

38 傅才德，同前註。

39 本段關於阿里巴巴國際投資的論述，綜合自以下資料：Mike Isaac等，〈阿里巴巴大舉投資美國科技公司〉，《紐約時報中文網》，二〇一四年八月一日，https://cn.nytstyle.com/technology/20140801/t01alibaba/；王姍姍，〈阿里求變〉，《紐約時報中文網》，二〇一四年四月二十八日，http://cn.nytimes.com/business/20140428/c28alibaba/zh-hant/；David Gelles等，〈阿里巴巴的美國夢〉，《紐約時報中文網》，二〇一四年六月三十日，http://cn.nytstyle.com/technology/20140630/t30aspirations。

和收購。[40]值得一提的是，「部落衝突」被騰訊收購後不久，就有台灣玩家指控，自己使用了兩年多的部落名稱「台灣共和國」，遭版主以「令人不適」為由，強行改為「美麗的台灣」。[41]

只要稍稍列舉BAT這中國三大網路巨頭對國外的商業投資，就不難發現中國的網路戰略已經從二十一世紀初期的「封鎖」、「刪帖」、「銷號」等看似強勢其實卻很消極的作為，進一步搶進國際資本市場，在西方世界尋找投資標的。表面上是進行企業本身面對下一個世代的戰略布局，但這樣的資本規模，無論是其可查考的組成，或是使它能夠發展壯大的政經環境，都很難與在北京的權力集團清楚切割。

上海「徽投資本」董事長蔡偉在兩場演講中，以「執政拱衛權的重新配置」，非常清晰地描繪出中國官方如何憑藉BAT三巨頭的能量，建構新的網際網路戰略：[42]

> 習總本人，明確說過，意識形態失守，則執政地位不保。習大大原話是這樣的：「建成幾家擁有強大實力和傳播力、公信力、影響力的新型媒體集團。」我的解讀，潛台詞是，誰能給我用，好用，管用，我就用誰，傳統媒體還是互聯網，並沒有偏好。這種表態，實際上，已拋棄了傳統媒體管理那一套。
>
> 這二十年，執政黨從警惕、懷疑、驚慌、迷茫到利用，到現在，習總接班後，技術官僚已重新調整認識，現在已確定把互聯網，尤其是BAT作為執政拱衛力量。

……比如，網信辦已經成為超級權力機構。這次習大大去美帝做客，參訪團都有誰啊？魯煒部長，馬雲、馬化騰、李彥宏、劉強東等，一千互聯網大老，我們國有傳媒集團領導人一個都沒帶，也沒帶我去。

BAT取代傳統媒體成為鞏固中共執政新力量的根本因素在於資本累積和技術發展，也因此，它在治理體系裡的地位日益重要。對於BAT收購傳統媒體的動機，蔡偉一語道破：

對於BAT來說，純新聞業不是大生意，他們會尋找很少的標的來合作，比如此次阿里巴巴入股第一財經，入股川報集團的封面新聞項目，其主要價值訴求還是扮演執政協防角色，幫執政者處理媒體資產麻煩，以此換取官方隱性紅利讓渡。

40 孟寶勒（Mark Scott），〈騰訊收購芬蘭遊戲公司引發玩家擔憂〉，《紐約時報中文網》，二〇一六年六月二十二日，http://cn.nytstyle.com/technology/20160622/tencent-softcell-softbank-deal。

41 曾雪蒨、王乙徹、蕭文康，〈《部落衝突》台玩家，遭中國擅改名〉，《蘋果日報》，二〇一六年七月十八日，http://www.appledaily.com.tw/appledaily/article/headline/20160718/37312568/。

42 本段引述蔡偉的演講內容，綜合自以下資料：周昶帆，「徽投資本董事長蔡偉：互聯網治理戰略下的傳媒權力版圖重構」，三十六氪，二〇一六年一月十六日，https://36kr.com/p/5042355.html；蔡偉演講稿，「國有傳媒集團如何與BAT賦能集團博弈」，二〇一五年十一月二十三日，轉引自新浪傳媒，http://news.sina.com.cn/m/pm/2015-11-23/doc-ifxkwuwx0294770.shtml。

他的總結更是直白：

對於官方來說，BAT不僅是執政協防者，也是國家網絡信息和經濟安全的壓艙石、創新基礎設施外包商。馬雲、馬化騰和李彥宏都是事實上的黨員，只是不交黨費而已。

四、中西網路價值觀的對撞，從谷歌個案出發

北京對網路的嚴格管制，無可避免地會和西方國家看待網路的觀念彼此對撞。從二〇一〇年喧騰至今的「谷歌退出中國事件」就是一個典型的例子。

二〇〇六年四月，Google以中文「谷歌」為名進軍中國市場，[43]二〇〇九年第四季，谷歌占中國搜索引擎市場的比例到達百分之三十六點四，但到了二〇一〇年，谷歌公司發出聲明表示拒絕將使用者的搜索結果交由中國官方審查，並且宣稱受到來自中國方面「複雜的網絡攻擊」，決定關閉google.cn的網域名，同時將使用者的網頁搜索、圖片搜索和新聞搜索定向至香港域名（google.com.hk），以便提供未經審查和過濾的搜索引擎服務。

外界以「退出中國」形容谷歌這次決策。但事實上，儘管谷歌此後在中國搜索引擎市場的占比衰退到只剩百分之二，它旗下的資訊產品例如電子信箱gmail、影音網站YouTube、社交

網站g+、線上圖書等服務在中國都斷了線，但另一部分產品，包括安卓系統、地圖、廣告和Chrome瀏覽器，在中國一直都能夠使用。

二〇一〇年初，當谷歌在北京中關村的辦事處前堆滿中國民眾送上的花束，悼念「google.cn」的網址一去不復返時，為中國政府網路政策辯護的聲音也浮上檯面，「中國世界貿易組織研究會」副會長鄭志海的論述頗具代表性：

> 在中國加入WTO的承諾中，對於上述兩項服務（「線上資訊和數據處理」和「線上資訊和數據檢索」），對外國公司做出了明確的限制，首先，外國公司不能以跨境方式提供服務，必須在中國境內設立合資公司，且外資股比不得超過百分之五十，在此基礎上，中國將給予合資企業完全的國民待遇。谷歌正是根據上述承諾在中國依法設立的合資企業……一直享受其應有的市場准入和國民待遇。[44]

43 此段關於谷歌在中國市場的發展歷史，參見以下資料：張妍，〈Google「重回」中國，到底它離開過沒有?〉，《端傳媒》，二〇一五年十二月十六日，https://theinitium.com/article/20151216-mainland-google/；〈Google即將重返中國?〉，《端傳媒》，二〇一五年九月七日，https://theinitium.com/article/20150906-dailynews-google/；〈Google 重返中國在即?發布近六十個在京滬工作的職位〉，《端傳媒》，二〇一六年一月七日，https://theinitium.com/article/20151103-dailynews-alphabet/。

44 鄭志海，〈專家稱中國對谷歌實施管理措施符合WTO承諾〉，《環球時報》，二〇一〇年三月十二日，除了強調中國並未違反WTO承諾，鄭志海對「管理」有了另一番界定，他說：

此次谷歌質疑的不是中國的市場准入和國民待遇的承諾，而是我國依法管理互聯網的權力，具體就是指網絡內容審查。……因此，一些美國企業和商協會認為「中國在此領域的市場開放應是全面的、無限制的」是一個片面的理解。在WTO成員中，不管是發達成員還是發展中成員，一直強調市場准入不可分割的兩個方面，一方面是開放的，另一方面是有管理的。[45]

谷歌退出中國風波所引爆的議題，意謂著以美國為代表的西方世界對於中國嚴格監控網際網路的定性，已經從「言論自由」的範疇跨進了「貿易障礙」。谷歌在二〇一〇年十一月發表了一部題為「在資訊科技時代開放貿易：打破資訊自由流通的障礙」的白皮書，開宗明義舉出了全世界仍有超過四十個國家政府管制網路資訊，這些政府使用的手段包括：

一、技術性封鎖整個網際網路服務（如搜尋引擎、線上商店、託管內容的平台等服務）、或封鎖特別的關鍵字、網頁、及網域。

二、以證照要求或其他手段強制公司移除搜尋結果，致使用者更加困難找到特定內容。

三、以法規命令或將整個網域隱藏的方式執行「取下（take-down）」規定（所謂的「取下」，即是要求移除特定網址）。

四、透過監督、威脅提告，或以非正式的方式威嚇等手段鼓勵自我審查（self-censorship）。[46]

而谷歌強調，上述的行為將會影響貿易。儘管谷歌沒有點名，但從發表的時間來看，中國政府必然是白皮書指控的重要對象。

到了二〇一六年四月，美國貿易代表署發布的「國家貿易評估報告」，就直接點名中國的網路監管單位不只封鎖關於民權或民運、維權人士架設的網站，還阻擋架設在其他國家的新聞、娛樂及社交網站。報告指出：「過去一年來，網站遭封鎖的情況持續惡化，全球前二十五個最熱門的網站中就有八個遭中國封鎖。」如搜尋引擎谷歌和社交網站推特都被「防火長城」

參考網址，http://media.people.com.cn/GB/40606/11127694.html。

45 同前註。

46 Google，'Enabling Trade in the Era of Information Technologies: Breaking Down Barriers to the Free Flow of Information', http://googlepublicpolicy.blogspot.com/2010/11/promoting-free-trade-for-internet.html。中文翻譯引述自林怡臻、郭于榛，〈政府對網路資訊之管制與自由貿易：以Google白皮書為討論中心〉，《經貿法訊》十，政大商學院國際經貿組織暨法律研究中心，二〇一一年一月十日。

封鎖，網路控制已對美國網路公司在中國的營運造成「嚴重負擔」。[47]

谷歌的白皮書也提到美國貿易代表柯克（Ron Kirk）曾在二〇一一年要求北京說明網路監管政策，並引用WTO的規範要求會員國政府須公布可能構成貿易障礙的限制措施細目。柯克當時批評中國的網路審查系統是傷害美國企業的「商業障礙」，但貿易代表署的報告中沒有透露北京當局對此是否有所答覆。

五、因應兩岸「網路貿易逆差」的政策選擇

前一節曾提到美國開始以「貿易障礙」看待中國政府對網路的嚴控，這對台灣而言是一項有益的發展。因為直白地說，北京對於言論的檢查、封鎖，對非華語國家的影響相對有限，真正受到重創的是台灣、香港、澳門和中國民間。然而一旦網路監控成了「貿易問題」，自然就能夠引動西方更強大的政、商勢力向北京施壓。

描述完中國，回頭檢視台灣，可以發現台灣相關政府官員始終將網際網路定性為一個「自由市場中的流通平台」，和其他的平台並沒有太多不同。二〇一三年出爐的《兩岸服務貿易協議》草案，其中關於「電腦及其相關服務業」的談判結果，可以視為兩岸的網際網路戰略最重要的一次交鋒。[48]

《兩岸服務貿易協議》的談判結果，和本文題旨相關的有「電腦及其相關服務業」與

沒有開放的「出版業」相關的種種討論。根據二〇一三年《服貿協議草案》的特定承諾表，台灣對中國的開放承諾中，「電腦及其相關服務業」包括：電腦硬體安裝有關之諮詢服務（CPC841）、軟體執行服務（CPC842）、資料處理服務（CPC843）、資料庫服務（CPC844），及其他（CPC845+849），在跨境提供服務方面並沒有限制，也可以以獨資、合資、合夥或設立分公司等各種形式設立商業據點。但相對應的項目中，中國對台灣在跨境提供服務上開放承諾的只有「軟件實施服務」（CPC842）。但在「在線數據處理與交易處理」部分，只限於電子商務網站，而且必須在福建省設立台資股權比例不超過百分之五十五的合資企業，也無法「跨境交付」。[49]

在出版業方面，中國承諾對台灣進口中國的圖書開設「綠色通道」，其優惠在於：過往台灣圖書於中國上架銷售時，要在哪一個城市上架，就要接受該地區相關部門檢查；但在「綠色通道」的安排下只要檢查一次，一地通過就可全中國上架。[50]

47　U.S. Trade Representative, 2016 National Trade Estimate Report, https://ustr.gov/sites/default/files/2016-NTE-Report-FINAL.pdf。中文翻譯可參見茅毅，〈中國打壓網路自由，美國列為貿易障礙〉，《自由時報》，二〇一六年四月九日。

48　相關談判結果，見《服貿協議草案》〈附件一：服務貿易特定承諾表〉。

49　「跨境交付」意指廠商在台灣境內接單後，可以直接向中國大陸出貨。

50　參見：涂鉅旻，〈服貿協議開放項目，文化部：不含出版業〉，新頭殼，二〇一三年六月二十一日，https://

在當時馬英九政府的自我評價中，電商的談判結果已經優於中國政府在WTO及對香港的承諾：

> 政府為台灣電子商務產業，打造進軍中國大陸的綠色通道，取得布局大陸的優待門票，這樣的優惠待遇是前所未有的。……運用網際網路無遠弗屆，不受時空限制的特性，銷售給在天南或地北的大陸內地消費者，不僅開創了台灣電子商務的新藍海市場，更可帶動了傳統製造產業等商品供應鏈業的新一波發展，增加國內就業人口的工作機會。[51]

但就在「太陽花運動」後於立法院召開的公聽會中，民間專家對於馬政府的評估提出了不同意見：「推動網路中立性立法」發起人楊孝先說，這樣的談判結果放到實際操作層面，就是在台灣對中國單方面開放，中國卻不對台灣開放時，一個可能的情境就是，如果廠商想要同時在兩岸市場經營，則必須遷移至中國。[52]

此外，在一般的通訊或社交軟體的發行和推廣上，台灣是站在網路自由的立場，以「業者自律」為主要管理手段；但中資業者遵行的是中國的法令，例如中國國務院台辦頒布的《大陸企業赴台灣地區投資管理辦法》中，就有「不危害國家安全、統一」的條文。因此，最終結果極可能造成名義上是業者自律，實則是遵循中國法律的內容管制，網路言論自由的危害，不僅影響在台的中資業者，也會影響進入中國的台商。

除了楊孝先，在立法院為《服貿協議》召開的第十場公聽會上，「中華民國國家資訊基本建設產業發展協進會」執行長吳國維也提到類似的問題：

（中國大陸）他們本土產業還沒有強壯到一個程度時，是不願意開放其他強勢產業進入領土的。我們與他們在簽署服貿協議時，不知道有沒有站在這樣的立場來要求他們開放？當我們的網路與他們對等開放時，我們有沒有評估過：他們到台灣來算強勢還是弱勢？而我們過去到底算強勢還是弱勢？[53]

楊孝先和吳國維在服貿公聽會上都點出了台灣和中國在網際網路政策上的巨大落差：中

---

newtalk.tw/news/view/2013-06-21/37522；倪鴻祥，〈楊克齊肯定兩岸服貿，為台灣圖書開綠色通道〉，《中評社》二〇一四年三月十七日，http://hk.crntt.com/doc/1030/7/5/3/103075301.html?coluid=7&kindid=0&docid=103075301。

51 「兩岸簽署服貿協議是否為國內的電子商務產業爭取到優惠待遇？創造出哪些商機？」，二〇一四年三月二十六日，行政院陸委會，http://www.mac.gov.tw/ct.asp?xItem=108248&ctNode=7465&mp=190。

52 這段論述，詳見「推動網路中立性立法」網頁，http://blog.nninlaw.net/2014/03/blog-post.html；也可參考「推動網路中立性立法」發起人楊孝先在立法院服貿公聽會的發言紀錄及書面意見稿，「海峽兩岸服務貿易協議」第十場公聽會報告，http://lis.ly.gov.tw/pubhearc/tsbooki?N103380:0032-0034。

53 立法院，「海峽兩岸服務貿易協議」第十場公聽會報告。

國在政策上緊抓網際網路的控制權，但台灣則除了特定領域，例如色情、誹謗或事涉消費者保護等，可以依照相關法律管理，網際網路本身無論作為一個資訊或商務平台，幾乎全無管理設施。先天理念的差異，致使兩岸網路資訊「單向流動」的情況非常嚴重：中國的任何資訊都可以進入台灣，但台灣，即使是無涉政治的商業網站，同樣被阻擋於「網路長城」之外。[54]

對於楊孝先和吳國維提出的問題，馬政府在談判過程中如何評估、看待？一位馬英九政府負責相關事務的政務官（應其要求而採取匿名，以下簡稱「官員A」）接受了筆者的訪談，他透露：「政府開始覺得不對勁是從夜市開始，越來越多的台灣夜市業者向政府反映其他攤位賣的貨品是成批成批從『淘寶』上批發下來的。這些大陸貨品數量小時影響不大，但到了這個地步，政府就覺得情況不對了。更何況這些貨品都不用繳稅。」

官員A舉出的例子，非常具體地展現了兩岸網路電子商務「單向流動」的趨勢日益惡化。它帶來的問題包括「網路貿易逆差」、陸資身分的認定和台灣政府課不到稅的問題。

二〇一三年服貿談判的結果並沒有解決兩岸網路商業「單向流動」的問題，台灣中、小資本，或者專業類的電商實質上等同排除在兩岸電商交易之外，即使大企業有能力到福建設公司，還是要承擔言論檢查和換照的不確定性。然而在筆者訪談另一位官員時得知[55]，在兩岸進行服貿談判時，中方確實曾經同意開設「小型通道」，也就是讓一部分台灣電商業者的網站可以在中國境內聯結而不會遭到阻擋，前提當然是他們不能賣「違禁產品」。

但該官員也強調，中方同意上述開放措施的規模很小，能夠獲准走這條通道的電商業者不多，也沒有廣為公告所有業者周知，換言之，並沒有落實為體制。再加上後來國民黨政府推動《服貿協議》失敗，也就更無從得知對岸這項承諾未來落實程度如何，或可能產生什麼問題。[56]

相對於台灣電商進入中國市場的高門檻，中國的網路業者則是根本不必依靠任何協議，長驅直入台灣市場。近年來比較受到注目的案例是電商業阿里巴巴在台灣成立公司爭議，以及線上影音串流業者「愛奇藝」設立台灣公司並開設營運網站，皆可說明此一問題。這家中國主要影音網站公司在二〇一五年十一月以「試營運」的名義進入台灣，截至二〇一六年第一季，在網站上已經播出超過一百三十部原創戲劇，總計超過兩千部電影內容，成為台灣最大的線上影

54 為了確認台灣電子商務網站被中國網路長城阻擋的情況，筆者在二〇一六年九月三日藉由Great Fire平台提供的測試工具（https://zh.greatfire.org/analyzer），選擇由台灣「火箭科技評論」根據「不重複造訪人數」統計出的前五大電商網站進行測試，結果如下：Yahoo! 奇摩購物中心（https://tw.buy.yahoo.com/），百分之五十封鎖；momo購物（http://www.momoshop.com.tw/main/Main.jsp），百分之五十封鎖；Yahoo! 奇摩超級商城（https://tw.mall.yahoo.com/），百分之百封鎖；Pchome二十四小時購物（https://24h.pchome.com.tw/），百分之五十封鎖；博客來（http://www.books.com.tw）百分之百封鎖。「火箭科技評論」的統計請參見：https://rocket.cafe/talks/65773。

55 一位曾經參與服貿談判的高階文官訪談紀錄，應其要求而採取匿名處理。

56 同前註。

音串流服務業者。[57]

但愛奇藝的創辦人兼現任CEO龔宇也宣示，除了在台灣採購戲劇版權，愛奇藝也會協助台灣有能力有才華的編劇團隊到大陸拍攝節目；[58]例如愛奇藝台灣站開站主打的大戲「滾石愛情故事」，就是在台灣投資，和本地主要流行音樂界合作，同時主要由台灣團隊製作、台灣藝人擔綱演出的戲劇節目。如果愛奇藝持續在台灣發展，並且挾雄厚資本而成為台灣影音串流平台的主要經營者及內容生產者之一，會帶來什麼樣的後果？

筆者的答案是：台灣的影音產業將落入「**帶有言論檢查基因的商業資本**」的控制。「帶有言論檢查基因的商業資本」說來拗口，但若以二〇一六年年中的「戴立忍事件」為例，就不難說明這個詞的意義。在台灣身兼演員和導演身分的戴立忍，二〇一六年七月突然在網路上被部分中國網民批評為「台獨」而遭圍剿。迫使他發表一篇自白長文，同時他參與的電影《沒有別的愛》也宣布將重新拍攝，或者可能胎死腹中。[59]

事實上，除了《沒有別的愛》，戴立忍在同一時間參與的其他電影，也都遭到了諸如修剪戲份、延遲上檔甚至撤銷檔期的情況。[60]在這樣的情況下，完全可以想像除非戴立忍大動作向「中國同胞」懺悔，否則在未來很長一段時間，像愛奇藝這樣背景的中資公司不可能再投資任何與戴立忍沾上邊的作品。誠然，這樣的行為表面上是資本方的「自我審查」，但這種自我審查已經和以往單單只為向一個極權政府效忠表態有很大的不同。它是資本市場的逐利行為，戴立忍們面對的不是積極而強力的打壓，而是消極的「不被聘用」。公眾及評論者甚至找不到一紙白紙黑字的文件，實實在在地說明戴立忍何以被這些網路資本巨頭拒於門外。

這就是「帶有言論檢查基因的商業資本」的控制形態，可以想見，隨著中國網路業者進軍世界，這樣的問題勢必越來越惡化，「部落衝突」遊戲中玩家涉及「敏感字」帳號被經營方直接竄改的例子顯見將越來越多，而這還只是非常輕微的情節。面對台灣和中國在網際網路上如此先天不平等的競爭條件，馬英九政府執政八年期間，兩岸兩會高層人士會晤或協商時，卻罕見台灣針對北京政府在實體出版和網路領域的言論檢查問題上提出要求協商的主張。究竟是為什麼？

在《服貿協議》簽訂之後，面對類似問題，台灣政府部會提出的正面回應，只有文化部在第十四場，關於出版業的公聽會上提出的書面意見：

57 蔡敏姿，〈愛奇藝CEO：想找台灣團隊拍片〉，《聯合報》，二〇一六年四月三日，http://udn.com/news/story/7264/1605678。

58 同前註。

59 此處可參考〈戴立忍被指「台獨」後遭大陸片方撤換，發聲明稱「從不是台獨分子」〉，《端傳媒》，二〇一六年七月十五日，https://theinitium.com/article/20160715-dailynews-china-film-politics/；張志謙，〈調查：互聯網揭批「台獨」之火，如何燒毀「戴立忍們」？〉，《端傳媒》，二〇一六年八月十五日，https://theinitium.com/article/20160815-taiwan-Leon-Dai/。

60 〈戴立忍風波延燒，六弄咖啡館戲份幾刪光〉，《中央社》，二〇一六年七月二十一日，http://www.cna.com.tw/news/firstnews/201607215008-1.aspx。

中國大陸對於出版、發行採取高度管制政策，還有諸多「潛規則」，造成台灣出版業者在中國的發展處於不對等的狀態。對此，文化部計畫和陸委會合作，將這樣的議題提升到「兩會協商」層級，以爭取台灣出版業者在大陸市場的權益。[61]

「兩會協商」當然是爭取平等待遇的手段。但在馬政府時期，卻少見就這方面提出足夠堅實的政策論述。筆者不傾向以「存心賣台」這一類無可稽考的動機論來解釋這樣的行為，而更願意將這樣的政策選擇歸因於一種典型卻粗糙的「自由主義」思想。官員A受訪時認為，在馬政府執政時期，主要的政策方向是想藉由營造兩岸政治高層的互信、良好氣氛，讓台灣的「文化軟實力」有機會進入、甚而影響中國大陸。至於台灣民間社會，官員A認為，自民主化以來，台灣社會已經有了足夠的「免疫力」，對中國大陸的統戰攻勢，不需要有過多的防範，因為「台灣會被統戰的人少之又少」。談到兩岸在網路上貿易的失衡，官員A則認為網路交易平台不需要單獨被「特殊化」看待，重要的應該還是整體的貿易數字，而台灣目前對中國大陸的貿易仍然是順差。

但值得注意的是，中國大陸在馬政府期間再三要求簽署《文化交流協議》，官員A證實了當時馬政府的主流意見是必須非常審慎。因為兩岸看待《文化交流協議》的重點不同，台灣方面更要求促進文化產業業者能夠在大陸獲利；但中國大陸則更希望藉著文化協議獲取「兩岸一家親」、「同文同種」等統戰利益。換言之，從官員A的態度觀察解讀，可以發現馬英九政府執政期間，對於中國方面的「文化統戰」攻勢，並非沒有警覺，只是馬政府官員恐怕沒有把「文化統戰」擺在「網際網路」政策上思考。否則他將會發現，如今的中國共產黨，正是挪用各國政府奉行的「新自由主義」經濟理念，以黨國資本在全世界攻城掠地。而急速發展的網路技術，正是遂行其政治目的的最佳平台。

台灣目前需要的，是在「防範文化侵略」的警覺上，進一步探索能夠有效治理、對抗中國網路戰略的政策主張和工具。在國家政策層面，筆者認為面對習近平的「網路主權說」，台灣應該旗幟鮮明地宣示「網路中立性」為台灣的國家基本政策與之抗衡，並且推動立法。此舉除了具有宣示意義，還能讓政府面對中國網路「只能出不能進」的情況時，有適當的「武器」可以回擊。倡議反服貿運動的重要人士賴中強律師認為，這就必須讓「網路中立法」附有罰則，恐怕也可考慮放寬中國網路商在台灣登記註冊的規範，配套措施是舉凡發現中國或台灣網商違反「網路中立法」，就祭出處分。相反地，如果嚴格限制中國網商在台灣註冊，反而是讓他們享受商業利益、不盡「中立化」的義務，因為這些公司都設在境外，「網路中立法」想開罰也沒有對象。[62]

61　「海峽兩岸服務貿易協議」第十四場公聽會報告，全文參見：http://lis.ly.gov.tw/pubhearc/tsbooki?N103960:0026-0029。

62　賴中強律師訪談紀錄。

再者，以往在網際網路上流通的多為新聞資訊，但放眼未來，包括影音娛樂、書籍出版，甚至商業及個人生活資訊，都會匯聚在網際網路上，因此台灣政府必須改變一直以來的「放任」政策，考慮是否有必要在一個較高的政府層級，例如國家安全會議或陸委會裡設置專責小組，研究分析中國的網路戰略和政策；並且參考美國每年發布「中國人權報告」的作法，發表「中國網路自由度報告」，突顯台灣對中國網路環境的重視，同時反饋相關知識給負責規畫兩岸政策和貿易談判的團隊。

在治理層面上則應該舉出並且承認，兩岸網路資訊流向嚴重失衡的問題。政府行政部門目前確實已經發現問題，同時針對個別問題嘗試提出解決方案，例如研議修法，讓阿里巴巴即使不在台灣登記成立公司，一樣能夠在貨品寄送過程中課徵營業稅，[63]但這也只是一般概念下的「營業稅」，但如果要能夠表達台灣政府對兩岸「網路逆差」的態度，針對中國網路輸台的商品課徵懲罰性稅賦，似乎也是可以考慮的政策工具。如果要有效對陸資企業執法，台灣政府或許應該思考放寬中國業者到台灣設立公司，如此才有機會讓他們接受例如「反壟斷」、「反歧視」、「網路中立」等法律的規範。否則依照現行政策，這些中國網商不進台灣，但生意照做，台灣政府反而拿他們一籌莫展。

第二類可用的工具是通過國際貿易談判機制。前文曾經提到，美國官方日前曾經將中國政府嚴控網路定性為「非關稅貿易障礙」。在谷歌發表的「在資訊科技時代開放貿易：打破資訊自由流通的障礙」白皮書中，也主張貿易官員與政策制定者應切記，加諸於網際網路之限制對於經濟成長與貿易利益所造成之衝擊，並鼓吹WTO的服務貿易總協定（General Agreement on Trade in Services，以下簡稱GATS）可以且應該用來打擊對於網路資訊之限制與破壞。[64]谷歌倡議服務貿易談判應將所有網際網路服務納入，而不要因為GATS正面表列的承諾表設計使之有所遺漏；同時未來在雙邊與多邊的貿易協定中應該談判出反映今日資訊經濟之新規則。[65]谷歌所提出的：將極權政府對網路的管制視為貿易障礙，將它提上在服務貿易的談判平台處理。這完全是台灣政府應該採行的方式，但在二〇一三年的《兩岸服務貿易協議》草案中，台灣政府對此部分幾乎不曾著力。

第三類工具，則是由民間自發性地發起「消費者運動」，也就是面對前文所述「帶有言論檢查基因的商業資本」時，消費者以及一部分不願意受到思想檢查的創作者，可以共同發起新的著作權平台，這個平台願意承擔相當的社會責任和人權意識，而且回到資本市場的運作方式，如此才能對一部分有歧視、言論檢查的網站產生影響力。[66]

63 邱柏勝，〈淘寶輸台商品低報價格避稅，財政部：誠信最重要〉，《自由時報》，二〇一五年七月十四日，http://news.ltn.com.tw/news/business/breakingnews/1379400；吳佳蓉，〈淘寶網購貨物，營業稅由海關代徵〉，《自由時報》，二〇一五年十月三十日，http://news.ltn.com.tw/news/business/breakingnews/1492271。

64 同註四六。

65 同註四六。

66 同註六三。

倡議上述主張的賴中強律師認為，民間自發性的消費者運動恐怕是最有效的工具，加上有理念的內容生產者，不管從買方或賣方入手，重點是把這樣進步的力量團結起來。

六、結語

在中國，網際網路一度曾經是中國公民社會寄予厚望的場域。它可以批評時政、聚焦議題，甚至動員群眾參與公民運動。但約莫就在二〇一二、二〇一三年前後，中國政府不僅在原有的管制方式上收緊網路言論的尺度，加強對流通於網際網路上「新聞資訊」的管制：例如新聞報導、現場影音、評論、討論群組，甚或動員集結抗爭的通知。但隨著網路的發展和技術的提升，「新聞資訊」的流通已只是這個平台所承載的一小部分社會活動，線上出版、影音串流服務和網路上的商務應用服務，實則是更具經濟價值的部分。

網際網路能夠承載的文化、商業活動愈多樣，就愈發令北京政府堅信這是一塊必須堅守到底，打死不退的戰略高地，國家和共產黨控制的媒體也更在網際網路領域上自我學習、進化，再結合資本和商業力量，力求「馴化」網際網路。中國國家主席習近平在連續兩屆「世界互聯網大會」的談話中提及「網絡主權」，堪稱網際網路在中國發展重要的分水嶺。在此之前，網際網路的政治和社會功能，是由「西方國家」的觀念定義，例如崇尚開放、自由，反對審查和管制；更重要的是其「跨國界」的特性。但習近平這一席談話，明確地把網際網路重新圈回行政權下，網路長城（Great Firewall of China）和實體長城（國境線）合而為一。中國政府加諸網路輿論的種種審查措施，也從此加上了「主權獨立」的保護傘，為的是抵禦西方世界的攻擊。

「網路主權」的主張同時也具備經濟效益。中國政府對網路言論的檢查和管制實際上造成「網路貿易壁壘」，得到特許經營權的中國網路公司藉此得以排除競爭者，累積資本後持續向包括台灣在內的境外擴張版圖；而事實上，這也和中共政權「統一台灣」的政治目標相互為用。中國「網際網路戰略」的建構和強化，對台灣而言首先是經濟問題。中國政府封鎖了大部分境外網站，但中國的網站卻可以自由登陸世界絕大多數國家，包括台灣在內，這造成了「網路貿易逆差」，台灣在網路貿易上「向中國讓利」的問題日益嚴重。

當中國以國家力量壟斷網路商業資源，並且靠著其他國家的網路自由獲取商業利益時，台灣的政府部門應該取法美國政府和谷歌的論述，向中國政府主張在服務貿易談判的架構下，針對兩岸網路商業貿易的不公平現況進行談判，例如台灣應該要求網路服務業的「跨境交付」，也就是業者不必到中國設立公司，只要在台灣就可以利用網路接單、出貨，服務中國消費者。台灣其實有相當的基礎要求「跨境交付」：因為對中國廠商而言，台灣是主張網路開放的國家，「跨境交付」是不必爭取就有的天然權利，因此現況其實是在網路平台的貿易上，台灣不斷地向中國「讓利」。

誠然，任何熟悉中國體制的人士都知道，要令中共政權面對網路管制問題絕非易事。但即使爭取不到，台灣政府也不應該連原則和立場都不宣示，更不應輕易接受北京政府設定的遊戲規則，因為一旦不持異議地和對岸在這方面達成協議，就等於協助北京政府鞏固其論述中的「網路秩序」。在一時不可能令中國政府放鬆網路檢查，改善「網路貿易逆差」，而相對地封鎖中國網站也不該是政策選項的情況下，適當地運用加強查稅，甚至對中國網站銷往台灣的貨品祭出懲罰性關稅，都是台灣政府可以考慮的政策工具；政府也可以結合，或鼓勵民間團體以「消費者運動」的形式，針對透過不公平網路貿易管道進入台灣的商品，施加壓力和抵制。

中國的「網際網路戰略」對台灣不僅是經濟議題，更是攸關言論自由，以及開放、多元的體制能不能永續維持的政治問題。因此，當中國公開宣示「網路主權」的主張，台灣必須相應地將「網路開放、自由」提升到國家政策的高度，而且不能徒託空言，必須有相應的立法和行政措施。在立法行動上，訂立「網路中立法」是當務之急，可以讓「網路中立、自由」上升到國家政策的高度，和中國的「網絡主權」相互抗衡。再者，「網路中立法」能夠賦予政府管制工具，以約束，甚或制裁任何有「自我檢查」或者「歧視」之虞的陸資或國際資本經營的網路平台。如同台灣政府目前以各種強硬的法律或行政手段，要求線上叫車業者UBER遵守台灣的營業車法規：政府對UBER強力執法，並沒有「干涉網路自由」的疑慮；同樣的，要求網路平台業者不得對內容進行思想言論審查，也不該有此疑慮。另一方面，如果政府對「只是」違反交通法規的UBER都如此強力執法，更沒有理由放任危害更深的陸資或國際資本網路平台繼續假借台灣自由的網路環境，最終讓台灣逐步被圈進中國的「網絡主權」裡。

附件一　九〇年代以來台灣教科書爭議大事記

一九九三～九五年　教育部分別在一九九三、一九九四、一九九五年分別陸續修訂公布《國民小學課程標準》、《國民中學課程標準》、《高級中學課程標準》。

一九九七　教育部開始規畫變更國中歷史標準，改變既有的教學順序，增設兩學期《認識台灣》的課程。杜正勝在《當代》發表〈一個新史觀的誕生〉一文提倡「同心圓」史觀理論。

六月　教育部宣布高中歷史課本標準自八八學年度（一九九九年）實施（八八課綱）。

三日，新黨籍的立法委員李慶華舉辦了一場「國中《認識台灣》教科書內容是否妥當？」的公聽會。

七月　二十日，TVBS和《新新聞》合辦「認識台灣教科書大辯論」，民進黨以陳文茜、王拓、段宜康為代表，新黨以李慶華為代表，另有台大中文系陳昭瑛、輔大歷史系尹章義。

一九九九　高中課本全面開放由民間編輯，從「統編制」改為「審定制」。

二〇〇三　七月　陳水扁政府為了銜接九年一貫教育的國中畢業生將於九四年度（二〇〇五年）升高中，教育部因而研訂「高級中學課程綱要」草案（九四課綱）。

二〇〇四　十二月　三十一日，由於九四課綱將明朝中葉以後的中國史（包括中華民國歷史）放入世界史的作法受到爭議，教育部推出修正後的高中歷史課程綱要，也就是所謂的「九五暫綱」，將於二〇〇六年實施。

二〇〇六　杜正勝擔任教育部長，教育部執行的「九五暫綱」將台灣史獨立成冊，並放在第一冊，中國史變第二冊，世界史比重不變。

二〇〇八　同年亦開始進行「九八課綱」的修訂工作。

九八課綱原定於二〇〇九年開始使用，但馬英九贏得總統大選、國民黨重新執政，新任教育部長鄭瑞城在二〇〇八年十月二十七日的課程發展委員會議上裁決「擱置再議」，暫不公開國文與歷史兩科的課綱。其後，教育部組成「研商普通高級中學歷史科課程綱要專案小組」（國文科也成立同樣的專案小組）。

二〇〇九　二月　十三日，王仲孚教授在出席監察院諮詢會議時指「九八課綱」背離國家立場與主體性，也違反憲法精神。

王曉波、孫若怡加入九八課綱修訂小組。

二〇一〇　二月　教育部長吳清基改組專案小組。增聘委員多數出身中研院，主要以中國史專家居多。

台大歷史系教授周婉窈退出課綱小組，在《南方電子報》發表〈新政府撥亂反正？還是歷史教育大復辟？——高中歷史課綱要改成怎樣，請大家來關心！〉一文。

二〇一一年　二月　專案小組公布審定後課綱，大致保持九八課綱的內容，除中華民國統治時期改動，其餘部分改動不大。此次審定為一〇一課綱，預計於二〇一二年（民國一〇一年）施行。

四月　台大政治系教授張亞中在《中國評論》撰寫〈異化的史觀與認同：從我者到他者〉一文，詳述李、陳政府透過高中歷史課綱修訂來建立「去中國化」的史觀。

五月　張亞中加入高中教科書審定委員會。

六月　十一日，民進黨立委鄭麗君召開記者會，質疑張亞中為干預歷史教科書的政治黑手，要為馬政府完成教科書「去台灣化」的工程。

十三日，國台辦舉行例行記者會，發言人范麗青呼應台獨史觀會誤導下一代的論述，聲稱馬政府若將民進黨台獨時期的教科書撥亂反正，必會得到台灣大多數民意的支持。

七月　十一日，馬英九於國民黨中常會宣示應刪除高中歷史教科書中有關皇民化、台獨化的不宜內容；台灣史、中國史應合併為「本國史」，才符合《中華民國憲法》的既定國策。

二〇一三　八月　為執行行政院將日治更改為日據的命令，教育部組成社會及語文領域檢核小組，針對不符合要求的名詞進行修改。檢核小組成員名單對外並未公開。

二〇一四 一月 十一日，教育部召開公聽會，公布普通高級中學歷史課程綱要部分修正表。

二〇一五 二月 十二日，台灣人權促進會針對教育部僅花兩週時間就完成課綱微調公聽會、審議大會等程序，並逕行公告實施，以及堅持不肯公開檢核小組成員名單及會議內容記錄提起訴訟。台北高等行政法院，根據《政府資訊公開法》，判決教育部敗訴。教育部長吳思華表示不會停止課綱實施。

五月 一日，台中一中「蘋果樹公社」針對黑箱課綱開了第一槍，在中一中創校百年校慶上高喊抗議口號，為全國第一間對高中課綱表達反對聲音的學校學生。

六日，教育部發公文給全國高中，要求「學校應選用新版教科用書」。發給出版社的公文也要求「原舊版存疏於新書發行時作廢，不得再銷售」。由於公文對學校及出版社均有拘束力，出版社將無法繼續提供舊版給學校使用。

二十五日，新竹高中部分學生開始連署抵制黑箱課綱進入校園，當日即得到超過七百份連署。

六月 九日，教育部長吳思華到台中一中舉行課綱座談，但學生認為部長以敷衍的方式進行回覆，此舉引起不滿，吳思華在學生的抗議下離去。

十三日，竹苗區以及桃園區反黑箱課綱學生對於教育部臨時取消課綱微調座談會嚴重表示不滿，上午十點在新竹高中大門口召開記者會，掛起「思華翹課我難過，清山請假我痛心」之布條，譴責教育部失信的行為。

二十四日，一名學生翻牆進入教育部丟擲油漆包，經教育部報警後，警察到場處理，教育部保留告訴權，環保局依《廢棄物清理法》裁處。

七月 五日，「北區高職聯盟」、「北區反課綱高校聯盟」、「桃竹苗區高校聯盟」、「蘋果樹公社」等近五十個學生團體，約一千三百人走上街頭，在國教署前怒吼「撤銷黑箱課綱，反對洗腦教育，杜絕黑箱程序，還我教育尊嚴」、「教育不是遊戲，學生不是白癡」，隨後再撐著黑傘（諷刺黑箱）一起走到教育部，將「給部長的一封信」摺成紙飛機射入教育部，敬告吳思華部長，「七月十日最後底限，訴求未達，升級行動」。

二十三日，反課綱學生與民眾使用棉被和梯子越過拒馬蛇籠進入教育部，部分成員進入部長辦公室喊口號抗議。中正一分局迅速前往了解情況。至隔日四時二十分，警察出動霹靂小組支援，在教育部逮捕三十三人。

二十四日，教育部部長吳思華緊急召開記者會譴責前日之占領行動，並決定對包圍教育部的群眾提告。

三十一日，教育部決定由各校自行選擇新舊課綱。在新課綱尚未廢除之狀況下，各縣市首長已自行決定是否使用新課綱。

八月　三日，教育部長吳思華與反課綱學生代表進行會談。最後雙方在沒有共識的情況下，反課綱學生代表離去，哭喊對不起死去的林冠華。

四日，反課綱學生代表於早上十時召開記者會，表示課綱暫緩即願意討論撤離。

二〇一六年

四月　二十九日，立法院通過民進黨立委鄭麗君的提案，要求教育部撤回高中國文、社會科微調課綱。

五月　二十一日，教育部長潘文忠宣布，教育部尊重立院決議，將以行政命令廢止一〇三年通過的課綱微調。一〇三年高中國文與社會科微調課綱廢止後，若學校已經進入一〇五學年上學期教科書選書程序，教育部尊重學校選書權，學校仍可使用新版本的教科書；但一〇五學年下學期之後，一〇七年課綱的過渡時期，則仍使用一〇一年課綱版本。

三十一日，正式廢止一〇三年高中社會及國文科微調課綱。

附件二　一〇三「台灣史」課綱（一〇一課綱微調內容）

資料來源：教育部課綱微調專區，http://www.k12ea.gov.tw/cur/

單元	主題	重點	說明
一、早期台灣	（一）十六世紀中葉以前的台灣與原住民族	1.考古發掘與文獻記載	1-1說明台灣的地理環境和考古發掘所呈現的史前文化。 1-2探討台、澎早期歷史的文獻紀錄。
		2.台灣的原住民族	2-1介紹南島語系原住民族的社會與文化。
	（二）漢人來台與國際競逐時期	1.漢人來台與大航海時代	1-1說明漢人來台、澎的緣由與經過，如宋元對澎湖的經營及明代顏思齊、鄭芝龍等來台，並說明原住民族和漢人的互動。 1-2說明大航海時代西方列強的興起與對殖民地的競逐，台灣地理位置的特色，以及十六世紀中葉以後東亞情勢的變化。
		2.荷西入台	2-1介紹荷、西統治下的措施及當時族群間的互動，如郭懷一事件、新港文書。
	（三）明鄭統治時期	1.各項措施	1-1說明鄭成功從事反清復明運動及攻取台灣的經過，進而敘述鄭氏三代奉明永曆為正朔，其統治下的政經、社會及文化建設。
		2.涉外關係	2-1說明明鄭的對外關係以及覆滅的經過。

附件二　一〇三「台灣史」課綱（一〇一課綱微調內容）

二、清朝統治時期	（一）開港以前政治經濟的發展	1.治台政策與相關措施	1-1 說明開港以前的清廷治台政策，如班兵制度、番界畫定、移民措施。 1-2 說明統治機構和行政區劃的調整及原住民族社會的變遷。
		2.農商業的發展	2-1 敘述移民、土地開墾、水利建設、主要作物。 2-2 分別說明對大陸貿易與島內城鄉交易，並述及手工業的狀況。
	（二）開港以前社會文化的發展	1.族群關係	1-1 說明原住民族、閩、客間的互動及性別與人口問題。 1-2 敘述不同人群透過通婚、合夥、聯庄而共同發展；但亦有抗清事件、漢原衝突、分類械鬥等問題。
		2.社會流動	2-1 說明科舉優惠政策、迴避本籍任官制度、捐納、軍功與事業經營等，對台灣住民政治參與和社會流動的影響。
		3.文化發展	3-1 說明開港以前的文化發展。
	（三）開港以後的變遷	1.外力的衝擊與清朝的因應	1-1 說明外國人對台灣通商、傳教與戰略位置的企圖，十九世紀中葉以後台灣所受到的外力衝擊，如鴉片戰爭迫使清廷開港通商、以及其後發生的羅妹號事件與牡丹社事件。 1-2 說明面對外力挑戰而由政府主導的開山「撫番」、建省，加強防衛等措施，與中法戰爭期間，台灣在劉銘傳的領導以及民間如林朝棟等的支持下擊退法軍。 1-3 說明清廷在台灣的現代化建設如電報、教育和鐵路，使台灣成為當時全中國最先進的省份。

		2.社經與文化	2-1 比較開港前後社會、經濟的差異及生態環境的改變。 2-2 說明開港以後的文化變遷。
三、日治殖民統治時期	（一）殖民統治前期的政治經濟發展	1.殖民統治政策與台民反應	1-1 說明乙未之役及其後日本人採用軍警壓制手段、實行六三法、籠絡紳商以穩固其統治的措施，並述及殖民當局的「理蕃政策」。並說明其後由武官總督到文官總督統治的變化，包括三一法、法三號，並提及治安警察法的頒行。 1-2 敘述在日本殖民統治時期的武裝抗日事件，如後壁林之役、羅福星、噍吧哖、霧社事件等，並進一步說明日本的鎮壓措施與警察制度的發展。 1-3 說明台灣與甲午戰後晚清變法運動與辛亥革命之互動，包括孫中山來台尋求台人支持，以及台人參與革命及中華民國之建立。
		2.具有殖民性質的經濟發展	2-1 說明日本殖民政府為方便統治並擴大其殖民利益，而致力於「工業日本，農業台灣」的基礎建設與經濟發展，如土地調查、水利設施，以及新式糖廠的設立與林特產的開發；並討論殖民政府對台灣人民經濟與土地的侵害，以及多數貿易由日本商社所壟斷。
	（二）殖民統治時期的社會文化變遷	1.社會變遷	1-1 說明一九二〇年代以後，新型態本土知識菁英的形成，及其受到五四運動、新文化運動的影響與作為，如領導殖民地反抗運動和鼓吹各種新思潮等；並述及台日差別待遇、社會階層、語言政策、宗教習俗、婦女地位之改變等。

		2. 文化發展	2-1 說明傳統詩社文學與藝術的存續。 2-2 敘述台灣開始接受近代文學與藝術，討論文學家、藝術家及其品，介紹新產生的創作歌謠、電影、話劇、舞蹈；簡述《台灣青年》的創刊、演變及連橫《台灣通史》等的意義。
	（三）戰爭時期的台灣	1. 皇民化政策與台人的因應	1-1 敘述一九三六年以後的皇民化、工業化與南進基地化三大政策。 1-2 說明武官總督統治的恢復和日本帝國「大東亞共榮圈」的侵略構想，並提及台灣人民對改姓氏、「國語」家庭等皇民化政策的反應與台人在台的抗日運動。
		2. 台人與抗日戰爭	2-1 說明中華民國宣布對日抗戰並聲明廢除馬關條約、抗戰中軍民死傷慘重，以及台人李友邦等赴大陸參與抗戰。
		3. 太平洋戰爭爆發	3-1 說明太平洋戰爭爆發後，台灣人民被捲入戰爭的種種面向，包括軍事動員、物資統制、社會動員、婦女被迫做慰安婦等，以及戰爭後期盟軍轟炸台灣的狀況。
四、中華民國時期：當代台灣	（一）從光復到政府遷台	1. 光復台灣與制憲	1-1 說明開羅宣言、波茨坦宣言內容與中華民國政府光復台灣。並敘述中華民國憲法的制定與台灣代表的參與。
		2. 二二八事件	2-1 說明二二八事件發生的背景、過程與影響。
		3. 中央政府遷台	3-1 說明國共內戰、中央政府遷台、戒嚴令的發布，以及韓戰爆發的影響與國際地位確立的過程。

<table>
<tr><td>（二）民國四十到六十年代的政經發展</td><td>1.土地改革與地方自治</td><td>1-1說明三七五減租、耕者有其田等土地改革的過程與影響，以及政府推動地方自治的過程及其對民主發展的意義。</td></tr>
<tr><td></td><td>2.兩岸關係、反共政策以及白色恐怖、保釣事件與國際關係的變化</td><td>2-1說明台海對峙、八二三炮戰、反共政策與白色恐怖。
2-2敘述為捍衛釣魚台主權而引發的保釣運動，並說明政府退出聯合國以及與美國斷交的過程。</td></tr>
<tr><td></td><td>3.經濟成長</td><td>3-1說明戰後台灣經濟發展的幾個階段，並敘述政府政策如設立加工出口區，另亦說明民間成就與國際因素對經濟發展的影響。</td></tr>
<tr><td>（三）民國六十年代以後的政經發展</td><td>1.實質外交的拓展與民主政治道路</td><td>1-1說明我國發展實質外交的努力，並說明台灣的民主發展：增額立委選舉、美麗島事件、開放黨禁、解嚴、國會全面改選與總統直選。</td></tr>
<tr><td></td><td>2.經濟起飛</td><td>2-1說明十大建設、科學園區、資訊業的發展；並介紹此階段重要經濟政策的推手如孫運璿等。</td></tr>
<tr><td></td><td>3.兩岸關係的演變</td><td>3-1敘述此時期兩岸關係的演變及具有影響性的重大事件，從三不政策、開放探親、國統綱領、辜汪會談、飛彈危機到世界分工體系下的兩岸經貿關係。</td></tr>
<tr><td>（四）社會變遷與文化發展</td><td>1.社會型態的改變及解嚴前後生活的變化</td><td>1-1討論台灣在人口、性別、族群、家庭結構等方面的變遷，並說明解嚴前後思想言論、語言政策與日常生活的變化。</td></tr>
</table>

	2.社會、環保與教育	2-1討論經濟發展所帶來的社會與環保等問題，以及各級、各類教育的發展。
	3.中華文化與多元文化的發展	3-1說明中華文化在台灣的保存與創新，以及文化的多元發展。

說明：授課一學期，共計十六週，各單元授課週數建議配置如下：

1. 第一單元「早期台灣」：四週
2. 第二單元「清朝統治時期」：四週
3. 第三單元「日本殖民統治時期」：四週
4. 第四單元「中華民國時期：當代台灣」：四週

台灣與中國關係大事記

一九八七　七月　解除戒嚴。
　　　　　十月　大甲鎮瀾宮組團赴湄洲祖廟謁祖進香。
　　　　　十一月　國民黨政府開放兩岸探親。
一九八八　一月　解除報禁。
　　　　　六月　中國國務院公布〈關於鼓勵台灣同胞投資的規定〉，為台商赴中國投資提供政策條件。
一九八九　四月　解除外匯管制。
　　　　　六月　（中國）六四天安門事件。
一九八九　十一月　「亞洲太平洋經濟合作會議」（APEC）成立。
一九九〇　一月　台灣申請加入「關稅暨貿易總協定」（GATT）。
　　　　　台灣公布《對大陸地區間接投資或技術合作管理辦法》，有條件開放台商間接對中國投資。
一九九一　二月　國統會通過《國統綱領》。
　　　　　三月　海基會成立。
　　　　　五月　第一次修憲，國會全面改選、規定兩岸人民權利義務；廢除動員戡亂時期臨時條款。
　　　　　十一月　台灣以「中華台北」名義加入APEC。
　　　　　通過《台灣地區與大陸地區人民關係條例》，簡稱《兩岸人民關係條例》
一九九二　一月　（中國）鄧小平南巡談話，重申改革開放；四月，中共十四大會議中，正式提出以「建立社會主義市場經濟體制」為改革目標。

五月　第二次修憲，總統任期改為四年；開放省長及直轄市長民選。

十月　海基會與海協會於香港展開第一次非官方接觸，埋下日後「九二共識」爭議因子。

十二月　萬年國會告終，立法委員全面改選。

一九九三　四月　海基會、海協會於新加坡舉行「辜汪會談」。

八月　通過《有線電視法》。

一九九四　四月　四一〇教改大遊行。

八月　第三次修憲，確定總統直選、罷免案須由國民大會提出，經人民投票同意；總統發布任免命令無須行政院長副署。

十二月　台灣省長、北高市長首次民選。

一九九五　一月　「世界貿易組織」（ＷＴＯ）成立。

（中國）中國郵電部電信總局分別在北京、上海開通六十四專線，開始向公眾提供網際網路接入服務。此後，可以設立商業網路公司，網際網路可用於商業使用。

七月　從七月至翌年三月，中國對台持續舉行軍事演習，意圖擾亂台灣總統大選。

一九九六　五月　李登輝當選中華民國第九任總統，也是台灣第一位民選總統。

七月　香港主權轉移中國。

九月　李登輝提出「戒急用忍」政策。

十二月　國發會決議凍省、取消閣揆同意權。

一九九七　六月　國中教科書《認識台灣》引發爭議，教育部同時宣布高中教科書自一九九九年起全面開放民間編輯，從「統編制」改為「審定制」，正式進入所謂一綱多本時代。

七月　第四次修憲，由改良式內閣制走向半總統制；取消教科文預算下限。

亞洲金融危機，持續至該年十月。

一九九九　七月　李登輝發表「兩國論」。

九月　第五次修憲，國民大會代表通過延長任期的「自肥案」。

二〇〇〇　三月　陳水扁當選中華民國第十任總統，第一次政黨輪替；針對兩岸關係，陳水扁提出「四不一沒有」政策。大法官會議宣告第五次修憲因違憲失效。兩岸經濟政策鬆綁，「戒急用忍」調整為「積極開放，有效管理」。

　　　　四月　第六次修憲，修憲提案權從國民大會轉移至立法院。

二〇〇一　經發會決議，開放陸資來台主要希望能夠從事三方面的投資：一、土地及不動產的投資；二、事業投資；三、證券投資。

　　　　八月　台灣團結聯盟成立。

　　　　十一月　WTO杜哈回合貿易談判，持續至二〇〇五年仍未達成協議。行政院院會通過《開放大陸地區人民來台觀光推動方案》，開啟陸客觀光首頁。

二〇〇二　一月　台灣與中國同年加入WTO，但後續因杜哈回合談判失敗，各國逐漸轉向多邊／雙邊貿易協定，中國開始與台灣展開ECFA談判；東協亦與中國簽署《東協－中國全面經濟合作架構協定》，「東協加一」模式因應而生。行政院院會通過「開放陸資來台投資五十八項服務業清單」，八月內政部公布〈中國大陸地區人民在台取得設定或移轉不動產物權許可辦法〉，但要等到立法院於《兩岸人民關係條例》增訂通過後才能實施。

　　　　七月　（中國）施行《中國公民出國旅遊管理辦法》，中國國民得以出境旅遊，但開放那些國家、進行什麼活動，仍必須經由國務院審批。

　　　　八月　陳水扁提出「一邊一國」主張。

二〇〇三　五月　《蘋果日報》進入台灣。

　　　　六月　（香港）香港和中國簽署「內地與香港關於建立更緊密經貿關係的安排」（CEPA）。行政院陸委會修正《兩岸人民關係條例》第七十三條，對陸資來台採許可制。

　　　　九月　（香港）港府試圖將《基本法》二十三條立法，但因遭遇極大阻力而作罷。

二〇〇四　二月　綠營發起「二二八牽手護台灣」活動。

三月　陳水扁當選中華民國第十一任總統。

十一月　（中國）全球第一所孔子學院正式成立於韓國首爾。

二〇〇五

中國首度超越美、日，成為台灣最大貿易夥伴。

三月　中共人大通過並實施《反分裂國家法》。

四月　國民黨主席連戰率領代表團赴北京與當時中國國家主席胡錦濤會面，發布〈「胡連會」新聞公報〉，基於「九二共識」，開啟國共歷史上第三次合作關係。

六月　第七次修憲，立委席次減半、任期改為四年、選制改為單一選區兩票制。

二〇〇六

一月　陳水扁宣布對中經貿政策為「積極管理，有效開放」。

二月　國統會中止運作，陳水扁宣布廢除《國統綱領》。

四月　連戰第二次訪中，之後北京進一步發布《赴台旅遊管理辦法》。此外，為迴避國與國關係，中方成立「海峽兩岸旅遊交流協會」（海旅會），台方成立「財團法人台灣海峽兩岸旅遊交流協會」（台旅會）。

（中國）谷歌進軍中國市場。

二〇〇八

美國次貸金融危機，引發全球金融海嘯。

一月　（香港）廣東省政府公布《規畫綱要》，其中規定了香港在「粵港融合」的位置。

三月　馬英九當選中華民國第十二任總統，提出「新三不政策」；第二次政黨輪替。

六月　海基會董事長江丙坤、海協會會長陳雲林於北京舉行第一次江陳會談，針對多項攸關兩岸交流議題達成共識，包括兩岸包機直航、大陸遊客來台等，並將推動兩岸合作在台灣海峽海域探勘開發油田。

七月　阿里巴巴成立台灣分公司。

十一月　三日，海協會會長陳雲林來台參加第二次江陳會談，因過度維安導致民眾不滿並引發衝突。六日，學生於行政院前靜坐抗議，被清場後轉至自由廣場，開始「野草莓學運」，持續至翌年一月四日。

二〇〇九

十二月　「旺旺」企業返台購買媒體，成立「旺中集團」。

十二月　（中國）北京政府發布〈關於大陸企業赴台灣地區投資項目管理有關規定〉。歐巴馬透露「重返亞洲」企圖。

一月　臺灣守護民主平台成立。

三月　經濟部提出「海峽兩岸經濟合作架構協議」（ＥＣＦＡ）草案內容。

四月　於南京舉行第三次江陳會談，針對共同打擊犯罪及司法互助、兩岸定期航班、兩岸金融合作等議題進行協商。

五月　（中國）北京政府發布〈關於大陸企業赴台灣地區投資或設立非企業法人有關事項〉。

六月　公布〈大陸地區來台投資許可辦法〉及〈大陸地區之營利事業在台設立分公司或辦事處許可辦法〉，為陸資來台投資提供進一步的法令規範。自此兩岸正式進入雙向投資時代。

七月　馬英九提出「識正書簡」構想，呼籲兩岸合編《中華大辭典》。

七月　新疆發生抗中暴動，中國政府鎮壓，並指控此場暴動為流亡在美的維吾爾人領袖熱比婭主導。

九月　高雄電影節放映熱比婭紀錄片《愛的十個條件》，國台辦與台灣旅遊業者、泛藍政治人物同步對市政府施壓。

十二月　於台中舉行第四次江陳會談，完成簽署《海峽兩岸標準計量檢驗認證合作協議》、《海峽兩岸漁船船員勞務合作協議》、《海峽兩岸農產品檢驗檢疫協議》。

二〇一〇

三月　谷歌決定關閉Google.cn的網域名，並將使用者的網頁搜索、圖片搜索和新聞搜索定向至香港，域名Google.com.hk。

四月　台灣海峽兩岸觀光旅遊協會駐北京辦事處掛牌成立，中國亦在台北設立海峽兩岸旅遊交流協會駐台北辦事處。

六月　於重慶舉行第五次江陳會談，簽署《海峽兩岸經濟合作架構協議》（ＥＣＦＡ）；三十日，公民團體「兩岸協議監督聯盟」（兩督盟）成立，為最早專門監督兩岸協商的單一

八月　議題組織。
　　　慈濟正式受到中國國務院批准，由境外非營利組織於中國境內成立全國性基金會。
十一月　亞太經濟合作高峰會中，歐巴馬提案，與會九個國家同意，將於二〇一一年完成「跨太平洋戰略經濟夥伴關係協議」（TPP）綱要，成為亞太區域內小型貿易組織。
十二月　於台北舉行第六次江陳會談，簽署《海峽兩岸醫藥衛生合作協議》，並決定成立協議落實的檢討機制，但在經濟合作方面仍無法達成共識。
　　　阿拉伯之春爆發。

二〇一一

五月　（香港）港府宣布將在中學課程實施「德育與公民教育科」，引發之後的「反國教運動」，並催生以中學生為主力的「學民思潮」。
十月　於天津舉行第七次江陳會談，簽署《海峽兩岸核電安全合作協議》。
十一月　中國企圖令東協加一深化為《區域全面經濟夥伴協定》（RCEP）。
十二月　數十個企業集團負責人以輪流召開記者會、集體刊登報紙廣告等方式，挺「九二共識」。

二〇一二

一月　馬英九當選中華民國第十三任總統。
三月　馬英九派遣吳伯雄赴北京傳達「一國兩區」的說法。
六月　美國國防部長潘內達在亞洲安全峰會閉幕時，再次清楚表達「亞太再平衡」的戰略。
　　　鍾鼎邦事件，台灣公民社會與國際人權組織陸續展開救援，台灣的公民團體並舉辦晚會等抗爭活動。八月，鍾鼎邦獲釋返回台灣。
七月　旺中併購中嘉案、旺中媒體干涉新聞言論自由、旺中負責人蔡衍明個人親中言論，引發持續至年底的「反媒體壟斷」運動；抵抗「中國因素」的論述在此運動過程中被明確提出。
　　　（香港）反國教萬人大遊行。
　　　（香港）梁振英就任香港第四屆行政長官。
八月　於台北舉行第八次江陳會談，簽署《海峽兩岸投資保障和促進協議》及《海峽兩岸海關合作協議》；另共同發表「人身自由與安全保障共識」。陳雲林並帶領「海協會文化創意產業暨書畫藝術交流團」來台交流。

十二月　（中國）習近平就任中共總書記。

二〇一三

年初　（香港）為爭取特首普選，戴耀廷等人發起和平占領中環運動。

一月　（中國）中國機電產品進出口商會（機電商會）來台成立辦事處。

六月　二十一日，兩岸兩會第九次高層會談於上海舉行。海基會代表林中森、海協會代表陳德銘簽署「海峽兩岸服務貿易協議」，當日兩督盟與各社運團體開始舉辦抗議活動。

二十五日，立法院做出結論：「服貿協議本文應經立法院逐條審查，逐條表決。」

二十六日，多位出版、文化界人士連署反對服貿黑箱作業。

七月　二十三～二十六日，陳光誠抵台訪問，並於立法院、台灣大學和成功大學發表演說。

月底，社運團體及學校社團分別結盟組成「反黑箱服貿民主陣線」（民主陣線）、「黑色島國青年陣線」（黑島青），要求退回服貿協議。洪仲丘事件，「公民一九八五聯盟」發起白衫軍運動，分兩次遊行：二十日「公民校召」、八月三日「萬人送仲丘」晚會。

九月　馬王政爭。

台灣基督教界人士正式成立「中華基督教兩岸交流協會」，並於二〇一五年組成台灣基督教教牧參訪團，至北京拜會國家宗教局。

二〇一四

二月　兩岸兩會第十次高層會談於台北舉行，雙方簽署《海峽兩岸地震監測合作協議》及《海峽兩岸氣象合作協議》，並就相關議題進行磋商。

三月　十七日，國民黨立委張慶忠強行宣布「服貿協議」通過審查。十八日，「半分忠事件」引發民眾不滿，晚間一群學生與公民團體衝入立法院，占領議場直到四月十日；之後媒體稱為「太陽花學運」。其間，部分原運分子至捷運出口另闢「占領講堂」；二十三日晚間，數百民眾衝入行政院，警方以暴力驅散鎮壓造成多位參與者受傷，引發公眾憤怒。三十日，五十萬人聚集於總統府前，要求退回服貿、召開公民憲政會議。

五月　林飛帆、陳為廷、黃國昌等多名學運參與者成立「島國前進」，延續反服貿及修正公投法等訴求。

六月　國台辦主任張志軍訪台，黑島青及數個反服貿團體發起抗議活動。

八月　花蓮縣政府逕自安排中國廣西壯族自治區團體，到阿美族祭典上進行歌舞表演，引發部落青年反彈，馬太攻守聯盟並發起網路聲援活動；最後廣西壯族團僅以觀禮身分參加。（中國）「國家互聯網信息辦公室」（網信辦）完成重組升級，掌握中國網路管理的實際權力。

九月　（香港）二十二日，為爭取真普選，大學生、中學生展開罷課，占中提前引爆，稱為「雨傘革命」（或稱雨傘運動），抗爭持續至十二月十五日。

十月　「民主陣線」改組為「經濟民主連合」。

十一月　九合一大選，執政黨大敗，青年參政、第三勢力興起。

二〇一五

一月　時代力量成立。

三月　社會民主黨成立。

六月　中國海峽兩岸經貿交流協會（海貿會）來台成立辦事處。

七月　高中生反黑箱課綱運動。

八月　兩岸兩會第十一次高層會談於中國福州舉行，雙方簽署《海峽兩岸避免雙重課稅及加強稅務合作協議》及《海峽兩岸民航飛航安全與適航合作協議》，並就相關議題進行磋商。

十一月　馬英九與習近平於新加坡會面。

「愛奇藝」設立台灣分公司並開設營運網站。

《亞洲基礎設施投資銀行協定》正式生效，「亞洲基礎設施投資銀行」（AIIB，亞投行）宣告成立。

二〇一六

一月　蔡英文當選中華民國第十四任總統，第三次政黨輪替。民進黨首度立院席次過半。

二月　（香港）農曆年間，攤商與警方爆發衝突，稱為「二〇一六農曆新年旺角騷亂」，亦稱

「魚蛋革命」。

四月　蔡英文政府上台後未承認九二共識與一中原則，中國展開各種抵制行動；中國旅遊業者甚至直接說明自四月底開始「因為政治問題即日起停接台灣團」。

七月　陸客團火燒車事件。

（中國）南海爭議仲裁，中國減少赴菲律賓旅遊團。但菲律賓總統杜特蒂於同年十月訪中，之後中菲關係已大幅改善。

（中國）韓國政府決定布署美國的薩德飛彈防衛系統。八月，中方取消若干韓國明星在中國活動。

九月　台灣觀光旅館商業同業公會、旅行商業同業公會、遊覽車客運同業公會全聯會等十一個觀光產業團體宣布成立「百萬觀光產業自救會」，並在十二日動員群眾上凱道抗議。

天津市與大甲鎮瀾宮合作開發、園區面積達三點九萬平方公尺的「天津濱海媽祖文化園」啟用。

（香港）香港立法會選舉，分別有三位主張「民主自決」、三位主張「本土獨立」的候選人當選。

十一月　（中國）中國政府升高抵制南韓，下達「禁韓令」：「不得播出有韓國明星代言的廣告片，不能邀請韓國演員，不許宣傳韓國元素及韓國模式。」

（中國）十六日，第三屆「世界互聯網大會」於浙江烏鎮開幕，習近平強調中國堅持「網絡主權」理念，「推動全球互聯網治理向更加公正合理方向邁進」。

（中國）中國全國人大常委會通過《網絡安全法草案》，預計隔年六月一日生效。

二〇一七

一月　（中國）中國政府持續對南韓施壓，包括片面取消中韓雙邊的軍事會談、中國空軍機隊進入韓國的防空識別區等。

三月　（中國）中國繼續升高執行「限韓令」，並關閉多家韓國樂天集團（提供土地供南韓國防部布署薩德飛彈）在中國的商場。

左岸｜時事251

吊燈裡的巨蟒：中國因素作用力與反作用力

主　　編　吳介民、蔡宏政、鄭祖邦
作　　者　吳介民、黃健群、鄭祖邦、葉國豪、蔡宏政、伊恩（Ian Rowen）、古明君、洪瑩發、劉怡寧、黃克先、黃兆年、川上桃子、張錦華、李志德（依文章順序排列）

總 編 輯　黃秀如
責任編輯　孫德齡
封面設計　黃暐鵬
電腦排版　宸遠彩藝

社　　長　郭重興
發行人暨出版總監　曾大福
出　　版　左岸文化
發　　行　遠足文化事業有限公司
231新北市新店區民權路108-2號9樓
電話：02-2218-1417
傳真：02-2218-8057
客服專線：0800-221-029
E-Mail：service@bookrep.com.tw
左岸文化臉書專頁：https://www.facebook.com/RiveGauchePublishingHouse/
法律顧問　華洋法律事務所　蘇文生律師
印　　刷　成陽印刷股份有限公司
初　　版　2017年4月
定　　價　600元
I S B N　978-986-5727-51-2

國家圖書館出版品預行編目資料

吊燈裡的巨蟒：中國因素作用力與反作用力
吳介民、蔡宏政、鄭祖邦主編.
-- 初版. -- 新北市 : 左岸文化出版 : 遠足文化發行
2017.04
592面 ；14.8x21公分. -- （左岸時事：251）

ISBN 978-986-5727-51-2 (平裝)

1. 中國大陸研究　2.兩岸關係　3.文集

574.107　　106003185